遼夏金元史

多元族群的衝突與交融

張　帆、陳曉偉、邱靖嘉、
林　鵠、周思成　著

三民書局

序

《遼夏金元史》一書付梓在即，出版方三民書局囑我撰序，略述寫作緣起。本書為三民書局出版「中國斷代史系列」之一種，撰著動議約始於本世紀初，具體年代不復記憶，只記得我似為這套系列作者中最年輕者。當時將我推薦給書局編輯的同系劉華祝老師，已於六年前病逝；同為系列作者的前系主任王天有老師，辭世更近十年。遷延至今，本卷終於完稿，然殊無欣喜之情，唯覺感慨慚愧，不能自已。

從研究生階段開始，我就選定元史作為專業研究方向，後來也多次在北大歷史學系開設元史課程。上世紀末，曾在元史前輩、內蒙古大學周清澍教授指導下，負責高等教育出版社《中國歷史・元明清卷》元代部分的撰著，是我第一次系統編寫元史教材。於是以為承既有之基礎，增遼夏金之史事，寫作一部遼夏金元史，似乎尚有把握，遂與三民書局冒昧簽約。豈料由於工作繁忙等各種原因，遲遲未能動筆。拖延既久，乃至產生畏懼情緒，感覺自己對這段歷史其實缺乏新見，如強行寫作，無非重複自己舊觀點，或是綜合他人之說無所發明，未免貽笑大方。猶豫之中，幾欲退約。承蒙三民書局不棄庸材，謬寄重託，反覆催促，乃聘請幾位青年學者代為撰寫遼夏金歷史，我僅負責蒙元歷史。又歷數年，終成全稿。其間曲折，實可為力小謀大者之鏡鑑。

全書提綱由我擬定。具體分工為：中國歷史研究院古代史研究所副研究員林鵠撰寫第一章及

第二章第一節；清華大學歷史系副教授周思成撰寫第三章；中國人民大學歷史學院副教授邱靖嘉撰寫第五、六章；復旦大學歷史學系青年研究員陳曉偉撰寫第二章後二節、第四章、第七章；我撰寫第八至十三章。林、周、邱、陳四位晚我十歲至十數歲不等，年富力強，成果豐碩，已為學術界中堅。施以援手，助成全書，感愧之情，難以縷述。尤須言者，四位學者受我之聘後均早早完稿，唯我一拖再拖，綿延不已，實應重致歉意。

當然最應向三民書局表達感謝並致歉。感謝其容忍與耐心，為我之漫長拖延致歉。如將來再有機會補充修訂，或可稍減愧疚之情。是為序。

張　帆

二〇二二年六月二六日於北京暑熱之中

目次

附錄　406

第二篇 遼朝

第一章　遼朝的興衰

遼是契丹族建立的王朝，據有北方草原和華北農耕地區的北緣，五代之初由太祖耶律阿保機建國，歷史早於北宋。遼朝從太祖朝開始，即致力於效仿漢地王朝，並一意南下。太宗耶律德光時，取得燕雲十六州，甚而攻破汴京，滅亡後晉。但由於德光意外死亡，未能在中原扎穩腳跟。其後至穆宗耶律璟，又因後周、北宋相繼崛起及個人疾患，契丹擴張之勢被遏制。聖宗耶律隆緒時，與北宋簽訂澶淵之盟，遼朝迎來了鼎盛期。其後興宗、道宗兩朝，因宮廷鬥爭困擾，逐漸走向衰落。至末帝天祚之時，女真崛起，建立金朝，滅亡了曾盛極一時的契丹王朝。遼朝共歷九帝，二百一十年。

第一節　遼朝的建立與向中原的擴張

一、契丹族的源流

遼朝的統治民族契丹歷史十分悠久，早在北魏前期，就出現在史籍中。傳說最初有一男子乘白馬沿土河（今遼河上游的老哈河）下行，一女子乘小車駕青牛沿潢水（今遼河上游的西拉木倫河）下行，至二水合流的木葉山相遇，結為配偶，生八子，就是契丹八部的祖先。但這一傳說的產生，恐怕要晚至唐代中葉。因為契丹大賀氏八部部落聯盟形成在唐初，所謂「古八部」是後起的說法，並不可信。而契丹人遷至潢水與土河流域，則大概要到開元、天寶間。

據《魏書．契丹傳》記載，契丹與庫莫奚皆為宇文鮮卑的別部，源流出於東胡。晉康帝建元二年（三四四年），前燕慕容皝政權大舉討伐宇文鮮卑，獲得全勝，宇文部由是散亡，從其殘留的餘部中逐漸分化出了契丹與庫莫奚。北魏太武帝、文成帝時，契丹均曾遣使向北魏朝貢。獻文帝拓跋弘在位其間，契丹遣莫弗紇何辰入貢，北魏朝廷設宴，在朝貢的諸部中何辰只能忝陪末座，可見其時契丹尚很弱小。孝文帝太和三年（四七九年），由於受到高句麗與柔然之威脅，契丹在莫弗賀勿于率領下，共計萬餘口，要求內附，被北魏安置在白狼水（今大凌河上游）一帶游牧。附塞的契丹暫時獲得了安寧，人口日漸增長，其對中原財富之覬覦迅速膨脹，開始頻繁地入塞騷擾與掠奪。戰爭使契丹壯大起來，分散的諸部走向聯合，又有語言、風俗相近的游牧民不斷加入其中，增添新鮮血液。北齊天保四年（五五三年），契丹曾發動一場大規模入塞侵擾，文宣帝高洋被迫親率大軍出征，發生激戰，大破契丹。雖然契丹慘敗，但由此亦可看出，其勢力已不容小覷。北朝末年，中原風雲變幻，北方游牧各族之盛衰更替亦極為迅速頻繁。突厥崛起，取代柔然，對契丹造成更大的威脅。而契丹雖已成長壯大，但尚不穩固，在突厥的壓力下淪為其附庸，其別部則歸屬高句麗。

隋朝建立後，契丹諸部又紛紛嘗試脫離突厥、高句麗，搖擺於諸勢力之間。唐初，契丹形成部落聯盟，以大賀氏為聯盟長，稱可汗，下分八部，各部酋長稱俟斤。平日各部之間較為鬆散，畜牧、漁獵由各部獨立組織。若遇戰爭，則在可汗主持下八部聚議，共同出兵。唐太宗貞觀二年（六二八年），契丹可汗大賀摩會叛離突厥，率部降唐。突厥頡利可汗為求重新控制契丹，提出以隋末大亂中僭稱皇帝並歸附突厥、屢屢侵擾唐朝的梁師都，換取契丹的統治權，遭唐太宗嚴詞拒絕。貞觀十八年（六四四年），唐朝大軍討伐高麗，契丹出兵相助。貞觀二十二年（六四八年），大賀氏舉部內附，唐置松漠都督府（松漠乃老哈河、西拉木倫河流域之古稱），以大賀氏可汗窟哥為都督，封無極男，並賜國姓李，八部居地為羈縻州，各部首領為刺史。

武則天時，松漠都督李盡忠與其妻兄孫萬榮皆居於唐營州（今遼寧朝陽）城側。萬歲通天元年（六九六年），由於營州都督趙文翽處置失當，李盡忠叛唐，自稱「無上可汗」，以孫萬榮為前鋒，攻城略地，所向無前。震怒之下，武則天貶號李盡忠為「李盡滅」，孫萬榮為「孫萬斬」，並調遣大軍討伐。然唐軍屢敗，契丹一度挺進至河北趙州（今趙縣）。無奈之下，武則天求助於突厥，借其力量始於次年平定了這次叛亂。其後，契丹附於突厥。

玄宗開元二年（七一四年），時為契丹可汗的李盡忠族弟李失活率各部脫離突厥，復歸唐，唐朝重設松漠都督府。開元六年（七一八年），李失活卒，其弟（一說從父弟）娑固襲封。不久，娑固為權臣可突于所逐，奔營州，旋即戰死。可突于遂立娑固從父弟鬱于為主。鬱于病死後，弟吐于代統其眾，與可突于復相猜阻。開元十三年（七二五年），吐于奔唐，可突于立李盡忠弟邵固為主（一說邵固乃吐于弟，為國人所立）。開元十八年（七三〇年），可突于殺邵固，另立屈烈，並率眾投奔突厥。開元二十二年（七三四年），與可突于分掌兵馬而有所衝突的李過折，夜發兵斬可突于、屈烈，重新歸附唐朝，受封為松漠都督。然次年過折即為可突于餘黨泥禮所殺，契丹的大賀氏時代遂告結束。唐朝雖對泥禮殺害李過折不滿，但擔心泥禮倒向突厥，一度封其為松漠都督。泥禮即日後遼朝皇室之祖先，其時勢力尚不穩固，遂奉遙輦祖里為阻午可汗。從此，契丹進入了遙輦氏部落聯盟的時代，勢力日盛。

天寶時期，范陽節度使安祿山為迎合好大喜功的唐玄宗，頻頻出兵征討契丹。而此時回鶻崛起於漠北，取代了昔日強大不可一世的突厥。契丹遂依賴回鶻，與唐朝抗衡。安史之亂後，唐王朝日薄西山，為藩鎮割據所困擾，再無暇顧及遠居東北邊境的契丹。而回鶻亦因內亂，於會昌二年（八四二年）為唐朝大軍所敗，可汗嗢沒斯被迫降唐。中原的紛亂與漠北的真空，給契丹的發展提供了一個千年不遇的絕佳契機。

二、耶律阿保機建國

泥禮雖未自立為可汗，但在遙輦氏聯盟中舉足輕重，其後人耶律氏家族世代擔任聯盟軍事首長夷離堇，勢力不斷壯大。唐末中原戰亂頻仍，漠北亦無主，契丹乘時而動，時有入寇幽燕之舉。但在阿保機崛起之前，由於沒有一位強人領袖，契丹南下侵擾，在軍事上並不成功。唐天復元年（九〇一年），阿保機擔任夷離堇後，局面迅速有了重大改觀。自天復二年（九〇二年）始，契丹鐵蹄開始頻繁深入踐踏燕雲地區。

在阿保機的領導下，契丹對中原政局的介入，不僅表現在南侵，更重要的是，阿保機開始與中原武裝勢力接觸，周旋於唐末最強大的兩支藩鎮勢力晉王李克用和梁王朱全忠之間。阿保機雖是偏處一隅的異族，但他不僅對唐王朝的覆滅有所預期，而且對唐末中原的混亂局勢有相當的認識。可能是因為看出，無論是李克用還是朱溫，在這場較量中都不具備絕對優勢，他選擇了依違二者之間。而李克用和朱溫，則競相籠絡阿保機。九〇七年，阿保機取遙輦痕德堇而代之，登上了契丹可汗之位。他之所以能代痕德堇為汗，關鍵就在於其在中原聲威的增長。

阿保機即汗位，乃其計畫中建立帝國大業之前奏。此時其稱帝的時機還未成熟，契丹政權內部挑戰其權威的還大有人在，其可汗之位並不穩固。九一一至九一三年，阿保機諸弟三次叛亂，他的政治前途險象環生。九一三年諸弟之亂平息後，次年阿保機又對異己勢力進行了整頓。九一六年，阿保機終於邁出了關鍵的一步，正式稱帝，國號契丹，建元神冊。同時，他在草原上（今內蒙古巴林左旗）興建「皇都」，後稱上京臨潢府，又創制文字，制定法律，立長子耶律倍為太子。對於稱帝時機的選擇，固然與內亂平定有關，但也是因為九一二年以來朱梁政權與河東李氏相持不下，中原局勢異常混亂，讓阿保機清楚地看到了實現自己抱負的機會。

在阿保機的心目中，他所建立的大契丹國究竟是個什麼樣的國家呢？稱帝建元，是在統治者稱號和政權紀年方式這樣關鍵性的禮儀方面模仿漢制。立太子，是在禮儀和統治者繼承人的制度性安排兩方面採用漢制。契丹國書的創制，也應與王朝政治的影響有關。而皇都之興建，並非出於實際功能考慮，與稱帝一樣，是阿保機採用漢地王朝體制下的禮儀模式，來論證君主權力合法性的一種手段。神冊三年（九一八年），阿保機「詔建孔子廟、佛寺、道觀」①。孔廟列在佛寺和道觀之前，含有深意。據《遼史》記載，在這份詔書背後的決策過程中，阿保機提到「佛非中國教」②，說明其心目中的模仿對象正是中原王朝。次年，阿保機「謁孔子廟，命皇后、皇太子分謁寺觀」③。他親自去孔廟祭奠，

①脫脫等，《遼史》卷一〈太祖紀上〉。

②脫脫等，《遼史》卷七二〈義宗倍傳〉。

同樣表明了其態度。

正因為阿保機的目標是要建立一個漢式王朝，九一六年也見證了契丹對漢地政策的一個重大轉變——變擄掠為占領並統制漢地。但是年攻下山北（燕山以北、太行山以西，大致相當於今山西北部）諸州後，遼軍並未能據守。翌年又圍幽州（今北京），經歷了長達四個月的攻堅戰，幽州在李克用之子李存勖的援軍到來後得以解圍。因此，神冊初年其在漢地的軍事進展並不順利。可能是因為這個緣故，阿保機轉而將視線投向了遼東地區，先經營遼陽。需要指出的是，阿保機對遼東的經營是其在針對漢地的軍事行動不順利的情況下作出的選擇，但同樣意味著他對農耕地區的重視，也應當在漢化的大背景下理解。

神冊六年（九二一年），阿保機再度針對中原採取了一次大型軍事行動。其時鎮州張文禮和定州王處直受到河東李存勖的軍事威脅，遂引契丹入援。阿保機南下之初，進展順利，攻破涿州，挺進至定州，這時李存勖已親率大軍趕至，雙方在定州附近大戰。李存勖一度被圍，形勢十分危急，最終血戰突圍，契丹被迫撤退，反勝為敗。

定州之敗給了阿保機一個很深的教訓，讓他冷靜下來，重新思考南下的策略。深思熟慮之後，他轉變主攻方向，在天贊三年（九二四年）六月乙酉下詔，將大契丹國的短期發展戰略概括為「兩事」④，定下先平漠北和渤海之策。當日阿保機親率大軍出征漠北，十月即平之。

③脫脫等，《遼史》卷二〈太祖紀下〉。
④脫脫等，《遼史》卷二〈太祖紀下〉。

討平漠北草原上的室韋（亦稱韃靼）諸部後，天贊四年（九二五年），阿保機決意平定深受唐朝影響、號稱「海東盛國」的靺鞨政權渤海國。是年十二月，阿保機傾國親征渤海，皇后述律氏、皇太子耶律倍及次子大元帥耶律德光皆隨同出征。渤海一役，顯然阿保機認為要比平定漠北更為艱鉅，在策略上也更為謹慎。不僅天贊三年先有偏師試探，漠北一役留守的皇后和皇太子亦均從征，而且為了保證其成功，出兵前阿保機還假意與後唐修好。

天顯元年（九二六年），渤海在契丹鐵蹄下覆亡，改設立東丹國。此時的契丹帝國雄踞北方，已經發展成為一個「東自海，西至于流沙，北絕大漠」⑤的強大政權。但阿保機的雄心遠不止此，滅渤海後他已決意南下，其最終目標是問鼎中原。可惜的是，阿保機在征服渤海後暴卒（廟號太祖），此志終成未竟之業。

縱觀耶律阿保機之建國，其崛起之初，不僅中原板蕩，漠北也不存在統一強大的游牧政權。也就是說，在契丹建國初，擺在太祖面前，有兩條發展道路可供選擇，要麼南下中原，要麼進據漠北。而阿保機似乎從未考慮過後者。雖然其志未竟，但他的繼承人遼太宗耶律德光卻真的在開封登上了皇帝的寶座。

三、取燕雲十六州與滅後晉

由於阿保機志在中原，所以親手為皇太子耶律倍及次子德光設計了漢式教育。阿保機死後，由於

⑤脫脫等，《遼史》卷二〈太祖紀下〉。

皇后述律氏干政，德光即位，是為遼太宗。

德光繼承了阿保機的南下策略。太祖時代，契丹針對山南（燕山以南的河北平原）地區的兩次大型軍事行動都以失敗告終，而在山北方向則相對較為順利，曾一度據有山北諸州。可能參考了太祖時代的經驗，太宗在即位初有過一次的南下河北嘗試之後，認識到幽州難以突破，遂改變策略，把目光投向雲州（今大同），試圖在山西尋找突破口。

轉變主攻方向後，耶律德光穩紮穩打，非常謹慎。天顯四年（九二九年），他派遣皇弟李胡出征雲州，但戰果並不顯著。此後遼太宗在不斷騷擾雲州、保持軍事壓力的同時，主要致力於肅清外圍的隱患，征討散處山北一帶的党項。天顯八年（後唐長興四年，九三三年）十二月，唐明宗辭世，作為五代痼疾的繼承問題再次主導了政治局勢的發展。面對唐廷內亂提供的機會，遼太宗終於揮師南下。不過，由於明宗在世時的安排，皇位爭奪並未影響到山北的防禦，石敬瑭坐鎮太原，擊敗了契丹。次年，遼太宗並沒有馬上組織新一輪的全面進攻，只是採取了騷擾性的行動。耐心的德光仍在等待機會。也許他沒有想到，機會來臨得如此之快。

天顯十一年（後唐清泰三年，九三六年），石敬瑭與唐末帝的關係迅速惡化，後唐出動大軍，將石敬瑭包圍在太原。在這種情況下，石敬瑭向契丹求援。九月，遼朝援軍到來後，太原圍解。十一月，耶律德光冊石敬瑭為大晉皇帝，後晉許割燕雲十六州。閏十一月，晉軍入洛，唐末帝自焚，後唐亡。遼太宗終於邁出了其父終生孜孜以求的重要一步。

後晉建立後，高祖石敬瑭在位七年間，遼晉一度享有蜜月般的親密關係。但在友好的表象背後，是石敬瑭的奴顏婢膝，對契丹百般順從。而耶律德光之所以擁立石敬瑭，實際上本是權宜之計，是為日後入主中原所預先埋下的一個跳板。石敬瑭死後，其養子石重貴繼位。由於石重貴不滿尊卑分明的遼晉體制，終於引爆了遼晉衝突，迫使遼太宗提前實施再度南下的計畫。

會同七年（後晉天福九年，九四四年）正月，契丹大軍南侵，進抵元城（今河北大名）。三月，戚城（今河南濮陽）決戰，遼晉雙方傷亡都非常慘重，德光遂於四月引軍北歸。七月，「晉遣張暉奉表乞和，留暉不遣」⑥，同年底再度南伐。在南征已然付出慘痛代價的情況下，仍拒絕後晉的求和，只能說明太宗志不在和。次年三月，在白團衛村（今河北清苑）發生大戰，契丹大敗，德光孤身鼠竄得免，似乎形勢對契丹極為不利。即便如此，在後晉再度遣使「奉表稱臣」時，遼太宗仍提出了「割河北諸州」這個極其苛刻的議和條件。如此強硬的表現，說明後晉最初的挑釁只是誘因，太宗所想要的並非回到此前的局面，而是不得河

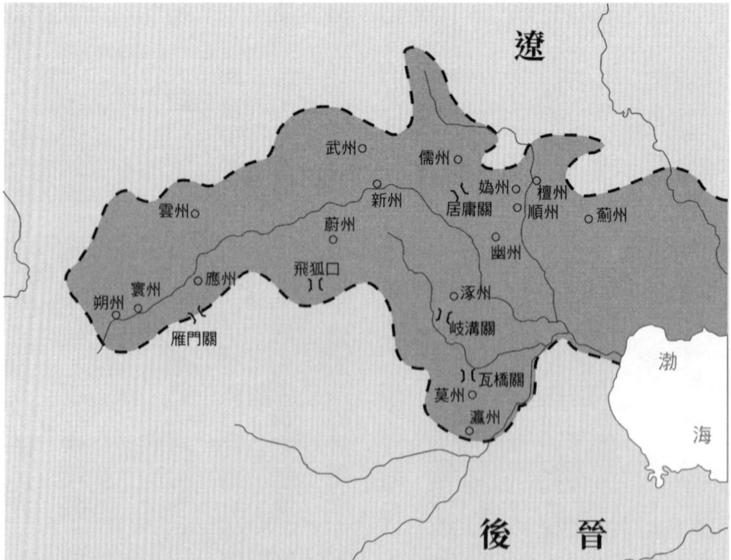

圖一　燕雲十六州示意圖

北絕不罷休。會同九年（後晉開運三年，九四六年）八月，遼太宗再度自將南伐，這一次終於滅亡了後晉。

會同十年（九四七年）正月，耶律德光進入汴梁，「御崇元殿受百官賀」。二月丁巳，「建國號大遼，大赦，改元大同」⑦。這一大遼國，是承繼後晉的漢地新朝，大契丹國的附屬國。契丹征服渤海之初，因其與契丹舊制差異過大，故設立國中之國東丹以為過渡時期之權宜。德光建立大遼，與乃父太祖阿保機立東丹是出於同樣的政治動機。

太宗入汴之初，形勢相當不錯。中原藩鎮對契丹滅晉的反應，與梁唐及唐晉之交並無二致，「爭上表稱臣，被召者無不奔馳而至」⑧。與此同時，耶律德光也派遣契丹人及信任的漢人出掌藩鎮，以穩固統治。據有後晉故土後，耶律德光似乎擺出了天下共主的架勢，甚至將目光投向了南方，冊封割據湖南的楚王馬希範為尚父。不過，因為契丹橫徵暴斂、倒行逆施，民間烽火四起。但德光應對得當，局面很快得到了控制。

是年四月，因為游牧民族的生活習慣，太宗北歸以避暑。意外的是，途中德光得疾身故，局勢陡變。德光之弟李胡與耶律倍之子耶律阮為爭奪皇位，兵戎相見，一場內戰迫在眉睫。這一內訌的直接後果之一，就是中原的契丹守將紛紛棄鎮北歸，將中原拱手讓給了後漢王朝。

⑥脫脫等，《遼史》卷四〈太宗紀下〉。
⑦脫脫等，《遼史》卷四〈太宗紀下〉。
⑧司馬光，《資治通鑑》卷二八六〈後漢紀一〉。

作為一個國中之國，大遼存在時間僅一年餘，堪稱短命。不過，中原丟失後，「大遼」作為國號並沒有被廢止。可能契丹君主並不願承認現實，主動放棄大遼皇帝的稱號，在面對燕雲漢人時，仍自稱大遼皇帝。久而久之，大遼遂演變為契丹專用於漢地的國號。

四、「睡王」穆宗的悲劇

太宗死後，在爭奪皇位的較量中，耶律阮取得勝利，登上了寶座，是為遼世宗。世宗即位之初，致力於降服異己，無暇他顧。待到權力鞏固，準備再度大舉南侵時，卻因輕信奸人而在一場宮廷陰謀中喪命。繼位的耶律璟乃德光之子，廟號穆宗。

耶律阮在位時間很短，不足五年，在開疆拓土方面，完全無法與乃祖乃叔相比。但在制度建設層面，世宗為契丹打開了一個全新局面。遼朝政治中最獨特同時又是最重要的制度，是北南樞密院分掌部族與州縣，即南北面官二元體制。而二元體制之發軔，即在世宗朝，是耶律阮為加強中央集權、控制契丹部族及燕雲藩鎮所創。這是遼初仿效漢地王朝塑造皇權極其關鍵的一步。

耶律璟即位後，制度層面，遼朝的漢化較世宗朝更有所推進，對漢地的控制也更為深入。就契丹部族而言，穆宗時代其農業化也到達了高峰。在對外關係上，耶律璟也繼承了阿保機以來的一貫立場。

西元九五一年，後漢權臣郭威篡位，建立後周，而出掌太原的後漢宗室劉崇遂稱帝自立，延續後漢的法統，史稱北漢。是年九月，遼世宗遇弒之時，正準備出兵協同北漢攻周。十月，剛剛即位的耶律璟便按照世宗的既定方針，出兵助劉崇攻周。儘管應曆（穆宗年號）初契丹政局持續動蕩，耶律璟仍連年出兵助漢，與北漢關係異常緊密。不僅如此，穆宗還積極聯絡南唐，試圖建立遼漢唐三方同盟，共謀後周。不過，應曆四年（九五四年），高平一戰，後周世宗柴榮御駕親征，遼漢聯軍先勝後敗，狼狽而遁，遂使遼朝南下政策發生了轉變。一方面，北漢受到重創，其勢漸頹；另一方面，穆宗領教了柴榮之英武後，自此不敢小覷後周，遂轉趨穩健，不再輕易出兵。

應曆七年（九五七年），柴榮加緊了消滅南唐的步伐。為緩解南唐的軍事壓力，遼漢再度聯軍侵周。與此同時，後周第二次遣使契丹，試圖改善關係，再次遭到耶律璟拒絕。可見應曆四年後穆宗雖轉趨穩健，但其戰略方向仍堅定不變，始終以後周為對手。

但這次，契丹為聲援南唐付出了慘痛代價。柴榮一代雄主，屈尊求好而不見納，胡蘿蔔既不見效，當然要祭起大棒了。為免除攻打南唐的後顧之憂，柴榮決定先討幽州。應曆九年（九五九年），柴榮再度親征。由於遼朝幽州守將乃「以密戚預政」的庸才蕭思溫，而柴榮行出險棋，一度離開主力，輕軍奔襲，讓契丹措手不及，周師呈摧枯拉朽之勢，奪回了後晉獻於契丹的雄、霸、莫、瀛四州（今河北雄縣、霸州、任丘、河間，史稱「關南」，即瓦橋關以南地區），兵臨幽州城下。形勢如此危急，耶律璟調集大軍，親臨幽州坐鎮指揮，並遣使北漢求援。因此，雖然前期進展之順利超乎所有人想像，但後周軍中對繼續進攻幽州，反對聲音極其強烈。柴榮固執己見，欲與契丹決戰，若非遇疾而退，幽州一戰結果如何，實未可知。

柴榮死後，陳橋兵變，趙匡胤建立了大宋王朝，時在遼應曆十年（九六〇年）。此後至應曆十九年（九六九年）穆宗被弒，遼宋邊境除偶有小衝突外，相當平靜。趙宋的策略，是先取北漢。而在遼朝這一方面，則始終盡力保護北漢政權不被宋朝吞併，遼漢同盟極其穩固。

縱觀穆宗一朝，雖然耶律璟繼位之初頗為進取，但契丹擴張中止、轉攻為守的確是不爭之事實。

其主要原因，當是中原形勢之變化。周世宗柴榮乃一代雄主，這是周宋以降的共識，亦是現代史家的定評。五代之紛亂至此漸趨平息，中原重新開始統一。承柴榮之基，趙匡胤之大宋王朝亦蒸蒸日上。契丹遇此二勁敵，徒喚奈何，惟嘆天不助遼也！其次，穆宗之保守也與其本人有關。與遼初三帝不同，耶律璟即位前，似乎並沒有多少軍事經驗。面對柴榮、趙匡胤這樣的對手時，其取防禦姿態也在情理之中。更何況，應曆後期耶律璟為隱疾困擾，勢難有進取雄心。

穆宗的這一隱疾，便是性無能。應曆十三年（九六三年）始，耶律璟因久病不愈心理失衡，晝寢夜飲，濫殺近侍，史不絕書，幾無月無之。中原文獻遂冠以「睡王」⑨之稱。表面上看，這似乎是趙宋收復燕雲的黃金時機。但穆宗醉中施暴，「上不及大臣，下不及百姓」，醒時亦常悔之。可見其宣洩亦能理性選擇對象，並未喪失自制。固然，耶律璟之狀態使其難有進取之心。但應曆十三年以來，遼朝對北漢之援助始終如一，這說明穆宗並未放鬆對宋朝之警惕，仍能保持防禦積極性。更何況，耶律璟之失態並沒有影響到整體國力，終穆宗一朝，契丹之實力有增無減。因此，趙匡胤若貿然北伐，耶律璟當不會坐視不理，北伐實無勝算。宋太祖堅持「先南後北」，避免與遼朝發生正面衝突，這與遼穆宗的策略不謀而合，可謂英雄所見略同。

五、前期皇位繼承之無序及走向正軌

應曆十九年，穆宗因過於殘暴，為近侍所殺。繼位的是世宗之子耶律賢，廟號景宗。太宗以降，

---

⑨歐陽脩，《新五代史》卷七三〈四夷附錄第二〉。

遼朝皇位繼承全都伴隨著血雨腥風，且均非父死子繼，直到景宗朝後，這種情況才有所改變。

契丹部族有兄終弟及的傳統，阿保機從遙輦氏手中搶得可汗寶座後，其同母諸弟三次叛亂，試圖取而代之，究其所以，是因為阿保機有意改變這一傳統。平定叛亂後，阿保機稱帝建國，作為一個強人領袖，成功降服了諸弟，使其接受父子（嫡長子）相襲體制，不再謀求兄終弟及。

然人算不如天算，太祖十幾年的努力，卻被有所偏私的應天太后毀於一旦。阿保機死後，繼承皇位的本應是太子耶律倍，但太子生母應天鍾愛幼子李胡，欲廢太子而立之。為此她大行殺戮，鏟除了支持太子的寅底石等人。即便如此，應天仍未能如願，最終在帝位空懸一年零四個月後，不得已進行妥協，改立次子德光，條件是德光以李胡為皇太子。應天此舉，迫使契丹權力傳承重新回到了兄終弟及。

太宗意外死於中原，其時皇太子李胡留守監國，遠在契丹腹地，軍中無主，德光倚重的漢人趙延壽欲乘機自立，人心惶惶。在此千鈞一髮之際，隨軍的耶律倍之子耶律阮設計擒拿趙延壽，取得軍中實力派北南大王的支持，利用這一稍縱即逝的良機篡取了帝位，並向草原進軍，欲與李胡決一死戰。在全面內戰迫在眉睫之際，重臣耶律屋質出面調停，迫使李胡低頭。耶律阮之所以能取代皇太子李胡，除了時機之外，其父無辜被廢，其人本有望成為皇儲這一因素亦不可小視。此外，應天廢太子之惡例，也對皇太子制度造成負面影響。

遼初兩次皇位更替都極不正常，皇太子均未能繼位，無論傳子還是傳弟都沒能實現，這使遼朝皇位繼承陷於混亂，由此開啟了宗室權貴覬覦之心。世宗即位兩年多後，已大體有效地控制住了宗室。不料大意失荊州，被從叔察割蒙蔽，在位不足五年即為其所弒。契丹政局本已轉入正軌，卻又面臨危機。其時世宗嫡長子耶律賢尚幼，屋質遂擁立太宗嫡長子耶律璟，平定了察割之亂。這一風波使遼朝政局再度動蕩。與世宗朝極其相似，穆宗初年宗室謀逆頻仍，耶律璟同樣花費了數年時間用於鞏固其統治，其後朝局基本趨於穩定。但天不祐契丹，遼朝並未由此擺脫紛爭的陰影。穆宗因性無能無子，遇弒後皇位歸屬再度引發爭鬥。在擊敗耶律璟同母弟罨撒葛後，耶律賢登上了寶座。

概言之，契丹汗位舊有兄終弟及傳統，經過阿保機之努力，這一傳統本已漸趨式微，父子相承在很大程度上已為契丹權貴所接受。但由於應天太后私心所向，廢長立次，更以少子為次子之繼承人，推倒了骨牌中的第一張。而太宗、世宗、穆宗三帝，均屬非正常、意外死亡，且後二人未立皇儲。這一系列政治事件，是導致遼朝前期皇位紛爭頻仍的最主要原因。事實上，不論兄終弟及舊傳統，還是嫡長子繼承新制度，在遼初四次皇位傳承中竟沒有一次實現過，皇位繼承在很大程度上處於失序狀態。論其始作俑者，應天太后難辭其咎。景宗即位後，宗室謀逆亦間有發生，但大體而言，耶律賢始終具備把握政局的能力，終得以順利傳位嫡長子隆緒。

在內政上，景宗朝承繼了遼初以來一以貫之的官僚化、集權化、漢化的大方向，進一步加以深化，意義重大。遼朝鼎盛時期政治體制的基本架構，初步形成於此時。同樣在景宗朝，宋遼一度達成了雄州和議（詳下節）。可以說，作為遼朝鼎盛時期的聖宗朝，不論就制度還是對外關係而言，都是對景宗朝的繼承。換言之，正是景宗為遼朝走向鼎盛鋪平了道路。

事實上，景宗朝與聖宗前期（承天太后蕭氏稱制，聖宗親政前）應當看作一個整體。不僅承天皇后在景宗朝就已經積極參與朝政，是耶律賢之賢內助，且聖宗前期的三重臣韓德讓、耶律斜軫與室昉，都是景宗朝的老班底，其他大臣也多是先朝舊人。因此，景聖交替對於中樞方針幾乎沒有任何重大影響。誠然，耶律賢以三十五之歲，正當壯年而卒，殊為憾事。但他傳位嫡長子隆緒，託孤承天，終賴妻、子成其洪業，為後世開太平，其知人之明良足嘉也。可以說，在遼朝歷史上，耶律賢之地位實堪與太祖太宗比肩。

第二節　遼宋關係

一、對宋作戰

穆宗遇弒之際，正值宋太祖趙匡胤親征北漢。不過，遼朝皇位更替並沒有影響其對北漢的救援。保寧元年（宋開寶二年，九六九年）三月，趙匡胤親至太原，率軍圍攻北漢都城。而耶律賢則繼承了穆宗的政策，連續派遣三批援軍，堅決維護北漢之存在，以對抗大宋。整體上看，保寧初遼漢宋三方形勢依然延續了穆宗後期的局面。

保寧六年（宋開寶七年，九七四年），長期的膠著狀態終於有了變化，宋遼間達成雄州和議。和議之達成，應當是周宋以來南北局勢變化的結果。周世宗北伐，想來對契丹震動不小。而宋初逐次削平割據小政權，似乎無往不利，一改五代頹勢，已有天下一統之跡象，對遼朝恐怕也有威懾作用。雖然宋遼迄未發生大規模正面衝突，但契丹自丟失關南後大體處於守勢。因此，遼廷可能擔心中原政權再度北伐。在這種情況下，接受和局在情理之中。而宋朝則因為要對江南用兵，需解除後顧之憂。

議和翌年，宋師入金陵，南唐亡。保寧八年（宋開寶九年，九七六年）八月，即議和的第三年，趙匡胤出師伐北漢。十月，宋太祖崩，太宗繼位，遂罷河東之師。不過，大宋欲滅北漢之意圖，已暴露無疑。因此，北漢連連向契丹求救，而遼朝屢如所請。契丹雖與宋朝保持正常邦交，但在北漢戰場上，景宗絕不憚與宋軍兵戎相見，一決高下。保寧十一年（宋太平興國四年，九七九年），宋太宗趙光義下詔親征北漢。此番遼朝雖同樣出動大軍，力挺北漢，但對大宋滅漢之決心，估計不足。在契丹援軍受挫後，北漢國主劉繼元降宋，北漢亡。宋太宗得隴望蜀，進軍幽州，七月與遼軍於高梁河大戰，宋師大敗，趙光義僅以身免。

高梁河一戰，是柴榮北伐以來，契丹與中原王朝第一次大規模正面衝突。後周北伐後，遼朝懾於中原兵威，一直取守勢。而高梁河戰後，景宗改變保守策略，頻頻出動大軍南下。是年九月，以重臣燕王韓匡嗣為都統，分道南伐。然匡嗣非帥才，指揮失誤，遼軍大敗於滿城（今河北滿城）。翌年十月，耶律賢親統大軍南下，趙光義亦一度親征。瓦橋關（今河北雄縣）一戰，雖然遼軍取得勝利，但宋軍的抵抗非常頑強，契丹傷亡不小，因此景宗宣布班師。此時宋太宗已挺進至大名，聞訊亦罷兵。乾亨四年（宋太平興國七年，九八二年）四月，耶律賢再度親征，遼軍又至滿城，戰仍不利，五月班師。九月，景宗崩。

聖宗之繼位，是遼朝開國以來第一次和平的皇位更替，也是首次實現嫡長子繼承。但因「母寡子弱，族屬雄強，邊防未靖」⑩，主動對宋息兵。契丹丟失中原後，在燕雲漢地仍以「大遼」為國號，以彰顯其對中原的合法「主權」。統和元年（宋太平興國八年，九八三年），承天太后將燕雲漢地所使用的國號由「大遼」改回「大契丹」，委婉地向宋人暗示不再謀求入侵中原。

⑩脫脫等，《遼史》卷七一〈景宗睿智皇后蕭氏傳〉。

由於誤判形勢，宋太宗最終還是選擇了再度北伐，又一次吞下了苦果。統和四年（宋雍熙三年，九八六年）五月，宋軍大敗於岐溝關（今河北涿州）。是年冬遼朝南征，取得了君子館（今河北河間）大捷。儘管在宋遼戰爭中遼方往往占優勢，但並無力獲得決定性的勝利。這固然是宋遼雙方軍事實力大體相當之反映，但也與宋遼邊境地理環境密切相關。

宋遼河北邊界，雖無名山大川之險可恃，但關南地區「沮澤磽埆」，遍地沼澤，塘水瀰漫，是契丹騎兵行動的巨大阻礙。所以遼朝入侵，一般總是避開關南，由靠近太行山脈、沒有沼澤的狹窄地段南下。正是針對這一形勢，宋朝的防線設置是以重兵駐守鎮州、定州與高陽關這三鎮（今河北正定、定縣、高陽），定州為其核心，威虜、靜戎軍二軍（俱今河北徐水）為其主要屏障，其防守策略大體是主力堅守不出，伺機發動小規模突襲。遼軍雖能深入宋境，但不僅對鎮定高陽三鎮毫無辦法，連威虜、靜戎軍亦無力攻取，因此總是掃蕩一番，然後北歸。遭遇宋人二度北伐後的這次南征，雖大捷於君子館，並連下深、祁二州（今河北深州、安國），似乎戰果不小，但並沒有真正威脅到鎮定高陽三鎮及威虜靜戎二軍構成的防禦體系，而繼續南下太過冒險，深祁二州亦不能據而有之，北返在情理之中。

統和六年（宋端拱元年，九八八年），遼軍再度南侵，雖然攻下了涿、易二州（今河北涿州、易縣），並從此據而有之，但同樣沒能撼動三鎮二軍。次年，宋鎮定大軍護送糧草赴威虜軍，耶律休哥欲逆擊之，大敗於徐河（今河北徐水）。此後契丹又一次改變策略，十年不再南牧。

統和七年（宋端拱二年，九八九年）冬起，宋遼間進入了長達十年的休戰期。統和十二年（宋淳化五年，九九四年），宋兩度遣使求和，但均遭拒絕。統和十五年（宋至道三年，九九七年），宋太宗駕崩，真宗繼位，指示邊將何承矩「貽書契丹，諭以懷來之旨」[11]，也沒有得到回應。在這長達十年的休戰期中，遼朝一方面選拔賢才，括田括戶，整頓部族，積極勸農，大行仁政，內政蒸蒸日上；另一方面，東伐高麗，北征阻卜，周邊隱患亦得以肅清。在這種情況下，契丹得以再度向南用兵。

二、澶淵之盟

統和十七年（宋咸平二年，九九九年），契丹大軍再度南下。但由於攻不下威虜軍，遼軍剽掠一番後仍然只能主動撤退。面對契丹來犯，宋真宗御駕親征，曾督促前線主動出擊。鎮定高陽關行營都部署傅潛畏懦不戰，事後被削奪官爵，流房州。統和十九年（宋咸平四年，一〇〇一年）十月，契丹再次入侵，但旋即因雨水班師。事實上，早在是年七月，宋方就得到情報，遼人將謀入寇，因此做好了部署，擬駐大軍於威虜。但諜報有誤，契丹南犯時宋師主力尚在定州，真宗為此「甚歎息焉」[12]。

統和二十一年（宋咸平六年，一〇〇三年），遼朝又一次入寇，與宋軍戰於望都（今河北望都），虜真宗藩邸舊人、深受寵信的王繼忠。望都之敗讓宋真宗惱怒異常，一度欲親臨前線，指揮防秋，但在群臣勸阻下作罷。契丹連歲南侵，宋人敗多勝少。更何況，戰爭在宋朝境內進行，兵鋒所及，生靈塗炭，其損失又非單單勝負所能衡量。由於無險可守，宋軍完全陷入被動。而每年的防秋[13]，對宋廷又是極大的負擔。統和十九年由於情報錯誤，大軍未能及時北上。而錯誤諜報之所以會發生作用，正

---

[11] 脫脫等，《宋史》卷二七三〈何承矩傳〉。

[12] 李燾，《續資治通鑑長編》卷四九，真宗咸平四年十月辛酉。

[13] 秋高馬肥，是游牧民族南下的慣常時節，故漢地的防禦稱作「防秋」。

是因為後勤供應迫使宋方不能提前出動。在這種完全被動的局面下，真宗內心之惱怒可想而知。親征計畫雖然取消，但在朝臣協助下，真宗設計了一個以防禦為主，然不失進取的大陣。其策略是，大軍屯於定州，若契丹攻定州，先堅守不戰，待遼兵疲敝，再誘之與戰，三路偏師則攻其後路。若契丹不攻定州，逕自南下，則在遼軍撤退時，斷其後路，前後夾擊。這一計畫考慮到了遼軍可能越過定州南下，但對此並不十分重視，完全沒有料到遼軍主力可能冒險南下至大名、澶州（黃河北岸，今河南濮陽）一帶。而這並非真宗一人之失策，乃是澶淵之盟前宋朝君臣之共識。

統和二十二年（宋景德元年，一〇〇四年），遼朝進行了最後一次南侵。是年八月，宋邊臣得到契丹謀入寇的消息，上報朝廷。真宗決定親征，以抗擊入侵之寇。畢士安等以為不必親行，又建議駐蹕澶州，不過應持重緩行。王繼英等贊同畢士安的後一意見。只有寇準一人，建議真宗即刻出發赴澶州，然未被採納。需要特別指出的是，此時契丹尚未南侵，真宗之親征，是他幾年來一直策劃之事，並非情況危急下的倉促決定。

閏九月，蕭太后與聖宗母子率軍大舉南下，陸續攻擊了威虜軍、保州（今河北保定）等地。由於定州宋軍主力按照既定計畫，堅守不戰，遼軍遂越過定州南下。雖然契丹的動向出乎宋朝君臣的意料，但宋廷此時並未認知到事態之嚴重性，仍然相當樂觀。契丹南下之時，真宗收到了之前以為陣亡的王繼忠代表契丹求和的書信。但對契丹求和之誠意，真宗有所懷疑，同時他擔心遼朝乘機索要關南，因此拒絕遣使，依舊為親征作準備。

不過，由於誤信瀛洲失陷的謠言，宋廷不久就作出了一次重大戰略調整，召定州主力入援，且在接到王繼忠第二封求和信後，派出了使者。大敵當前，真宗並未驚慌失措，而是有條不紊地備戰。對於議和，真宗也顯得頗為沉著，倒是遼人有些急不可耐。

親征車駕行至韋城（今河南滑縣）時，出現了一場小波折。是時執政王欽若出守大名，陳堯叟則為親征車駕之先遣隊指揮，兩人發現遼軍完全超出了宋人之前的預想，大軍冒險深入宋朝腹地，而定州主力遷延不至，契丹已逼近黃河。如果繼續澶州之行，真宗本人可能直接面對遼軍主力。而澶州城防工事很不完善，並不安全，此其一。其二，一旦契丹渡河，東京開封就直接暴露在遼軍面前，後果不堪設想，稍一不慎，宋朝會有亡國的危險。在這種情況下，為謹慎起見，兩人建議皇帝暫時南巡，避敵鋒芒。但在寇準等人勸說下，真宗最終打消顧慮，不僅沒有南奔避狄，甚至沒有選擇回師東京這一持重之策，而是毅然決定維持原計畫，北上澶州，親臨風險極大的戰爭第一線。

在澶州，真宗見到了契丹議和使節，宋遼雙方簽訂了「澶淵之盟」。其主要內容包括：兩國約為兄弟，各守疆界，取消敵對行動，包括互不招納降附，不在邊境創築城堡及改易河道。遼聖宗尊宋真宗為兄，宋真宗尊遼蕭太后為叔母。北宋每年向遼支付「歲幣」銀十萬兩，絹二十萬匹。

澶淵之盟是遼、宋雙方實力均勢的反映。北宋軍事「積弱」，無法戰勝遼軍，但畢竟國勢尚未衰頹，遼也不能占據絕對上風。此役契丹主力冒險深入至河，太后、聖宗及權臣韓德讓均在軍中。若果大戰，契丹並無必勝之把握。而一旦戰敗，不僅主力有被全殲之危險，太后等均有成為階下囚之可能。換言之，亡國並非過甚其辭。遼朝下出這招險棋，是因為王繼忠已將宋軍的防線布置及作戰計畫告知契丹。也就是說，契丹人完全清楚宋朝腹地防禦的空虛，宋人對遼人可能冒險深入南下缺乏準備。而面對契丹大軍，宋朝同樣沒有必勝之把握。一旦出現意外，遼軍攻破澶州，俘虜真宗，或渡過黃河，挺進開封，同樣意味著亡國的危險。因此，長期因缺乏互信無法媾和的雙方，在劍拔弩張的澶淵，卻神奇地走到了一起。

澶淵之盟後，宋遼兩國彼此以南、北朝平等相待，頻繁互遣使節。遣使主要有三種情況。第一種是每年定期遣使，向對方祝賀新年以及皇帝（或皇太后）的生日。第二種與皇位更迭有關。一方皇帝（或皇太后）去世，向對方遣使告哀，並贈送死者的遺物，對方也要隨即遣使祭奠，並表示慰問。新皇帝即位，同樣要向對方遣使通報，對方則遣使祝賀。第三種是因其他事項臨時遣使交涉，以及對方遣使回覆。經濟方面，兩國都在沿邊州縣開設榷場，聽任雙方商民互市，各自設官監督，徵收商稅。遼的輸出商品以牲畜為主，宋則輸出絹帛、瓷器、漆器、茶葉等物。為逃避稅收，民間也有不少人從事走私貿易。

三、慶曆增幣

澶淵之役，真宗表現可圈可點，相當果敢。澶州城下，當時的主動權在宋而不在遼，宋方可戰可和，形勢對契丹一方更為不利。是真宗主動選擇了求和，是雙方都有意求和，而非宋人在遼武力威脅下不情不願地簽訂屈辱和約。即便和約已定，契丹仍不無惶恐，生怕退兵之際被宋軍圍堵。當時也的確有武臣請求阻截遼兵，但真宗沒有採納其建議。此舉並非出於懦弱畏敵，而是為了顧全大局。事實上，對於退兵之際劫掠宋人的契丹部隊，真宗下令予以痛擊，並與遼方交涉，要求放回所掠宋人。契丹因此約束部隊，規規矩矩退出了大宋疆土。總而言之，宋人在戰場上表現並不差，完全談不上屈辱。

至於盟約的內容，雖然宋方的確作出了巨大讓步，但在時人看來，亦是雖屈而不辱。與北狄兄弟相稱，以歲幣換和平，固然不是榮耀。然徵諸歷史，中原王朝稱臣外夷亦不乏其例，大宋與契丹兄弟相稱並算不了什麼。而澶淵之盟規定北宋需付的歲幣，在其財政支出中僅占很微小的分額，用宋人的話來說，「雖每歲贈遺，較于用兵之費，不及百分之一」⑭。因此，澶淵之盟後，宋朝君臣普遍相信，安史之亂引發的混亂局面此時才真正終結，可與開元之治媲美的盛世已經到來，真宗朝荒唐的天書封祀就是為此而設計的盛大慶典。

但宋人的太平美夢只做了不足四十年。遼興宗重熙七年（宋寶元元年，一〇三八年），原本臣服宋朝的西夏李元昊叛宋稱帝，宋軍屢戰屢敗。重熙十一年（宋慶曆二年，一〇四二年），遼趁西夏崛起、北宋困於宋夏戰爭之機，屯兵境上，遣使南下，強硬地向宋朝索要關南之地，讓宋廷大為震驚，上下人心惶惶。富弼臨危受命，赴遼進行交涉。

雖然這場風波最後和平收場，但宋人之惶恐並不能簡單地視為虛驚一場。契丹絕非虛張聲勢，宋人若不妥協，富弼等人曾擔憂的遼夏合謀侵宋必定會變成現實。妥協的結果，是宋人將歲幣從三十萬增加到五十萬（其中十萬是求助契丹壓服西夏納款的謝禮），且卑詞稱「納」。與澶淵之盟不同，慶曆增幣不僅讓宋人對盟約喪失信心，且真正讓宋人感到了屈辱。

盟約復定後，是年十月，宋廷即遣梁適出使契丹，催促遼朝向西夏施壓。在契丹斡旋下，元昊主動納款，雖去帝號稱「兀卒」（西夏語，天子），但稱男不稱臣。不過，宋廷臣僚對此番西夏求和，尤其是契丹居間斡旋，議論紛紛。名臣余靖、歐陽脩等人均對此憂心忡忡，以為「我之和好，權在敵國」，「契丹許我而有功」⑮，後患無窮。重熙十二年（宋慶曆三年，一〇四三年），夏使再至，帶來了

⑭李燾，《續資治通鑑長編》卷七〇，真宗大中祥符元年十一月癸未。

正式開出的議和條件。元昊不僅沒有退讓，稱男不稱臣如故，且改「兀卒」為「吾祖」，又多所要請，凡十一事。是時宋朝宰執多欲姑息，獨韓琦以為不可。在韓琦看來，原本可以妥善解決的西夏問題，正是因為求助契丹，宋廷反而陷入了進退失據的困境。

元昊無故改「兀卒」為「吾祖」，甚為蹊蹺。諫官蔡襄以為，西夏並「無欲和之意」，只是愚弄宋朝。蔡氏所言不差，就在議和使者到達宋廷的同時，夏人亦抵達遼廷，請求與契丹聯兵伐宋。遼夏本合謀侵宋，宋朝如此乖順地增加歲幣，卑辭稱納，可能出乎興宗意料之外。契丹不費吹灰之力，在取得了巨大利益的情況下與宋媾和，反過來向西夏施加壓力，李元昊顯然非常不滿。此人凶狡異常，對遼朝尚有期望，所以表面上服從契丹，遣使議和，但開出苛刻條件，並惡意地改「兀卒」為「吾祖」，試圖將談判破裂的責任推到宋朝頭上。

遼朝不僅沒有答應夏人侵宋之請，且出兵伐夏，宋朝反而置身事外。事情最終的發展，似乎證明歐陽脩等人的憂慮實在多餘。實則不然。遼興宗並不滿足於澶淵體制，意欲獨尊天下。聯夏制宋，無疑是契丹徹底突破澶淵體制，凌駕於宋朝之上的最佳途徑。即便興宗顧忌出兵代價太大，也完全可以對宋朝陽奉陰違，與元昊合謀進一步敲詐宋朝。這也正是宋朝有識之士極為擔心，同時也認為極有可能出現之事。而遼夏交兵，鷸蚌相爭，漁翁得利，宋朝反而成了唯一的受益者。興宗為何出此下策？

一矢未發，一兵未交，宋人就「納」歲幣二十萬，澶淵之平等體制隱然已被突破，遼朝取得了高於宋朝的地位。更有甚者，宋人自降身分，主動向契丹求助，等於承認了契丹在宋遼夏三角關係中的

---

⑮ 李燾，《續資治通鑑長編》卷一三九，慶曆三年二月乙卯、卷一三八，慶曆二年十月戊辰。

霸主地位。大軍未動，僅靠折衝樽俎，遼朝就取得了太宗入汴以來最輝煌的成就，興宗焉得不忘乎所以，自信極度膨脹？只要元昊乖順地與宋朝議和，遼朝就可以徹底壓倒宋朝，明確霸主地位。但夏人陽奉陰違，遷延不就，惹惱了興宗，終至雙方破裂，兵戎相見。

自大輕敵不僅讓契丹輸掉了遼夏戰爭，也輸掉了自增幣以來所暴漲的對宋優勢。從西夏叛宋、慶曆增幣到遼夏戰爭，雖然險象環生、如履薄冰，除了付出四十五萬歲幣（與西夏議和付二十五萬），宋人有驚無險地發現，經過一番激烈的震蕩，國際格局終於還是回歸原有的框架。

至遼道宗朝，宋遼兩國的和平關係又出現了一場波折。大康元年（宋熙寧八年，一〇七五年），遼就與北宋河東路（今山西境內）接壤的邊界提出異議。沈括奉命前往談判，臨行在樞密院查閱檔案，查出以前宋、遼劃境以古長城為界的事實。到達遼廷後，據理力爭，反覆辯論，本已挫敗遼朝占地的企圖。但宋神宗有意退讓，最後在韓縝與遼人於河東邊界舉行的談判中割讓了大片土地。澶淵之盟後宋遼維持了一百多年的和平，是以宋朝屢屢妥協讓步為代價的。

和平關係終結於遼末，北宋背棄盟約，與金朝夾攻遼朝，最終唇亡齒寒，相繼覆滅。

第三節　從鼎盛到衰亡

一、鼎盛時期

遼聖宗在位近五十年，政局穩定，是遼朝的鼎盛時期。這一階段，遼確立了與北宋南北對峙的地位，國家制度亦漸趨完備。

遼朝建國後，阿保機經過十幾年的努力，已經使契丹傳統部族體制發生了很大變化，但走向中央集權的官僚制之路還只是剛剛開始。終太祖一朝，契丹政權的部族色彩仍非常濃重。阿保機不意辭世，不僅將開疆拓土的使命留給了後人，在制度建設、改造契丹政權方面，後人面臨的任務也相當艱鉅。

太宗時期，與燕雲十六州入遼同步，此前作為附庸國存在的東丹國被廢除，設東京於遼陽，遼朝對其控制區域實施直接統治。這是大契丹國建國道路上的一個里程碑。燕雲十六州和渤海故地納入遼朝版圖，占了其國土不小比重，這標誌著契丹已不再是局限於草原一隅的小政權，而變成了跨有草原與農耕地區的龐大帝國。與此同時，中央權力亦更為深入地滲透到部族中。但另一方面，東京地區還存在一定程度的自治色彩，而在燕雲十六州，原有藩鎮體制仍然對中央控制構成了巨大挑戰。

天祿元年（九四七年），為了加強中央對契丹部族及燕雲藩鎮的軍事控制，遼世宗創置北、南樞密院。天祿四年（九五〇年），世宗置政事省，進一步從藩鎮手中奪權。在財政、軍事、人事這三個對藩鎮來說最重要的方面，其權力都被大大削弱。對唐末以來藩鎮問題的解決，契丹大體與中原同步。北南樞密院及政事省之出現，代表了遼朝北南分治體制之形成。至此，契丹中央才得以真正深入有效地控制燕雲十六州。

繼世宗朝之後，景宗朝是遼朝樞密院發展的另一個關鍵時期。南樞密院由「總漢軍事」轉變為不掌兵而專理民政的中樞機構，北樞密院全面接管南面防務。遼朝北樞密獨掌兵政，兼領部族民，南院不掌兵，惟理州縣民的基本格局，初步形成於此時。北南分治的局面，得到進一步深化。此外，東京地區大體褪盡自治色彩，軍政歸北院，民事歸南院，也發生在景宗朝。

聖宗朝則代表了遼朝從部族體制向中央集權官僚制轉變的完成。太平五年（一〇二五年），「禁天下服用明金及金線綺；國親當服者，奏而後用」⑯。皇權獨尊，表露無遺。

部族首領不再只從本部選授，有告身，有俸祿，有明確任期，完成了向官僚的轉變。中央對部族首領的控制與監督空前加強，其職權相應大為削弱，部民亦轉變為編戶。與此同時，契丹部族的農業化也在持續深入發展。統和十五年，「詔品部曠地令民耕種」⑰，可見其時契丹部族已有部分由傳統的游牧轉為農耕。為防備西北邊疆草原地帶的阻卜諸部，遼朝以契丹諸部屯戍西北，這些部族在草原上的生計，以屯田為主，芻牧為輔。聖宗甚至還鼓勵部族發展商業。

王朝對州縣的控制，亦趨於全面深入。中央頻繁派遣專使，巡行地方，「分決諸道滯獄」⑱，「按察諸道守令能否而黜陟之」⑲。開泰元年（一〇一二年），「詔諸鎮建宣敕樓」⑳。八年，「詔諸道，事無巨細，已斷者，每三月一次條奏」㉑。凡此種種，說明州縣已被中央牢牢控制在手中。

聖宗朝，契丹漢化也有明顯的深入發展，迎來了第一個高峰。蕭太后、聖宗均好詩。契丹人中，也出現了一批文學之士。北宋陝州草澤之民魏野，屢辭徵召，不求聞達，「為詩精苦，有唐人風」。對

---

⑯脫脫等，《遼史》卷一七〈聖宗紀八〉。
⑰脫脫等，《遼史》卷一三〈聖宗紀四〉。
⑱脫脫等，《遼史》卷一三〈聖宗紀四〉。
⑲脫脫等，《遼史》卷八〇〈邢抱朴傳〉。
⑳脫脫等，《遼史》卷一五〈聖宗紀六〉。
㉑脫脫等，《遼史》卷一六〈聖宗紀七〉。

於這樣一位不算太出名的詩人，居然有契丹使者「言本國得其《草堂集》半帙，願求全部」㉒。

太后與聖宗的政治理念，也深深打上了儒家的烙印。統和十五年，聖宗出獵，皇太后諄諄告誡曰：「前聖有言：欲不可縱。吾兒為天下主，馳騁田獵，萬一有銜橛之變，適遺予憂。其深戒之！」㉓這哪裡像在勸戒一位游牧契丹人的君主啊！

在王朝的政令賞罰中，儒家的影響有多方面的體現。孝行得到表彰，婦女被要求恪守儒家倫理。又，五代以降，中原譜牒衰落，嫡庶之分漸趨淡化。而在契丹，卻出現了反向的潮流，強調嫡庶之辨。

統和二十七年（一〇〇九年），太后崩。次年，聖宗伐高麗，蕭敵烈諫止，理由有二。其一曰聖宗尚在服喪之期，其二曰國家連年征討，士卒疲敝，加之年穀不登，創痍未復。值得注意的是，以喪服未除為由反對出兵的，是一位契丹人。

聖宗時，遼朝疆域「盡有大漠，浸包長城之境」㉔，既擁有廣闊的草原，也占領了燕雲十六州等一部分定居農業區，開創了北方民族政權一種新的類型。北宋皇帝就感慨說：遼「勢所以難制者，有城國，有行國」。與只有「行國」的「古之夷狄」相比，它已經「兼中國之所有」，因此「最為強盛」㉕。

㉒李燾，《續資治通鑑長編》卷七五，真宗大中祥符四年三月甲戌。
㉓脫脫等，《遼史》卷一三〈聖宗紀四〉。
㉔脫脫等，《遼史》卷三二〈營衛志中·行營〉。
㉕佚名，《道山清話》。

二、宮廷鬥爭

遼聖宗之後，其子興宗耶律宗真、孫道宗耶律洪基依次嗣位，兩位皇帝在位時間合計長達七十年。其間，遼朝上層統治集團內部鬥爭又趨激烈。長期的宮廷紛爭，一再演變為皇族你死我活的殘酷殺戮，嚴重動搖了遼朝的統治。

聖宗齊天皇后蕭氏無子，興宗乃宮女蕭耨斤生，自幼為皇后所養，與齊天感情很好。宗真長大後，對皇后亦侍奉唯謹，蕭耨斤對此醋意橫生，極為不滿。太平十一年（一〇三一年），聖宗病故，年僅十六歲的興宗即位，野心勃勃的蕭耨斤憑藉生母身分，立即製造了一場從齊天皇后手中奪權的政治陰謀，誣陷皇后與其弟蕭浞卜、蕭匹敵謀逆，欲廢宗真而改立他人。在進行了一系列血淋淋的殘酷殺戮之後，齊天被囚禁，蕭耨斤則自立為「法天皇太后」，臨朝稱制，掌握了統治大權。

變故發生之時，興宗在生母面前為齊天力辯其誣，並強調齊天侍奉聖宗、養育他本人，功在社稷。奈何年幼無助，政權已為法天太后把持，未能挽狂瀾於既倒。齊天雖被囚禁，法天仍放心不下，認為有此人在，恐為後患，必欲除之而後快。興宗苦苦哀求，表示齊天「無子而老，雖在，無能為也」㉖，亦未能阻止生母下毒手。齊天終於次年被殺。

法天猜忌心極重，滿朝蕃漢臣僚均信不過，專用自家兄弟出掌要職，甚至連其娘家蕭氏的家奴也備受重用。她寵愛幼子耶律重元，企圖廢黜興宗，立重元為帝。但重元與其兄感情甚篤，反將法天之

㉖脫脫等，《遼史》卷七一〈聖宗仁德皇后蕭氏傳〉。

密謀告知興宗。重熙三年（一〇三四年），興宗採取果斷措施，先下手為強，發動政變囚禁法天太后，並將其勢力一網打盡。

興宗難以忘懷齊天的養育之恩，親政後一次出獵，路過齊天墳冢，見其孤處空山，荒穢無比，無影堂（懸掛遺像之靈堂）與灑掃人，極為難過，在墳前哭訴說：「吾早同今日，汝不至于此也。」[27]並下令以皇太后禮改葬齊天。重熙八年（一〇三九年），興宗在國人勸說下，將法天從囚禁處接回，但母子二人始終存在嫌隙。

對於重元，興宗恩寵有加，立其為皇太弟，許諾「千秋萬歲」後傳位於他。重元從此日漸驕縱不法。興宗常與重元以「雙陸」（始於三國，盛於唐宋元明的一種棋）博戲，以居民城邑為賭注。興宗屢屢敗北，前前後後已輸掉了好幾座城。由於懼怕重元，滿朝文武都不敢諫諍。一日興宗、重元再開賭局，一位詼諧機智的伶官羅衣輕上前指著棋局說：「雙陸休癡，和你都輸去也！」[28]興宗才恍然大悟，從此不再進行這一荒唐的遊戲。

興宗晚年，極力提高和加強其子耶律洪基的地位，任命其為天下兵馬大元帥。臨終時，遂傳位於洪基，並未令重元嗣位。道宗即位甫兩日，即下詔復尊重元為皇太叔，免拜不名，後又加天下兵馬大元帥，並賜金券。即便如此，重元仍怏怏不樂，圖謀叛亂。清寧九年（一〇六三年），道宗要到太子山行獵，重元及其子涅魯古得知這一消息，當即進行了謀反的部署。不料，陰謀尚未付諸實施，為大臣

㉗葉隆禮，《契丹國志》卷八〈興宗文成皇帝紀〉。
㉘脫脫等，《遼史》卷一〇九〈羅衣輕傳〉。

耶律良發現，告知道宗。由於提早防範，進犯行宮的叛軍未能得逞。前後僅一天多時間，叛亂即被平定，涅魯古死於陣前，重元自殺。

重元死後，道宗立子濬為皇太子。大康元年（一〇七五年），道宗詔十八歲的太子總領朝政。這一本為鞏固太子地位的舉措卻意外地造成了權臣耶律乙辛與太子的矛盾，促成了太子之死。

乙辛雖與皇族有疏遠的親緣關係，但出身貧寒。此人自幼狡黠，善於偽裝。乙辛在平定重元之亂中有功，深受道宗信任，自此勢震中外，專橫跋扈。皇太子耶律濬奉詔總領朝政，整飭法令制度，處事公正，乙辛的權勢受到了威脅和限制。乙辛雖欲中傷太子，苦於一時無機可乘，遂指使太子生母宣懿皇后蕭觀音的奴婢單登和教坊伶人朱頂鶴誣陷皇后與伶人趙惟一私通。道宗使乙辛及其同黨張孝傑共同審理此案，遂以所誣為實，逼迫皇后自殺。然後乙辛又盛稱其黨蕭霞抹的侄女美麗、賢惠，使道宗納為皇后，為自己的黨援。

皇后既死，太子濬憂形於色，乙辛又將打擊陷害的矛頭指向了太子。大康三年（一〇七七年）五月，乙辛指使同黨誣告大臣耶律撒剌、蕭速撒等八人謀立皇太子。道宗查無實據，但還是將撒剌、速撒外放，分別出任始平軍節度使、上京留守，並將其餘六人流放邊地。事隔一月，乙辛又指使其同黨蕭訛都斡出首，誣稱：「耶律撒剌等謀害乙辛，欲立皇太子事，臣亦預謀。今不自言，恐事泄連坐。」㉙道宗又使耶律乙辛、張孝傑審理此案。於是囚皇太子，殺速撒、撒剌等數十人。不久，又廢太子為庶人。十一月，乙辛同黨殺皇太子於囚所，以病死上奏。

㉙脫脫等，《遼史》卷一一一〈蕭訛都斡傳〉。

太子死後，乙辛擔心太子之子耶律延禧被立為儲嗣，千方百計要加害皇孫。大康五年（一〇七九年），道宗出獵，乙辛建議留下延禧，不帶其同往。在大臣蕭兀納的一再提醒下，道宗才開始懷疑乙辛，命皇孫同行，後又為其配備了專門護衛。次年，乙辛外放，出知興中府（今遼寧朝陽）。大康七年（一〇八一年），乙辛因向遼朝境外私販禁物事發，被囚禁。九年，乙辛企圖逃往北宋，被發覺，同時又查出他私藏甲兵，遂被處死。

道宗為人「不明無斷」㉚，不辨忠姦，使乙辛擅權達十幾年之久，皇后、太子先後被誣致死，造成了導致遼朝國勢衰頹的一大悲劇。

三、遼朝的滅亡

遼朝疆域極為遼闊，東至日本海，西至阿爾泰山脈，北近貝加爾湖，南據華北北部，其統治重心則在版圖東南部的遼河流域。雖然疆域廣闊，然以草原、荒漠為主，農耕區域主要在遼境東部和南部。農耕區域的居民，主要是漢人及渤海遺民靺鞨人，漠北則生活著諸多游牧部族。此外，東北廣大的森林地區，為亦農亦獵的部族所占據。

漠北、東北少數民族部落雖然很早就臣服於遼，但遼對它們的統治並不穩固，仍屬羈縻性質，「朝貢無常，有事則遣使徵兵，或下詔專征，不從者討之。助軍眾寡，各從其便，無常額」㉛。道宗時，

㉚脫脫等，《遼史》卷一一一〈姦臣傳下〉傳論。
㉛脫脫等，《遼史》卷三六〈兵衛志下·屬國軍〉。

漠北諸部韃靼在磨古斯領導下起兵反遼，遼調集重兵竭盡全力圍剿，歷時九年才將其鎮壓。而東北的女真以完顏部為首形成部落聯盟，逐漸壯大，也對遼形成威脅。

道宗死後，其孫延禧即位，群臣上尊號曰「天祚皇帝」。此時遼的統治危機已十分嚴重，統治集團內部繼續爭鬥，政治日益腐敗，漢人、渤海人聚居地區都出現動亂。而女真崛起後與遼朝衝突的尖銳化，最終導致了遼朝的覆亡。

遼朝實行四時捺缽制度（詳第二章第一節），每年初春，遼主往往至東北鑿冰釣魚，縱鷹鶻搏擊天鵝，以此取樂。屆時，女真諸部酋長盡來貢獻方物，遼廷設宴犒勞，席間例使諸酋歌舞助興。天慶二年（一一一二年），天祚帝在寧江州（今吉林扶餘）境內的混同江（今松花江）釣魚，來的女真酋長中有一位完顏阿骨打。此人桀驁不馴，不願為遼主獻舞，「端立正視，辭以不能」㉜。天祚欲殺之以除後患，為大臣諫止。

㉜徐夢莘，《三朝北盟會編》卷三〈政宣上帙三〉。

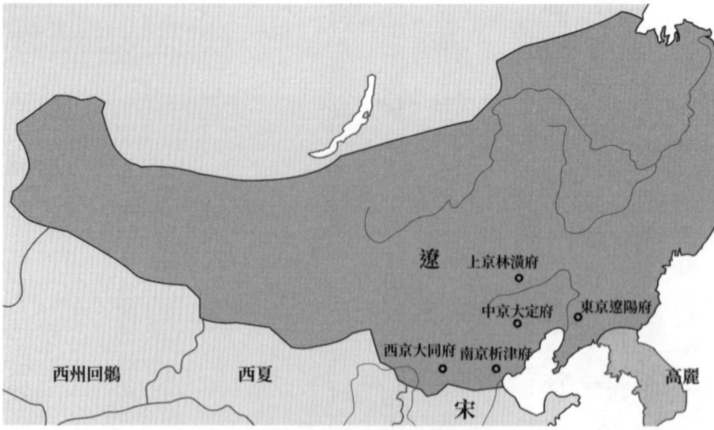

圖二　遼朝疆域圖

天慶三年（一一一三年），阿骨打接替病故的兄長烏雅束出任女真諸部聯盟長一職，次年即起兵反遼，攻陷了疏於防範的寧江州。寧江州失陷後，遼朝調遣兵馬，駐紮在與寧江州一水之隔的出河店，主帥蕭嗣先卻依然麻痺大意，被阿骨打偷襲成功，遂率先逃遁，遼朝部隊潰不成軍。由於蕭嗣先乃當朝重臣蕭奉先之弟，為替嗣先開脫，奉先奏請天祚肆赦，理由是東征潰軍四散，若不肆赦，恐嘯聚山林，圖謀不軌。天祚聽從其計，赦免了邊軍將領，嗣先僅免官而已。此舉使遼軍官兵認識到「戰則有死而無功，退則有生而無罪」㉝，從此軍無鬥志，遇敵輒潰逃。

寧江州、出河店二戰告捷後，阿骨打於天慶五年（一一一五年）元旦稱帝，國號大金。建國後，阿骨打率軍直指東北重鎮黃龍府。而天祚則依舊盲目自大，遲至是年八月才「罷獵」，趕赴軍中，重新部署對女真的戰爭。但在契丹援軍到來之前，金軍在阿骨打帶領下已於九月攻陷了黃龍府。至此，天祚方如夢初醒，極為震驚，調集了號稱七十萬之眾親征。就在遼金即將展開歷史性決戰之前，遼朝前線總指揮之一耶律章奴從前線誘脅將卒三百餘人返回上京，散布謠言，稱天祚大軍為女真所敗，試圖廢黜天祚，改立興宗之孫、天祚帝之堂叔耶律淳。不過，耶律淳拒絕與章奴合作，天祚亦擁軍西還，在這種情況下，章奴獨自起事，很快就失敗了。天祚雖鎮壓了耶律章奴之叛亂，但卻因此給了阿骨打可乘之機。遼朝七十萬大軍西還時，兩萬金軍緊緊追趕，最終擊潰了遼軍。天祚雖得以逃命，但此後遼朝的局面一發不可收拾。

天慶六年（一一一六年），東京亦被金人占據，整個東北落入女真之手。次年，正當遼朝節節敗退

㉝脫脫等，《遼史》卷二七〈天祚紀一〉。

之際，由於遼朝屢屢徵召其統治的華北境內的農民征討女真，民不聊生，又爆發了漢族農民起事的動亂。正當危機日益加深之時，遼廷又爆發了一次嚴重的自相殘殺，導致重要將領耶律余覩降金。

耶律余覩是遼朝宗室，又是天祚帝文妃的妹夫。文妃生晉王敖盧斡，在天祚諸子中最賢，朝廷內外威望最高。天祚另有元妃，生秦王。蕭奉先乃元妃之兄，深恐秦王不得立為太子，視晉王及余覩為眼中釘。保大元年（一一二一年），蕭奉先授意其下屬誣告耶律余覩與駙馬蕭昱謀立晉王為帝。天祚不辨青紅皂白，相信所謂廢立陰謀實有其事，立即下令處死蕭昱，賜文妃自盡，只是未忍加誅親生兒子晉王。事變發生時，余覩正在抗金前線，聽聞此事，懼不能自明，遂投降了金朝。

保大二年（一一二二年），金軍攻占遼中京大定府（今內蒙古寧城），天祚帝倉皇出逃，最終在金軍步步緊逼下，僅帶著少數隨從遁入夾山（今內蒙古土默特右旗西北）。至此，除華北北部外，遼朝統治的核心地區都落入了金人之手。

天祚出逃時，鎮守南京析津府（今北京）的是耶律淳。是年三月，南京的蕃漢臣僚遂共立耶律淳為帝，試圖重振遼朝。耶律淳的處境極為艱難，不僅需要抵禦女真在北邊的不斷侵逼，同時還要對付南邊宋人的進攻。此外，天祚尚在夾山，聽聞耶律淳自立後，亦揚言要召集人馬，攻打南京。處於如此險象環生的境地，耶律淳無奈之中決意「稱藩南朝」，向宋朝求和。耶律淳手下的大將蕭幹與耶律大石堅決反對向宋朝稱臣，求和並無結果。是年六月，耶律淳在內外交困中病死。耶律淳死後，小朝廷分崩離析，南京很快為金軍攻占，耶律淳之妻德妃蕭氏與耶律大石等出逃，投奔天祚。

天祚在走投無路之時，遇耶律大石率兵來歸，加之又得陰山韃靼支持，自謂天助，不自量力，謀出兵收復燕雲。大石苦諫不聽，遂於保大四年（一一二四年）脫離天祚，自立為王。次年二月，眾叛親離的遼朝末代皇帝天祚帝被金軍俘獲，遼亡。

四、西遼始末

耶律大石是遼太祖阿保機的八世孫，通漢文及契丹文字，善騎射，是文武全才。脫離天祚之後，由於抵擋不住金人的進攻，大石步步向漠北退卻。在抵達位於草原腹地的鎮州可敦城（今蒙古布爾根省）後，終於站穩腳跟，得到了大黃室韋、敵剌等十八部和威武、崇德等七州的支持，得精兵萬餘、戰馬萬匹，苦撐待變。

保大五年（一一二五年），天祚被俘，三年後死去。此後大石受到金軍的驅趕，即便在漠北也愈來愈難以立足，不得已只好遠征中亞，越過阿爾泰山，進入額爾濟斯河，在葉密立（今新疆額敏）修築城池，招撫當地部族。一一三二年，他在葉密立城正式稱帝，建元延慶，採用突厥汗號稱「菊兒汗」（意為眾汗之汗），又用漢尊號稱「天祐皇帝」，重建遼政權，史稱「西遼」，又稱「哈喇契丹」。延慶三年（一一三四年），改元康國，定都虎思斡耳朵（今吉爾吉斯托克馬克）。雖然在中亞建立政權，但耶律大石仍念念不忘收復故地。改元定都後，大石即遣七萬精兵東征，以青牛白馬祭天，建旗誓師。這次東征，是復興遼朝的一次搏擊，終因西遼與金朝相距過遠，兵出無功。

從耶律大石的雙重稱號來看，西遼雖然是遼朝國統的延續，其制度則是遼制與中亞當地制度的合流。首都虎思斡耳朵地區為西遼皇帝直接管轄的地區，有豐美的水草、完善的灌溉系統和肥沃的農田，宜農宜牧，居民有契丹人、漢人、回鶻人和其他突厥語族部落。耶律大石對朝廷直接管轄地區不再實行分封，官僚、將領們享受朝廷的俸祿和賞賜，不再建有頭下軍州（參第二章第一節）。軍隊由皇帝直接控制，不再有部族軍和諸王大臣的私甲。這是耶律大石吸取中亞東、西喀喇汗王朝分裂的歷史教訓，在總結遼朝統治經驗的基礎上確立的中央集權制。它對中亞的社會發展起了推動作用。西遼的稅制也承襲遼朝，它向居民徵收戶稅和土地稅。戶稅主要按財產數量徵收，土地稅則大體按收穫量的十分之一繳納。

西遼統治範圍內，除皇帝直接治理的地區外，還有高昌回鶻，東、西喀喇汗國，花剌子模和葛邏祿等附庸。這些附庸都是在大石西征中投附或征服的。西遼保留了各地上層的統治地位，只派少數代表常駐或臨時巡視各地，實行監督和收納貢賦。朝廷在附屬地區不派駐軍隊，但常應當地統治者的要求，支持他們向外擴張或幫助他們平定內亂。

康國十年（一一四三年），耶律大石死，因子夷列年幼，遺命皇后塔不煙權掌國政，改元咸清。七年後，夷列親政，改元紹興。夷列在位十三年，死時同樣因子幼，遺命妹普速完權掌國事，稱承天太后，改元崇福。普速完統治時期，西遼統治集團內部發生動亂。普速完與丈夫蕭朵魯不之弟通姦，羅織罪名將蕭朵魯不處死，蕭朵魯不之父斡里剌發動政變，又殺掉了普速完。一一七八年，夷列次子直魯古繼位，為西遼末帝。西遼政權開始衰落。

直魯古統治時期，一反其父祖的做法，開始作威作福，他的徵求和需索，令屬國難以容忍。他的傲慢無禮，也激怒了各地的統治者。其統治後期，在西喀喇汗國爆發了桑賈爾領導的起事反抗。

自十二世紀下半葉，花剌子模實力逐漸增強，積極向外發展勢力，並力圖擺脫西遼的控制。他們連續三年不向西遼繳納貢賦，並殺死前來徵收貢賦的使者。與此同時，漠北地區的形勢也發生了變化，成吉思汗兼併乃蠻等部，統一了蒙古草原。乃蠻太陽汗之子屈出律逃往西遼，得到直魯古的信任。屈出律利用直魯古的信任，積極發展自己的勢力，陰謀奪取西遼統治權。一二一一年，西遼政權為屈出律篡奪。一二一八年，蒙古軍擊敗屈出律，西遼政權終結。

西遼統治中亞地區長達八十七年。它將契丹和漢族的文化、遼朝的制度帶到中亞，是中亞歷史上的一個重要朝代，在中亞地區產生了重要和深遠影響。西遼統治時期，中亞地區的經濟文化得到了很大發展，所以在西遼滅亡後，人們仍對它懷念不已。

西遼的建立，結束了中亞地區紛爭的局面，使社會秩序得到穩定，在契丹、漢人和中亞各族人民的共同開發下，中亞城市發展迅速，經濟繁榮，同時契丹人又把高度發展的漢文化帶到中亞，使吉爾吉斯斯坦出現高度發展的漢文化浪潮。在西遼境內，漢語在商業來往中是官方語言。西遼不但繼承和發展了遼朝的政治與文化，而且對中亞的社會發展和漢文化的傳播起了重要作用，它在中亞史、契丹民族發展史上都占有重要地位。

第二章 遼朝制度、經濟與文化

第一節 遼朝國家制度

一、南北面官體制

遼朝是一個半游牧半農耕國家，與匈奴、突厥一類草原游牧帝國不盡相同。另一方面，它的制度與前代中原王朝也有較大差別。儘管如此，其政治制度的基本構架在最根本層面仍依賴於漢制。

遼朝臣僚有北面官、南面官之分。契丹之俗崇拜太陽，皇帝御帳朝東，隨駕官員分列南北，兩面官各司其職，雙軌理政，「北面治宮帳、部族、屬國之政，南面治漢人州縣」①。北、南面官的最高機構均稱為樞密院。北樞密院以下北面中央官僚機構，較重要者有北宰相府、宣徽北院、夷離畢院（掌獄訟）及北翰林院（又稱大林牙院），其間大量保存契丹部落舊制，兼採突厥、回鶻等族政權職名。北

①脫脫等，《遼史》卷四五〈百官志一〉。

宰相設兩員，稱北府、南府宰相，將諸部族一分為二，各自統領。南樞密院以下南面中央官僚機構，較重要者有中書省（南宰相府）、宣徽南院、御史臺、大理寺、南翰林院等漢地傳統機構，與北面兩兩對應（夷離畢院對應御史臺及大理寺）。南樞密院下設吏、兵、刑、戶、工五房，中書省兼禮部。南宰相設兩員，亦稱北府、南府宰相，又有參知政事為其副貳。

在地方，契丹、奚等民族居住地區實行部族制，按地區劃分為數十部，設節度使，歸北樞密院管理。漢人和渤海人居住地區則按照漢制設置州縣，由南樞密院管理民政，其軍政則仍由北院掌管。

地方高層政區的設置，遼朝頗為複雜。遼朝建有五京，除開國時建立的上京臨潢府外，後來還設立了中京大定府、東京遼陽府、南京析津府、西京大同府（今山西大同）。以五京為中心，遼朝設有五京道，既是行政區，又是監察區。五京道之外，遼朝還設置了八個財政路（上京路、中京路、東京路、長春路、遼西路、南京路、平州路、西京路）與十二個軍事路（東京路、東北路、黃龍府路、咸州路、南路、保州路、南京路、平州路、西京路、西北路、西南面、烏古敵烈路）。

五京道的轄區不能涵蓋遼之全境，只是大致包括了遼朝農業人口聚居、農業經濟最發達、州縣集中建制的區域，以部族為主的一大部領土，其民政由西北、西南、烏古敵烈三個軍區的長官兼領。此外，南京東面的平州（今河北盧龍）地區設有財政與軍事路，其民政不隸於南京留守，而由本路軍事主管機構兼領。不僅五京道作為行政區，不成其為完整的區劃體系，財政與軍事區劃，亦不完整。財政路與五京道一樣，並未設置於部族集中的草原地帶，即西北、西南、烏古敵烈三個軍區。而軍事區劃中，則留下核心地區的上京道大部（靠近東北的泰州與長春州歸屬東北路，兩州均位於今吉林白城境內）及中京道全部，軍事直隸中央機構樞密院，不存在地方性質的軍事區。

遼的三個分區體系，不僅民政之五京道與軍事路不相重合，且五京道與財政路、財政路與軍事路亦不重合。然相對而言，五京道與財政路的關係較為密切，這兩個體系均集中於遼朝疆域的東南部分。南京、西京兩道轄區，即是南京、西京兩財政路之轄區。上京道除去歸屬長春路的泰州與長春州外，即是上京路的管轄範圍。中京道則分為中京路與遼西路，後者以興中府為中心，但還包括東京道的乾州、顯州（俱在今遼寧北鎮）。東京道的主體則分割為東京路與長春路。更重要的是，五京道與八財政路，歸南樞密院管轄，而十二軍事路，則隸屬於北樞密院。

需要特別指出的是，南北面官這一二元體制並不能理解為草原與中原體制的簡單相加或平等融合。遼朝固然保留了部族組織，但其首領向官僚轉化，部民向編戶轉化，至少到聖宗朝這一過程已經完成。更重要的是，中樞機構樞密院本身就取法自五代制度，掌管部族之北樞密院，恰恰是契丹君主為加強中央集權、改造部族體制而設立的。儘管樞密院分南北，分工不同，地位亦稍有差異，但同作為皇帝身邊的左右執政大臣，兩樞密使所擔負的治理國家的重任，幾乎是不分軒輊的。因此，北南二院本來就是一個整體，是同一最高機構的兩個組成部分。北、南面官並非兩個各自封閉的系統，可以相互遷轉。而且，北南樞密使除了是北南樞密院長官之外，一般情況下還是宰輔。樞密院只是政務執行機構，中樞決策權屬於皇帝及包括北南樞密使、北南面二府宰相、夷離畢、參知政事等在內的宰執群體，而這一決策群體顯然是超越北南的。因此，遼朝中樞之二元體制在根本精神上是漢化的產物，是在中原君主官僚制的架構下對草原部族組織的容納。不僅如此，有遼一代北面官整體上不斷漢化，至遼後期，北南二樞密院甚至出現了合一之趨勢。

另一方面，遼朝後期，八財政路的地位愈來愈突出，甚至超過了五京道。遼末重財政路，顯然是對八路的歲入愈來愈倚重之故。遼朝作為一個控制廣袤地域的大帝國，維繫自身存在的必需前提之一是穩定充足的財政收入。而游牧經濟非常脆弱、不穩定，甚至無法自足，農業才是遼朝的財政支柱，才是支持政權運轉的經濟命脈。就政治制度而言，遼朝的發展變遷史無疑是一部逐漸遠離游牧政權、走向中原王朝的歷史。

二、斡魯朵與頭下軍州

遼的部族和州縣並不完全由國家直接管轄，有一些隸於斡魯朵或頭下。斡魯朵出自突厥語，意為宮帳，下有直屬的軍隊、民戶、奴隸，構成獨立的經濟軍事單位，為皇帝個人私有。遼朝先後創建了十三個斡魯朵，分別歸屬太祖至天祚九帝、應天及承天兩位遼朝歷史上最有權勢的太后、聖宗朝皇太弟耶律隆慶（赤實得本斡魯朵，漢名敦睦宮，原屬太宗朝皇太子李胡）和聖宗朝權臣、承天太后改嫁的韓德讓（稱文忠王府）。

斡魯朵制創於遼初，固然與北方游牧傳統有關，但同時也是借鑑中原制度的結果。後梁朱溫稱帝後，以其潛龍舊宅為「宮」，並別置「宮使」領其稱帝前所轄四鎮兵車、稅賦、諸色課利。或許是受到朱溫之啟發，耶律阿保機即位後，為了防範曾對其構成巨大威脅的諸弟及宗室近親，以侍衛軍腹心部為核心，建立算斡魯朵（漢名弘義宮），作為直接受皇帝個人掌控的軍事及經濟力量。此後各斡魯朵均以「分州縣，析部族，設官府，籍戶口，備兵馬」②的方式建立。在皇帝駕崩後，斡魯朵會由繼位君

②脫脫等，《遼史》卷三一〈營衛志上〉。

主繼承。

斡魯朵制較其他游牧族政權以核心部來壓服鎮懾其他部落的體制更進一步，它直接從屬於首領個人而非部落力量。建立這支力量，很大程度上，正是為了防備核心部落內部反對首領的勢力。而宮衛的組成人員，也自不同部落抽取。宮衛制度的出發點，似乎與中原政權的禁衛軍制度有異曲同工之妙，並且對於數百年後蒙古人以組建「千戶」的方式徹底打破原來的部落結構，或有相當大的啟發。或許可以說，宮衛制度不但不是契丹部落時代的遺存物，反而是為了將較為鬆散的部族政權改建為中央集權國家體制的強力手段，雖然因涉及部族，而成為契丹的特殊制度，但卻更多的體現出中原制度的影響。

斡魯朵的管理機構為都部署司，長官稱都部署，也稱宮使。宮使掌本斡魯朵的戶口、錢帛和刑獄，同時統領宮分軍，既是本斡魯朵的行政長官，也是軍事統帥。斡魯朵所轄民戶稱宮分戶，既有隸宮州縣及提轄司所轄定居農耕者，也有石烈等部落組織所轄游牧部落民。前一類民戶以漢人、渤海人為主，由諸宮分漢兒渤海都部署進行管理，後一類以契丹人為主，由諸宮分契丹都部署進行管理。總領皇帝所統各斡魯朵軍政事務的是契丹諸行宮都部署和漢兒渤海諸行宮都部署。

就身分而言，宮分戶可分三類：正戶、蕃漢轉戶、著帳戶。正戶相當於平民，蕃漢轉戶近於農奴，而著帳戶則由犯罪的宗室、外戚和大臣家屬組成，乃皇室家奴，承擔僕役、侍從等非生產性的祗從之役。斡魯朵屬戶「入則居守，出則扈從，葬則因以守陵」③，「有調發，則丁壯從戎事，老弱居

③脫脫等，《遼史》卷三五〈兵衛志中〉。

守」④。其職責，首要是隨從皇帝四時捺缽（詳下），組成宮衛騎軍，保衛皇帝的安全，並為遷徙中的行宮承擔傜役，提供後勤保障及財政支持。此外，宮分戶還是緊急時可由皇帝直接調用的一支龐大軍事和經濟力量。

樞密院是政府中樞，但斡魯朵掌管皇帝私產，是樞密院之外的一個獨立系統，諸宮都部署的地位，在一定程度上可與樞密使平分秋色。這是遼朝政治體制的一大特點。不過，另一方面，遼朝皇室私產與政府公產界線並不明晰，宮官人選及人事權之歸屬都與政府官員沒有明顯差別，且宮官常兼政府官。此外，隸宮州縣之稅收分屬斡魯朵及政府財政機構，而非由前者獨享。這說明，斡魯朵與以樞密院為中樞的政府並不能截然分開。

頭下亦作投下，是宗室諸王、公主、外戚、大臣等貴族的領地。貴族將戰爭中所掠或皇帝賞賜的人口自置城堡管理，即為頭下，又稱「私城」。諸王、公主、國舅可創立州城，其餘則為軍、縣或堡，州、縣名額由朝廷賜與。頭下州的官員，節度使由朝廷任命，刺史以下官員則由頭下主以其部曲充任。

頭下制度起源頗早，遲到遙輦氏時代的後期，契丹軍事貴族們大多已擁有一支被稱為頭下兵的私甲，而他們所擁有的私奴（部曲）則被稱為頭下戶。唐朝末年，日益強大的契丹族屢屢南下侵擾漢地，並以俘掠的漢人建置城寨，這些早期的城寨大都隸屬於各級軍事貴族們，這就是頭下城。太祖阿保機伯父于越王釋魯在祖州（今內蒙巴林左旗）附近建置的越王城，是見於文獻記載最早的一個頭下城，其時約為九世紀末葉。

④脫脫等，《遼史》卷三一〈營衛志上〉。

以頭下置軍州，則始於阿保機。契丹建國後，宗室、外戚所擁有的頭下城，凡由朝廷賜給州、軍稱號者，便成為頭下軍州。頭下軍州制度的設置，一方面代表了朝廷對宗親勳戚及部族首領特權的承認，但另一方面也是太祖為將私屬頭下納入國家管理體系所採取的策略。私城的頭下軍州化，是伴隨著中央集權的加強，為了將過去權貴們純封建領主制的權力收回到中央而採取的一種策略，頭下軍州實際上是從貴族的私城發展到國家州縣制的一個中間過渡階段。

史料中可考的頭下軍州約有四十多個，但遼朝一代先後建立的頭下軍州肯定不止這些，至於沒有獲得州軍稱號的頭下私城則無從統計，其數量應當頗為龐大。遼朝的州一般規模都很小，土城數里，民居百家而已。頭下州通常規模更小，如中原士人胡嶠所見衛州，僅有「居人三十餘家」⑤。迄今已發現的遼朝頭下州城約十來個，其城址長、寬多在三、五百公尺左右；那些不見於記載的頭下城、寨就可想而知了。

遼朝的頭下軍州均分布在上京道、中京道和東京道境內，尤以潢水流域最為集中。從考古文物工作者的調查結果來看，這些頭下州基本上是沿著草原的邊緣地帶建立起來的。這是因為構成頭下戶的漢人們不能脫離農耕區域，而這些頭下州的契丹領主們又不可能把他們的私城建在遠離草原的漢地，所以就選擇這樣一個農耕和游牧的結合部來建立他們的頭下私城。

遼朝前期的頭下軍州幾乎全是以戰爭中的俘掠人口建立起來的，但自澶淵之盟以後，依靠戰爭獲取的頭下人戶大大減少，而且遼朝政府對頭下部曲也開始加以限制。聖宗時期建置的公主頭下軍州，

⑤歐陽脩，《新五代史》卷七三〈四夷附錄第二〉。

其頭下戶的來源與傳統的頭下私城截然不同，它們都是以皇帝賜予的媵臣（從嫁戶）建立起來的。自聖宗以後，我們在文獻和考古材料中就再也找不到任何一個新建的頭下軍州。這一方面與頭下部曲的來源減少有關，另一方面也說明遼朝對頭下軍州的政策可能發生了一個重要的轉變，不再允許私城出現。

三、四時捺缽

遼朝另一項極有特色的制度是四時捺缽。捺缽，契丹語，意為行營。儘管建立了漢族模式的王朝，但遼朝皇帝始終保持著先人的游牧生活傳統，居處無常，四時轉徙，稱為捺缽。四時捺缽又分別有「春水」、「秋山」、「坐冬」、「坐夏」等稱，主要活動為春捕鵝、釣魚，夏放鷹，秋射鹿，冬獵虎，皆有大致固定的地點。春捺缽多在魚兒濼（今吉林白城），夏捺缽多在永安山、炭山（大興安嶺東南餘脈）一帶，秋捺缽多在慶州西部諸山（今內蒙巴林右旗），冬捺缽多在潢河、土河交匯處的廣平淀（今內蒙翁牛特旗）。

春捺缽的主要活動是釣魚和捕鵝。正月上旬起牙帳離開冬捺缽，三月上旬到達春捺缽地點。江河尚未解凍，鵝雁未至時，鑿冰釣魚；冰雪融化，鵝雁北歸後，放鷹鶻獵捕天鵝。釣得第一尾魚，捕得第一隻鵝後，便舉行頭魚宴和頭鵝宴，互相慶賀。春捺缽活動期間，捺缽周圍千里之內的屬國、屬部首領要到捺缽朝見遼帝，以示臣服。所以，春捺缽活動也包括了安撫、控制、考察各屬國、屬部的政治內容。

四月中旬，行宮集團離開春捺缽進山避暑、賞花。皇帝與北南面臣僚共議國事，決定重要人事任命，這是捺缽中的第一次大政會議。閒暇時間則從事遊獵。七月中旬，入山射鹿，轉入秋捺缽。天冷後到冬捺缽避寒，再與北南面臣僚舉行第二次大政會議，共議大政方針。同時接見宋及諸國使臣，閒暇時校獵、講武。

大部分貴族和高級官員皆隨從皇帝而行，組成了一個龐大的行宮集團。中央的北面官全部隨行，南面官則部分隨行。捺缽是國家政治中心之一，又稱「行朝」，禁衛森嚴。遼朝中後期，宣徽南院所屬百司官員全部隨行，南「樞密院、中書省唯摘宰相一員，樞密院都副承旨二員，令史十人，中書令史一人，御史臺、大理寺選摘一人扈從」⑥。其他南面官留守中京，處理州縣事務。留守官有權任命縣令、錄事以下文官，縣令以上文官只能以堂帖（宰相所發指令）權差，待捺缽大政會議後取旨，方可給敕正式任命；武官則必須奏准。

有趣的是，捺缽雖源於北族傳統，但也受到了漢文化的影響。捺缽中雖以氈廬為主，但帝、后所居，則為固定建築宮殿，且專門立有「太廟」。

強調捺缽是國家行政中心，並不意味著遼朝不存在一個固定的首都。這與遼朝既保留游牧傳統，又深受中原影響這一特點有關。遼朝前期的上京、中後期的中京，尤其是後者，顯然具有首都的性質。這兩京之修建，均模仿中原王朝帝都。中京建有皇家宗廟等最為重要的祭祀場所，且是與政治關涉最密切的禮儀集中舉行的場所，也是外交中心。雖然其性質與作用，與中原政權的首都確有差異，但不可因此否認其為首都。

---

⑥脫脫等，《遼史》卷三二〈營衛志中〉。

四、世選與科舉

遼朝在任官制度上，也保留了傳統的「世選」制。所謂世選，是指一些契丹顯貴家族的子孫享有特權，自然成為某些職官的候選人，史料中往往稱為「世預某（職官）選」。向世選開放的職官，僅限於北面的北、南府宰相及各部族之節度使。換言之，都是契丹建國前即存在的部族官（契丹各部族酋長原稱夷離堇，後改稱節度使。兩府宰相遙輦時代可能亦不稱宰相）。而有資格獲得世選資格的，亦均出自契丹部族。比如宗室世預南府宰相之選，后族世預北府宰相之選。

世選並不意味某一特定職官的人選只能在某一家族中選擇，相反地，如世預宰相選的就遠不只一家，且預選之人亦有非出自世選之家者。所謂世預宰相選，僅僅意味著其子孫享有特權，可以與其他世預宰相選的大臣子孫，及其他重要人選競爭這一職位。也就是說，職官世選既不意味著該職為某一家族壟斷，甚至也不意味著其為享有世選特權的諸家族壟斷。權貴子孫可以參加世選，但在契丹建國後，最終人選的決定權則歸之於君主或中央的銓選機構。「世選」之選，即銓選。

針對漢人、渤海人，遼朝設有科舉。其制始於太宗會同年間，南京首開貢舉，耶律德光想利用科舉培植忠於中央的官僚，逐步瓦解藩鎮勢力，對燕雲進行滲透，並依賴漢族士人改造契丹政權。但由於藩鎮勢力之阻撓，科舉不久便停開。穆宗朝曾重開貢舉，亦為曇花一現。景宗保寧八年，詔復南京禮部貢院，科舉制度才穩定下來。聖宗統和六年，詔開貢舉，科舉在遼朝進一步擴展，從南京地區擴大至疆域內主要農耕地區。統和二十七年，「御前引試劉二宜等三人」⑦，這是遼朝殿試的開端。太平十年秋七月，「詔來歲行貢舉法」⑧，科舉制度以法的形式固定下來。道宗咸雍十年（一〇七四年），皇帝甚至親出題試進士。從聖宗朝至遼末，遼朝科舉取士數量保持持續增長，科舉制度不斷走向完善與成熟，於國家政治社會生活中之地位亦愈加凸顯。

遼代舉行科舉考試的時間，前後不同。聖宗統和六年至開泰二年（一〇一三年），每年舉行一次。開泰三年（一〇一四年）起，大抵二至五年舉行一次。前期受唐制影響較大，後期則吸收了宋朝科舉取士之法。常舉考試科目主要有進士科、明經科和律學科。前兩者從遼朝科舉制度肇始即已設立，律學科的設置則出現於遼朝中期。進士科乃重中之重，明經科不如進士科彰顯，然亦受朝廷高度重視，律學則為雜科。常舉之外，亦開設制舉科目，如舉才行、賢明經、茂材異、舉才能、舉賢良等。

遼朝科舉考試程序，分鄉、府、省、殿四級，「鄉中曰鄉薦，府中曰府解，省中曰及第」⑨。省試由禮部貢院主持，按成績分甲、乙、丙三科取士，合格者以「喜帖」書其姓名。殿試非常制。考試內容，以五經傳疏為主，亦有〈日射三十六熊賦〉等即興題目與時政題。

遼代的科舉最初專為選漢官、取漢士之用，只有漢人、渤海人可以應試，禁止契丹等北族參加科舉。但隨著漢化漸深，契丹士人開始衝破遼朝禁令，私自參加被漢族士人引以為豪的科舉考試。興宗重熙間，宗室耶律蒲魯舉進士第，其父庶箴因擅令子就科目，被鞭二百。雖然興宗對此事進行了嚴厲處罰，但愛好漢文化的興宗同時對蒲魯之才華大加讚賞，委以官職，並詔其賦詩。至興宗統治後期，

⑦脫脫等，《遼史》卷一四〈聖宗紀五〉。
⑧脫脫等，《遼史》卷一七〈聖宗紀八〉。
⑨葉隆禮，《契丹國志》卷二三〈試士科制〉。

禁令終被取消，契丹等北族士人亦可參加科舉。建立西遼的耶律大石，即是天慶五年的進士。通過科舉入仕者，甚至可入職原本唯有契丹人才能擔任的北面官，亦可升遷至官僚機構之上層，成為參與決策的宰執。遼朝中後期，宰執群體中的大部分人，均由科舉入仕。因此，遼朝出現了一大批世代取得功名的科舉家族。

在實行科舉的同時，遼朝也設立學校培養人才。上京、中京置國子監，南京有太學。道宗清寧元年（一〇五五年），「詔設學養士，并頒五經傳疏，置博士、助教各一員」⑩，五京州縣普遍設置學校。科舉與學校的推行與發展，極大地改變了遼朝原有的北方游牧民族文化。儒家思想文化意識之滲透從帝王貴族延及普通民眾，慕華向學成為生活時尚。遼道宗曾作有一首〈君臣同志華夷同風詩〉，即其明證。

第二節　遼朝的經濟

一、畜牧與狩獵

遼朝的契丹各部及其所轄屬國部落，主要從事游牧狩獵，「順寒暑，逐水草畜牧」⑪。這源於傳統

⑩脫脫等，《遼史》卷二一〈道宗紀一〉。
⑪脫脫等，《遼史》卷三四〈兵衛志上〉。

的生活方式，據記載，「契丹舊俗，其富以馬，其強以兵。縱馬於野，弛兵於民。有事而戰，彍騎介夫，卯命辰集。馬逐水草，人仰湩酪，挽強射生，以給日用，糗糧芻茭，道在是矣」⑫。畜牧業是遼朝社會經濟的重要組成部分。

結合歷史文獻與遼朝壁畫墓，契丹等游牧民族牧養的牲畜種類十分豐富，主要有馬、牛、羊、駱駝等等。羊為人們提供日常的食品、飲料、皮革、氈子等，與生活密切相關，故在諸種牲畜中數量最多，所占比重最大。駱駝又稱橐駝，有雙峰駱駝和單峰駱駝，主要用於駕車和馱運物品，由於體型高大，能夠忍耐饑渴，抗寒抵禦高溫，載重致遠，遠遠勝於馬牛，其毛可用於編織，還可以提供肉、乳等食品。

由於馬、牛、羊、駱駝等食草動物是人類從野生狀態下馴養成家畜的，所以對人的依賴性很強，嚴酷的自然環境和人們的生活需要，使得在牧養的時候必須進行組織和管理。遼朝對牲畜的組織和管理主要採取兩種措施：一是組群方式放牧，即把牲畜組成不同的群進行放養。二是烙上印記，標明牲畜的所有權。

契丹人的牲畜組群放牧方式，是把牲畜按畜種不同分別組群，或將多種牲畜放在一起組群。宋朝使節蘇頌抵達遼朝境內，親眼看到契丹放牧的情況，謂「羊以千百為群，縱其自就水草，無復欄柵，而生息極繁」⑬。蘇頌還提到，「契丹馬群動以千數，每群牧者才二三人而已，縱其逐水草，不復羈

⑫脫脫等，《遼史》卷五九〈食貨志上〉。
⑬蘇頌，《蘇魏公集》卷一三〈後使遼詩．遼人牧〉。

羼。有役則旋驅策而用，終日馳驟而力不困乏。彼諺云：『一分餵，十分騎。』蕃漢人戶亦以牧養多少為高下。視馬之形，皆不中相法。相蹄毛俱不剪剔，云馬遂性則滋生益繁，此養馬法也」⑭。由此可見，遼代畜牧業非常發達，積累了豐富的生產經驗和管理方法。

用印文來標記牲畜的所有權，就是將金屬製成的印文圖案燒熱後烙印在牲畜的特殊部位，如馬臀部，以標明牲畜所從屬的主人。這種做法不僅僅被契丹人採用，整個北亞古代游牧民族大抵如此。這種做法實際是游牧社會保護部族和個人切身利益，及維護社會經濟利益的一種社會準則，目的是明確分割草原財產，不相混淆，同時也是保護牲畜，促進畜牧業發展的一項有利措施。在《遼史》中，關於契丹實行這種做法的記載有以下三條，一是聖宗太平六年（一〇二六年）六月辛丑，「詔凡官畜並印其左以識之」⑮。二是重熙年間，耶律喜孫的兒子涅哥擔任近侍，坐事伏誅，遼興宗「以喜孫有翼戴功，且悼其子罪死，欲世其官，喜孫無所出之部，因見馬印文有品部號，使隸其部」⑯。三是興宗時期，「時有群牧人竊易官印以馬與人者，法當死，帝曰：『一馬殺二人，不亦甚乎？』減死論」⑰。這樣牲畜身上有了印文，不論跑到何處，或組群放養，都能夠確知其主人，有效防止偷盜、丟失、藏匿牲畜現象的發生，對於維護社會安定和促進經濟發展具有重要作用⑱。

⑭蘇頌，《蘇魏公集》卷一三〈後使遼詩．契丹馬〉。
⑮脫脫等，《遼史》卷一七〈聖宗紀八〉。
⑯脫脫等，《遼史》卷九七〈耶律喜孫傳〉。
⑰脫脫等，《遼史》卷六二〈刑法志下〉。
⑱參見肖愛民，〈遼朝契丹人牧養牲畜技術探析〉，《河北大學學報》（二〇一〇年第二期）。

圖三　契丹貴族出獵圖

捕魚和狩獵業，是契丹很早就存在的重要生產部門，《隋書．契丹傳》載契丹祝詞曰：「冬月時，向陽食。若我射獵時，使我多得豬鹿。」⑲人們通過祈禱庇佑其獲得更多的獵物。契丹建國以後，隨著畜牧業和農業的發展，這種收穫不太穩定的漁獵生產，便退居次要地位，但他們並沒有放棄漁獵生活，反而成為一項政治生活特色。據記載，「遼國盡有大漠，浸包長城之境，因宜為治。秋冬違寒，春夏避暑，隨水草就畋漁，歲以為常。四時各有行在之所，謂之『捺缽』。」⑳「納缽」（或譯作捺缽、納拔、剌缽、納寶）一詞源自契丹語，本義為行宮、行帳，指契丹四時捺缽制度下的皇帝四季營地㉑。捺缽既是遼朝的政治制度，同時也是契丹人的一種生活方式。

⑲魏徵等，《隋書》卷八四〈契丹傳〉。

⑳脫脫等，《遼史》卷三二〈營衛志中〉。

㉑參見傅樂煥，〈遼代四時捺缽考（五篇）〉，《歷史語言研究所集刊》第一〇本；收入氏著《遼史叢考》（北京：中華書局，一九八四年），頁九〇－九二。

二、農業

契丹社會的農業，大概出現在耶律阿保機的祖父勻德實時期，「始教民稼穡，善畜牧，國以殷富，是為玄祖」㉒，或有謂「初，皇祖勻德實為大迭烈府夷離堇，喜稼穡，善畜牧，相地利以教民耕」㉓。大概是一種粗放的農業耕作。遼朝農業的發展和作用凸顯，始於滅渤海和燕雲十六州，通過對外征服掠奪大量人口及獲得農業土地，發達的農業提供了豐富的糧食和其他農產品，由此成為牧業經濟的必要補充。

契丹統治者雖游牧出身，仍然比較重視農業。據《遼史．食貨志》記載，「太祖平諸弟之亂，弭兵輕賦，專意於農」。從遼太宗時期起，政府不斷頒布保護農業生產的詔令，會同初，「將東獵，三剋奏減輜重，疾趨北山取物，以備國用，無害農務。尋詔有司勸農桑，教紡績」㉔。還曾以烏古之地水草豐美，命甌昆石烈居住，將海勒水善地闢為農田，允許其耕種。此外，將諧里河、臚朐河流域的土地，賜給南院歐堇突呂、乙斯勃，北院溫納河剌人，讓他們從事耕種。會同八年，太宗駐蹕赤山，「宴從臣，問軍國要務。左右對曰：『軍國之務，愛民為本。民富則兵足，兵足則國彊。』上深然之。是年，詔徵諸道兵，仍戒敢有傷禾稼者以軍法論」㉕。這是遼朝初期一道解決軍事行動與農業生產矛盾的重

㉒脫脫等，《遼史》卷二〈太祖紀下〉。
㉓脫脫等，《遼史》卷五九〈食貨志上〉。
㉔脫脫等，《遼史》卷五九〈食貨志上〉。

要詔令，從中不難看出契丹君臣對發展農業的支持態度。

遼世宗時期，經過一段休養生息，大力發展農業。據《遼史．耶律撻烈傳》載，應曆初，撻烈陞為南院大王，「均賦役，勸耕稼，部人化之，戶口豐殖」。遼聖宗時期則是遼朝農業發展的高峰時期，遼聖宗頒布很多保護農業的政策，為了與宋朝爭奪勞動力，獎勵墾荒，使北方地區由純粹的畜牧業轉向半農半牧的產業結構。

漢人是遼朝從事農耕生產的主力軍，除此之外，契丹北部的室韋人中，也有以農業為生的部落，只是氣候多寒冷，收成比較單薄。近年來，考古工作者發現了內蒙古海拉爾市附近的浩特陶海古城，它有土築的城牆和護城壕，出土有遼代篦紋套片，這裡當有從事農耕的居民。黑龍江泰來縣塔子城，應為遼朝上京道泰州遺址，這裡發現了大安七年（一〇八一年）石刻，記錄有四十餘位漢人姓名，說明這一代最晚到遼道宗時期已經有漢人居住，有可能在此屯墾。㉖

遼中京大定府地區是奚人故土，該民族除了放牧、狩獵外，也從事農耕。早在唐朝時期，一些部落就開始經營農業，種植各類作物，並且以此作為食物來源。據《新五代史》記載，奚人「其族至數千帳，始分為東、西奚。去諸之族，頗知耕種，歲借邊民荒地種穄，秋熟則來穫。窖之山下，人莫知其處。爨以平底瓦鼎，煮穄為粥，以寒水解之而飲」㉗。宋朝使節多稱奚人善於耕種，蘇頌、蘇轍將

㉕脫脫等，《遼史》卷五九〈食貨志上〉。
㉖譚士，〈跋黑龍江省泰來縣塔子城出土的遼大安殘刻〉，《考古》（一九六〇年第八期）。
㉗歐陽脩，《新五代史》卷七四〈四夷附錄第三〉。

此情景寫入詩中加以頌揚，由此說明，中京地區的農業從業者為奚人。

此外，東京、西京和南京地區都是遼朝主要的農業區。東京遼陽地區土地肥沃，有木鐵鹽漁之利，天顯三年（九二八年），遷渤海人至此，聖宗時期，又遷入大批熟女真。良好的自然條件和輕徭薄賦，奠定了東京地區農業發展基礎，使其成為遼東地區的經濟命脈。南京道和西京道的燕雲地區農業基礎雄厚，在遼朝重視農業的政策下，勞動力人口得到恢復，農業經濟獲得高速發展。

遼朝境內農作物的品類比較齊全，既有粟、麥、稻、穄等糧食作物，也有蔬菜瓜果。他們借鑑和學習中原先進的農業技術，引進作物品種，還從回鶻引進西瓜、回鶻豆等瓜果品種，同時結合北方氣候特點，形成一套獨特的作物栽培技術。從遼墓出土情況看，遼朝農業生產工具種類豐富，犁、鏵、鋤、鐮、鍬、鎬、钁、刀、叉等應有盡有，這極大地促進了農業經濟的發展。

三、工商業

遼朝有礦冶、鑄造、食鹽、紡織、陶瓷等多類型手工業，尤其擅長車馬具的製造。遼太祖時期，把征服掠奪人口中的手工業者安排在臨潢等地，並將手工業生產技術傳授給契丹人。渤海併入遼朝，特別是遼太宗占領燕雲地區以後，農業與農副業生產逐漸興盛，促進了手工業各個部門的發展。

遼代礦冶業的創始年代，據《遼史·太祖紀》載，阿保機父親撒剌的「仁民愛物，始置鐵冶，教民鼓鑄」㉘。阿保機繼任可汗後，命人冶煉金屬。後來渤海冶煉技術傳播到遼朝，推動冶鐵業的進一

㉘脫脫等，《遼史》卷二〈太祖紀下〉。

步發展。一九八一年，在內蒙古察右前旗豪欠營子發現一契丹墓，墓葬中發掘出一具女屍。通過契丹女屍葬具銅絲網絡和出土鐵器的分析，證明遼朝的冶煉銅鐵技術已經非常發達。研究者指出，當時既可以冶煉黃銅，也可以冶煉純銅，而且冶煉方式比較穩定，技藝相當精湛[29]。

遼朝建國以前，過著游牧生活的契丹人已經初步掌握一些比較簡單的織造技術。而遼朝紡織業的迅速發展，有賴於大批漢人入遷草原地帶之後。據史料記載，在上京、中京、祖州等地區都有官營的手工業作坊，稱作「綾錦院」，主要為契丹貴族提供日用的絲織品。在農牧交錯地帶，中京道的宜州、川州、錦州、霸州和東京道的顯州，農業用地盛產桑麻，除向綾錦院提供原料外，當地百姓也大多以紡織為副業，藉由生產大量的絲織品滿足日常需要，他們甚至以絲織品交納貢賦，供契丹皇帝賞賜群臣、贈送或賜予外國之用。慶州白塔（內蒙古自治區赤峰市巴林右旗索博日嘎蘇木，建成於遼重熙十八年）所出的絲織品種類豐富，絞經織物羅、單色提花織物綾和多彩織物錦等是當時絲綢生產技藝最高水準的代表[30]。

遼代陶瓷也很有特點，出土文物較多，主要表現在製造工藝方面繼承和學習了唐宋的手工技術，器物造型上具有濃郁的游牧生活

圖四　張匡正墓壁畫《備茶圖》

圖五　遼仁宗年號錢——續興元寶

特色。這些瓷器類型中，雞冠壺、長頸瓶、牛腿瓶、鳳首瓶和遼三彩、仿定白瓷，都是遼瓷器及其工藝的代表作。遼瓷與契丹游牧生活習慣息息相關，實用性較強。其中以雞冠壺最為典型，其上部都有穿繫和環梁，是由便於在馬上繫帶的皮囊演化而來。近幾十年陸續從各地發掘出大批遼墓和遺址，都出土有雞冠壺等瓷器，可見遼代瓷器業分布很廣，如上京、中京、南京及東京，都是重要的陶瓷業中心。

以車馬為家過著游牧生活的契丹人也很重視城市建設，在一定程度上促進建築業的出現和繁榮。遼太祖阿保機在潢水之南建龍化州，築開教寺。神冊三年二月癸亥，「城皇都，以禮部尚書康默記充版築使」㉛。所謂「皇都」即後來的上京臨潢府，周圍二十七里，由南、北兩座城組成，北城為皇城，皇城北為大內，建有宮殿和東、西、南三門。大內南北外有大街，直通皇城南門，街道兩旁為官署、廟宇、寺觀和契丹貴族住宅，「南城謂之漢城，南當橫街，各有樓對峙，下列井肆」㉜。遼宋締結澶淵之盟後，遼聖宗擇燕、薊漢人工匠，「郛郭、宮掖、樓閣、府庫、市肆、廊廡，擬神都之制」㉝，在土

㉙內蒙古文物工作隊、烏盟文物工作站編，《契丹女屍：豪欠營遼墓清理與研究》（呼和浩特：內蒙古人民出版社，一九八五年），頁二〇二。
㉚趙豐，〈遼慶州白塔所出絲綢的織染繡技〉，《文物》（二〇〇〇年第四期）。
㉛脫脫等，《遼史》卷一〈太祖紀上〉。
㉜脫脫等，《遼史》卷三七〈地理志一〉。參見中國社會科學院考古研究所內蒙古第二工作隊、內蒙古文物考古研究所，〈內蒙古巴林左旗遼上京宮城城牆二〇一四年發掘簡報〉，《考古》（二〇一五年第一二期）。
㉝脫脫等，《遼史》卷三九〈地理志三〉。

圖六　中京大明塔

圖七　上京南塔

河之濱建造了中京城。中京城由外城、內城、皇城構成，外城四面環繞內城，兩者組成一個「回」字形建築群，皇城在內城北部中央，其北牆即內城北牆。中京城布局整齊，東西對稱，井然有序[34]。此外，遼代建築物保存至今的，有中京大明塔、慶州白塔、上京南北二塔、薊縣獨樂寺觀音閣、義縣奉國寺大雄寶殿、應縣木塔等等，這些代表著遼代建築的風格和最高水平。

伴隨著農業、牧業、手工業的發展，商品交換日益頻繁，商業活動也日益活躍，遼朝五京逐漸發展成為本地區的商業中心。遼上京的修建不僅是政治宣傳的需要，也是為了安置戰爭過程中俘獲的農業人口及各色人士，上京「所謂西樓也。西樓有邑屋市肆，交易無錢而用布。有綾錦諸工作、宦者、翰林、伎術、教坊、角

[34] 參見內蒙古自治區昭烏達盟文物工作站，〈遼中京遺址〉，《文物》（一九八〇年第五期）。

舨、秀才、僧尼、道士等，皆中國人，而并、汾、幽、薊之人尤多」㉟。南城「各有樓對峙，下列井肆」，「南門之東回鶻營，回鶻商販留居上京，置營居之」㊱。回鶻營是為了安置回鶻商販而建立。東京城，「城皇都，以禮部尚書康默記充版築使」㊲，是東京道的商業貿易中心。南京有著雄厚的經濟基礎，是五京中最為繁華富庶的，當列於首位，「西城巔有涼殿，東北隅有燕角樓。坊市、廨舍、寺觀，蓋不勝書」㊳，「大內壯麗，城北有市，陸海百貨，聚于其中；僧居佛寺，冠于北方。錦繡組綺，精絕天下」㊴。由此可見一斑。中京城和西京城建成以後，同樣也成為遼朝南部和西部的商業重鎮。遼朝在上京、南京和西京設置都商稅院，主持商稅徵收和市場管理。遼朝也與南方諸國，以及北宋、高麗、高昌回鶻都建立了廣泛的貿易關係。

㉟歐陽脩，《新五代史》卷七三〈四夷附錄第二〉。
㊱脫脫等，《遼史》卷三七〈地理志一〉。
㊲脫脫等，《遼史》卷三八〈地理志二〉。
㊳脫脫等，《遼史》卷四〇〈地理志四〉。
㊴葉隆禮，《契丹國志》卷二二〈四京本末·南京〉。

第三節　遼朝的文化

一、語言文字

契丹王朝建立後，遼太祖為了適應政治、經濟、文化發展、交流的需要，先後命人創製了契丹大字、契丹小字兩種文字體系。

神冊五年（九二〇年）春正月乙丑，「始製契丹大字」⑩，以突呂不和魯不古貢獻最大。據《遼史》記載，突呂不「幼聰敏嗜學。事太祖見器重。及製契丹大字，突呂不贊成為多」㊶。「太祖制契丹國字，魯不古以贊成功，授林牙、監修國史」㊷。契丹大字直接脫胎於漢字，帶著很深的漢字痕跡，並且還保留了源於漢字的「方塊」字形，有的直接借用漢字的字形、音、義，例如「皇帝」、「太后」、「大王」等；有的借用漢字的形和義，例如，「一」、「二」、「五」、「十」等，其讀音則是契丹語；有的借用漢字的字形，例如「仁」、「住」、「弟」、「田」、「有」、「行」、「未」、「高」、「面」、「全」、「乃」。大部分契丹大字的字形雖與漢字不同，但也是改造漢字而成，例如，**凷**、**丸**、**沓**、**斉**、**寺**、**之**。如果進

---

⑩脫脫等，《遼史》卷二〈太祖紀下〉。

㊶脫脫等，《遼史》卷七五〈突呂不傳〉。

㊷脫脫等，《遼史》卷七六〈耶律魯不古傳〉。

一步將漢字與契丹大字加以比較，可以看出，契丹大字的創造者至少對漢字進行了減少筆劃和減少字數這兩方面的改造，通過這種改造而製成契丹大字。

由於契丹大字不便掌握，並且以單字記錄多音節詞彙，後來又創製了契丹小字。據《遼史·皇子表》記載，「回鶻使至，無能通其語者，太后謂太祖曰：『迭剌聰敏可使。』遣迓之。相從二旬，能習其言與書，因制契丹小字，數少而該貫。」㊸契丹小字是由一至七個不等的基本讀寫單位所組成，這種基本的讀寫單位，學界稱之為「原字」。原字是在進一步減少漢字和契丹大字的筆劃，改造其字形的基礎上製成的。其中，與漢字字形完全相同的也不少，例如：**一丁木市十天而丙可文小公八欠乙了刀又可木市十天而丙火**等等，這些字中，大都與漢字的音、義不同，因此不能按照漢字音套讀，如契丹小字**一**，其義為「北」，而不是數詞「一」。

契丹小字與契丹大字相比，具有如下特點：一曰「數少」，契丹小字最小的拼寫單位「原字」，字數約有四百個，這些原字可以反覆拼合；二曰「該貫」，這種契丹文字原字雖少，卻能把契丹語全都貫通；三曰「簡」，一是筆劃簡單，一是學習起來方便。契丹語屬於阿爾泰語系，具有單詞多音節和用黏著詞尾表示語法的現象，有元音和諧律的特點。對於這種語言，用拼音文字表達比用表意文字表達簡便得多。契丹小字比契丹大字在拼音化方面前進了一大步，契丹小字這種拼音文字便於黏著詞尾，更符合契丹語的實際語音㊹。

㊸脫脫等，《遼史》卷六四〈皇子表〉。

㊹參見清格爾泰、劉鳳翥等，《契丹小字研究》（北京：中國社會科學出版社，一九八五年），頁八—一五。

兩種契丹文字創製以後與漢字同時在遼朝境內通行。主要用途如下：一、刻寫紀功碑；二、著諸部鄉里之名；三、外交書函；四、旗幟用語；五、刻符牌；六、寫詩；七、翻譯書籍；八、科舉考試；九、撰刻哀冊和墓誌。遼朝皇帝和契丹貴族，甚至漢人上層大多通曉契丹語，就連出使遼朝的宋人有些人也能用契丹語作詩，遼興宗時，余靖用契丹語作詩曰：「夜筵設罷（侈盛也）臣拜洗（受賜也），兩朝厥荷（通好也）情幹勒（厚重也）。微臣稚魯（拜舞也）祝苦統（福佑也），聖壽鐵擺（嵩高也）俱可忒（無極也）。」㊺此詩深受契丹皇帝的喜愛。

契丹文字沿用至金初，直到金章宗明昌二年（一一九一年）下詔廢罷。契丹文字通行時，曾出現過用契丹字所寫的書，以及翻譯成契丹字的漢文典籍，但由於契丹政權對書籍控制很嚴格，又連年兵燹，契丹文字文獻流傳下來的極少，至明初契丹文就徹底失傳，最終成為一種無人可識的死文字。

一九二二年，比利時傳教士梅嶺蕊(L. Kerryn)首次在慶陵發現契丹文字哀冊，迄今出土的契丹小字石刻已多達三十餘種，契丹大字石刻也有十餘種。一九七〇年代以來，契丹文字解讀取得了突破性進展，由內蒙古大學清格爾泰、中國社會科學院民族研究所劉鳳翥等人組成的契丹小字研究小組，從解讀金代契丹文碑刻〈郎君行記〉入手，利用尋找契丹小字中的漢語借詞，採用釋義與擬音相結合的辦法，逐步釋讀契丹小字。當契丹小字中的漢語借詞解讀到一定數量之後，就能夠解讀契丹語固有的單詞，進而通過這些解讀成果來探討契丹語的語序和語法關係，名詞的性、數、格等問題，還可以利用元音和諧律來擴大釋讀範圍㊻。

㊺葉隆禮，《契丹國志》卷二四〈余尚書北語詩〉。

圖八　契丹小字〈郎君行記〉

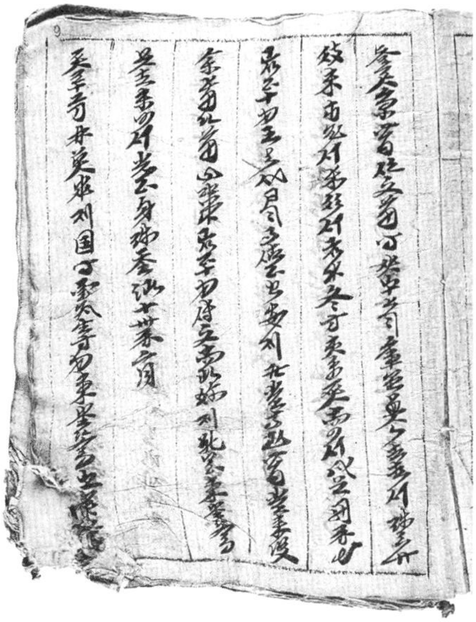

圖九　在吉爾吉斯出土的契丹大字書寫手稿

不過，契丹文字是中國民族古文字中最難破譯的文字之一，除了這種文字先天存在的問題之外，主要有三個原因：其一是缺乏活的語言資料。契丹自十四世紀以後就不再以單一的民族型態而存在，它的語言早已消亡，今天的契丹語文學家在解讀契丹文字時往往不得不借助於阿爾泰語系中的某些親屬語言，如達斡爾語、蒙古語、土族語、東鄉語、保安語、東部裕固語（恩格爾語）甚至滿語等等，但大量的解讀實踐告訴我們，契丹語是一種獨立的語言，在它與上述諸語言中的任何一種語言之間都存在著相當程度的差異。其二是缺乏對譯的文字資料。雖然遼代墓葬中同時出土契丹小字（或大字）墓誌與漢文墓誌的情況並不少見，如〈道宗哀冊〉、〈興宗哀冊〉、〈仁懿哀冊〉、〈宣懿哀

⑯ 參見劉鳳翥，《契丹文字研究類編》（北京：中華書局，二〇一四年），第一冊，頁一四。

冊〉、〈皇太叔祖哀冊〉、〈耶律仁先墓誌〉、〈耶律智先墓誌〉、〈耶律宗教墓誌〉、〈宋魏國妃墓誌〉、〈耶律延寧墓誌〉、〈蕭袍魯墓誌〉、〈耶律習涅墓誌〉等等，但其內容都是各自獨立的，迄今發現的契丹大、小字石刻，除了一個不足百字的〈郎君行記〉外，其他都不是與漢文對譯的。其三是沒有任何形式的工具書。如今，距離契丹文字的徹底解讀仍很遙遠㊼。

二、佛教的流行

遼朝數年間便亡於女真族，一百多年後，時在潛邸的元世祖忽必烈與漢人張德輝談及此事，提到「遼以釋廢」㊽。元人把契丹亡國的原因全部歸咎於佞佛，雖有些言過其實，不過有遼二百餘年，佛教確曾對這個少數民族政權產生了極大的影響。

唐天復二年九月，耶律阿保機「城龍化州于潢河之南，始建開教寺」㊾。這成為遼朝興置寺院的濫觴。隨後契丹政權對中原及渤海地區的軍事征服中，俘獲了為數眾多的僧尼，臨潢府「城南別作一城，以實漢人，名曰漢城，城中有佛寺三，僧尼千人」㊿。事實上，遼太祖與臣工們的一次談話頗能說明問題，時太祖問侍臣曰：「受命之君，當事天敬神。有大功德者，朕欲祀之，何先？」皆以佛對[51]。

㊼劉浦江、康鵬主編，《契丹小字詞彙索引》（北京：中華書局，二〇一四年），頁一。

㊽宋濂等，《元史》卷一六三〈張德輝傳〉。

㊾脫脫等，《遼史》卷一〈太祖紀上〉。

㊿薛居正等，《舊五代史》卷一三七〈外國列傳一〉。

[51]脫脫等，《遼史》卷七二〈宗室傳〉。

圖十　寶山遼墓壁畫中的《頌經圖》

由此可見，雖在遼初，佛教就在社會上得到了普遍認可。

在遼立國之初，契丹皇帝為了確立和穩定其國家統治，勢必要採取有效的措施來鞏固轄下各個民族，尤其是人口比重較大的漢人。因此，佛教作為各族共同的心理紐帶，發揮了重要精神凝聚作用。迄至太祖之世，契丹統治者對於佛教只有利用而無信仰可言。遼太宗繼承了太祖以來寬容的宗教政策，最重要的是將白衣觀音尊為家神，從而突破了契丹原始宗教信仰，融入新的元素。而真正將佛教納入國家信仰層面的是遼興宗，他先拜「菩薩堂」，次「行拜山儀」之轉變，則徹底打破了契丹固有宗教信仰模式，實實在在地將佛教提升到相當高的地位。而道宗皇帝更是親力親為，促使佛教達到全盛時期。而到天祚一朝，社會佛教化程度逐漸加深。

寬鬆的佛教政策，為遼朝佛教傳播和發展提供了絕佳沃壤。整個社會之中，上至契丹貴族，下到百姓黎民，總體上對於佛教加以尊奉。可以說，這種影響涵蓋諸多層面：在政治上，僧人受到無比尊崇，具有很高的社會地位；在民間社會，大小寺院香火鼎盛；在文化方面，有《契丹藏》的雕刻及房山石經的繼修。

首先表現為，契丹貴族上層對佛教異常尊崇，慷慨捐施寺院，經濟上給予大力支持，敕賜寺院和僧人特權。其次表現為，契丹貴族專研佛學的人很多，其中以遼道宗最為典型。蘇轍出使遼朝，歸國後上〈論北朝政事大略〉曰：「北朝皇帝好佛法，能自講其書。每夏季，輒會諸京僧徒及群臣，執經親講。」⑫在民間社會，佛事更是興盛一時，有很多富足官員，以及尋常百姓出於對佛教的虔誠信仰，廣延僧人，持經念佛。第三表現為，僧侶集團成為一特殊群體，得到社會的禮遇，地位很高。

至遼中後期，佛教已經在整個社會獲得穩固的地位。進而佛教與社會發生了緊密的關係，使佛教因素深刻影響到人們日常生活諸層面。首先，僧俗同樂。在契丹的歲時雜儀中，農曆四月八日有「佛誕節」，既是世俗社會的重要節慶，又是僧人紀念佛祖誕生的慶典，可謂是熱鬧非凡。其次，僧俗互助。隋唐以來，百姓結社漸趨於寺院結合，至遼代，民間出現一種僧俗共建的組織，曰「千人邑」。第三，契丹人命名習俗中的佛教因素日益明顯。許多契丹皇族和后族的名字都與佛教有關，如「和尚」、「僧」、「觀音」等字常出現其中，顯然都是具有佛教意義的。佛教對於人們的習俗，產生了極大的影響。在風俗上，佛教因素對於女性浸染更為明顯，影響到了遼代婦女的衣著服飾、生活飲食。其中最為典型的一例，就是在遼朝婦女中廣泛流行的「佛妝」。

三、契丹族的漢化

契丹作為中國北方古代民族之一，從南北朝時期便與漢人有所接觸，並且受到中原文化的浸潤和薰陶。追至遼代，契丹人對於中原文化及儒家文化的吸收、繼承，也臻於鼎盛時期，由此促進遼朝在政治、經濟、文化各方面都有了長足的發展。

契丹族在未接受漢文化之前，是一個地地道道的游牧民族。唐中葉的藩鎮叛亂，則給契丹族的發

⑫蘇轍，《欒城集》卷四二〈北使還論北邊事劄子五道〉。

展提供了一個契機，一方面是唐朝無力經營東北地區，使契丹族得以坐大，實力大增；另一方面是有很多不堪戰亂騷擾的內地漢人紛紛離鄉背井，越過長城，進入了契丹族世代居住的遼河流域，使契丹社會出現了農業生產。阿保機成為夷離堇後，乘唐朝內亂之際，盤馬彎弓，頻頻南下。與此同時，阿保機對契丹隨畜游牧的傳統生活適時調整，開始學習農耕社會制度。鑑於此，他便大刀闊斧地進行了一系列改革。

第一，宣布成立漢兒司，以韓知古總知漢兒司事。據《遼史．韓知古傳》記載，「久之，信任益篤，總知漢兒司事，兼主諸國禮儀。時儀法疏闊，知古援據故典，參酌國俗，與漢儀雜就之，使國人易知而行。」[53]

第二，改變契丹慣有的草原統治方式，建立城市制度和人口管理制度。遼初，韓延徽「乃請樹城郭，分市里，以居漢人之降者。又為定配偶，教墾藝，以生養之。以故逃亡者少」[54]。

第三，仿效漢文化，施行姓氏制度。「太祖慕漢高皇帝，故耶律兼稱劉氏；以乙室、拔里比蕭相國，遂為蕭氏」。[55]此事出自《遼史．后妃傳》總敘。二〇一五年六至十二月，在內蒙古多倫縣小王力溝發掘了兩座大型遼代貴族墓葬。M2 出土大量精美隨葬品，瓷器多用金銀包飾。保存完整的墓誌對研究遼代歷史具有非常重要的價值。這塊〈大契丹故貴妃蘭陵蕭氏玄堂誌銘〉亦稱：「惟國家千齡，

---

[53] 脫脫等，《遼史》卷七四〈韓知古傳〉。
[54] 脫脫等，《遼史》卷七四〈韓延徽傳〉。
[55] 脫脫等，《遼史》卷七一〈后妃傳〉。

啟運二姓，辨族系，尊耶律漢室之宗劉氏也，世娶蘭陵周王之重姜姓也。」[56]

第四，大興儒教和道教，推崇中原的倫理道德。神冊三年五月乙亥，「詔建孔子廟、佛寺、道觀」[57]。孔子廟的興建過程，《遼史．宗室傳》記述其原委：「時太祖問侍臣曰：『受命之君，當事天敬神。有大功德者，朕欲祀之，何先？』皆以佛對。太祖曰：『佛非中國教。』倍曰：『孔子大聖，萬世所尊，宜先。』太祖大悅，即建孔子廟，詔皇太子春秋釋奠。」[58]力主修建孔子廟的耶律倍就是一位漢文修養極高的契丹人，「初市書至萬卷，藏于醫巫閭絕頂之望海堂。通陰陽，知音律，精醫藥、砭焫之術。工遼、漢文章，嘗譯《陰符經》」[59]。

第五，延攬漢人知識分子。遼朝皇帝不僅倚重韓延徽、韓知古進行一系列漢化改革，而且在文化教育方面，創製的契丹文字，也是借用漢字字形而成，並且裡面吸收了大量的漢語借詞。

遼太宗時期，遼朝征服中原地區，「既得燕、代十有六州，乃用唐制，復設南面三省、六部、臺、院、寺、監、諸衛、東宮之官。誠有志帝王之盛制，亦以招徠中國之人也」[60]。採用中原制度，由此確立南面官制。會同三年（九四〇年）十二月丙辰，「詔契丹人授漢官者從漢儀，聽與漢人婚姻」[61]。

---

[56] 內蒙古文物考古研究所、錫林郭勒盟文物保護管理站、多倫縣文物局，〈內蒙古多倫縣小王力溝遼代墓葬〉，《考古》（二〇一六年第一〇期）。

[57] 脫脫等，《遼史》卷一〈太祖紀上〉。

[58] 脫脫等，《遼史》卷七二〈宗室傳〉。

[59] 脫脫等，《遼史》卷七二〈宗室傳〉。

[60] 脫脫等，《遼史》卷四七〈百官志三〉。

因此，契丹與漢族打破民族界限，開始逐步融合，也推動著漢化進程。

遼代契丹族對漢族文化的吸收和繼承，可以歸納為以下幾個方面：第一，文學。契丹貴族上自帝王后妃，下至諸王大臣，能詩善賦者不乏其人。第二，科舉和文化教育。遼代自聖宗時始開科取士，僅取進士二至三人，為數甚微。澶淵之盟以後，增為二十三人，道宗時更猛增為百餘人，許多漢人由此躋入顯宦行列，並且各地還建立了學校。第三，生活習俗。重陽節登高、飲菊花酒本為漢人習俗，契丹人後來也有了這一習俗，遼聖宗曾多次重九登高，賜群臣菊花酒，以後相沿不廢。

四、契丹風俗

游牧的契丹人以畜牧業為主，生產生活方式與農耕定居民族有很大不同。契丹人以車帳為居所，是游牧民族一種較為傳統和常見的居住形式，這是在長期游牧生活中形成的。人們為順應逐水草而遷徙的生活，車帳是方便他們不停地改變居住地、不停地進行轉移的最佳工具，也是這些過程中最好的庇護和休息場所。遼朝皇帝的居止之所曰斡魯朵，義為「穹廬」、「氈帳」。北宋大中祥符初年，路振出使契丹，提及中京城，「城中無館舍，但於城外就車帳而居焉」[62]。蘇轍有詩謂「契丹駢車依水泉，橐駝羊馬散川谷，草枯水盡時一遷」[63]云云，講述的就是契丹的真實生活狀態。

---

[61] 脫脫等，《遼史》卷四〈太宗紀下〉。

[62] 路振，《乘軺錄》。

[63] 蘇轍，《欒城集》卷一六〈出山〉。

圖十一　遼墓壁畫中契丹人烹飪圖

契丹人的食物以乳肉為主，除牛羊肉外，野豬、狍子、鹿、兔、鵝、雁、魚等獵獲物也是食物的重要來源。肉類可煮成濡肉，也可製成臘肉。牛、羊乳和乳製品是他們的食物和飲料，即所謂「湩酪朝中百品珍」[64]。契丹人也食用少量穀物，如用米煮粥或製成炒米。經常食用的果品有桃、杏、李、葡萄等，有時候用蜜漬製成果脯，夏日有西瓜。一九九五年夏，考古人員在內蒙古敖漢旗羊山一號遼墓壁畫中，發現了目前中國已知時代最早的「西瓜圖」。該壁畫中，在墓主人前方陳放一具供臺，臺面上有兩個大果盤：一盤盛放石榴、杏、桃等五種水果，另一盤盛有三個碧綠色的長圓形西瓜[65]。冬天有風味果品「凍梨」。中京的釀酒業對後世有著深遠的影響。遼朝境內的漢人、渤海人的飲食，除保留其本身固有的習慣外，也受到契丹習俗的某些影響。奚人的食物中，穀物的比例多於契丹。同時，漢人、渤海人的食品也傳入契丹，遼朝皇帝過端午節時就食用渤海廚師製作的艾糕。

遼朝各部族大多生活在北方苦寒之地，在相當長時間裡，「食肉衣皮」是他們共同的衣食習俗。所

---

[64] 蘇頌，《蘇魏公集》卷一三〈後使遼詩．遼人牧〉。

[65] 王大方，〈敖漢旗羊山一號遼墓「西瓜圖」——兼論契丹引種西瓜及我國出土古代「西瓜籽」等問題〉，《內蒙古文物考古》（一九九八年第一期）。

謂「皮衣」，就是那些以游牧、狩獵為生的民族多利用動物的皮毛，製成既簡單又可以遮體、禦寒的衣服。隨著社會的發展，經濟條件的不斷轉變，民族融合速度愈來愈快，契丹內部等級尊卑劃分明顯，其服飾逐漸發生變化，有了蕃、漢之分，朝、常之別。遼朝人不僅懂得利用較好的原料製作衣服，還擅長運用色彩、樣式和裝飾品等使衣服更加漂亮、美觀、華麗。總體看來，遼朝服飾風俗發展變化有如下兩大特點：

第一，契丹穿著漢服的趨勢發展迅速，這在遼朝皇帝及社會上層的服飾變化中尤其顯著。第二，遼朝大部分地區依然保留了本民族服飾的特點，契丹服飾基本由冠帽、袍、褲、靴組成，具有明顯的游牧民族服裝特色，屬於「胡服」系列。契丹男子多為髡髮，衣緊袖窄袍，腰間有束帶，腳穿長靴。契丹女子的服飾以衫、裙、袍、帶為主[66]。

[66] 游彪等，《中國民俗史（宋遼金元卷）》（北京：人民出版社，二〇〇八年），頁三二三—三二五。

圖十二　寶山遼墓壁畫中的《寄錦圖》

圖十三　《契丹人引馬圖》中契丹男子局部圖

遼朝時興的歲時節日從時間、名目甚至具體內容等方面看，有許多沿襲漢唐以來的習俗，但也很多節日與宗教生活、游牧生活息息相關，具有契丹特色。放偷日是遼金時期一種極具民族特色的節慶，時間主要集中在農曆正月十三至正月十五之間，與中原地區元宵節的日子相近。據《契丹國志》記載，「正月十三日，放國人做賊三日，如盜及十貫以上，依法行遣。北呼為『鶻里尀』，漢人譯云『鶻里』是『偷』，『尀』是『時』」[67]，即在三天允許國人有偷盜行為，在規定數額內不予追求。在遼朝，佛教廣為流傳，並對其社會生活產生重要影響。篤信佛教的遼朝人在四月八日佛誕日（即釋迦牟尼的生日）舉行拜佛誦經法會及浴佛等活動，以示慶祝。《遼史．禮志》記載，「京府及諸州雕木為像，儀仗、百戲導從，循城為樂」[68]。《契丹國志》也記載說，「京府及諸州，各用木雕悉達太子一尊，城上舁行，放僧尼、道士、庶民行城一日為樂」[69]。由此可見當時的盛景。

契丹特色的習俗，還有再生儀。遼朝皇帝、執政的皇后和皇儲可行此儀禮，於本命年前一年季冬之月擇吉日舉行。先期於御帳禁門北設再生室、母后室、先帝神主輿。到期後，將童子和接生的老嫗置於室內，老叟持箭囊立於門外。先從神輿中取出先帝神主，祭奠。皇帝入再生室，除去朝服，與童子一起進去，模仿出生時的情況，然後拜先帝御容，宴飲群臣。

---

[67] 葉隆禮，《契丹國志》卷二七〈歲時雜記．治盜〉。
[68] 脫脫等，《遼史》卷五三〈禮志六〉。
[69] 葉隆禮，《契丹國志》卷二七〈歲時雜記．佛誕日〉。

第二篇 西夏

第三章 西夏的興衰

西元九世紀末，出自党項羌的拓跋氏在西北建立了夏州地方政權，並在宋初稱帝建國，國號大夏，史稱西夏。西夏政權「周旋五代，終始遼金」①，從元昊建國開始算，延續近二百年，統一並開發了西北的大部地區，先後與遼、宋、金相鼎峙，直至十三世紀初方為新興的蒙古所滅。

第一節 西夏的建立

一、党項族源流與拓跋氏政權

西夏的統治民族党項出自羌族，原居於今四川、青海、甘肅交界地區。二十世紀初黑水城遺址出土的西夏文獻中有一首〈夏聖根讚歌〉，追憶党項的發源地：「黑頭石城漠水邊，赤面父塚白河上，高彌藥國在彼方。」黑頭、赤面是形容党項人自己，「彌藥」是吐蕃人對党項的稱呼，石城、白河就是指

①吳廣成，《西夏書事》卷四二。

圖十四　西夏黑水城

今甘肅南部的白龍江上游地區②。党項「每姓別為部落，大者五千餘騎，小者千餘騎」③，不相統屬，以牧養犛牛、豬、羊為生，不知稼穡，更無法令、賦稅、文字、律法。著名部落有細封氏、費聽氏、往利氏、頗超氏、野辭氏、房當氏、米擒氏、拓跋氏等八部，以拓跋氏「最為強族」④。這一拓跋氏起初有可能是遷徙到西部羌族地區的鮮卑人。不過，党項諸部並非純粹的單一民族共同體，其中混雜有其他民族成分，漢文史書經常稱之為「雜虜」。

党項諸部自魏、周之際就數度擾邊，隋朝時一度附於吐谷渾，唐初陸續內附。為了管理內附的党項，唐朝在邊地設置了一系列羈縻府州，封給諸部首領「都督」、「刺史」名號，並得世襲。界內雖立縣名，但無城郭居處，而且「貢賦版籍，多不上戶部」⑤。唐中後期，党項諸部不斷受到西藏高原新興的吐

② 聶鴻音，〈西夏文《夏聖根讚歌》考釋〉，《民族古籍》（一九九〇年第一期）。
③ 魏徵等，《隋書》卷八三〈党項傳〉。
④ 劉昫等，《舊唐書》卷一九八〈党項傳〉。
⑤ 歐陽脩等，《新唐書》卷四三〈地理志七〉。

蕃所逼迫，一再遷徙，經由隴西輾轉遷到陝北一帶，逐漸形成了幾大以地域命名的部落集團，如慶州（今甘肅慶陽縣）的東山部、夏州（今陝西靖邊縣）的平夏部，綏（今陝西綏德縣）、延（今陝西延安縣）二州的六府部。拓跋氏就是平夏部中極有勢力的大族。

唐末，平夏部拓跋氏首領拓跋思恭助平黃巢有功，被任命為夏州定難軍節度使（治今陝西靖邊白城子），封夏國公，賜姓李，成為名副其實的唐末藩鎮之一。其轄區包括夏、銀、綏、宥、靜五州之地，大體位於今天陝西和內蒙古的交界地帶。五代更迭迅速，對僻居西北一隅的夏州政權基本上無暇顧及，只能遙示羈縻。夏州政權也採取了保全實力的策略，先後名義上稱臣於統治中原地區的梁、唐、晉、漢、周五個政權，並接受了梁和唐的封號「隴西王」、「朔方王」。實際上，直到宋初，夏州一直保持著半獨立的地方割據，處於拓跋（李）氏家族控制之下。後唐長興四年（九三三年），夏州節度使李仁福卒，其子彝超被三軍推舉為節度「留後」。後唐明宗企圖趁機兼併夏州，下令彝超和延州的彰武軍節度使安從進對調，又派兵護送安從進至夏州赴鎮。彝超集結党項及西北諸胡萬餘人抵抗，後唐軍隊圍攻夏州百餘日，師老兵疲，只好撤軍媾和。經此一戰，夏州政權進一步增強了實力，提高了在西北各族中的威望。

二、李繼遷與李德明

北宋建國之初，夏州節度使李彝殷、李光睿、李繼筠先後遣使奉表，歸附北宋，還起兵協助北宋進攻北漢。宋太宗太平興國五年（九八〇年），李繼筠卒，弟李繼捧襲職，夏州統治集團內部因繼承問題發生矛盾，「諸父昆弟，多相怨懟」⑥，節度使李繼捧被迫獻地入朝。

繼捧族弟李繼遷時為定難軍都知蕃落使，別居於銀州。北宋派使節至夏州，要求發遣李氏族人赴京城，李繼遷反對內附，揚言：「吾祖宗服食茲土，逾三百年；父兄子弟，列居州郡，雄視一方，今詔宗族盡入京師，死生束縛之，李氏將不血食矣！」⑦李繼遷與親信出奔夏州東北三百餘里的地斤澤（今內蒙古伊克昭盟鄂托克旗東北），以恢復祖業相號召，聯絡党項豪族，起兵對抗北宋，不斷襲擾北宋邊境。同時，李繼遷稱臣於遼，企圖借助契丹的力量反宋。遼聖宗將宗室女封為義成公主嫁給李繼遷，並封他為夏國王。

李繼遷連年侵擾北宋西北沿邊各地，北宋採取軍事圍剿、經濟封鎖等多種手段，都無法將李繼遷消滅。真宗即位後，被迫妥協，仍授繼遷為夏州節度使，復賜姓名趙保吉。此時李繼遷羽翼已豐，不滿足於舊有地盤，提出「西掠吐蕃健馬，北收回鶻銳兵，然後長驅南牧」的戰略⑧，於咸平五年（一〇〇二年）從北宋手中奪取了夏州西側的靈州（今寧夏靈武）。靈州在唐、五代時為朔方節度使治所，戰略位置十分重要。繼遷占領靈州，打開了向河西走廊擴張的通道。晚唐五代以來，河西走廊出現回鶻、吐蕃、漢族等多民族雜居的狀況，既不在中原王朝直接統治範圍之內，又沒有完全形成統一政權，因此它成為党項貴族的首要擴張目標。占領靈州後，李繼遷遷都於此，改靈州為西平府，又興建宮室、宗廟、官衙。不久，李繼遷在與河西吐蕃潘羅支作戰時中箭，不久傷重身亡，其子德明嗣位。

李德明「深沉有器度，多權謀」，又「精天文，通兵法」⑨。他嗣位之初，夏州政權由於連年與宋

⑥李燾，《續資治通鑑長編》卷二三，太宗太平興國七年五月乙酉。
⑦吳廣成，《西夏書事》卷三。
⑧吳廣成，《西夏書事》卷七。

交戰，陷入困境；宋、遼簽訂了「澶淵之盟」後，夏州暫時失去了聯遼制宋的便利。此外，李繼遷臨終之際，也一再囑咐德明拜表內屬，「一表不聽則再請，雖累百表，不得請勿止也」⑩。於是，李德明一面派遣使臣入宋，請求和好，接受冊封，通過朝貢貿易獲得優厚的物質利益；一面又主動向遼國討封，接受遼的金冊玉印和「大夏國王」封號，得到遼國的政治聲援，以安境內各部反側之心。

宋真宗對夏州政權採取「姑務羈縻，以緩爭戰」的招撫政策⑪，授李德明為定難軍節度使，封西平王，頒賜銀萬兩、絹萬匹、錢三萬貫、茶二萬斤，並許党項人進入內地貿易往來，撤銷禁止西夏將青鹽販入宋境的禁令。同時，北宋向李德明提出了七項媾和條件：㈠歸還靈州；㈡止居平夏；㈢遣子弟入宿衛；㈣送還被俘宋朝官吏；㈤解散蕃、漢軍隊；㈥釋放被俘宋朝兵民；㈦邊境糾紛須稟宋朝處理。德明堅拒歸還靈州和送子弟入質，北宋也在允許党項人進入內地貿易和撤銷青鹽內輸禁令兩項上作了保留。雙方終於景德三年（一〇〇六年）九月正式定約。

締約次年，李德明就請求在保安軍（今陝西志丹縣）開設榷場，縱令蕃、漢貿易。他派遣入北宋朝貢的使節川流不息，獲得大量的銀錢、錦帛、布匹和茶藥等回賜。此外，李德明還通過私設榷場、走私貿易和劫掠西域商隊，積累了雄厚的經濟實力。李德明在位期間，基本保持了與北宋的和好關係，夏、宋之間出現了「塞垣之下，逾三十年，有耕無戰，禾黍雲合，甲冑塵委」的局面⑫。解除東顧之

⑨吳廣成，《西夏書事》卷八、卷九。
⑩吳廣成，《西夏書事》卷八。
⑪李燾，《續資治通鑑長編》卷六三，真宗景德三年五月庚申。
⑫范仲淹，《范文正公集》卷九。

憂後，德明還得以專力西向，經過二十多年的戰鬥，擊敗吐蕃，奪取涼州，又擊敗甘州回鶻，基本占領了河西走廊。

夏州政權聲勢日盛，大大刺激了李德明的權力欲望。他雖告誡太子元昊：「吾族三十年衣錦綺，此宋恩也，不可負！」⑬同時卻大講帝王排場，在延州西北「大起宮室，綿亙二十餘里，頗極壯麗」⑭。在號令、儀衛、宮室、官制等方面，李德明也儼然比肩帝王。在接待北宋使者時，德明佯裝恭順，「撤宮殿題榜，置於廡下」，使者剛離開，就「鳴鞘鼓，吹導還，殊無畏避」⑮。李德明還修築了新的統治中心興州（今寧夏銀川）。這一切都為其子元昊建國稱帝、建立西夏王朝奠定了基礎。

二、元昊建國

宋仁宗天聖九年（一〇三一年），李德明死，子元昊襲位。元昊民族意識較強，一向反對其父的附宋政策，認為「英雄之生，當王霸耳」⑯。襲位後，他首先宣布放棄唐、宋王朝賜予的李、趙二姓，改本家族姓氏為嵬名氏（但史書中仍多以李姓稱之），自行創立開運、廣運等年號。隨後頒行「禿髮令」，恢復本族的衣冠髮式等舊俗。元昊先自禿髮，下令國中百姓「三日不從，許眾共殺之」⑰。元昊

⑬脫脫等，《宋史》卷四八五〈夏國傳上〉。
⑭吳廣成，《西夏書事》卷九。
⑮田況，《儒林公議》卷上。
⑯脫脫等，《宋史》卷四八五〈夏國傳上〉。
⑰吳廣成，《西夏書事》卷十一。

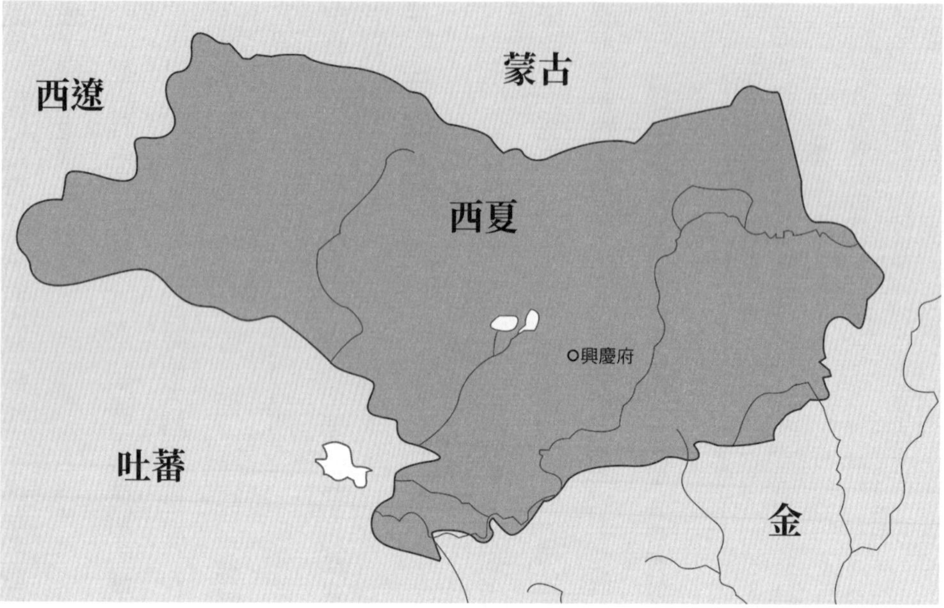

圖十五　西夏疆域圖

又命大臣野利仁榮創制党項族的文字（「國字」，史稱「蕃書」），升興州為興慶府，廣建宮殿，裁定官制、禮樂，設立左右廂、十八監軍司統轄軍隊。

宋仁宗寶元元年（一〇三八年），元昊在興慶府南郊築壇，正式即皇帝位，國號大夏，史稱西夏。改元天授禮法延祚。元昊自己改名為「曩霄」，自稱「兀卒」（青天子），是為夏景宗。繼而，元昊大封群臣，追謚祖父李繼遷為神武皇帝，廟號太祖，墓號裕陵，父李德明為光聖皇帝，廟號太宗，墓號嘉陵，封妻野利氏為憲成皇后，立子寧明為皇太子。

此時的西夏疆域，東臨黃河，西盡玉門關（今甘肅敦煌西），南抵蕭關（今甘肅環縣北），北連大漠，有州十九，境土方二萬餘里。西夏以畜牧甲天下，「土堅腴，水清冽，風氣廣莫，民俗強梗尚氣，重然諾，敢戰鬥」⑱，成為雄踞西北的強大政權。

第二節　西夏前期的統治：宋、遼時代

一、初期夏宋戰爭與和議

元昊稱帝建國之後，上表宋仁宗，追述自己祖先歷史，說明稱帝建國的合法性，自詡「吐蕃、塔塔、張掖、交河，莫不從伏，稱王則不喜，朝帝則是從」，希望北宋予以承認，「許以西郊之地，冊為南面之君」⑲。但宋廷駁回了這一要求，下令削奪元昊的原有官爵，並張榜於邊境，購募其首級。元昊也不甘示弱，斷絕與北宋的貢使往來，派人向北宋送去「嫚書」，指責宋朝背信棄義，揚言：「為帝圖皇，又何不可！」⑳雙方進入戰爭狀態。

北宋在陝西地區的駐軍數量遠多於西夏攻宋兵力，但消極防禦，兵分勢弱，作戰十分被動。元昊多次在北宋西北邊境各州發動小規模襲擊，試探虛實，最終選擇了鄜延路作為突破點。天授禮法延祚三年（一〇四〇年）至五年（一〇四二年）間，雙方連續大戰於三川口、好水川、定川砦，宋軍皆以慘敗告終。

天授禮法延祚三年初，元昊集結大軍，先奪金明砦，乘勝進圍延州。緊急馳援延州的宋軍，在距

⑱脫脫等，《金史》卷一三四〈西夏傳〉。
⑲李燾，《續資治通鑑長編》卷一二三，仁宗寶元二年正月。
⑳李燾，《續資治通鑑長編》卷一二五，仁宗寶元二年十二月。

離延州五里處的三川口（今陝西延安西北）陷入西夏軍的埋伏，大將劉平、石元孫等被俘，延州城遭到西夏軍圍攻七日，適逢天降大雪，元昊才引兵退走。三川口慘敗的消息傳到北宋，震動朝野。

天授禮法延祚四年（一〇四一年），元昊又率大軍聲言進攻北宋渭州，宋陝西都部署兼經略安撫使韓琦連忙調集數萬軍隊，由大將任福統率應戰。西夏軍佯裝不敵後撤，任福輕地冒進，在好水川（今寧夏隆德東）陷入元昊十萬主力軍隊的包圍中。宋軍遭到左右夾擊，潰不成軍，任福戰死，宋軍陣亡萬餘人。

天授禮法延祚五年，元昊在天都山集結兵馬十萬，分東西兩路南下，進攻宋鎮戌軍（今寧夏固原東北）。北宋大將葛懷敏又中了元昊誘敵深入、聚而殲之的戰術。宋軍在定川砦（今寧夏固原西北）遭到重兵圍困，向鎮戌軍轉移過程中被西夏軍四面猛攻，葛懷敏等十六名軍官陣亡，餘部九千餘人，戰馬六百餘匹，悉為西夏軍隊俘獲。元昊乘勝直抵渭州城下，揚言要「親臨渭水，直據長安」㉑。北宋三度遭受重挫，宰相呂夷簡甚至感嘆：「一戰不及一戰！」㉒

然而，西夏立國不久，根基不穩，長期的戰爭使國力有限的西夏疲憊不堪，「死亡創痍者相半，人困於點集，財力不給，國中為『十不如』之謠以怨之」㉓，加上遼夏關係惡化，北宋也從慘痛的失敗中及時汲取教訓，調整了西北邊境的防務，元昊遂通過宋俘向北宋朝廷表達了「休兵息民」之意。天

㉑吳廣成，《西夏書事》卷一六。
㉒田況，《儒林公議》卷上。
㉓脫脫等，《宋史》卷四八五〈夏國傳上〉。

授禮法延祚七年（一〇四四年），兩國終於達成和議。宋冊封元昊為「夏國主」，許其自置官屬，元昊對宋稱臣，奉行北宋曆法。宋每年給予西夏「歲賜」絹十五萬匹、銀七萬兩、茶三萬斤，重開沿邊榷場貿易，恢復民間商販往來。此後元昊「帝其國中自若」㉔。

二、西夏前期內政

元昊在位，對內鞏固皇權，誅殺掌握實權的大臣酋豪，衛慕氏、野利氏等與西夏皇族累世通婚的外戚家族，均受元昊嫉刻，遭到殘忍誅殺；外則奉行倚遼制宋之策，不斷挑起大小戰爭。元昊還大肆興建壯麗宮苑，驕奢淫逸，尋歡作樂。他見太子寧令哥之妻貌美，遂自納為妃，稱「新皇后」，又與重臣野利乞遇妻沒藏氏私通，生下諒祚，養於沒藏氏兄沒藏訛龐之家。沒藏氏兄妹圖謀危害太子，唆使寧令哥刺殺元昊。天授禮法延祚十一年（一〇四八年），寧令哥刺傷元昊，元昊不久死去。自元昊死後，西夏幾名皇帝都是年幼即位，因而連續出現后族干政現象。

元昊遺命從弟委哥寧令繼位，諒祚母舅沒藏訛龐以「夏自祖考以來，父死子及，國人乃服」為藉口，扶立「先王嫡嗣」諒祚登基㉕，尊諒祚生母沒藏氏為皇太后，攝政。沒藏訛龐自任國相，與諸移賞都等三大將執掌兵權，專制國中。沒藏太后死後，沒藏訛龐又將女兒嫁予諒祚為后，由國舅升為國丈，繼續總攬朝政。諒祚親政後，不滿沒藏訛龐的跋扈，設計誅殺沒藏氏，廢沒藏后，尋賜死。

㉔脫脫等，《宋史》卷四八五〈夏國傳上〉。
㉕吳廣成，《西夏書事》卷一八。

沒藏氏垮臺之後，諒祚迎立沒藏訛龐的兒媳梁氏為后，任用梁氏弟弟梁乙埋為家相，始親理國政。諒祚奉行親宋政策，遣使入宋朝貢，並求尚公主，又上書宋仁宗，表示打算推行廢「蕃禮」行「漢儀」，希望恢復與宋互市。

諒祚死後，長子秉常繼位，是為惠宗。秉常時年八歲，梁太后攝政，母舅梁乙埋出任國相，親信都羅馬尾執掌兵權，形成了新的母黨專政集團。為了爭取党項貴族的支持，梁氏母黨集團一反諒祚改行「漢禮」的政策，在夏國恢復「蕃禮」。對外，梁太后與梁乙埋連年發動對宋戰爭，企圖通過戰爭提高威信，並藉此向北宋索取厚賜。大安七年，夏將李清勸秉常交好宋朝，削奪梁氏集團的權力，梁太后殺害李清，囚禁秉常。宋神宗乘機發動大舉進攻夏國的戰爭，夏國陷入重重危機，梁太后為了穩定人心，只好表面上讓秉常復位。大安十一年（一〇八五年），國相梁乙埋死後，梁太后立梁乙埋之子梁乙逋為國相，繼續把持朝政，並騷擾、攻掠北宋邊境。短短十餘年間，梁太后和梁乙逋對北宋發動大小戰事達五十次以上。梁乙逋宣言，連年用兵是為了使「南朝懼吾」，還在朝中誇耀：「嵬名家人有如此功否？中國曾如此畏否？」[26]

天安禮定元年（一〇八六年），秉常卒，乾順即位，年僅三歲，是為崇宗。梁乙逋死後，梁太后親自掌權，挾持年幼的乾順繼續對宋用兵。永安二年（一〇九九年），乾順借助遼朝的干預，鴆殺梁太后。乾順親政後，在政治上削奪母黨勢力，大力提倡漢文化，宣揚儒學，設立「國學」，對外則採取親遼和宋的策略。

㉖吳廣成，《西夏書事》卷二九。

三、夏宋戰爭的再起

夏宋議和之後，兩國和平並不穩定。宋神宗推行「富國強兵」之策，任用王安石實施改革，對西夏轉而採取積極進取的姿態。北宋在綏州以西興築囉兀城，謀取西夏左廂的橫山地區，又任用王韶規取熙河湟鄯地區，設置熙河路，招撫當地的吐蕃部落。雙方在邊境常有大小衝突。

大安七年，西夏發生宮廷政變，惠宗秉常被梁太后囚禁。宋神宗認為有機可乘，對西夏發起了一次規模空前的軍事進攻，兵分五路，攻入夏境。宦官李憲為五路統帥，出熙河路，种諤出鄜延路，高遵裕出環慶路，劉昌祚出涇原路，王中正出河東路，計畫先取西夏靈州、夏州，再會師興州。西夏採取一老將提出的「堅壁清野」之策㉗，誘敵深入，憑城堅守，襲擾敵軍後方。宋軍最終無功而返，損失慘重。

次年，神宗採用徐禧的建議，在宋夏邊境修築永樂城（今陝西米脂西北），作為進攻西夏的軍事基地。徐禧發漢、蕃兵築城，雖盡力完工，西夏起傾國之師來攻，號稱三十萬。西夏軍渡過無定河，圍攻永樂城，並占據了水砦。城中水源涸乏，宋軍士兵絞馬糞汁為飲，渴死大半，加上後援和補給不繼，終於在西夏軍的猛攻之下淪陷。自徐禧以下，漢、蕃官陣亡二百三十人，宋軍戰死者萬餘人，輜重損失更是不計其數。短期內爆發的靈州、永樂兩次大戰，都以宋敗告終，宋神宗「臨朝痛悼」，而「夏人亦困弊」㉘。此後雙方多次就橫山疆界問題往復交涉，未發生大規模戰事。

㉗脫脫等，《宋史》卷四八六〈夏國傳下〉。

天祐民安四年（一〇九三年），宋哲宗親政後，在變法派的支持下再度對西夏採取強硬政策，斷絕歲賜，停止劃分地界，並進築堡寨，開疆拓土，史稱「紹聖開邊」。此後，雙方小規模的戰事仍然綿延不絕，互有勝負。永安元年（一〇九八年）秋，梁太后調集四十萬大軍進攻宋平夏城（今寧夏固原縣西北）。夏軍連營百里，使用高車飛石猛攻，經過十三日的苦戰，宋軍仍堅守不下。西夏軍糧草不繼，又遭遇大風，遂大潰。平夏城之戰後，北宋逐漸占據了天都山和橫山一帶的有利地形，劣勢稍有挽回。

夏、宋和平不穩定的原因之一，是西夏經常挑釁。北宋末年大臣李綱說：「夏人狡獪多詐而善謀，強則叛亂，弱則請和。叛則利於虜掠，侵犯邊境；和則歲賜金繒，若固有之。以故數十年來，西鄙用師，叛服不常，莫能得其要領。」㉙而另一方面，北宋欺軟怕硬，經常想用西夏檢驗「強兵」效果，也負有很大的責任。

四、夏遼關係

西夏建國前後，採取結遼抗宋政策。遼亦欲聯夏制宋。李繼遷從遼國接受了定難軍節度使、都督夏州諸軍事的稱號，為了進一步爭取遼的支持，李繼遷請婚於遼聖宗。遼聖宗將宗室之女封為義平公主下嫁，並賜馬三千匹。隨著遼、宋對峙局面日趨緊張，遼主更是極力籠絡西夏政權，先後封李繼遷為夏國王、西平王。李德明時期，西夏、遼兩國由於爭奪西遷的党項羌部落和吐蕃假道朝貢的問題，

㉘脫脫等，《宋史》卷四八六〈夏國傳下〉。

㉙李綱，《梁溪集》卷一四四〈禦戎論〉。

關係一度緊張。遼開泰九年（一〇二〇年），遼聖宗佯稱狩獵，親率大軍逼近涼州（今甘肅武威縣）北境，李德明也發兵相抗。雙方旋即修好，遼賜給李德明玉冊金印，加封他為大夏國王。

元昊繼位後，和遼興宗的姐姐興平公主結婚。夏宋交戰期間，元昊特別注重爭取遼的支持，不斷向遼進獻從北宋俘獲的戰利品。遼則藉機訛詐，達到迫使北宋增加歲幣的目的後，隨即對西夏施加壓力，要求結束戰爭。不久，居住在遼國邊境的夾山岱爾族和山南党項羌投附西夏，遼興宗遣使責問元昊，元昊態度傲慢，拒絕合作，還「自稱西朝，謂契丹為北邊」㉚。夏、遼矛盾因對宋關係、邊界人口逃亡等問題逐漸激化。天授禮法延祚七年秋，遼興宗親率大軍十萬，渡過黃河，直驅夏境。元昊率軍與遼軍接戰於賀蘭山北，失利退卻。元昊一面採取緩兵之計，表示「親率党項諸部待罪」，一面率軍後撤，堅壁清野，「凡三退將百里，每退必赭其地，契丹馬無食，因許和」㉛。此時，元昊趁機發動猛攻，遼軍大敗，興宗設在得勝寺南壁的大本營亦被攻陷，興宗單騎逃脫，遼駙馬蕭胡覩和近臣數十人淪為西夏軍俘虜。元昊旋即同遼講和，交換俘虜，依舊向遼朝貢。

天授禮法延祚十一年，元昊死於內亂，幼子毅宗諒祚即位。遼興宗因「南壁舊怨」耿耿於懷，以為有機可乘，遂扣留夏使，拒絕冊封諒祚。延嗣寧國元年（一〇四九年），遼興宗兵分三路再度伐夏。遼南路軍受到沒藏訛龐率領的夏軍突襲，失利後撤。北路軍在賀蘭山擊潰夏軍，俘虜了沒藏氏和夏國大臣家屬。接下來數年，遼軍又兵臨西夏京城興慶府，攻破賀蘭山西北的攤糧城，而西夏的反擊多未

㉚田況，《儒林公議》卷下。
㉛吳廣成，《西夏書事》卷一七。

能取勝，西夏不得不主動請和，雙方又漸歸於盟好。遼末，夏崇宗乾順借助遼道宗的干預，剷除了長年專政的梁太后，此後便依附於遼，兩次遣使卑辭厚禮，請求通婚。夏貞觀五年（一一〇五年），天祚帝以宗室女封成安公主嫁與乾順。在夏、宋戰爭中，遼也屢屢從中斡旋，或袒護西夏，甚至代夏向北宋要求返還侵地，幫助穩定了日趨衰落的西夏政權。

東北女真族興起後，在遼、金戰爭中，西夏曾出兵援遼。乾順得知天祚帝敗逃陰山，派兵三萬前往救援，又饋贈糧餉。天祚帝在陰山遭金兵突襲，西逃雲內（今內蒙古土默特左旗），乾順還請他到西夏避難。不久，乾順認清遼的覆亡已經無可挽回，西夏終非金之敵，轉而向金奉表稱臣。

第三節　西夏後期的統治：金、宋時代

一、西夏後期內政

大德五年（一一三九年），乾順卒，其子仁宗仁孝即位，時年十六歲，並尊生母曹氏和庶母任氏為太后。太后任氏之父任得敬，原為北宋西安州（寧夏海原西）通判，夏軍進攻時投降，獻女於夏崇宗為妃，不久立為皇后，任得敬擢為靜州都統軍。

仁孝即位之初，夏州統軍契丹人蕭合達發動兵變，以復興遼朝相號召。隨後幾年饑荒地震頻發，民不聊生，國內多次爆發党項人民的起事。這些反抗活動都被任得敬鎮壓。得敬威望日益上升，又賄賂重臣晉王察哥，得其援引入朝，累官中書令、尚書令、國相，進封楚王，出入儀從，比擬仁孝，親

族紛紛把持朝中要職。

乾祐元年（一一七〇年），任得敬脅迫仁孝「分國」，計畫將仁孝安置於瓜州（治所在今甘肅安西）和沙州（治所在今甘肅敦煌）一帶，自己竊據靈州、興州等腹地，並大役民夫，營建宮殿。仁孝被迫接受任得敬的要求，準備劃出西南路等大約占全國一半的地區由任得敬直接統治，同時上奏金國，代得敬請求冊封。金世宗覽奏不許，指出「有國之主，豈肯無故分國於人，此必權臣逼奪」，表示「若彼不能自正」，金國「則當以兵誅之」㉜。在金國支持下，仁孝捕殺任得敬及其族黨，使西夏免於分裂。

仁孝仰慕中原儒家文化，恢復了與宋的通使往來，人慶元年（一一四四年），仁孝下令在各州縣設立學校，增加生員名額，在宮中設立「小學」，不久又設立「太學」，講求禮樂制度。天盛年間（一一四九—一一六九年）還組織編纂了法典《天盛改舊新定律令》，規範了幣制。仁孝發展文治、興學崇儒的政策，使得西夏政權進一步漢化，但統治集團日趨文弱，昔日的勇猛和進取精神逐漸凋零。

乾祐二十四年（一一九三年），仁孝卒，子純祐繼立，是為桓宗。純祐大體尊奉仁孝舊政，對內息兵養民，崇尚文教，對外與金、宋和好，受金冊封。純祐叔父仁友參預平定任得敬「分國」陰謀有功，封越王。其子安全生性殘暴陰毒，在仁友死後上表請求承襲越王爵位，遭到純祐拒絕，降封鎮夷郡王，遂暗中謀篡帝位。天慶十三年（一二〇六年），安全在純祐母羅太后的支持下發動宮廷政變，廢黜純祐，自立為帝，是為襄宗。同年三月，純祐暴卒於宮中。皇建二年（一二一一年），安全亦被廢黜而死，宗室齊王遵頊繼位，是為神宗。

㉜脫脫等，《金史》卷一三四〈西夏傳〉。

二、夏金的和平往來

女真勃興，遼、北宋先後覆亡，根本上改變了西夏的地緣政治處境。長期以來向西夏輸送文化影響和經濟利益的宋，退出了黃河流域，偏安江左。西夏與原宗主國遼累世通婚，並在夏、宋戰爭中倚遼制宋，雙方關係大抵保持親善，初興的女真政權卻強悍好戰，野心勃勃，又占據了原屬遼、宋的黃河流域大片土地，對西夏國境形成了戰略包圍。

金國滅遼後，崇宗乾順審時度勢，向金國奉表，以事遼之禮稱藩。不久，金、宋之間為履行「夾攻之約」的問題發生衝突，金主以原許歸宋的山後諸州（今山西、河北兩省內外長城之間的地區）為餌，誘夏與金協同攻宋。在金國滅亡北宋、進占中原的過程中，西夏乘亂又占領了北宋西北沿邊的一些土地。因此，這一階段，西夏版圖頗有擴張。金國則取代北宋和遼，成為西夏新的宗主國，雙方劃疆而守，互相派遣賀正旦、生辰，賀即位、萬春節，賀上尊號、謝橫賜及奏告使節，設榷場進行貿易，當然也產生過一些糾紛與摩擦。

天盛十二年（一一六〇年），金海陵王南下侵宋，南宋四川宣撫使吳璘遣使請求夏國合兵共討之。仁孝回書，應允聯合出擊，迫於金兵勢盛未果。金世宗即位後，支持仁孝粉碎了任得敬的分國陰謀，仁孝進獻「本國所造百頭帳」以答謝金國厚恩㉝。金章宗因「夏國臣屬久，凡橫賜、生日使，禮意頗倨」㉞，仁孝怒而發兵擄掠金邊境州軍，金章宗遣使問責。純祐繼立後，雙方又恢復了和好。

㉝脫脫等，《金史》卷一三四〈西夏傳〉。

安全廢黜純祐自立，得到了羅太后的支持。應天元年（一二〇六年），羅太后遣使至金，為安全求冊封。金章宗使人詰問羅太后廢立之故，羅太后上表多方辯解，不久純祐死，章宗才正式冊封安全為夏國王。

由於與南宋隔絕，在較長時間的夏、金和平交往中，西夏在經濟上與金國形成了緊密的聯繫。除了允許西夏通過貢使來朝進行貿易，金國還在邊境設置榷場，開放鹽禁。後來，金國認為與西夏貿易是「以珠玉易我絲帛，是以無用易我有用」㉟，又顧慮邊人勾結為亂，相繼減罷了多處榷場，多年後才開放全部舊有榷場。

三、蒙古崛起後的夏、金、蒙三角關係

十三世紀初，蒙古崛起於北方，西夏真正遇到了致命威脅。在漠北統一之前的蒙古諸部中，西夏與克烈部往來密切。克烈部王族札阿紺孛幼長於西夏，在克烈部王族內部權力鬥爭中失勢的古兒汗、王汗、王汗之子亦剌合桑昆等人，都有避難西夏的經歷。成吉思汗統一蒙古高原後，以西夏納其仇人桑昆為藉口，著手征伐西夏，維持八十餘年「未嘗有兵革之事」的夏金關係也發生了劇變。

天慶十二年（一二〇五年），成吉思汗南征，攻下西夏力吉里寨，經過落思城，大掠當地居民及駱駝而去。純祐不敢抗拒，只在蒙古軍撤退後修復被破壞諸城，大赦境內，改都城興慶府為中興府（今

㉞吳廣成，《西夏書事》卷三八。
㉟脫脫等，《金史》卷一三四〈西夏傳〉。

寧夏銀川），以示西夏中興。

應天二年（一二〇七年），成吉思汗又以西夏拒絕納貢稱臣為由，再度揮師南下，攻下了西夏的邊防要地兀剌海城。後來，成吉思汗目睹西夏集結大軍來戰，加上天熱糧乏，主動撤退。

應天四年（一二〇九年）春，為了避免攻打金國時受到西夏的牽掣，成吉思汗大舉發兵侵入西夏，先擊敗並俘獲了西夏副元帥高令公（逸），繼而攻克兀剌海城，俘虜西夏太傅西壁訛答，乘勝挺進克夷門（今寧夏石嘴山北），誘擒西夏軍統帥嵬名令公，突至中興府城下。襄宗安全遣使向金國緊急求援。懦弱無能的金衛紹王拒絕聽從臣僚聯合西夏抵禦蒙古的建議，認為「敵人相攻，吾國之福，何患焉！」[36]蒙古軍引黃河水灌城失敗，釋放西壁訛答入城招諭，安全納女求和。由於怨恨金國在危難之際不肯相助，次年，安全發兵攻掠金邊境，金國也以削減對西夏使節的回賜加以報復。

與西夏訂立城下之盟後，蒙古得以專力伐金和西征。繼安全而立的神宗遵頊看到金國在成吉思汗連年攻襲下疆域日蹙，也抱有幸災樂禍的態度，一面多次發兵侵略金國邊境，一面與金通使如故。此外，遵頊還勾結金國叛臣，並遣使入川，表示希望與南宋夾攻金國。光定六年（一二一六年）秋，遵頊與蒙古軍連兵進攻金延安、代州，進破潼關。次年正月，遵頊又發兵三萬從蒙古軍侵金平陽府（今山西臨汾），被金國擊敗。當年十二月，成吉思汗第四度進攻西夏，圍中興府，遵頊出奔西京（靈州），旋即請降。直至光定十三年（一二二三年），西夏或獨自襲擾金國邊境，或從蒙古軍進攻，均未取得顯

---

[36] 吳廣成，《西夏書事》卷四〇。

著戰果，反而使得國內「民不聊生，耕織無時，財用並乏」，「敗卒旁流，饑民四散」㊲。光定十三年四月，太子德任再三勸阻遵頊勿附蒙侵金，以為金國「兵勢尚強，不若與之約和」㊳，遵頊反而幽囚德任，繼續發兵攻金。光定十三年末，遵頊以蒙古屢次侵逼，不安於位，傳位次子德旺，自號上皇，卒於乾定四年（一二二六年）。

同時，金國也幾次計畫大舉進攻西夏，均因力不從心而作罷。光定六年閏七月，金宣宗起兵兩路攻夏，遵頊點集諸軍，與金軍對峙。同年十二月，宣宗再發兵進攻西夏鹽、宥、夏、靈諸州，遵頊分道出兵抵禦，金兵無果而還。次年，宣宗又議大舉伐夏，大臣胥鼎以北方蒙古戰事方亟、南宋乘隙為由勸止。金、西夏交戰十餘年，「一勝一負，精銳皆盡，而兩國俱弊」㊴。

四、西夏的滅亡

德旺即位後，一改遵頊附蒙侵金的國策。乾定二年（一二二四年）春，德旺趁成吉思汗遠征花剌子模未歸，遣使聯絡漠北一些部落反抗蒙古。成吉思汗西征回師，聞知西夏陰懷異圖，親率大軍進攻沙州，圍城一月不下。成吉思汗又令蒙古大將孛魯攻陷銀州，西夏軍戰死數萬，主將塔海被俘，輜重、牛羊損失不計其數。銀州失守，沙州被蒙古軍圍困半年之久，德旺被迫遣使向蒙古乞和，並答應遣送

㊲吳廣成，《西夏書事》卷四二。
㊳脫脫等，《金史》卷一三四〈西夏傳〉。
㊴脫脫等，《金史》卷一三四〈西夏傳〉。

質子，蒙古軍才撤退。乾定三年（一二二五年）春，成吉思汗又因德旺未如約遣送質子，派大臣到西夏問罪。

由於不堪蒙古誅求，德旺決心與金講和，聯合抗蒙。乾定三年八月，德旺派遣使臣前往金國，雙方約定：金夏為兄弟之國，西夏兄事金國，兩國各用本國年號，金國不向西夏賜歲幣等。由此，雙方重歸於好，恢復了互市和節慶遣使。然而，此時金國也內外交困，面臨崩潰，德旺聯金抗蒙，已經無法挽救西夏的危亡。

乾定四年（一二二六年）春，成吉思汗以西夏拒絕出兵助戰、拒不遣送質子為由，親率西征精銳，大舉進攻西夏。蒙古軍先攻占黑水城（今內蒙古額濟納旗境），五月，進圍肅州（今甘肅酒泉），破城之後盡屠城中居民。六月，蒙古軍攻破甘州（今甘肅張掖），又破西涼府（今甘肅武威）。西夏城邑不守，國境日蹙，德旺驚憂而卒，侄南平王睍繼位，是為末帝。

蒙古軍繼續深入，圍逼京城中興府。十一月，蒙古軍又攻陷靈州，守將前太子德任被俘，不屈而死。十二月，蒙古軍又攻陷鹽州，將富饒的西夏腹地化為「白骨蔽野，數千里幾成赤地」的地獄㊵。

末帝寶義二年（一二二七年），成吉思汗遣大將阿魯朮圍攻中興府，自己繼續南下渡河攻金，攻陷臨洮府等地。六月，西夏國內發生大地震，宮室房舍倒塌，疾疫橫行。中興府城遭受蒙古軍長期圍攻，糧盡援絕，軍民病困。末帝睍被迫率領朝臣向蒙古軍獻上「圖籍」，表示願意投降，但請求寬限一月，

㊵吳廣成，《西夏書事》卷四二。

「備貢物，遷民戶」㊶，然後親身入朝成吉思汗。此時，成吉思汗已經病重，駐蹕清水縣（今甘肅清水）西江養病，七月病逝。蒙古軍將領遵照成吉思汗遺命，祕不發喪，待末帝睍出降之後，以「不流血」的方式處死了末帝睍。西夏滅亡。

㊶戴錫章，《西夏紀》卷二八。

第四章 西夏制度、經濟與文化

西夏是以党項為主體建立的一個多民族國家，建國以後進行了一系列的國家政權建設，立官制、定服飾、造文字、制禮樂、辦學校、建宮苑等等，極大地促進了西夏社會的發展。

第一節 西夏國家制度

一、官制

西夏立國之初，職司和官吏的設置作為國家最重要的政治制度，在一開始便受到西夏皇帝的高度重視。

李元昊仿效宋朝建立一整套職官體系，「其官分文武班，曰中書，曰樞密，曰三司，曰御史臺，曰開封府，曰翊衛司，曰官計司，曰受納司，曰農田司，曰群牧司，曰飛龍院，曰磨勘司，曰文思院，曰蕃學，曰漢學。自中書令、宰相、樞使、大夫、侍中、太尉已下，皆分命蕃漢人為之」①。其職掌情況是，中書、樞密、三司是國家政、軍、財三大部門的最高主管機關；御史臺負責監察彈劾；開封府本是宋朝首都區的地方政府，在這裡是指管理首都區事務的興慶府衙門；翊衛司掌管朝廷宿衛，保護安全，日值朝廷，扈從車駕；官計司負責官吏人事調動；受納司職掌倉儲及其收支；農田司職掌有關農田水利及糧食平糴事務；群牧司職掌馬匹飼養、繁殖、調教、交換等事務；飛龍院職掌御馬供應事宜；磨勘司職掌官吏考校銓選、升降罷黜；文思院職掌御儀物服飾的製造；蕃學和漢學，是學習文化、培養官僚的教育機構。

這些機構的長官，從中書令、宰相、樞密使、御史大夫、侍中、太尉以下，都由蕃、漢人擔任。還設有僅限於蕃人（主要是党項人）才能充任的「專授蕃職」，有寧令、謨寧令、丁廬、素賚、祖儒、呂則、樞銘等各種官稱。從國家官僚機構中劃分為蕃、漢有別的兩個系統，基本用意在於保持党項貴族在政府中的主導地位，同時又要適應漢人上層階級建立功業的需要，對其加以籠絡，政治優待。

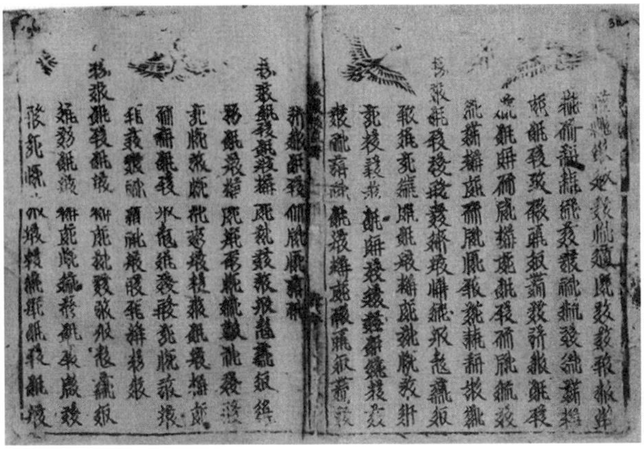

圖十六　《天盛改舊新定律令》

在黑水城出土的西夏文文獻中，有一種名為《天盛改舊新定律令》（以下簡稱《天盛律令》），是一部西夏王朝的綜合性法典，原為二十卷，現存十九卷，有的卷目內容已不完整。其中很多卷涉及西夏職官問題，特別是第十卷全部五門

①脫脫等，《宋史》卷四八五〈夏國傳上〉。

都為行政法內容，為研究西夏職官制度提供了全新的、系統的材料。

從中可見，西夏的「官」區別於普通的百姓（庶人），以顯其尊貴，同時在「有官」人內部又以其品階層次區分地位高低，它充分地展現一個人的身分和地位，是西夏職官制度中最基本的體系，起著主導作用。但西夏的「官」一般不表示擔任何種實職性的職務，它不同於職事官，有些類似於中原王朝的「爵」。西夏職官制度中另一個重要的體系為「職」，即職事官，就是在職司（局分）中擔任的職務。《天盛律令》卷一〇「司序行文門」在規定公文報奏呈送次序時，由高及低系統地列舉了西夏的職司等級和名稱。儘管這還不是全部職司，但絕大部分職司都已包括在內了。在《天盛律令》卷一〇還可以找到各職司設職事官的具體情況，各職司應派設大人、承旨、監軍、習判等主要官員的數額。按《天盛律令》所列定員統計，西夏職事官總數在一千五百人以上，且基本上不包括軍事系統的官員。

黑水城遺址所出西夏文獻中，還有一種漢文本《雜字》，大致保存完好，大約撰成於仁宗時期。該書將當時西夏社會上的常用詞語分部編輯，現存三十六面，共分二十部。其中第十七部「官位」，第十八部「司分」彙整了有關西夏職官的詞語。卷子中央從橫欄書皇帝稱號和皇帝繼承人，次書封號。分上品、次品、中品、下品、末品、第六品、第七品，還有皇后、公主和嬪妃封號；次為諸王封號（南、北、東、西院）、國師封號、大臣封號（如樞密、中書），又次統軍等封號。

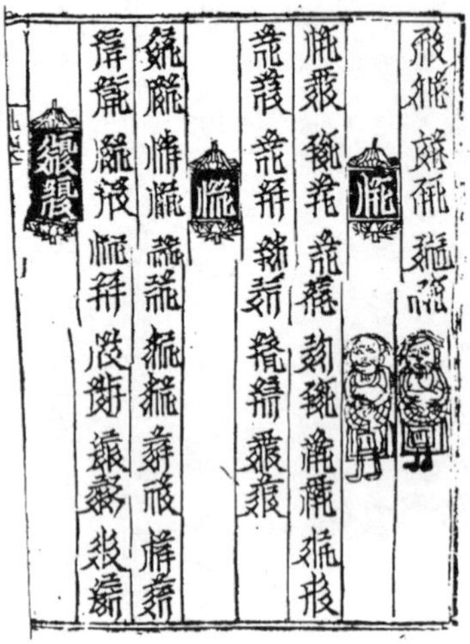

圖十七　《雜字》

西夏官員在司中和朝廷內排列位次時，與其官和職都有重要關係。《天盛律令》卷一〇規定：任職人蕃、漢、羌、回鶻等共職時，位高下名事不同者，當依各自所定高下坐。此外，名事同，位相同者，不論官高低以蕃人為大。又規定：節親主蕃人等職相當，名事同者，於司位次列朝班時，當以節親主為大，二蕃人共職者，列座次及為手記（簽名）時，當由官高大人為之。官相等而有文武官者，當以文官為大。有文武官同，則當視人況、年齡。可見西夏官員在司中、朝廷的座次位置以任職的高低為主要標準，職位同列以族屬區分，党項人為上，同是党項人則以官階高低區分。官階相同再以文武官相區分，文武官相同再視個人具體情況和年齡而定高下②。

二、法制

西夏在建國以前，尚未制定成文的法典，党項部族內部若發生民間糾紛，則「依本俗法和斷」③。據記載，「訴于官，官擇舌辯氣直之人為和斷官，聽其屈直。殺人者，納命價錢百二十千」④。西夏景宗李元昊熟悉漢文兵書和法律，所以在西夏建國後十分重視本國法律制度的建設，參照中原制度制訂過很多部法典。

現在的西夏法典，主要有崇宗貞觀年間頒行的軍事法典《貞觀玉鏡統》，仁宗天盛時期頒行的《天

②史金波，〈西夏的職官制度〉，《歷史研究》（一九九四年第二期）。
③脫脫等，《宋史》卷四九一〈党項傳〉。
④脫脫等，《遼史》卷一一五〈西夏傳〉。

盛改舊新定律令》，神宗遵頊光定五年編纂的《亥年新法》。西夏時期曾多次制定和修改律令，使法律制度逐步系統和完備起來。

《天盛改舊新定律令》是一部用西夏文字書寫的法典，部分內容雖有殘缺但主體完好。整部律令一共二十卷，每卷下設門，全書共一百五十門，每門下具列條文，共一千四百六十三條。條文之下另以款項區分，綱目分明，層次清晰，從內容來看，這部律令可以說是當時西夏社會行用的一部綜合性的法典。其內容涉及各方面，包括刑法、訴訟法、行政法、民法、經濟法、軍事法，與人們的生活密切相關。該法典在很大程度上吸收唐、宋法制的精髓，但在結構形式上則與唐、宋律令有所區別，有自己的獨創，並且與本民族具體情況相結合，如傳統法律中的註疏、律、令、格、式，在《天盛律令》中統歸入律令條文中，避免律外生律的現象，使之成為一部更為系統、集中、比較完備的法典，在同時代的法典中是比較具有獨創性的⑤。

論及這部法典的特點：首先，在法典的編纂形式上，《天盛律令》與唐、宋律有很大不同，西夏法典中的條文結構為「三要素」的形式，由假設、罪狀和制裁三部分構成；其次，《天盛律令》在法律構成方面實行諸法合體的形式。《天盛律令》的編纂體例是一種合體法律形式，既有實體法，又有程序法；《天盛律令》的內容以刑法為主，民事法、軍事法、宗教法也占有相當的比重。⑥《天盛律令》統一格式的律令條目，規定的條文內容十分具體細緻，似乎超越了法律條文而成為

---

⑤史金波等譯註，《天盛改舊新定律令》（北京：法律出版社，二〇〇〇年），頁三－九。

⑥參見邵方，《西夏法制研究——以中華法系的傳承與創新為視角》，西南政法大學二〇〇八年博士論文。

具體部門的管理法規。例如，第十卷的各門條文，大量篇幅詳述對官員任職、續、轉、賞的規定；對承襲官員、軍職的資格方法、程序；不同級別的司印、用印制度；各司職局的等級與派遣方法等，又如第十七卷各門條文，分別規定了倉庫管理的人員數額、職員名稱，庫藏物品的種類及名稱，倉庫管理、採買、供給等等。

西夏有嚴密的訴訟法，也有其相應的司法機構和刑審制度。西夏法律制度的實施運行也是比較完備的，在政府機構中設立陳告司、審刑司、用刑司等等。西夏人骨勒茂才在《蕃漢合時掌中珠》一書中，描述西夏的刑事犯罪訴訟程序：官府在接到訴狀後，將犯人枷在監獄中追查證據，對拒不招供者，使用嚴刑拷打，逼迫其「伏罪入狀」。對西夏執法者則要求「休做人情，莫違法條，案檢判憑、依法行遣」⑦。在

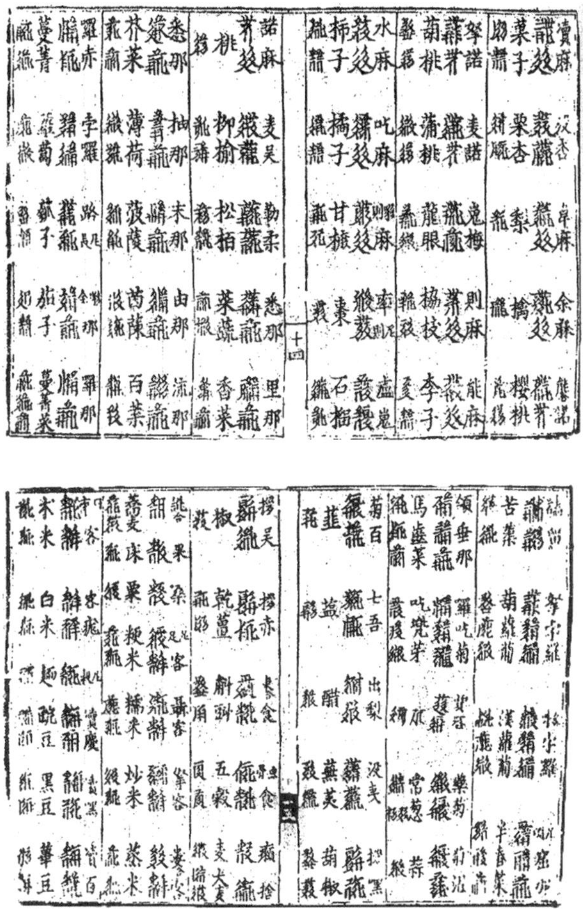

圖十八　《蕃漢合時掌中珠》西夏文與漢文對照片段

《天盛律令》卷九中多為有關訴訟的內容，共有七門九十條，其中有關於審案時間、審理的辦法、案件的類別和文案程序、審判檢查、行獄杖和監禁、冤案和受賄等方面的規定。另一部分關於訴訟法的內容編入卷十三，有二門二十八卷，主要是關於舉告的詳細規定。

西夏的刑法比較苛刻，主要充分吸收中原王朝法典的成熟經驗，與中原王朝情況相同或相近的，則直接利用現成的概念或者稍加變通，如西夏法典有與中原王朝相類似的「五刑」，西夏稱為「五律」；西夏也有「十惡」之罪、「八議」之法，也實行請、減、贖、官當等措施；西夏也講犯罪劃分為公罪和私罪，過失和故意，主犯和從犯，也有累犯加重，老、弱、廢、疾減刑，同居相隱不為罪等規定，但與中原王朝情況有別時，也不墨守成規，而是制訂出適合本族社會狀況的法律規定⑧。

三、軍制

党項人具有「俗尚武力」的傳統，風氣彪悍，能夠耐寒暑、忍饑渴，善於戰鬥。西夏重視軍隊建設，設官分職，分別由中書、樞密掌管文武，即樞密主持軍事。

據《天盛律令》記載，西夏各地的重要軍事指揮機關為邊中監軍司，即邊境和中部地區的各監軍司，皆屬中等司，與大恒歷司、都轉運司、陳告司、都磨勘司、審刑司、群牧司、農田司、受納司等同級。在立國以前，李元昊對西夏全境的軍隊作過一次重大的整頓和規範，確定兵制，設置軍名：

⑦骨勒茂才著、黃振華等整理，《蕃漢合時掌中珠》（寧夏：寧夏人民出版社，一九八九年）。

⑧史金波，《西夏社會》（上海：上海人民出版社，二〇〇七年），上冊，頁二五九—二六八。

> 置十二監軍司，委豪右分統其眾。自河北至午臘蒻山七萬人，以備契丹；河南洪州、白豹、安鹽州、羅落、天都、惟精山等五萬人，以備環、慶、鎮戎、原州；左廂宥州路五萬人，以備鄜、延、麟、府；右廂甘州路三萬人，以備西蕃、回紇、賀蘭駐兵五萬、靈州五萬人、興州興慶府七萬人為鎮守，總五十餘萬。而苦戰倚山訛，山訛者，橫山羌，平夏兵不及也。⑨

上述十二監軍司的具體名稱：曰左廂神勇、曰石州祥祐、曰宥州嘉寧、曰韋州靜塞、曰西壽保泰、曰卓囉和南、曰右廂朝順、曰甘州甘肅、曰瓜州西平、曰黑水鎮燕、曰白馬強鎮、曰黑山威福⑩。毅宗諒祚時對監軍司又作了部分調整，將祥祐設於綏州，在靈州西平府設翔慶軍總領。西夏如遇較大的軍事行動，往往調動幾個或所有監軍司的兵馬集中作戰，後來監軍司的數目又有所增加。

俄藏黑水城文獻《貞觀玉鏡統》是一部軍事方面的法典，刊刻於崇宗李乾順貞觀年間。頒布這部法典的原因有三：第一，推行「尚文重法」立國方針的要求；第二，與當時嚴峻的軍事鬥爭形勢有關；第三，舊有軍事法規必須更新。《貞觀玉鏡統》全文除序言外，尚有一至四篇，從第一篇至第四篇現存的目錄和正文看，該書的內容，大體上可以分為軍政制度和軍律制度。

該書第一篇談及軍政制度：首先，關於選將任職。選任諸如正副將軍、正副行將、正副佐將等一類的軍職，必須由上一級的統兵官共同研究決定，然後上報中央皇帝批准，頒布詔旨、印章、符牌，

⑨脫脫等，《宋史》卷四八五〈夏國傳上〉。
⑩脫脫等，《宋史》卷四八六〈夏國傳下〉。

下達正式文書，才算完成整個流程。其次，關於軍隊人員的構成和軍官等級，軍隊的人員構成，除正、負、瞻外，還有私人。西夏軍官有官、職、軍和司位的差別。

西夏軍律可分為賞賜律與罰罪律兩大類。賞賜律設定了立大功、奇功的標準，其律令規定凡能「挫敵軍鋒」，大敗敵軍，俘獲人、馬、甲、胄等一千五百件以上者，算是立大功、奇功，可以得到一份相當豐厚的賞賜，對軍官論功行賞，並制定具體的數額。罰罪律既有原則性的規定，也有具體規定，包括如何處罰敗軍之將，陣亡將領的隨行人員，以及將軍陣亡後子弟繼承其職銜和賞賜。罰罪律的具體規定，主要概括為五個方面：第一，在戰鬥中不戰而逃者，包括正副將軍及其侍從都要受到嚴厲的懲處；第二，將軍懈怠遲到，延誤戰機要受到責罰；第三，各級統軍官在戰鬥中喪失物資，將官要罰馬，亡失愈多，處罰愈重；第四，不得虛報戰功、徇私舞弊；第五，規定察軍在行軍戰鬥時應當緊緊跟隨將軍，形影不離。

西夏立國以後，元昊制定兵制。「抄」是組成西夏軍隊最小的基層組織，是整個軍隊軀體的細胞，其作用十分重要。「抄」基本是針對党項人而設立。這種軍事單位把軍隊和社會、家庭緊緊地聯繫在一起，形成全社會男子人人皆兵的態勢。《宋史．夏國傳》對基本最小軍事單位「抄」的規定如下：

> 其民一家號一帳，男年登十五為丁，率二丁取正軍一人。每負贍一人為一抄。負贍者，隨軍雜役也，四丁為兩抄，餘號空丁，願隸正軍者，得射他丁為負贍，無則許射正軍之疲弱者為之。故壯者皆習戰鬥，而得正軍為多。⑪

這樣組成的軍隊，人人皆兵，不僅可保障軍隊的數量，還可優選熟悉戰鬥的勇壯者為士兵骨幹，又保障了部隊的素質，而且不乏隨軍雜役，又能顧及後勤保障。在一抄中士兵利害相關，榮辱與共，在很大程度上加強了兵士的戰鬥力。軍抄強化了党項軍隊的組織，便於執行較長時期的作戰任務，更能發揮他們善戰的長處。

第二節　西夏的經濟與文化

一、經濟概況

西夏經濟產業包括多種部門，主要涵蓋農業、畜牧業、狩獵業、手工業和商業。畜牧業、狩獵業是党項人傳統的生產部門，農業生產則較少。直到唐末、五代時期，党項羌人占據農耕地區以後，尤其是夏州党項政權建立後，才開始經營農業，手工業和商業也逐步興起。

党項人主要從事畜牧業，牲畜是西夏農業生產力的主要來源，又是商業、交通運輸動力，還是軍事運輸的主要裝備，同時也是游牧者的肉食主要來源，是生活必需品。可以說，牲畜在西夏社會中既是生活資料，也是生產資料，因此西夏對於牲畜的畜養特別重視。

西夏所產牲畜很多，儘管沒有全國統計數字，不過從宋夏戰爭中損失的數量之大，由此可以了解

⑪脫脫等，《宋史》卷四八六〈夏國傳下〉。

西夏畜牧業和肉類食品的情況。永安元年，宋將郭成、折可適率軍大敗夏軍，一次便俘獲牛羊十萬餘。畜牧業在西夏整個時期始終占有重要地位，分為官牧和私牧兩種。官牧以國家牧場為主，諸牧場牧養四種官畜：馬、駱駝、牛、羊，作為貢品或商品給其他政權。由於關涉到國家政治和經濟利益，政府對官牧管理非常重視，規定許諾給予他國所用的駱駝、馬等官畜，不許與私畜調換。官私牧場有明確地界，放牧官畜也以牧主戶為單位，定期向政府交納繁殖所獲得的牲畜。

西夏政府機構中有群牧司，專門管理牲畜事宜，與農田司一樣屬於中等司。群牧司設六名正職，六名承旨、六名都案、十四名案頭，掌管全國牲畜。此外，西夏對馬的牧養尤為看重，政府還特設馬院，專事官馬的放牧和管理，在畜牧業中是特別重要的部門，屬於下等司，設三名承旨、兩名都案、四名案頭。在西夏參與管理牧業的，還有各個地方的經略司、監軍司。實際在地方管理牧場的有牧首領、末驅，其下還設任盈能管理，校驗官畜。

狩獵業也是党項人一個傳統的生產部門，與西夏飲食以及對外交換、貿易有很大關係。党項人原在南方居住時就以狩獵為主要謀生手段，北遷以後，新居住地有很多山林、沙漠，其中有多種野獸繁衍、生活。當時西夏地區的自然環境和現在有很大區別。據《聖立義海》記載，西夏的賀蘭山中藏有虎、豹、鹿、獐，南邊大山中樹草叢生，野獸繁多。西夏党項貴族多善於狩獵。據記載，李繼遷自幼善騎射，曾以獵虎出名。元昊亦如此，「每舉兵，必率部長與獵，有獲，則下馬環坐飲，割鮮而食，各問所見，擇取其長」⑫，由此可見，西夏首領將遊獵與國家政治活動相結合，反映西夏狩獵的特殊意

⑫脫脫等，《宋史》卷四八五〈夏國傳上〉。

義。西夏時期皇帝都要按期行圍狩獵，在十月和臘月都有狩獵活動。《聖立義海》「十月之名義」中的「禦敵行獵」條曰：「君依順於天，率軍行獵也。」又「臘月之名義」中的「年末臘月」條曰：「君出射獵。」西夏皇帝率領軍隊行圍打獵，當有很大規模，且形成定制。皇家狩獵活動，一直延續到西夏中晚期⑬。

西夏手工業相當發達，門類眾多。元昊時期設置職官，分為文武班，其中有「文思院」，推測應是西夏早期掌管供用皇室手工產品的官僚機構。《天盛律令》中管理手工製作的政府機構主要是工院，京師工院與群牧司、農田司一樣屬於中等司，但其地位較為特殊。除中央政府的工院外，還有北院、南院、肅州三種工院，皆屬於下等司，各設正副一名、承旨兩名、都案兩名。西夏工匠名目繁多，《天盛律令》「物離庫門」就列有加工金、銀、銅、鐵、繅絲、織絹、染絲、紡絲線、染毛線、織毛錦、扣絲、造繩索、製氈等行業，當然也有相應的工匠種類。

党項人在隋唐時期並沒有商品流通，當然也沒有貨幣，只有簡單的以物易物。大約北遷以後，隨著自身經濟的發展、社會的進步，並受到中原商業的影響，商品貿易逐漸發展起來。西夏地區最開始以宋朝貨幣作為商品交換的媒介。在西夏腹地，從陝北、寧夏、甘肅到新疆的東部，都有大量宋朝錢幣被發現，說明西夏在宋朝時期流通宋錢。後來西夏立國，商業逐步繁榮，加之民族自尊和自信的增強，便鑄造帶有西夏年號的錢幣，這也使得西夏商業進入一個新階段。西夏社會已經有商業集中的街巷，全國比較大的城鎮既是政治中心，也是經濟中心。當時最大的城市是首都興慶府，各種管理財政、

⑬史金波，《西夏社會》，上冊，頁一〇四。

商業的政府機構都設在京師。

二、語言文字

為了鞏固自己的民族語言，並且作為民族自覺的象徵，元昊在正式建立西夏政權之前的大慶元年（一一四〇年），就創製一種新文字，稱為「國書」。党項人自稱蕃族，稱自己的語言為「彌」語，因為党項族自稱「彌」。「彌」語一般譯成漢文為「蕃語」或「蕃言」。它是西夏文化，特別是党項民族文化的重要組成部分。作為主體民族的語言，蕃語由於使用人口多，使用領域廣，使用層級高，在西夏境內成為強勢語言，人們便稱這種語言為「西夏語」。實際上，在西夏境內，除了党項語言外，還通行漢語、藏語和回鶻語。

西夏語屬漢藏語系藏緬語族，它除了具有漢藏語系各語言都具備的共同特徵，如每個音節有固定的聲調、單音節詞根占大多數、詞序和虛詞是表達語法意義的主要方式等，還具有這一語系中藏緬語族的重要特點。至於西夏語在藏緬語族中屬彝語支，還是屬羌語支，或者是一個單獨語支，目前尚不清楚。隨著一些有價值的西夏文文獻資料，特別是西夏文辭書的發現與整理，學界對西夏語的研究正在逐步深入，對西夏語的構擬取得較大進展。

西夏文共有六千多個字，其字體繁冗，結構複雜。從筆劃上分析，西夏字大多在十劃以上，常用字中六劃以下的僅占總字數的百分之一左右。西夏文作為一種實用文字，文字構成有規律可循，大體分為單純字和合體字兩大類。

單純字一般筆劃較少，從音和義的角度上不宜再分解。若再分解成更小的單位，這些更小的單位都不能單獨地表示與本字相關的音和義。單純字構成新字的機會較多，是組成文字的基礎。一種是表意單純字，多記錄常用詞，有固有的字義，這些字構成新字的比例最大；一種是表音單純字，通常為借詞、地名、人名或佛經真言注音，它們也通常是構成新字的一種成分。

合體字包括合成字、互換字和對稱字三類。第一，合成字是由兩個字、三個字，甚至由四個字組成一個字。組字時一般只用一個字的一部分，如左部、右部、上部、下部、中部；有時也用一個字的大部分或全部。組合方式有六十多種。合成字又可分成會意合成、音意合成、音兼意合成、間接音意合成、反切合成、長音字合成數種。第二，互換字是將一個字中的兩個部位交換位置組成新字。新組成的字和原來的字往往在字義上有密切的關係，它們常連起來共同組成一個詞或詞組。這類字在西夏文中占有相當的比重，也是西夏文構字中一個特殊的類別。第三，對稱字是西夏文中另一種合體字，也很有特色，即一個字的左右部分相等。⑭

西夏文字創製以後，得到大力推廣。元昊設立蕃字院和漢字院。蕃字院掌管西夏與吐蕃、回鶻等政權的往來文書，用西夏文書寫，附以相應的民族文字。漢字院掌管西夏與宋朝的往來表奏，中間寫漢字，旁邊寫西夏文。西夏還設立蕃學，由野利任榮主持，教授西夏文，培養官僚。至崇宗李乾順時期，西夏由「蕃學」出身而作官的人，各州多達幾百人。西夏還將許多漢文經典翻譯成西夏文。從元昊時代起，先後將大量的漢文佛經譯成西夏文，使用西夏文的範圍更為廣泛。

⑭史金波，《西夏文化》（吉林：吉林教育出版社，一九八六年），頁一七—二九。

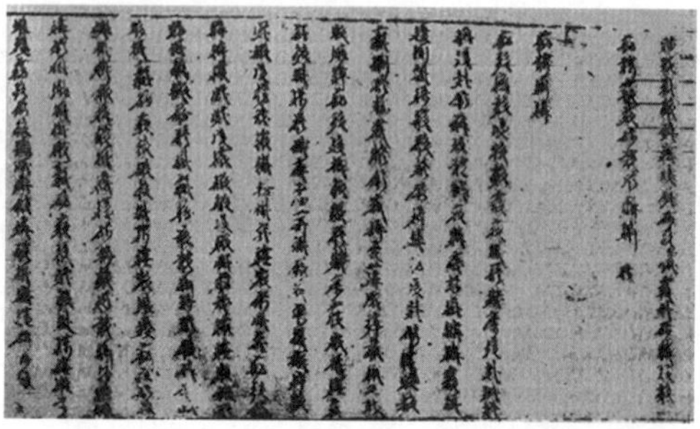
圖十九　西夏文翻譯《孫子兵法》

首先，看西夏文的應用範圍和主要用途。從目前出土和保存下來的文獻看，西夏文使用類型非常多，有官署文書、法律條令、審案記錄、買賣契約、文學著作、歷史書籍、字典辭書、碑刻、印章、符牌、錢幣以及漢文經典、佛教等。

其次，使用範圍很大，地域廣闊，不僅西夏的腹地寧夏和甘肅河西走廊出土大量的西夏文文獻，西夏政權邊境也發現有西夏文文獻。

再次，使用時間之長，時間跨度大。整個西夏時期，西夏文的使用從未間斷過。直到明朝中期，河北保定所刻西夏文經幢，應是目前所知有確切年代可考的最晚西夏文文獻，距離創作西夏文的時間，已有四百六十餘年。

從以上三點看，西夏文及文獻對於西夏社會、政治和文化研究有巨大的學術價值。

三、宗教與儒學

西夏皇帝崇奉佛教，至遲從德明時期就已經開始，當時党項首領、夏州節度使、西平王德明的母親罔氏下葬時，德明要求宋朝北部佛教中心五臺山修供十寺，並派致祭使送供物到五臺山。此後，德明派遣使臣到宋朝，進獻七十四匹馬為價，乞求宋朝賜佛教一藏，宋朝答應了該請求。由此說明，佛教已成為党項王室的重要信仰。

圖二十　《金光明經》

圖二一　承天寺

元昊也積極推動佛教的發展。他通曉「浮圖學」，在即位後不久，便向宋朝求賜佛經一藏，次年印度僧人善稱等一行九人，來到西夏管轄的夏州。立國以後，元昊為進一步擴大佛教的影響，廣泛搜集舍利，並大興土木，建造佛舍利塔。西夏文字創造不久，大規模翻譯佛經的事業就開始了，這就為佛教在西夏境內的廣泛流傳及發展打下堅實基礎。西夏刊行和抄寫了大量的西夏文佛經，二十世紀初俄國考古學家科茲洛夫（Pyotr Kozlov）自黑水城挖掘出的西夏文物中，西夏文刊本和寫本便多達八千種，而佛經就占了百分之八十。佛經譯自漢、藏、梵文，其中有《金光明經》、《千佛名經》、《華嚴經》、《妙法蓮華經》、《孔雀明王經》、《般若波羅蜜多經》、《寶雨經》、《長阿含經》、《阿毗達磨順正理論》、《彌勒上升經》、《金剛經》、《勝妙吉祥真實名經》等等。

總之，西夏前期由政府直接組織的佛教活

動主要有：先後六次向宋朝求取《大藏經》；用本民族的文字西夏文有組織地翻譯大量佛經；興建高臺寺、承天寺、涼州的護國寺感通塔、甘州的臥佛寺等重要佛教建築，逐漸形成佛教傳播中心。

佛教在西夏社會思想和社會生活中占有特別重要的地位，統治階層對佛教施行特殊的優容政策，並設有專門機構進行管理，將佛教管理完全納入政府手中。

《天盛律令》記載西夏政府機構，次等司中有兩個佛教事務的機構，即僧人功德司、出家功德司。有時將上述兩個功德司記作在家功德司和出家功德司，而管理道教的機構只有一個，即道士功德司。兩種功德司負責管理全國的佛教事務，其地位十分重要。各設六位國師，兩位合管。西夏國師在功德司中都擔任正職，在家功德司各設兩名都案，分別設六名、兩名案頭。兩功德司由政府頒發司印，為銅上鍍銀十五兩。

俄藏黑水城文獻中的漢文本《雜字》官位部中，西夏設有僧官、僧正、僧副、僧判、僧錄等官位名稱。儘管未明確說明其具體為哪個層級的僧職，推測應該為西夏地方或寺院中的僧職⑮。

西夏雖崇佛，但對儒學也十分重視，惠宗時期西夏西南都統嵬名濟給宋朝邊將劉昌祚寫信時說：「中國者，禮樂之所存，恩信之所出，動止猷為，必適于正。」⑯從此可以看出西夏人對中原禮樂文化的充分認可。西夏諸帝確立「以儒治國」的方針，元昊時期自中原地區投降的張元、吳昊都深受儒家教育，後來成為西夏政權中頗有影響的重臣。毅宗對中原文化更是情有獨鍾，曾向宋朝求索《易

⑮史金波，《西夏社會》，下冊，頁五四六－五五四。

⑯脫脫等，《宋史》卷四八六〈夏國傳下〉。

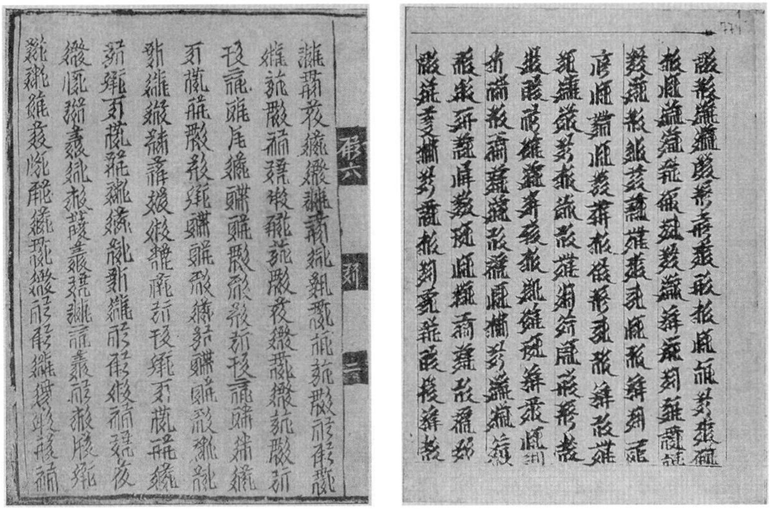

圖二二　西夏文翻譯《論語》（左）、《孟子》（右）

經》、《書經》、《詩經》等九經。崇宗時進一步發展儒學，建立學校，設養賢務，採取了一系列發展文化、促進儒學的具體措施。仁宗朝更加注重以儒治國，推崇儒學力度加大，尊孔子為「文宣帝」，為古代諸王朝唯一為孔子加帝號者。

西夏翻譯儒家經書，初期已經翻譯《孝經》、《爾雅》、《四言雜字》，且從斡道沖的經歷中，得知西夏還流行《尚書》、《論語》等。斡道沖是西夏靈州人，字宗聖。八歲中童子舉，及長，通五經。譯《論語注》，撰《論語小義》二十卷，又作《周易卜筮斷》，以西夏文寫成，流行境內。黑水城文獻中目前發現有西夏文《論語》、《孟子》、《孝經》、《禮記》、《貞觀政要》、《太宗擇要文》、《德行集》、《新集慈孝傳》等。

西夏設置蕃學，主要教授西夏官僚子弟西夏文，党項、漢人子弟皆可入學，學成後可量授官職。崇宗時特建「國學」，學生達三百人，以習儒學為主。後來又建有官學、太學，州縣則普遍設立小學。西夏中後期開設科舉，有童子科、進士科。宗室子亦可應科舉，後期皇帝神宗遵頊早年即由科舉出身，且是廷試第一。大臣斡道沖為童子舉出身，精通五經，嘗用西夏文寫作《論語小義》、《周易卜筮斷》等書。到元朝，西夏人多以好文崇儒著稱，對元朝發展文治起過重要作用。

除學校正規教育外，民間儒學教育也是重要補充。與學校教育相比，民間教育則在於學習實用文化，以求在社會實踐中應用，所以多種初學文字的啟蒙書籍應運而生。蒙書一般是在正規學校外學習文化知識的教材，具有知識淺顯、篇幅短小、容易學習、便於記憶的特點，在民間廣為流傳，對提高西夏社會文化有著重要的推動作用。

四、藝術與科技

西夏立國以後，不僅注重發展本民族的特色文化，而且還大力吸收周邊民族的優秀文化，多元文化的交融促進西夏社會出現文化繁榮的局面。儘管西夏文學作品存留至今的十分有限，而且大部分流失於國外，但從目前所見的部分作品中，可以窺見西夏文學具有很高水準。其中，漢文作品多受中原文學傳統影響，而以西夏文創作的文學作品，則更多地表現了党項族固有的特點和風格，尤其是採用西夏文書寫的詩歌，寓意深刻，哲理性比較強，凝聚著西夏文化的精華。西夏文〈重修涼州感應塔碑〉的對偶駢文、《新集金碎掌置文》及《新集錦合辭》的詩句，都具有非常典型的代表性。

党項人素有酷愛音樂的傳統，他們使用的樂器有琵琶、笛、簫等，以擊缶為節。據記載，唐僖宗曾賜給党項首領拓跋思恭全套的鼓吹，共有三駕，大駕用一千五百三十人，法駕用七百八十一人，小駕用八百一十六人。以金鉦、節鼓、掆鼓、大鼓、小鼓、鐃鼓、羽葆鼓、中鳴、大橫吹小橫吹、觱栗、桃皮、笳笛為器⑰。由此可見，党項民族音樂含有中原原素。元昊即位後，認為中原音樂不足以效仿，指出「王者制禮作樂，道在宜民，蕃俗以忠實為先，戰鬥為務，若唐宋之縟節繁音，吾無取焉」⑱，隨即下令改革禮樂制度。

西夏設有專門管理音樂的機構，為名「蕃漢樂人院」，在行政機構中占據第五類，亦可知西夏存在著蕃樂和漢樂兩種音樂系統。《蕃漢合時掌中珠》記載有「樂人打諢」，其所記樂器種類頗多，其中提到三弦、六弦、琵琶、琴、箏、箜篌、管、笛、簫、笙、篳篥、七星、大鼓、丈鼓、拍板等。從樂器配置分析，蕃、漢樂演奏所需的打擊樂器已經齊全⑲。

西夏繪畫技藝也很高超，藝術水準一流，且留下不少藝術珍品。西夏漢文本《雜字》諸匠部有「彩畫」，當時繪畫已是專門的職業，有相當多的從業人員。又，該書顏色部記述的顏料有很多種，顏色多達二十餘種，有緋紅、碧綠、淡黃、梅紅、柿紅、銅青、鵝黃、鴨綠、鴉青、陰褐、銀泥、大青、大綠、大硃、石青、沙青、粉碧、縷金、貼金、黑綠、杏黃、銅綠，足可見當時所使用的顏色品類繁複，對顏色的分別也十分細緻。

保存至今的西夏繪畫作品主要分為三類：壁畫、卷軸畫和木版畫。

敦煌莫高窟和安西榆林窟的西夏壁畫數量最多，類型齊全，內容豐富，能夠全面反映出西夏繪畫

⑰吳廣成，《西夏書事》卷一二。
⑱吳廣成，《西夏書事》卷一二。
⑲史金波，《西夏文化》，頁一四二—一四四。

水準和特色。兩窟中的西夏壁畫以佛像、說法圖、經變圖、菩薩像等為主，但內容和形式變化少。西夏早期壁畫大多受到北宋的影響，中後期則逐漸形成本民族的風格，其明顯的特點是人物形象逐漸接近党項人的面部特徵和特質特點，衣冠服飾也發生很大變化，西夏服飾占據壁畫的主流。到了西夏晚期，壁畫所反映的民族風格和民族特性愈加突出。

西夏卷軸畫大多出自黑水城遺址，二十世紀初由俄國人科茲洛夫發現，現保存在俄羅斯聖彼得堡愛爾米塔什博物館，大約有三百餘幅。這批精美的作品，有著多種藝術風格，其中有受宋朝繪畫影響而創作的《阿彌陀佛來迎圖》，還有大量具有藏傳佛教風格的密宗畫《金剛座上的佛陀圖》、《金剛座佛與五大塔圖》等，這反映出中原地區和藏族地區宗教和繪畫的巨大影響，也反映出西夏在吸收各民族繪畫藝術成就的同時，逐漸形成了自己的繪畫特點。

西夏有不少木版畫，多以宗教藝術作品為主，主要是佛經卷首前的佛畫。當時周邊政權的宋朝和遼、金都有高超的木版畫，西夏向中原地區學習並且熟練地掌握了雕刻繪畫技術，製作出大量質量精美的藝術品，特別是結構繁複、人物眾多的木刻版畫令人印象深刻。

隨著農業的發展，西夏對於天文知識逐漸重視，尤其是對於特殊天象都認真記錄。西夏天象記載中，儘管夾雜著很多迷信成分，但也保存著若干具有重要價值的科學資料。西夏官僚機構中，分析和解釋天文的人被稱為「太史」、「司天」、「占者」等，由司天監主持天文觀測。後來，西夏又設「大恒曆院」，負責天文。《番漢合時掌中珠》的「天相」一節記載了西夏天文學知識，其中對日、月、星、辰的記載都比較詳細。將天空的星象分為東、西、南、北四方，即青龍、白虎、朱雀、玄武。每方有七個可見星宿，共計二十八宿。又有黃道中的白羊、金牛等十二星座及其他星宿。該書對氣象記載也很細緻，例如，風有和風、清風、金風、朔風、黑風；雨有膏雨、穀雨、時雨、絲雨，雲有煙雲、鶴雲、峰雲、羅雲、同雲，等等。

五、党項風俗

西夏禮儀制度，始終伴隨著所謂「蕃禮」與「漢禮」之爭。蕃禮即党項傳統的民族風俗，而漢禮則是中原唐宋的禮儀文化。兩種禮儀同時並存，而在不同時期根據當時政治形勢的需要和統治者的愛好而有所側重。

元昊為了增強民族文化意識，特意突出党項民族性格，裁改中原制度的禮儀，革新党項沿習的舊俗。於是在顯道元年（一〇三二年）一改銀州、夏州諸羌的舊俗，自己率先禿髮，然後下令國中所有党項人都禿髮，三日不從命者，讓眾人共同殺死。西夏由此普遍推行了禿髮這種習俗。我們看到，西夏晚期壁畫中的供養人依舊是禿髮的形象。毅宗親政以後，想與宋朝修好，請求宋朝和親，迎娶漢人公主，並派遣使臣上表於宋，表示仰慕中原衣冠，下令不再行用蕃禮。惠宗朝主張蕃禮的梁太后與偏好漢禮的皇帝發生爭執，影響到當時的政局，梁氏甚至把惠宗囚禁起來。崇宗、仁宗時期，蕃漢文化發展到新的階段，特別是仁宗，他全面學習漢文化，使西夏成為一個文化高度雜揉的政權。

党項人的婚俗很有特色，並且有一個發展過程。據《舊唐書．党項傳》記載說：「妻其庶母及伯叔母、嫂、子弟之婦，淫穢烝褻，諸夷中最為甚，然不婚同姓。」⑳這顯然是中原史家對党項原始婚

⑳劉昫等，《舊唐書》卷一九八〈党項傳〉。

俗的偏見態度。實際情況則是，隋唐時期，党項社會發展到原始社會末期，婚姻制度上明顯保留著群婚的殘餘。党項西遷以後，隨著社會的不斷發展，婚姻家庭關係也逐漸改變。特別是西夏政權形成以後，這種變化尤其明顯。據《蕃漢合時掌中珠》記述，男女成人以後，要委託媒人說親，諸親友為證。《雜字》中也提到「送女索婦，來到家中」，也就是說，党項人像漢人一樣明媒正娶。一般平民大多是一夫一妻的家庭，而富豪家庭有一夫多妻的現象。

党項人還重視盟誓，不僅民間有盟誓習俗，盟誓儀式還用於正規的軍事作戰。元昊稱帝前想進攻宋朝的鄜延地區，於是召集党項各族的豪酋，聚合於賀蘭山坡，舉行盟誓儀式。他們每人刺臂出血，和酒置於骷髏之中，一齊飲用，立約進攻。可知這種風俗大至國家作戰盟誓，小至家族復仇和解，都可以使用。西夏與遼朝結緣，遼朝軍隊壓境，元昊與遼朝講和，「折箭為誓」。可能是由於西夏重視盟誓的緣故，在法典中專設「誓言門」，其有關條文殘缺，然而有卷前的條目名稱可資參考，其中有「謂投誠來信詞為誓」、「私語誓」、「逆盜為誓」，由此反映出西夏盟誓的某些特點。

党項人有著獨特的風俗傳統。他們先是崇拜天，後來信仰鬼神，崇尚詛咒，迷信占卜。這種風俗一直延續到西夏建國以後，並且與佛教、儒學相伴生，借用巫術這種超自然的力量對不利現象施加影響或進行控制。西夏對党項人原來的民族傳統宗教信仰有所保留，負責主持原始宗教的大大小小的巫。西夏文字典《文海》中有關於詛咒和巫術的條目，其中將「巫」解釋為「驅災害鬼者用是也」。巫術的職責之一是驅鬼、咒鬼，其專職人員是巫師。《文海》對驅鬼有更為具體的解釋：「咒者，詛咒聲也，咒也，坑境上罵詈也。」即挖坑，把所謂「鬼」送入坑中，在坑邊罵詈，以達到消災袪禍的目的。

西夏政府設置「巫提點」一職，應是專門管理佛教、道教以外的民間宗教信仰儀式等事務，派遣

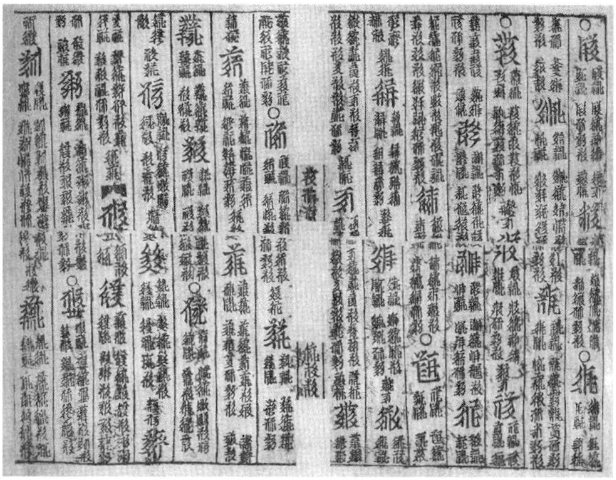

圖二三　《文海》

一二名大人。西夏政府任命的巫師稱為「官巫」。西夏人還在戰爭中有所謂「殺鬼招魂」儀式，也是巫術的一種。文獻記載，「晝則舉煙、揚塵，夜則篝火為候。若獲人馬，射之，號曰『殺鬼招魂』，或射草縛人」㉑。西夏信仰神祇，並馴養所謂神獸以便祭祀，並有專門規定，進行管理㉒。

每一個民族在日常生活中都會有不少禁忌，西夏也不例外。西夏還把民間習俗提升到法律層面，在法典中固定下來。西夏的禁忌包括很多方面。

飲食方面，設宴飲食時不許將臀部尻骨，否則有相應的處罰。服飾方面，親王不能穿花色衣服，這是只有皇帝及皇后能享受的特權。居室方面，官民的氈帳只允許上頭蓋青色，下面為白色，不允許全部為白色或青色。諸人裝飾屋舍時不許用金飾。除佛殿、星宮、神廟、內宮以外民舍不許裝飾大朱、大青、大綠。商貿方面，人、馬、披、甲、牛、駱駝等，屬於敕禁品，不允許賣給敵國㉓。

㉑脫脫等，《遼史》卷一一五〈西夏傳〉。
㉒史金波，《西夏社會》，下冊，頁八一四－八一七。
㉓史金波，《西夏社會》，下冊，頁八一七－八一九。

第二篇

金朝

第五章 金朝的建立與入主中原

金朝是由原居於東北的女真族建立的王朝。它在十二世紀初建立後，相繼攻滅遼和北宋，占領黃河流域，入主中原，與南宋形成南北對峙的局面。本章主要敘述金朝初期的建國歷程和制度建設。

第一節 金朝的崛起

一、女真族的源流

女真族居住在黑龍江、松花江流域，歷史悠久。唐朝以前，這一帶的東北民族在中原史籍中有過肅慎、挹婁、勿吉等不同稱謂。他們一直從事粗放的農業，過著半定居生活，不像草原游牧民族那樣頻繁進行較大範圍的遷徙，也從事畜牧和狩獵。雖然養馬，卻「有馬不乘，但以為財產而已」①。到唐朝，這裡的民族以靺鞨之名見於記載，分為黑水靺鞨和粟末靺鞨兩大部分。位置偏南的粟末靺鞨文

①房玄齡等，《晉書》卷九七〈肅慎氏傳〉。

化較為發達，建立了渤海國。黑水靺鞨位置偏北，其人勇悍善射，能模仿鹿鳴以吸引群鹿而射殺之。食生肉，飲麋酒，出行以牛馱物，居所以樺皮為屋，社會發展相對落後，女真就是黑水靺鞨的後裔。

女真本名朱理真，又有慮真、朱里真等異譯。一般認為，女真之名始見於五代②，然據文獻記載，遼太祖耶律阿保機於唐末吞併東北三十六諸蕃，女真即其中之一③，又《遼史．太祖紀》明確稱唐天復三年（九〇三年），伐女真，則或許女真之族名已見於唐末。遼時，女真為契丹所征服，後因避諱遼興宗之名宗真，改稱女直。與早期東北民族相比，女真人的生活狀況出現了一個變化，那就是已經習慣騎馬，「善騎，上下崖壁如飛」④。在惡劣的氣候條件和生存環境下，他們本來就具有「耐寒忍飢，不憚辛苦」和「勇悍不畏死」的精神⑤，並且精於射獵。習慣騎馬後，已經具

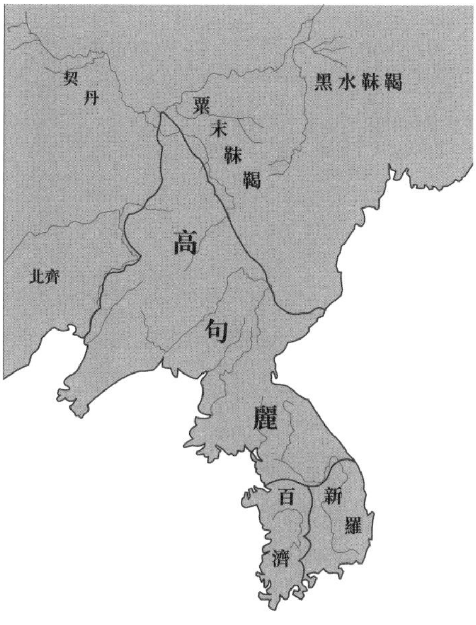

圖二四　六世紀末黑水靺鞨與粟末靺鞨位置圖

②參見金毓黻，《東北通史》上編（吉林：社會科學戰線雜誌社，一九八五年）；韓儒林，〈女真譯名考〉，《穹廬集》（上海：上海人民出版社，一九八二年）。
③陳準，《北風揚沙錄》。
④徐夢莘，《三朝北盟會編》卷三〈政宣上帙三〉。
⑤徐夢莘，《三朝北盟會編》卷三〈政宣上帙三〉。

備了草原游牧民族在軍事上的長處，這成為女真族崛起並向外發展的重要條件。

女真在遼朝分為兩部分。一部分被遷至遼東，編入戶籍，稱為「熟女真」或「曷蘇館女真」（意為籬笆之內）。另一部分未經遷徙，與遼朝保持著羈縻性質的朝貢關係，稱為「生女真」。生女真「地方千餘里，戶口十餘萬，散居山谷間，依舊界外野處。自推雄豪為酋，小者千戶，大者數千戶」⑥。除生熟之分外，遼代女真人還按其所分布的地域，稱南女真、北女真、鴨綠江女真、回跋女真、長白山女真等。

二、建國與滅遼

金朝是以居於按出虎水（今黑龍江阿什河）的生女真完顏部為主體建立的。完顏部是女真的既有部族，據《金史．世紀》記載，後被推為女真始祖的函普，相傳來自高麗，至完顏部年已六十餘，居久之，其部人嘗殺他族之人，由是兩族交惡，鬨鬥不能解。完顏部人與函普相約：「若能為部人解此怨，使兩族不相殺，部有賢女，年六十而未嫁，當以相配，仍為同部。」⑦函普允諾，前往鄰部勸和，成功化解兩族矛盾，訂立誓約，重歸於好。完顏部眾皆信服函普，贈以青牛相謝，並許嫁六十之婦，由是函普遂為完顏部人，被推為酋長。此後，完顏部逐漸發展壯大起來，約在遼朝中期，建立起小範圍的部落聯盟，由完顏部酋長擔任聯盟長，遼朝授以節度使官號。後完顏部聯盟相繼擊敗徒單、烏古

⑥徐夢莘，《三朝北盟會編》卷三〈政宣上帙三〉。

⑦脫脫等，《金史》卷一〈世紀〉。

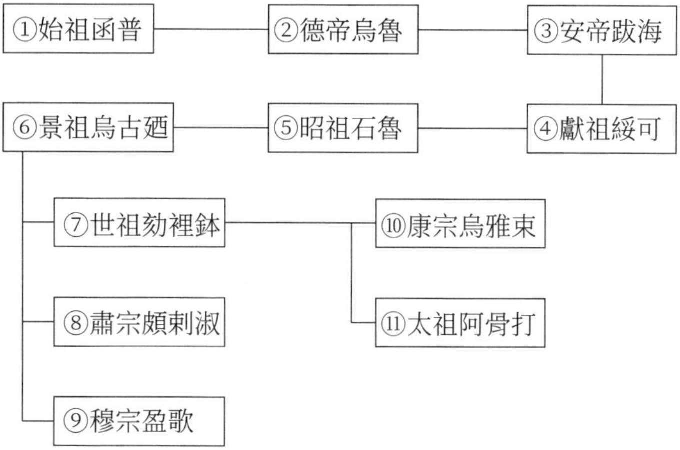

圖二五　女真先祖譜系

論、蒲察等其他女真部落聯盟，勢力進一步增長。

契丹人一方面通過授官在政治上加強對女真部族的籠絡和控制，另一方面又在經濟上對女真人進行掠奪和剝削。女真需按時向遼朝貢納良馬和方物，據《遼史》記載，遼聖宗、道宗時女真皆曾進獻良馬達萬匹之多。遼朝皇帝每於春秋出行漁獵，常令女真人跟隨左右，為其呼鹿、射虎、搏熊。女真之地盛產北珠，遼朝皇帝為供己賞玩或與北宋貿易，經常向女真索取北珠，女真人為契丹鑿冰捕蚌取珠，苦不堪言。女真每次來獻方物，遼朝常強行與其進行不平等交易，「各以所產量輕重而打摶，謂之『打女真』」⑧，即以低價換取女真土產人參、生金、松實、蜜蠟、貂鼠等，後多強取，女真始怨。女真地區還出產一種短小俊健、擅擊天鵝的名鷹「海東青」。契丹貴族酷愛以海東青捕鵝，每年向女真索要，女真不勝其擾。更有甚者，遼朝常派腰佩銀牌的使者前往女真索取方物，稱為「銀牌天使」，他們每夜要由女真中下戶人家未出嫁的姑

⑧洪皓，《松漠記聞》卷上。

圖二六　海東青

圖二七　完顏阿骨打

娘輪流伴宿，謂之「薦枕」，後來使者為取海東青往來絡繹不絕，只擇漂亮的女真女子薦枕，不問婚嫁與否和門第高下，激起了女真人的強烈仇恨。遼朝對女真的種種暴行和掠奪壓迫，最終招致女真人在首領完顏阿骨打的帶領下起兵反抗。

始祖函普之後歷任女真部落聯盟首領，先是父死子繼，至六世孫世祖劾里鉢開始兄終弟及。劾里鉢次子完顏阿骨打（漢名旻）生於遼道宗咸雍四年（一〇六八年），年幼時即隨父親四處征戰，英勇有謀，劾里鉢臨終時，謂其弟穆宗盈歌曰「惟此子足了契丹事」⑨，將帶領女真人擺脫契丹統治和壓迫的希望寄託在阿骨打身上。面對契丹統治者的傲慢和欺凌，阿骨打也充滿仇恨。遼道宗末年，阿骨打與完顏希尹前來朝覲，與契丹貴人玩雙陸之戲，契丹貴人不守規則，妄行棋子，阿骨打非常氣憤，拔刀欲刺，多虧希尹阻攔才未釀成大禍。道宗聞之大怒，近臣皆勸道宗殺死阿骨打，但道宗為示信懷遠，將阿骨打放

⑨脫脫等，《金史》卷二〈太祖紀〉。

歸[10]。後來遼天祚帝天慶二年春捺缽，生女真酋長按慣例前來參加朝會，在頭魚宴上，酒半酣，天祚帝使各部首領依次歌舞為樂，惟阿骨打「端立直視，辭以不能」，再三諭旨強迫，終不從。天祚帝密謂樞密使蕭奉先「阿骨打跋扈若此，可託以邊事誅之」，不然恐貽後患，但為蕭奉先諫止[11]，阿骨打得以生還。至此，女真與契丹之間的矛盾達到頂點，阿骨打遂有起兵反遼之意。此前，女真紇石烈部人阿疏叛逃遼朝，女真曾多次向遼索要阿疏皆未果，阿骨打繼任女真首領後，再次遣人索要阿疏，並藉機偵查遼朝形勢，得知遼主驕肆，軍備廢弛，認為時機已經成熟，遂於遼天慶四年（一一一四年）正式起兵伐遼。九月進軍寧江州（今吉林扶餘縣），糾集二千五百人，舉行反遼誓師大會，阿骨打歷數遼朝罪狀，激勵將士，一舉擊潰遼軍，攻克寧江州城。十一月，又於出河店（今黑龍江肇源西南）大破遼都統蕭糺里、副都統撻不野率領的十萬之眾，遼人嘗言「女直兵若滿萬則不可敵，至是始滿萬云」[12]。

按照《金史》的記載，在贏得寧江州、出河店大捷之後，阿骨打身邊的宗室貴族及近臣皆向其勸進稱帝，阿骨打先猶豫推託，後轉而順從，遂於遼天慶五年正月即皇帝位，定國號大金，建元收國，是為金太祖。定都於會寧府（今黑龍江哈爾濱阿城南），後稱上京。關於「大金」國號之由來主要有兩種說法：一是《金太祖實錄》所言「遼以鑌鐵為國號，鑌鐵雖堅剛，終有銷壞，唯金一色，最為真寶，自今本國可號大金」[13]，即取以金勝遼之意。二是《金史·地理志》謂女真人言「金」曰「按出虎」，

[10] 洪皓，《松漠記聞》卷上。
[11] 脫脫等，《遼史》卷一〇二〈蕭奉先傳〉。
[12] 脫脫等，《金史》卷二〈太祖紀〉。

「以按出虎水源於此，故名金源，建國之號蓋取諸此」，張匯《金虜節要》也說「阿骨打為帝，以本土阿祿阻為國號。阿祿阻，女真語『金』也，以其水生金而名之，猶遼以遼水名國也」⑭，「阿祿阻」即「按出虎」之異譯，此說以「大金」國號取自女真原居地按出虎水。據學者研究，第二種說法較為可信，而前者疑出於金朝史官的杜撰。不僅如此，由《金太祖實錄》輾轉而來的《金史．太祖紀》有關建國年代的記載可能也值得懷疑，阿骨打於西元一一一四年起兵以後，雖首戰告捷，但當時的實力仍較弱小，亦無滅遼之信心，次年即建國稱帝的可能性不大。有學者研究推斷，根據宋人的相關記載來看，阿骨打可能在一一一七年或一一一八年才真正建立國家，國號為「女真」，年號為「天輔」，至一一二二年方改國號為「大金」⑮。

收國元年，阿骨打率女真軍攻克遼朝控制東北的軍事重鎮黃龍府。十一月，遼天祚帝親率七十萬大軍來伐，而女真軍只兩萬人，實力相差懸殊，阿骨打以刀剺面，仰天大哭，激勵將士，採取集中兵力進攻敵人中軍的戰術，最終大敗遼軍，取得以少勝多的輝煌戰績。此後，女真軍節節勝利，先後攻占遼上京、中京，並與北宋通過海路遣使交聘，締結「海上之盟」，約定共同伐遼。在女真軍的強勁攻勢下，遼朝分崩離析，天祚帝播遷，逃往夾山。天輔六年（一一二二年），女真軍攻占遼西京、南京。次年，阿骨打在回軍途中病卒，其弟吳乞買（漢名晟）承襲帝位，改元天會，是為金太宗。太宗即位

⑬徐夢莘，《三朝北盟會編》卷一八〈政宣上帙一八〉引。
⑭李心傳，《建炎以來繫年要錄》卷一引。
⑮參見劉浦江，〈關於金朝開國史的真實性質疑〉，《遼金史論》（遼寧：遼寧大學出版社，一九九九年）。

後，以粘罕（漢名宗翰）和斡離不（漢名宗望）共掌軍事，平定各地叛亂，追擊遼主。天會三年（一一二五年）二月，完顏婁室於余睹谷俘獲遼天祚帝，八月金降封天祚帝為海濱王，遼朝至此滅亡。

三、早期國家制度

金初國家制度比較簡單，在中央主要是勃極烈輔政體制，在地方則為猛安謀克管理體制。

勃極烈是女真社會中部落酋長「孛堇」（意為長官）的異譯，此官名在女真建國之前早已有之。《金史．百官志》謂「金自景祖始建官屬，統諸部以專征伐，嶷然自為一國。其官長，皆稱曰勃極烈」，其中地位最高的部落聯盟首領稱「都勃極烈」。自女真景祖烏古廼之後，歷任聯盟長皆任都勃極烈，同時兼遼朝所封的生女真部節度使，遼人呼「節度使」為「太師」，女真則稱「都太師」⑯。阿骨打襲位後起兵反遼，遂不稱節度使，僅稱都勃極烈。金人稱帝建國後，建立了由皇帝和諸勃極烈組成的國家最高軍政權力機構，凡軍國大事皆由勃極烈輔政會議討論決定，從而形成了獨具特色的金初勃極烈輔政體制。勃極烈遂專用於中央輔政會議成員，兼有輔弼、審議、行政和司法等職能，皆以宗室貴族擔任，人數不定，名目不同，有諳版勃極烈、國論忽魯勃極烈、國論勃極烈、移賚勃極烈、阿買勃極烈、乙室勃極烈、札失哈勃極烈、昃勃極烈、迭勃極烈等。按《金史．國語解》的解釋，這些名目表示諸勃極烈的不同職掌，但據學者研究，它們其實代表的是不同的位置次序⑰。

⑯脫脫等，《金史》卷一〈世紀〉。
⑰參見三上次男，《金史研究二——金代政治制度の研究》（東京：中央公論美術出版，一九七〇年）。

諳版勃極烈居於諸勃極烈之首，「諳版」乃尊大之意，「漢語云最尊官也」⑱。在金朝歷史上，只有吳乞買、斜也（漢名杲）、完顏亶三人曾居此位，其中吳乞買、完顏亶二人皆以諳版勃極烈的身分承襲帝位，完顏杲也一度被選為儲嗣，因此任諳版勃極烈者實際上就是皇位繼承人。當皇帝出征時，諳版勃極烈一般留守京師，代掌國事。如金太宗吳乞買為諳版勃極烈，「太祖征伐，常居守」⑲，太宗即位後，杲為諳版勃極烈，「與宗幹俱治國政。天會三年伐宋，杲領都元帥，居京師」⑳。

諳版勃極烈之下為國論忽魯勃極烈，「國論」是女真語「國」之義，作為勃極烈名號言其尊貴也，「忽魯」意為總帥，有統軍輔政之權。其後又有國論勃極烈，有時分左右置，相當於國相。再次，阿買勃極烈，意為第一；昃勃極烈，意為第二；移賚勃極烈，意為第三。其餘如乙室勃極烈、札失哈勃極烈、迭勃極烈等蓋大多為臨時任命，非常設之位。乙室勃極烈為迎迓之官，掌外事禮賓；「札失哈勃極烈」又作「阿捨勃極烈」，與「迭勃極烈」皆有副貳之意，亦可統軍。諸勃極烈在參議國政時，雖有所分工，但並不嚴格，保存著女真舊俗。後來隨著金朝社會的發展及受中原政治制度的影響，金熙宗即位實行漢化改革，勃極烈輔政體制遂被廢止。

猛安謀克原來是女真人因圍獵、征伐等需要設置的軍事單位。「猛安」和「謀克」為女真語，分別是千夫長和百夫長之意。《金史．兵志》云：「其部長曰孛堇，行兵則稱曰猛安、謀克，從其多寡以為

⑱脫脫等，《金史》卷八〇〈熙宗二子傳〉「贊曰」。

⑲脫脫等，《金史》卷三〈太宗紀〉。

⑳脫脫等，《金史》卷七六〈完顏杲傳〉。

號，猛安者千夫長也，謀克者百夫長也。謀克之副曰蒲里衍，士卒之副從曰阿里喜。」阿骨打起兵後將猛安謀克的組織形式制度化，命以三百戶為謀克，十謀克為猛安，戰時以之統軍，平時用以實施行政管理，並對此後新征服或降附的女真部落，都採用猛安、謀克系統進行編制，授予各部首領以猛安、謀克之名，從而將其部人組織起來。金朝建立後，阿骨打在伐遼過程中，又逐漸將猛安謀克制推廣到契丹、渤海和漢人等其他族群之中。

不過，所謂「以三百戶為謀克，十謀克為猛安」只是一個原則性的規定，在金代實際執行中並不盡然。如天輔年間，阿骨打「嘗用遼人訛里野以北部百三十戶為一謀克，漢人王六兒以諸州漢人六十五戶為一謀克，王伯龍及高從祐等並領所部為一猛安」㉑。海陵王正隆中，「山東路統軍司選諸軍八百人作十謀克」㉒，則一謀克僅八十人。世宗大定十五年（一一七五年），遣使分行全國，重定猛安謀克戶，「每謀克戶不過三百，七謀克至十謀克置一猛安」。到了宣宗貞祐南遷之後，「乃至以二十五人為謀克，四謀克為猛安」㉓。可見猛安、謀克的編制人數會根據情況靈活變化。

猛安謀克組織的長官亦稱猛安、謀克，其地位相當於州防禦使和縣令，惟級別略高。據《金史．百官志》，諸猛安，從四品，掌修理軍務、訓練武藝、勸課農桑，餘同州防禦使；諸謀克，從五品，掌撫輯軍戶、訓練武藝，除不管常平倉外，餘同縣令。這一制度設置清楚反映出猛安、謀克兼具軍事與

㉑脫脫等，《金史》卷四四〈兵志〉。
㉒脫脫等，《金史》卷八六〈夾谷胡剌傳〉。
㉓脫脫等，《金史》卷四四〈兵志〉。

行政的職能。金朝還以猛安、謀克作為對諸王和致仕重臣等的封號。

猛安謀克這種軍政合一的制度，是女真的傳統舊俗，但對渤海、契丹、漢人卻並不適用，因此金初強行推行至他族的猛安謀克制後來陸續被罷廢。世宗天會二年（一一二四年）平定張覺之亂後，宗望在平州率先廢止此制，改行漢制，令「諸部降人但置長吏，以下從漢官之號」㉔。熙宗時，又廢除了渤海和遼東漢人的猛安謀克。世宗初，為加強對契丹人的控制，詔罷契丹猛安謀克，其戶分隸女真猛安謀克。

金初實行猛安謀克管理體制，將女真人有效地編組起來進行對外征伐，展現出強大的戰鬥力。後來，猛安謀克逐漸成為女真人戶的代稱，是金朝統治所依賴的基本力量。

四、滅北宋

宋徽宗政和元年（一一一一年），端明殿學士鄭允中和宦者童貫出使遼朝，途中有燕人馬植潛見童貫，陰謀歸漢。於是童貫密使馬植偵察遼國形勢，約其歸降宋朝。後馬植多次向宋朝遞送情報，宋徽宗賜其名李良嗣。政和五年（一一一五年），馬植如約歸宋，又賜名趙良嗣，他向徽宗彙報遼朝的內憂外患，稱遼天祚帝「酖酒嗜音，淫色俱荒，斥逐忠良，任用群小，遠近生靈悉被苛政」，而女真阿骨打崛興，用兵累年，攻陷州縣，遼朝邊患日深，萬民罹苦，遼國必亡，並建議宋朝出兵伐遼，「復中國往昔之疆」㉕。宋朝久有收復燕雲之心，在了解遼朝局勢後，蔡京、童貫等當權派遂力主圖取燕雲。七

㉔脫脫等，《金史》卷四四〈兵志〉。

年（一一一七年），遼東漢兒高藥師等人為避戰亂，乘船浮海至宋登州（今山東蓬萊），使宋人意識到可以通過海上航路與女真聯絡。此後，宋朝以買馬為名多次遣使渡海，與女真往來交涉，宋宣和二年（金天輔四年，一一二〇年）雙方終於達成協議，相約共同夾擊遼朝、收取燕雲，滅遼後以長城為界，宋廷將過去輸送給遼的「歲幣」轉付於金，史稱「海上之盟」。

根據約定，金軍很快連續攻取了遼上京、中京和西京，而北宋政治腐敗，文恬武嬉，只想趁火打劫，不勞而獲，並未認真備戰，進攻燕京遭到遼軍痛擊而大敗，仍不得不求助於金朝。宣和四年（一一二二年），金軍攻克燕京。金以宋朝未如約與金夾攻遼西京和攻取燕京為由，就燕雲接收交割問題與宋朝展開交涉，最終以宋歲輸銀絹二十萬兩匹，並另輸「燕京代稅錢」一百萬貫的代價，換回燕京空城，城中金銀錢物及人戶皆已被金人擄掠一空，而關於遼西京的交割則始終未果。

金朝在滅遼戰爭中經過與宋朝的接觸，已知宋軍虛弱無能，遂有籌畫南下攻宋之意。金太宗天會元年（一一二三年），張覺以平州叛金降宋，宗望取平州後，向宋索取叛亡人戶，然宋不與，又聽聞童貫、郭藥師治軍燕山，宗望遂奏請伐宋，謂「苟不先之，恐為後患」，宗翰也主張攻宋，「故伐宋之策，宗望實啟之」㉖。次年，金又遣使向宋索要趙良嗣在燕雲交涉中許糧二十萬斛，但宋拒不給糧。這些爭端遂成為金攻北宋的戰爭口實。

天會三年，金軍擒獲遼天祚帝，滅亡遼朝之後，金太宗於是年十月正式下詔伐宋，分東西兩路。

㉕徐夢莘，《三朝北盟會編》卷一〈政宣上帙一〉引封有功《編年》。
㉖脫脫等，《金史》卷七四〈宗望傳〉。

以諳版勃極烈杲兼領都元帥，居京師，西路：移賚勃極烈宗翰兼左副元帥先鋒，經略使完顏希尹為元帥右監軍，左金吾上將軍耶律余覩為元帥右都監，自西京入太原。東路：以六部路軍帥撻懶為六部路都統，斜也副之，宗望為南京路都統，闍母副之，知樞密院事劉彥宗兼領漢軍都統，自南京入燕山㉗。十二月，宗翰率西路軍攻取朔州、代州，進圍太原；宗望率東路軍入檀、薊，占領燕京，又連破宋軍於真定，克信德府，直逼北宋都城東京。宋徽宗驚慌失措，下「罪己詔」，令中外直言極諫，各地率師勤王，後又下詔內禪，宣布退位為太上皇，逃往東南避禍，由趙桓即位為帝，是為宋欽宗。欽宗嗣位後，在朝野官民激烈聲討下，貶逐蔡京、童貫等奸臣。大臣李綱受命負責京城防禦，指揮軍民擊退金軍進攻。太原宋軍憑城堅守，拖住西路金軍，陝西等處宋軍也紛紛前來救駕。

天會四年（宋靖康元年，一一二六年）正月，宗望與宋廷講和，宋欽宗答應繳付巨額賠款，割讓太原、河間（今河北河間）、中山（今河北定州）三鎮，以康王趙構、少宰張邦昌為質。金軍於是北撤，徽宗亦返回東京。二月，宋將姚平仲率兵夜襲宗望營地，被金軍擊敗，金兵再次圍汴。宋徽宗為討好金人，罷黜李綱，又派遣宇文虛中持國書赴金營，改以肅王趙樞為質，康王趙構歸宋。宗望遂還師北撤。然而未逾數月，是年八月金太宗又詔令左副元帥宗翰、右副元帥宗望伐宋。宗翰從西京、宗望從保州分兩路南下，長期堅守的太原終於被攻破。閏十一月，金軍對東京發起進攻，占領外城，宋欽宗被迫親赴青城金營投降，金許議和。十二月，宋欽宗回汴，金遣使勒索巨額金銀錢帛。次年二月，金廢宋徽宗、欽宗為庶人。四月，金軍俘虜宋徽宗、欽宗及后妃宗室，滿載大批財物北歸，北宋滅亡。

㉗脫脫等，《金史》卷三〈太宗紀〉。

北宋自初受金兵進攻至最後覆亡，竟不出二年，可謂一觸即潰。宋徽宗、欽宗後來分別於天會十三年（宋紹興五年，一一三五年）和大定元年（宋紹興三十一年，一一六一年）死於五國城（今黑龍江依蘭縣）。

五、入主中原

金天會五年（宋建炎元年，一一二七年）滅宋後，金人立宋太宰張邦昌為「大楚皇帝」，建立楚政權以統馭中原。張邦昌雖被冊立為帝，但仍心繫宋室，金軍回師後，他決意還政於趙宋，尊宋哲宗元祐皇后為宋太后，垂簾聽政，自己復為太宰，並向康王趙構勸進。五月，宋徽宗第九子趙構被臣下擁戴即位於南京（今河南商丘），改元建炎，是為南宋高宗。高宗此前曾赴金營為短期人質，又被任命為河北兵馬大元帥，在外募兵勤王，得免於靖康之難。

宋高宗即位後應輿論要求，以抗戰派大臣李綱為相，宗澤任東京留守。金人初入中原，立足未穩，兩河反金民軍蜂起，但缺乏統一領導，各自為戰。高宗本人卻懾於金軍兵威，消極避戰，未能利用這一機會收復失地，反而逃往揚州。李綱任相七十五日即被罷免，金朝逐步進占河南、陝西。

次年秋，金軍繼續南進，企圖一舉消滅南宋朝廷。宋高宗經鎮江逃往杭州，金將完顏宗弼率軍渡江追擊，相繼占領建康、杭州。高宗由明州（今寧波）泛海走溫州，金軍亦入海追之，不及。這是歷史上北方民族軍隊第一次渡過長江天險，但並非有全面計畫、準備的戰略進攻，故未敢孤軍深入，很快北返。宋將韓世忠在建康東北的黃天蕩阻截金軍四十日，金軍用火攻始得脫身。宋軍收復淮東，雙方重新形成對峙。在西線，兩軍於天會八年（宋建炎四年，一一三〇年）會戰於富平（今屬陝西），宋軍潰敗，關中喪失。此役雖以宋敗告終，但卻是南宋方面第一次有組織地以大兵團主動出擊，緩解了江淮戰場的壓力，使南宋朝廷有了喘息之機。金軍企圖乘勝入蜀，但連續被宋將吳玠、吳璘兄弟擊敗於和尚原（今陝西寶雞附近、大散關以東）、仙人關（今甘肅徽縣南），亦出現相持局面。

金朝既一時無力消滅南宋，遂於天會八年另立傀儡政權，冊封宋降臣劉豫為齊帝，統治河南、陝西地區。此後一段時間，南宋的統治逐步穩定。一方面逐步消滅、收編了戰亂當中形成的大量潰兵、盜匪集團，另一方面屢次挫敗齊的南侵。至天會十五年（宋紹興七年，一一三七年），金廷廢掉齊政權，直接統治中原地區，並對南宋進行誘降。宋高宗擢用秦檜為相，主持和議，反對者皆被斥逐。秦檜原為北宋御史中丞，本來主張抗戰，被金人擄居北邊，居數年放回，一變為專主議和。早在南宋紹興二年（一一三二年），秦檜初次任相，即提出「南人歸南，北人歸北」的投降主張，受到輿論指責，被免職，然數年後又東山再起。而高宗則一貫傾向於對金妥協，即位後忙於奔命，向南一逃再逃，滿足於偏安局面，很早就已向金朝陳訴「以守則無人，以奔則無地」，乞求「願去尊號」，「比於藩臣」㉘。因秦檜倡導議和，故高宗譽之為「樸忠過人」，稱「朕得之喜而不寐」，一意擢用。然因金朝逼迫過甚，遂不得不組織抵抗以求自保。至此時金人主動誘降，高宗大喜過望，秦檜復又力讚其事，君臣沆瀣一氣，和議始定。高宗反戰求和的動機主要出於兩端：一懼獲勝，一懼大敗。「懼獲勝」是因為勝則諸將領功高，尾大不掉，且一旦欽宗南返，不易措置；「懼大敗」是因其本人有在金營為質及被金軍窮追猛打的經歷，形成心理恐懼，總是過高評價金朝實力，對大局估計悲觀，無視雙方強弱出

㉘李心傳，《建炎以來繫年要錄》卷二三〈建炎三年五月〉。

現轉變的事實。總之，不外乎緣於維護一己皇位的目的，縱使苟且屈辱，也是在所不計。

天眷二年（宋紹興九年，一一三九年）初，和議成，南宋向金稱臣納貢，金朝將河南、陝西之地歸還於南宋，並送回徽宗梓宮。金使持冊封詔書至臨安，要求高宗北面拜受。南宋方面以有損國體，議論紛紛，有人提出「列祖宗御容，而置金人詔於其中拜之」㉙，最終的處理辦法是，由秦檜代高宗拜接詔書，和議始畢。但不久局勢又發生重大變化，金廷中主持議和一派在內爭中失勢，主戰派首領完顏宗弼掌權，遂於次年撕毀和約，大舉南侵，欲重新奪回河南、陝西地。宋軍奮起抵抗，劉錡敗金軍於順昌（今安徽阜陽），岳飛敗金軍於郾城（今屬河南）、潁昌（今河南許昌），形勢對南宋十分有利。但高宗、秦檜卻於此時強令宋軍班師，以致河南之地得而復失，為金朝所占。

皇統元年（宋紹興十一年，一一四一年），宋高宗、秦檜與金朝重定和議。南宋仍稱臣於金，保證「世世子孫謹守臣節」，同時每年仍輸納「歲貢」銀絹各二十五萬兩、匹。兩國以東起淮水中流、西至大散關（在今陝西寶雞西南）一線劃界。與上一次的和約相比，此次版圖割讓更多，稱臣納貢之屈辱條款則未變，史稱「紹興和議」。高宗、秦檜又以「莫須有」的罪名殺害主戰派代表將領岳飛，宋、金南北對峙的局面至此基本奠定，金朝隨之也確立了對淮河以北中原地區的統治地位。

㉙徐夢莘，《三朝北盟會編》卷一八九〈炎興下帙八九〉。

第二節　從宗室共治到皇權獨尊

一、宗室共治與內部衝突

金朝建國以前，完顏氏家族世代把持部落聯盟首領職位，早已在聯盟統治集團中形成了超過其他家族的明顯優勢。建國以後，這種優勢繼續擴大，最高議政機構勃極烈輔政會議完全為完顏氏宗室貴族所控制。金初勃極烈任職可考者共十二人，均係宗室成員，其中太祖、太宗兄弟及太祖從兄國相撒改三系子孫共占七人，且所任多為排位較高的勃極烈，可見宗室、尤其是宗室近屬事實上成為金初貴族政治的主角。在金初對外作戰的過程中，大批完顏家族成員統兵征伐，獨當一面。滅遼前後，金廷在境內所設諸路都統、軍帥等地方軍區長官，半數以上皆出自完顏氏。撒改之子宗翰和太祖之子宗望分別以左、右副元帥的身分在雲中（今山西大同）和燕京開設元帥府，附設樞密院，統領被征服地區事務，權力極大，時人呼為「西朝廷」、「東朝廷」㉚。清代學者趙翼也總結說：「金初風氣淳實，……開國之初，家庭間同心協力，皆以大門戶啟土宇為念，絕無自私自利之心，此其所以奮起一方，遂有天下也」㉛。

㉚徐夢莘，《三朝北盟會編》卷二四〈政宣上帙二四〉引《金虜節要》。

㉛趙翼，《廿二史箚記》卷二八「金初父子兄弟同志」條。

在王朝開國之初，主要依靠宗室成員建功立業本為常事，但金朝在這方面表現極其突出，滅遼翦宋，奄有中原，幾乎所有重要戰役都是由「兄弟子姓才皆良將」㉜的完顏氏家族成員指揮參與完成的。金初宗室勢力之強盛可能與女真社會的家庭結構有很大關係。女真人建國前主要從事粗放式的農耕，活動範圍相對狹小，個體家庭尚未完全獨立，父系大家族作為社會和經濟實體仍然普遍存在，即所謂「兄弟雖析，猶相聚種」㉝，這與北方草原游牧民族明顯存有差異。這體現在政治上，即完顏氏家族團結一致，共同創業，具有極強的凝聚力。

有明確記載顯示，女真社會原有軍事民主制的傳統。金太祖即位後赴臣下宴集，「主人拜，上亦答拜」㉞，「雖有君臣之稱，而無尊卑之別，樂則同享，財則同用」㉟。而在金初宗室貴族勢力不斷膨脹的背景下，軍事民主制傳統實際上演變成為宗室內部的「民主」。皇權雖依賴家族力量而得以建立，但也因此淹沒於完顏氏家族集體權力之中，金初君主個人權威尚未得到充分發展。據稱金太祖入燕京，「與其臣數人皆握拳坐於殿之戶限上，受燕人之降，且尚詢黃蓋有若干柄，意欲與其群臣皆張之，中國傳以為笑」㊱。太宗私用國庫財物過度，被諸勃極烈數以「違誓約之罪」，「群臣扶下殿，庭杖二十」㊲。

㉜脫脫等，《金史》卷四四〈兵志〉。
㉝脫脫等，《金史》卷四四〈兵志〉。
㉞脫脫等，《金史》卷七〇〈撒改傳〉。
㉟徐夢莘，《三朝北盟會編》卷一六六〈炎興下帙六六〉引《金虜節要》。
㊱徐夢莘，《三朝北盟會編》卷一二〈政宣上帙一二〉引《北征紀實》。
㊲徐夢莘，《三朝北盟會編》卷一六五〈炎興下帙六五〉引《燕雲錄》。

史稱太宗在位時，面對「桀黠難制」的宗室功臣，只能「拱默而已」㊳。宗室代表人物宗翰等人「專權，主不能令，至於命相亦取決焉」㊴。宗室貴族權力膨脹過度，逐漸與皇權形成矛盾，孕育著激烈的衝突。

建國以前，完顏氏部族酋長的繼承曾經長期以兄終弟及的方式為主。這種方式保證了權力始終掌握在家族成年男性手中，對於維護完顏氏的統治地位乃至金朝的發展壯大起了重要作用。建國後，這一傳統依然保持。金太祖任命其弟太宗吳乞買為諳版勃極烈，此職居於諸勃極烈之首席，實際上相當於皇儲，故而太祖死後太宗即被擁戴即位。太宗復以其唯一的同母弟完顏杲為諳版勃極烈，杲病死，繼位人選出現爭執。太宗雖有多位子嗣，其長子宗磐也立有大功，但在宗翰、宗輔、宗幹、完顏希尹等宗室貴族的壓力下，仍然不得不參照兄終弟及制的傳統做法，從太祖一系中選立皇儲，遂以太祖嫡孫熙宗完顏亶為諳版勃極烈。兄終弟及的繼承方式同樣反映了宗室共治的背景，與中原模式的君主專制制度是不相容的，最終釀成了劇烈的內部衝突。

二、皇權的加強

金熙宗即位後，宗室共治的局面開始向皇權獨尊轉變。在這一變革過程中，漢族社會尊君卑臣的傳統政治觀念發揮了關鍵作用。熙宗幼與儒士遊處，漢化較深，已「失女真之本態」。左右的漢族儒士

㊳宇文懋昭，《大金國志》卷八〈紀年．太宗文烈皇帝〉。
㊴宇文懋昭，《大金國志》卷二七〈開國功臣傳．粘罕〉。

「日進諂諛，教以宮室之狀、服御之美、妃嬪之盛、燕樂之侈、乘輿之貴、禁衛之嚴、禮義之尊、府庫之限，以盡中國為君之道」。於是熙宗「出則清道警蹕，入則端居九重」，與宗室貴族漸漸疏遠[40]。天會十三年，下詔廢除勃極烈會議，仿照唐宋中央官制，以尚書、中書、門下三省為宰相機構。三省中以尚書省為主，下統六部。對於曾任勃極烈的一些宗室重臣，讓他們以太師、太傅、太保的頭銜「領三省事」。儘管如此，但三省畢竟是聽命於皇帝的漢式政務機構，宗室共治色彩比勃極烈會議明顯減弱。熙宗在與臣下談論歷史時說：「後世疑周公殺其兄，以朕觀之，為社稷大計，亦不當非也。」[41]他利用宗室貴族爭權奪利的矛盾，數次興起大獄，宗室元老宗磐、宗雋、撻懶等人皆被處死，宗翰憂憤而卒。熙宗又企圖改革皇位繼承制度。皇子濟安出生僅僅一個月，就被他冊立為皇太子，但濟安不久夭折，熙宗也在政變中死於非命，傳位於子的計畫未能實現。

以宗室身分發動政變篡位的海陵王完顏亮，對宗室貴族更為猜忌。即位僅數年，就先後誅殺太宗子孫七十餘人，宗翰子孫三十餘人，太宗弟杲子孫百餘人，其餘宗室又五十餘人，連自己的弟弟完顏袞也沒有放過。海陵王夙有「國家大事皆自我出」的抱負[42]，在誅殺宗室的同時，進一步改革官制，從制度上對皇權加以鞏固。主要內容包括：撤銷中書、門下二省，僅保留尚書一省，在皇帝領導下負責全國行政事務。廢除位高權重的「領三省事」職務，改設尚書令，且不再以宗室擔任此職。將金初

---

[40] 徐夢莘，《三朝北盟會編》卷一六六〈炎興下帙六六〉引《金虜節要》。

[41] 脫脫等，《金史》卷四〈熙宗紀〉。

[42] 脫脫等，《金史》卷一二九〈高懷貞傳〉。

的統兵機構都元帥府改為樞密院，樞密院長官負責軍政管理，但並不統兵，保證兵權由皇帝控制。強化監察制度，由御史臺監察尚書省行政系統，又由登聞檢院、登聞鼓院監察御史臺和尚書省，形成環環相扣的制約關係。經過海陵王的整頓，金朝各級機構「職有定位，員有常數，紀綱明，庶務舉，是以終金之世守而不敢變焉」㊸。

作為北方少數民族政權，金朝帶有濃重的家天下色彩。金初，「宗室皆謂之郎君，事無大小，必以郎君總之。雖卿相，盡拜於馬前，郎君不為禮，役使如奴隸」㊹。政權被視為完顏氏家族的私產，只不過家族集體權力一度掩蓋了皇帝的父家長權力。經過熙宗特別是海陵王對宗室近親的血腥屠殺，皇帝的個人權威終於充分凸顯出來。熙宗與海陵王打擊宗室貴族時，均援用了中原傳統的官僚制度，中原王朝官制在歷史上本來就是與專制君主相伴而生的，它既有從屬並服務於皇權的特徵，同時也具備公共服務傾向和一定程度的自主性。而面對以父家長權力為基礎的皇權，官僚制度作為專制工具的作用得到充分發揮，而其中自主性的因素卻難以成長。史書評論金朝「鄙遼儉樸，襲宋繁縟之文，懲宋寬柔，加遼操切之政」㊺，說的就是這層含義。故金朝皇權之獨尊，更勝於前代，如在君臣關係方面，皇帝對臣下往往濫施淫威，重則誅殺，輕則杖責。海陵王曾得意地說：「古者大臣有罪，貶謫數千里外，往來疲於奔走，有死道路者。朕則不然，有過則杖之，已杖則任之如初。」又云「大臣決責，痛

㊸脫脫等，《金史》卷五五〈百官志一〉。
㊹徐夢莘，《三朝北盟會編》卷三〈政宣上帙三〉。
㊺脫脫等，《金史》卷四六〈食貨志一〉。

及爾體，如在朕躬，有不能已者」㊻。這種廷杖的傳統由此一直影響到後來的元明清。《金史．刑志》對此總結稱：「原其立法初意，欲以同疏戚、壹小大，使之咸就繩約於律令之中，莫不齊手並足以聽公上之所為，蓋秦人強主威之意也。是以待宗室少恩，待大夫士少禮。終金之代，忍恥以就功名，雖一時名士有所不免。至於避辱遠引，罕聞其人。」㊼

若從中國古代皇權的發展線索著眼，兩宋、金元乃是孕育明清極端專制主義皇權政治的關鍵階段。在宋朝，相對於晚唐、五代綱紀倫常廢弛的混亂局面，統治者和士大夫集團致力於傳統倫理道德的重建和加強，「忠」的觀念尤其被提升到人生第一倫理原則的高度，其地位遠超前代，忠君成為臣民絕對、無條件必須履行的準則。但宋朝同時也是士大夫政治的黃金時期，發達的官僚制度尚能將皇權盡量約束在合理的範圍之內運行。然至金朝（以及後來的元朝），北方民族入主中原，「家天下」色彩明顯增強，傳統官僚制度對皇權的約束、限制機能大為削弱。這種「家天下」的政治模式，輔以宋代以來逐漸深入人心的忠君觀念，導致皇權的顯著強化，對後代歷史的影響至為深遠。

三、熙宗與海陵王的漢化改制

天會十三年金太宗卒，太祖之孫熙宗完顏亶嗣位。熙宗漢化較深，即位後實行了一系列改革措施。

㈠廢除勃極烈會議，改行漢族模式官制，在中央建立起三省六部制度。天會十三年，熙宗即位不

㊻脫脫等，《金史》卷七六〈蕭玉傳〉。
㊼脫脫等，《金史》卷四五〈刑志〉。

久即以國論右勃極烈、都元帥宗翰為太保，領三省事，又以國論忽魯勃極烈宗磐為尚書令，以元帥左監軍完顏希尹為尚書左丞相兼侍中，太子少保高慶裔為左丞，平陽尹蕭慶為右丞。十四年三月，以太保宗翰、太師宗磐、太傅宗幹並領三省事，標誌著金初勃極烈輔政制已為三省制所取代。同時，又分別在尚書省左右丞相及左右丞之下增設平章政事和參知政事，作為宰相的副職和助手，以增強尚書省的權力。

㈡廢黜齊政權。天會十五年十一月，廢除在中原地區扶植的齊政權，降封齊帝劉豫為蜀王，在汴梁置行臺尚書省，統治河南、陝西地。天眷元年（一一三八年），又改燕京樞密院為行臺尚書省。

㈢頒行新官制，定封國制度。天眷元年八月，頒行官制和換官格，全面改行漢官制度，將女真內外職官，按漢制換授相應的新職，制定勳封食邑制度，即按功勳等第授予封爵、勳級、食邑。十一月，又定封國制度，所授國王封號，形同勳爵，非就治其地，其實有些封國並不在金朝的疆域範圍之內。

㈣制定漢式禮儀、服制。天眷二年三月，命百官詳定儀制。四月，百官朝參，初用朝服。六月，初御冠服。

㈤修建都城。金朝建立後，定都於女真故地，但當時並無京師名號，而且初無城郭，星散而居，「其城邑、宮室，類中原之州縣廨宇，制度極草創。居民往來或車馬雜遝，皆自前朝門為出入之路，略無禁限」㊽，且無尊卑長幼之別，人們習稱皇帝、宗室重臣及皇子居所為「皇帝寨」、「國相寨」、「太子莊」，其都城制度甚為樸野。至金熙宗即位後，開始設有內庭之禁，天眷元年四月，命少府監盧

㊽徐夢莘，《三朝北盟會編》卷二四四〈炎興下帙一四四〉引張棣《金虜圖經》。

彥倫大規模營建京師宮室，八月正式以京師建號上京，曰會寧府，改原遼上京臨潢府為北京。

㈥頒行曆法。金初沿用遼曆，太宗天會五年，司天楊級在北宋《紀元曆》的基礎上增損而成金《大明曆》㊾。熙宗即位後，於十五年春正月朔，正式頒行這部新的曆法。

以上各項舉措使金朝逐漸改變了其制度簡陋、諸事草創的面貌，在漢化進程中邁出了重要一步。其後海陵王嗣位，又進一步加強中央集權，推行漢制。

海陵王完顏亮在熙宗所頒行官制的基礎上，進行了重要的整頓和改革。熙宗雖已廢勃極烈，改行漢式的尚書、中書、門下三省制，但往往以三師領三省事，如十四年三月，以太保宗翰、太師宗磐、太傅宗幹並領三省事；皇統七年（一一四七年）九月，以都元帥宗弼為太師、領三省事；十二月，以右丞相蕭仲恭為太傅、領三省事。尚書左右丞相還往往分別兼任中書、門下省的長官，如天會十三年十一月以完顏希尹為尚書左丞相兼侍中，皇統九年（一一四九年）三月以司空宗本為尚書右丞相兼中書令，這種情況在海陵王前期仍是如此，中書、門下二省形同虛設。於是正隆元年（一一五六年），海陵詔令「罷中書、門下省」㊿，僅置尚書省作為全國最高行政機構，長官為尚書令，掌「總領紀綱，儀刑端揆」51，下設「尚書令、左右丞相、平章政事，是謂宰相；左右丞、參知政事，是謂執政」52。

㊾脫脫等，《金史》卷二一〈曆志〉。
㊿脫脫等，《金史》卷五〈海陵紀〉。
51脫脫等，《金史》卷五五〈百官志一〉。
52脫脫等，《金史》卷八九〈移剌子敬傳〉「贊曰」。

此前，海陵王於天德二年（一一五〇年）十二月廢除設於汴梁和燕京的行臺尚書省，政令統一歸於朝廷，三年（一一五一年）又廢元帥府，改置樞密院。海陵王的官制改革大抵因唐宋制度而有所損益，自此之後，金朝的職官制度進一步規範化，基本趨於定型：「自（尚書）省而下官司之別，曰院、曰臺、曰府、曰司、曰寺、曰監、曰局、曰署、曰所，各統其屬以修其職。職有定位，員有常數，紀綱明，庶務舉，是以終金之世守而不敢變焉」[53]。

海陵王還對官員俸祿、印信、封爵等第做了相應規定。如天德二年，「以三師、宰臣以下有以一官而兼數職者，及有親王食其祿而復領他事者，前此並給以俸，今宜從一高，其兼職之俸並不重給」[54]，即免除官員的兼職俸祿。正隆元年，「以內外官印新舊名及階品大小不一，有用遼、宋舊印及契丹字者」，遂定制，命禮部更鑄百官之印。正隆二年，「改定親王以下封爵等第，命置局追取存亡告身，存者二品以上，死者一品」[55]，參酌削降封爵。

海陵王在位時期的另一件重大舉措是遷都燕京。金初定都於女真肇興之地的上京會寧府，然隨著金朝滅遼翦宋，版圖不斷擴張，大批女真猛安謀克軍也已進入中原，「方疆廣於萬里，以北則民清而事簡，以南則地遠而事繁」。但上京會寧府位置偏遠，「州府申陳，或至半年而往復」，經濟上則「供饋困於轉輸，使命苦於驛頓」[56]，十分不便。海陵王即位後，天德二年，朝廷圍繞遷都問題展開激烈爭論，

[53] 脫脫等，《金史》卷五五〈百官志序〉。
[54] 脫脫等，《金史》卷五八〈百官志四〉。
[55] 脫脫等，《金史》卷五〈海陵紀〉。

海陵王不顧女真舊臣的反對，決意遷都。三年四月，海陵詔遷都燕京，命張浩、張通古等調集諸路夫役修築燕京宮室。貞元元年（一一五三年），以遷都詔中外，改燕京為中都，府曰大興。正隆二年（一一五七年）十月，又下令毀壞上京會寧府舊有宮殿、諸大族宅第及儲慶寺，夷平其址而耕種之，將宗室貴族及其所屬猛安謀克盡行遷入內地，太祖、太宗陵寢一併遷至中都近郊。此舉標誌著金朝統治重心的內移，也是北京在歷史上第一次成為王朝首都。海陵王還確定了金朝五京之號，除上京會寧府、中都大興府之外，以汴梁為南京，中京大定府為北京，大同府為西京，並劃定五京、十四總管府、十九路的行政區劃。

海陵王的一系列改革措施，大大強化了金朝的中央集權統治，漢式政治制度臻於完善。

四、海陵南侵及其失敗

完顏亮是金太祖阿骨打庶長子宗幹次子，天輔六年生，天眷三年（一一四〇年）以宗室子為奉國上將軍，在梁王宗弼麾下為行軍萬戶，遷驃騎上將軍。皇統四年（一一四四年），加龍虎衛上將軍，為中京留守。完顏亮為人僄急殘忍，性多猜忌，熙宗以太祖嫡孫嗣位，亮亦為太祖之孫，遂懷覬覦之心。任中京留守時，完顏亮開始結納黨羽。七年，被召為同判大宗正事，又拜尚書左丞，獲熙宗器重，一路官至太保、領三省事。完顏亮趁機攬持權柄，扶植黨羽，與右丞相完顏秉德、左丞唐括辯等謀廢立，妄圖篡奪皇位，遂於皇統九年十二月發動宮廷政變，弒殺熙宗，亮被擁立為帝，是為海陵王。

㊻李心傳，《建炎以來繫年要錄》卷一六二〈紹興二十一年完顏亮〉「議都燕京詔」。

海陵王即位後，一方面為了穩定局勢，鞏固統治，大肆清除異己，大規模殺戮可能成為他敵對勢力的宗室成員；另一方面又整頓吏治，力行官制改革，遷都燕京，從而建立了較為完善的政治制度，確立了自己的統治地位。於是，海陵王開始籌畫南下攻宋。

正隆三年（一一五八年）正月，海陵王令左宣徽使敬嗣暉詔諭宋賀正使孫道夫，以南宋接納金朝叛亡者以及宋於沿邊盜買鞍馬、備戰陣為由，責備南宋，挑起事端㊿。海陵王將南京汴梁作為金軍南下攻宋的基地和跳板，三年十一月，命左丞相張浩、參知政事敬嗣暉營建南京宮室；十二月，召諫議大夫張仲軻等人議南伐之事。四年（一一五九年）二月，造戰船於通州；四月，下令將全國舊貯軍器運送至中都修繕鑄造以備戰，又徵諸路工匠至京師；八月，「詔諸路調馬，以戶口為差，計五十六萬餘疋」。所有興建南京宮室和鑄造戰船、軍器的費用皆加賦於四方之民，官吏因而和買於市，給普通百姓帶來了沉重的負擔，以致「箭翎一尺至千錢，村落間往往椎牛以供筋革，至於烏鵲狗彘無不被害者」㊽。

六年，海陵王率百官由中都親赴南京，準備大舉南進伐宋，企圖蕩平江南，完成統一。五月，金朝遣使至臨安，傳達海陵王旨意，要求南宋讓出淮河、長江之間土地，否則就要兵戎相見。金使還一再粗暴辱罵南宋君臣，挑釁意圖極為明顯。南宋朝野輿論大嘩，宋高宗被迫下令備戰。九月，海陵王兵分四路，親率三十二總管兵伐宋，進自壽春；太原尹劉蕚為漢南道行營兵馬都統制，濟南尹僕散烏

㊿ 脫脫等，《金史》卷一二九〈張仲軻傳〉。
㊽ 脫脫等，《金史》卷五〈海陵紀〉。

者副之，進自蔡州；河中尹徒單合喜為西蜀道行營兵馬都統制，平陽尹張中彥副之，由鳳翔取散關，駐軍以俟後命。武勝、武平、武捷三軍為前鋒，徒單貞別將兵二萬入淮陰。海陵王渡淮，兩淮宋軍防務混亂，一觸即潰，金軍長驅直抵江北，企圖於采石（今安徽馬鞍山）渡江。南宋文臣虞允文至前線犒師，臨時組織江邊潰軍及民眾進行防禦。海陵王輕敵，命部下倉猝渡江，為宋水軍擊敗，不得不退回北岸。此時金軍西路攻四川一支軍隊已敗於吳璘，由海上進攻臨安一路尚未出發，即被南宋水軍突襲殲滅於膠西沿海。海陵王攻宋計畫嚴重受挫。

正在此時，金朝後方又發生政變。海陵王在位期間荒淫無道，統治殘暴，舉國騷動，已成眾叛親離之勢。宗室東京留守、曹國公烏祿於遼陽自立為帝，是為金世宗，改元大定，大赦天下，下詔暴揚海陵罪惡數十事，進占中都，群臣擁戴。海陵王內外交困，欲孤注一擲，移師至瓜州（今江蘇揚州南），嚴令部下再次渡江。金軍厭戰，發生嘩變，殺死海陵王後北歸，這次不合時宜的南侵最終以失敗告終。世宗大定二年（一一六二年），完顏亮被降封為海陵郡王，謚曰煬。二十年，又降為海陵庶人。

第六章 金朝的鼎盛與衰亡

金朝歷經太祖、太宗的艱苦奮戰，迅速崛興，攻滅遼和北宋，又經過熙宗、海陵王時期的漢化改革和制度建設，使金朝的政治制度臻於完善。至世宗、章宗在位時期，金朝的社會發展進入鼎盛階段。然而十三世紀初，北方蒙古崛起，金朝自衛紹王以後逐漸勢衰，宣宗被迫將國都南遷汴京（今河南開封），不久之後隨即滅亡。金朝共歷十帝，享國一百二十年。本章主要敘述金中期的鼎盛局面和衰亡過程。

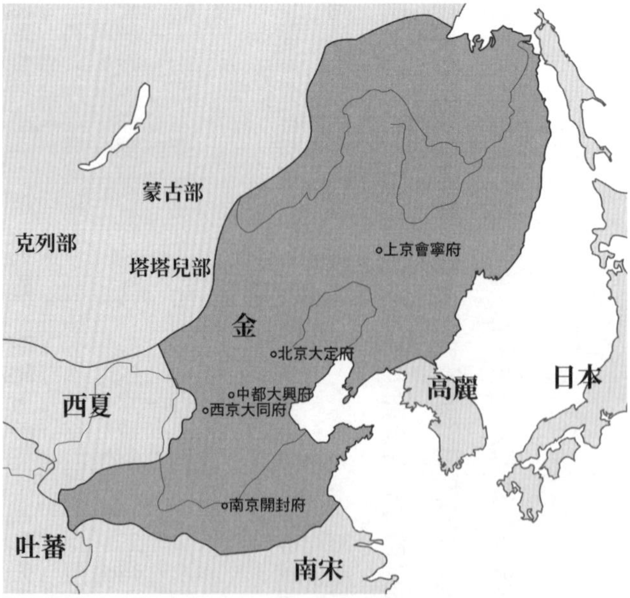

圖二八　金朝疆域圖

第一節　金朝的鼎盛

一、世宗與大定之治

金世宗本名烏祿，漢名初為褎，即位後改名為雍，是太祖阿骨打之孫，宗輔（世宗即位後更名為宗堯，追尊為睿宗）之子，與熙宗、海陵王皆為從兄弟。熙宗時封葛王，海陵中轉任東京留守，進封趙王。海陵王殺戮宗室，完顏雍以為人恭謹、韜光養晦，得免於難。他曾長期在地方任職，熟悉民間疾苦，從而為其日後施政積累了統治經驗。完顏雍為濟南尹時，海陵王召其妻烏林荅氏赴中都，烏林荅氏為保全完顏雍，不受凌辱，於途中自盡。完顏雍既受海陵王疑忌，又有殺妻之恨，於是在任東京留守時加緊集結兵力，準備謀劃政變。正隆六年（一一六一年）海陵王大舉伐宋，社會騷動，他趁機在東京遼陽府起兵稱帝，改元大定。隨後海陵王在軍中被殺，世宗占據中都，受眾人擁戴，順利繼承皇位。

此時金朝政局動蕩，海陵王南伐新敗，南宋發起反擊，北方則有契丹人移剌窩斡等因抵抗海陵王徵兵領導起義，稱帝建元，形勢十分危急。世宗即位之初，採取一系列政治軍事舉措，以鞏固統治，結束混亂局面。世宗首先暴揚海陵王之過惡，歷數其十七條罪狀，並大力革除海陵暴政，籠絡人心。但在用人方面，於任用新人之餘，繼續留用海陵王時期的部分上層官僚，對他們予以安撫，同時起用遭海陵王貶黜和曾反對世宗的官員，並錄用各族人參政，這對穩定局勢、保證統治機構的正常運轉起到了積極的作用。軍事上，世宗南敗宋軍，與南宋重訂和議；北擒窩斡，加強對契丹人的控禦統治；又與東西鄰國高麗、西夏通好，從而使金朝轉入和平發展的軌道。

世宗在任期間，重視整飭吏治，選賢任能，唯才是舉。如大定六年（一一六六年），世宗謂宰臣曰：「朝官當慎選其人，庶可激勵其餘，若不當，則啟覬覦之心。卿等必知人才優劣，舉實才用之。」①世宗用人不拘資格，反對因循。他多次詔諭朝臣，「當選進士雖資敘未至而有政聲者，擢用之」，「止限資級，安能得人。古有布衣入相者，聞宋亦多用山東、河南流寓疏遠之人，皆不拘於貴近也」，「苟有賢能，當不次用之」②。這一原則在官員選任中得到充分體現，大定間湧現出一批有才能的名臣賢相，如紇石烈志寧、紇石烈良弼、完顏守道、石琚、唐括安禮、移剌道等。世宗還注重對各級官員政績的考覈，賞罰分明，嘗詔令：「隨朝之官，自謂歷一考則當得某職，兩考則當得某職。第務因循，碌碌而已。自今以外路官與內除者，察其公勤則升用之，但苟簡於事，不須任滿，便以本品出之。賞罰不明，豈能勸勉。」③且鼓勵大臣直言極諫，告誡朝臣「國家利便，治體遺闕，皆可直言。……凡政事所行，豈能皆當。自今直言得失，毋有所隱」④。

在社會經濟方面，海陵王因營建兩都及發動侵宋戰爭，大興徭役，「繕治甲兵，調發軍旅，賦役煩

①脫脫等，《金史》卷六〈世宗紀上〉。
②脫脫等，《金史》卷七〈世宗紀中〉、卷八〈世宗紀下〉。
③脫脫等，《金史》卷六〈世宗紀上〉。
④脫脫等，《金史》卷六〈世宗紀上〉。

重，民人嗟怨」⑤，社會經濟已瀕臨崩潰的邊緣。世宗即位後，以海陵為殷鑑，省徭役，廢賦斂，禁營建，重農桑，倡節儉，不擾民，裁減軍兵，招撫流亡，採取一系列與民休息的措施，保證了社會穩定，促進了經濟恢復和發展。

金世宗在位幾三十年，始終勤勉政務，保持儉樸作風，注意拔擢人才，整頓吏治，減輕賦役，尊儒重教，故而政治清明，政局穩定，經濟恢復並趨於繁榮。《金史．世宗紀》贊語稱頌其「躬節儉，崇孝弟，信賞罰，重農桑，慎守令之選，嚴廉察之責，……孳孳為治，夜以繼日，可謂得為君之道矣」。一時「群臣守職，上下相安，家給人足，倉廩有餘，刑部歲斷死罪或十七人或二十人」，頗有「盛世」景象。史載世宗即位之初，境內戶數僅三百餘萬，至世宗去世前夕，戶數比剛即位時增加了一倍有餘，多至六百七十八萬，經濟恢復和發展的效果十分明顯。後人評論世宗「天資仁厚，善於守成」⑥，「可謂得為君之道矣」，以至在當時被譽為「小堯舜」⑦，其「專行仁政」的美名還傳播到了南宋⑧，史稱「大定之治」，金朝統治達到鼎盛。不過，世宗為治標榜「中庸」，穩健保守有餘，而開拓進取不足，對女真人土地、漠北游牧民族威脅等一些潛在的統治危機解決不甚得力，給後代留下了巨大隱患。

⑤趙秉文，《閑閑老人滏水文集》卷一二〈祁忠毅公傳〉。
⑥劉祁，《歸潛志》卷一二〈辯亡〉。
⑦脫脫等，《金史》卷八〈世宗紀下〉「贊曰」。
⑧黎靖德編，《朱子語類》卷一三三〈本朝七．夷狄〉。

二、章宗的文治

金世宗本立次子允恭為皇太子，大定二十五年（一一八五年）允恭卒，次年立允恭嫡子完顏璟為皇太孫。二十九年（一一八九年），世宗崩，皇太孫璟即位，是為章宗。允恭被追尊為顯宗。

章宗在位期間，承襲世宗餘蔭，基本維持昇平景象，戶數繼續上升至七百六十八萬有餘，人口數約為四千五百八十一萬。章宗本人深受漢文化的薰陶，工於書法、音律以及詩詞創作，大力提倡文治，元人評價章宗「承世宗治平日久，宇內小康，乃正禮樂，修刑法，定官制，典章文物粲然成一代治規」⑨。史稱金朝「一代制作，能自樹立唐、宋之間」⑩，又云「金源氏有天下，典章法度幾及漢、唐」⑪。這一系列效仿中原漢族王朝的制度建設，主要發源於熙宗，而完成於章宗。明昌六年（一一九五年），修成《大金集禮》四十卷，對禮儀制度進行了系統的總結和規定。泰和元年（一二〇一年），頒行《泰和律義》三十卷、《泰和律令》二十卷、《新定敕條》三卷、《六部格式》三十卷，形成了一套完備的法律體系。其中《泰和律義》、《泰和律令》分別以唐律和唐宋令為基礎修改而成，在中國古代法制史上具有承前啟後的重要地位。章宗時還對金朝在五德終始順序中的「德運」進行了確定。當時有繼唐土德為金德、繼遼水德為木德和繼宋火德為土德等幾種不同方案，最終採取了後一種意見，定為土德。這表明金朝君臣已完全將自己視為「中華」正統的繼承者⑫。

⑨脫脫等，《金史》卷一二〈章宗紀四〉「贊曰」。
⑩脫脫等，《金史》卷一二五〈文藝傳序〉。
⑪郝經，《郝文忠公陵川文集》卷三五〈遺山先生墓銘〉。

在國內政治方面，章宗針對社會上出現的一些矛盾和問題進行整頓和改革，尤其是整飭吏治，完善制度，加強中央集權統治。按金朝循資之法，從初除丞簿升至刺史需四十餘年之久，人才上升途徑淤滯，鑑於這一情況，章宗令「提刑司採訪可用之才，減資考而用之，庶使可用者不至衰老」⑬。章宗還要求各級官員舉薦賢能，規定官員到任之後，即可舉薦自代者，並詔令內外五品以上官員每年限定所舉之數，不舉者「坐以蔽賢之罪」⑭。為防止薦舉人徇私情，立賞罰條格，「所舉碌碌無過人跡者，元舉官依例治罪」⑮。制止對官員的頻繁調動，明昌四年（一一九三年）章宗詔諭「百官當使久於其職。彼方任理官，復改戶曹，尋又除禮部，人才豈能兼之。若久於其職，但中材勝於新人，事既經練，亦必有濟，後不可輕易改除」⑯。此外，章宗考覈官吏注重德行，「使有才無行者不能覬覦」，又限制宰執百官收受饋贈，並裁汰冗官。這一系列整頓吏治的措施收到了一定的社會效果，出現了一批賢相、循吏。《金史．循吏傳序》謂「世宗承海陵彫劾之餘，休養生息，迄於明昌、承安之間，民物滋殖，循吏迭出焉」。

總體而言，世宗一朝和章宗在位前期，是金朝統治的鼎盛時期。後來甚至有人寫詩稱頌說：「大定明昌五十年，論功當出漢唐前。」⑰但另一方面，二人都是守成型的君主，穩健保守有餘，而開拓

⑫參見劉浦江，〈德運之爭與遼金王朝的正統性問題〉，《中國社會科學》（二〇〇四年第二期）。
⑬脫脫等，《金史》卷五四〈選舉志四〉。
⑭脫脫等，《金史》卷九〈章宗紀一〉。
⑮脫脫等，《金史》卷五四〈選舉志四〉。
⑯脫脫等，《金史》卷一〇〈章宗紀二〉。

進取不足。鼎盛當中孕育的潛在危機並沒有得到及時解決，盛極而衰的趨勢逐漸呈現。世宗時，已經出現女真人土地問題和草原游牧民族威脅等隱患。章宗即位後，天災頻仍，黃河三次決口，民生受到影響。統治者生活奢靡，官僚機構膨脹，寵妃干政，佞幸用事，政治腐敗。財政上出現入不敷出局面，朝廷濫印交鈔紙幣以解燃眉之急，導致通貨膨脹，經濟秩序紊亂。面對種種危機，「上下皆無維持長世之策，安樂一時」⑱，終至貽患後世。章宗去世前夕，金朝擊敗了南宋權臣韓侂胄發起的北伐，但已經「舉天下全力」⑲，國勢實際上到了強弩之末。

三、金朝鼎盛時期的對宋關係

海陵王南侵失敗後，大大激發了南宋朝野的主戰氣氛。在這樣的背景下，宋高宗於紹興三十二年（金大定二年，一一六二年）宣布退位為太上皇，禪位於太子昚，太子即位，是為宋孝宗。孝宗本係宋太祖次子趙德芳之後。高宗無子，很早就將他收養在宮中，至此先立為太子，隨即禪位。孝宗主張抗金，即位後，起用曾任宰相的抗戰派大臣張浚為樞密使，主持軍務，並且昭雪了岳飛的冤案，追復其官爵。

由於金海陵王毀約南侵，南宋朝廷已經停止履行「紹興和議」。在收復淮南失地的同時，還乘勝進

⑰王惲，《秋澗先生大全文集》卷二四〈遊瓊華島〉。
⑱劉祁，《歸潛志》卷一二〈辯亡〉。
⑲脫脫等，《金史》卷一一〇〈楊雲翼傳〉。

占淮河以北的一些州郡。金世宗在穩定國內局勢後，一方面向南宋表示和好意願，另一方面又以南宋不還舊疆、不奉歲貢為由，陳兵邊境，以示恫嚇。大定二年九月，金以元帥右都監完顏思敬為右副元帥，經略南邊，元帥左都監徒單合喜大敗宋將吳璘於德順州，河南統軍使宗尹復取汝州。十一月，又詔尚書右丞相、都元帥僕散忠義伐宋，世宗指示僕散忠義謂「彼若歸侵疆，貢禮如故，則可罷兵」。忠義至南京，檢閱士卒，分屯要害，嚴加守備。使左副元帥紇石烈志寧移牒宋樞密使張浚：「可還所侵本朝內地，各守自來畫定疆界，凡事一依皇統以來舊約，帥府亦當解嚴。如必欲抗衡，請會兵相見。」[20]三年，紇石烈志寧向宋索要海（今江蘇連雲港）、泗（今安徽泗縣）、唐（今河南唐河）、鄧（今河南鄧縣）、商（今陝西商縣）等州及歲幣，但南宋託辭不從，金朝遂準備南攻。南宋方面則在張浚倡議下，決定先發制人，主動北伐。是年五月，宋將李顯忠、邵宏淵先後攻占靈壁（今屬安徽）、虹縣（今安徽泗縣）、宿州（今屬安徽）。金朝調集重兵反擊，南宋李、邵二將不和，又驕傲輕敵，被金軍大敗於符離（今安徽宿州北），「器甲資糧委棄殆盡，士卒皆奮空拳掉臂南奔，蹂踐饑困而死者不可勝計」[21]。南宋的這次北伐僅持續了二十多天即告結束，所得之地相繼復失。失敗的原因，主要是南宋長期安於和局，軍政敗壞已久，軍隊戰鬥力與「紹興和議」前已不可同日而語。北伐的領導者張浚，雖以力主抗戰享有很高名望，但志大才疏，不諳軍事，指揮多有失誤。

北伐敗後，在金朝的強大攻勢下，宋廷主和派意見占據上風，決議請和，張浚被免職，不久病死。

[20] 脫脫等，《金史》卷八七〈僕散忠義傳〉。
[21] 周密，《齊東野語》卷二「符離之師」條。

大定四年（宋隆興二年，一一六四年），金、宋重訂和議，恢復紹興和議劃定的邊界不變。金朝做出若干讓步，宋帝對金不再稱「臣」而稱「侄」，歲幣亦酌減為銀、絹各二十萬兩匹，史稱「隆興和議」。從海陵王南侵到隆興和議簽訂，形勢一再反覆，最終表明宋、金兩國實力對比處於基本均衡的狀態。正如當時南宋方面有人所總結：「竊觀天意，南北之形已成矣，未易相兼。我之不可絕淮而北，猶虜之不能越江而南也！」㉒

自大定間金宋和議之後，雙方基本保持和平。然至章宗在位中後期，金朝的統治危機逐漸顯露，出現了內外交困的局面。而南宋朝廷正值宋寧宗在位，外戚韓侂胄秉政，南宋通過各種資訊管道，一再得到金朝勢弱的情報，遂產生了「夷狄必亂必亡」㉓，「敵國如外強中乾之人，僅延喘息」㉔的判斷。在這種情況下，韓侂胄希望「立蓋世功名以自固」㉕，決定發動北伐。先追封岳飛為鄂王，並削奪秦檜死後追贈的王爵，改其謚號「忠獻」為「繆醜」，以激勵士氣。朝中意見頗不一致，不少人認為南宋軍隊孱弱，並無勝算，反對輕舉妄動，但侂胄不聽。

泰和六年（宋開禧二年，一二〇六年），南宋在未正式宣戰的情況下，出兵攻取了淮河以北的泗州（今江蘇盱眙東北）、新息（今河南息縣）等數處城池。初戰告捷後，始於五月下詔正式伐金。金章宗

㉒黃淮、楊士奇等編，《歷代名臣奏議》卷二三四〈征伐〉引王之望奏議。
㉓編者佚名，《續編兩朝綱目備要》卷九〈寧宗開禧二年五月〉。
㉔黃淮、楊士奇等，《歷代名臣奏議》卷一八五〈去邪〉引衛涇奏議。
㉕李心傳，《建炎以來朝野雜記》乙集卷一八〈邊防〉「丙寅淮漢蜀口用兵事」條。

以平章政事僕散揆兼左副元帥，陝西兵馬都統使充為元帥右監軍，知真定府事烏古論誼為元帥左都監，以征南詔中外㉖。宋軍進攻蔡州（今河南汝南）、宿州，遭到金軍的有力反擊，是年十月，僕散揆都督諸道，兵分九路大舉攻宋，渡淮攻占安豐（今安徽壽春）、滁州（今安徽滁縣）等地，前鋒直抵江北，在中路、西路也屢敗宋軍，戰爭主動權很快轉移到金朝一方。就在此時，四川宋軍將領吳曦又公開叛變投金，為其部下所殺，這場短暫的叛亂亦對南宋的北伐造成不利影響。

金章宗料南宋已無力繼續北伐，遂遣使告諭僕散揆：「昔嘗畫三事付卿，以今事勢計之，徑渡長江，亦其時矣。淮南既為我有，際江為界，理所宜然。如使趙擴奉表稱臣，歲增貢幣，縛送賊魁，還所俘掠，一如所諭，亦可罷兵。」㉗

韓侂胄在金軍的強大攻勢下，已悔北伐，遂遣使與金朝展開談判。金朝提出割地稱臣等苛刻要求，又以誅殺韓侂胄為先決條件。侂胄大怒，下令中止談判，整頓軍備，以圖再戰。當時寧宗韓皇后已死，貴妃楊氏繼立為后，與韓侂胄有隙。朝中主和派史彌遠、錢象祖等人唯恐戰端復起，於是採取了鋌而走險的策略，在楊皇后支援下發動政變，刺殺韓侂胄，將其首級函送於金朝。泰和八年（宋嘉定元年，一二〇八年），金、宋之間訂立了新一輪和議，改兩國叔侄關係為伯侄，宋帝稱金帝為伯父，邊界維持原狀。歲幣數目增至銀三十萬兩、絹三十萬匹，此外南宋另付相當於戰爭賠款的「犒軍銀」三百萬兩。此事史稱「嘉定和議」。這次金朝雖然抵禦了南宋的北伐，並以較為有利的條件實現了新的和議，但也

㉖脫脫等，《金史》卷一二〈章宗紀四〉。
㉗脫脫等，《金史》卷九三〈僕散揆傳〉。

付出了一定的代價，損耗了一些軍力，進而影響到章宗以後的衰弱。

第二節　女真族的漢化與積弱

一、猛安謀克內遷與漢化

金初，女真人的分布區域主要在上京、東京、咸平府三路，太祖時隨著滅遼戰爭的節節勝利，開始將女真猛安謀克戶從金源內地向南、向西遷徙，以加強對新占領地區的統治。金朝滅北宋後，將猛安謀克編制下的女真人大量遷入中原，從太宗至海陵朝，猛安謀克的大規模移民浪潮主要有三次。第一次是太宗天會十一年（一一三三年），左副元帥宗翰將部分女真人戶遷至黃河以北的中原地區。第二次是在熙宗皇統初，金朝重奪河南、陝西地，為加強其對大河南北的統治，遂將大批猛安謀克遷入中原屯田，此次移民的規模最大、地域最廣。第三次是海陵王正隆初，將仍居於上京的宗室貴族，除阿魯一族外，不問疏近，一併遷往中原漢地。

猛安謀克戶女真人的內遷具有集團性武裝殖民的特點，「令下之日，比屋連村，屯結而起」㉘。進入中原以後，也被稱為屯田軍，作為世襲職業軍戶，「與百姓雜處，計其戶口以給官田，使自播種以充口食，……所居止處皆不在州縣，築寨處村落間」㉙。所謂官田，最初主要是荒地、戶絕地，由政府

㉘宇文懋昭，《大金國志》卷八〈紀年．太宗文烈皇帝六〉。

拘收，分授猛安謀克。其管理自成系統，猛安長官為從四品，相當於州防禦使，謀克長官從五品，相當於縣令。謀克以下分設若干村寨，五十戶以上設寨使一人。這些村寨星散分布於漢人村落之間，不屬州縣管轄。這些猛安謀克戶實際上也就是由女真人充任的世襲職業軍戶，平時從事農業生產，父子兄弟督率奴婢共同耕作，同時進行軍事訓練。作戰時由丁壯自置鞍馬器械出征，家口仍留居務農。按規定，猛安謀克的土地以三頭耕牛和二十五人為單位，受田四頃四畝，每年繳納稅收粟一石或五斗，稱為「牛頭稅」。這個稅額遠遠低於漢族農民向官府繳納的兩稅。據世宗大定二十三年（一一八三年）的統計數字，全國共有二百零二個猛安，一千八百七十八個謀克，合計共有六十一萬五千六百二十四戶，六百一十五萬八千六百三十六口，其中正口四百八十一萬二千六百一十九人，奴婢一百三十四萬五千九百六十七人㉚。這些人當中，遷入內地的當在一半以上。

女真人原來從事粗放農耕，與漢族社會的生活方式十分接近，因此比較容易接受漢族文明的影響。隨著時間推移，至金朝中後期，女真社會接受漢文化也已經成為一種普遍的社會風尚，入居中原的猛安謀克戶逐漸學會了漢語，穿著漢服，效仿漢族的生活和享樂習慣，「富家盡服紈綺，酒食遊宴，貧者爭慕效之」㉛。女真貴族熱衷乃至沉湎於漢文化，「諸女直世襲猛安、謀克往往好文學，喜與士大夫游」㉜。例如，世宗之孫完顏璹潛心學問，「日以講誦吟詠為事，時時潛與士大夫唱酬」㉝，且精於史

㉙宇文懋昭，《大金國志》卷三六〈屯田〉。
㉚脫脫等，《金史》卷四六〈食貨志一〉。
㉛脫脫等，《金史》卷四七〈食貨志二〉。

學，是金代研治《資治通鑑》的名家。又金末名將完顏陳和尚，「雅好文史，自居侍衛日，已有秀才之目」，後在軍中，經歷官王渥「授《孝經》、《論語》、《春秋左氏傳》，盡通其義。軍中無事，則窗下作牛毛細字，如寒苦一書生」㉞。

至於一般女真民眾的漢化，主要表現在生活習俗等方面。自金中期以降，女真人改漢姓、穿漢服的現象日益普遍，世宗、章宗時期曾屢次下詔加以禁止。大定十三年（一一七三年）五月，「禁女直人毋得譯為漢姓」㉟，說明當時女真人改用漢姓的情況已十分常見。大定二十七年（一一八七年）十二月，朝廷再次頒布禁令：「禁女直人不得改稱漢姓、學南人衣裝，犯者抵罪。」㊱而且此次禁令還規定了嚴格的懲罰措施，《金史．輿服志》記云：「女直人不得改為漢姓及學南人裝束，違者杖八十，編為永制。」章宗時也多次頒布過類似的禁令。明昌二年（一一九一年）十一月，「制諸女直人不得以姓氏譯為漢字」㊲；泰和七年（一二〇七年）九月，「敕女直人不得改為漢姓及學南人裝束」㊳。儘管如此，卻根本無法阻止這種社會風尚的蔓延。至金後期，幾乎所有的女真姓氏都有相對應的漢姓，據統

㉜劉祁，《歸潛志》卷六。
㉝脫脫等，《金史》卷八五〈完顏璹傳〉。
㉞元好問，《遺山先生文集》卷二七〈贈鎮南軍節度使良佐碑〉。
㉟脫脫等，《金史》卷七〈世宗紀中〉。
㊱脫脫等，《金史》卷八〈世宗紀下〉。
㊲脫脫等，《金史》卷九〈章宗紀一〉。
㊳脫脫等，《金史》卷一二〈章宗紀四〉。

計，金代女真人譯改的漢姓見於文獻記載的便有五十九個㊴。尤其耐人尋味的是，金朝自入主中原後，對黃河以北的漢人始終堅持剃髮左衽的政策，即強令漢人改從女真之俗，然而就是在這樣的情況之下，女真人卻紛紛改穿漢人服飾，且屢禁不止，可見女真社會的漢化確是大勢所趨。

由於受漢化的影響，女真人尤其是猛安謀克戶逐漸棄武崇文，生活侈靡，本民族原有的尚武精神趨於淪喪，「不習騎射，不任軍旅」㊵，遂出現「積弱」現象。他們「往往驕縱，不親稼穡，不令家人農作，盡令漢人佃蒔，取租而已」，自己則耽於吃喝享樂，「惟酒是務」㊶。南宋人也發現「北敵狃於宴安，習成驕惰，非復曩時之舊」㊷。章宗末年抵禦南宋北伐，已不得不從北方調集由當地邊境游牧部族組成的「糺軍」騎兵充當前鋒。儘管世宗、章宗採取了重定猛安謀克戶、限制猛安謀克戶與漢人雜處、通檢推排和括地等一系列措施，對猛安謀克進行整頓和改革，但仍無法從根本上改變猛安謀克制度走向廢弛和崩潰的命運。

二、「女真本土化」運動

自熙宗、海陵以來開始的漢化進程，至金代中期已呈潮流澎湃之勢，這使得金朝統治者感到十分

㊴陳述，〈女真漢姓考〉，《金史拾補五種》（北京：科學出版社，一九六〇年）。
㊵脫脫等，《金史》卷八八〈唐括安禮傳〉。
㊶脫脫等，《金史》卷四七〈食貨志二〉。
㊷黃淮、楊士奇等，《歷代名臣奏議》卷三五〇〈四裔〉引衛涇奏議。

憂慮。大定年間，世宗曾對參知政事孟浩說：「女直本尚純樸，今之風俗，日薄一日，朕甚憫焉。」㊸在世宗看來，要想使金朝國祚久長，就必須在一定程度上保持女真人的民族傳統。他曾向右諫議大夫、契丹人移剌子敬吐露過這種想法：「亡遼不忘舊俗，朕以為是。海陵習學漢人風俗，是忘本也。若依國家舊風，四境可以無虞，此長久之計也。」㊹曾任宰執的粘割斡特剌也有類似觀點，他嘗對世宗說：「以西夏小邦，崇尚舊俗，猶能保國數百年。」㊺這是當時部分女真上層人物的一種共識，他們認為應該仿效遼朝和西夏的做法，努力保持和復興女真人的文化傳統與民族本色。

正是基於以上考慮，世宗和章宗時代，金朝統治者曾進行過許多努力，採取種種措施，試圖遏止女真人的漢化趨勢，有的學者稱之為「女真本土化」運動㊻。

金世宗是女真民族傳統的堅定捍衛者，他經常告誡女真貴族說：「女直舊風最為純直，……汝輩當習學之，舊風不可忘也。」㊼最令世宗擔憂的是，自海陵南遷以後，新一代女真人已經漸漸遺忘了本民族傳統，他曾對朝廷宰執坦露過這種憂慮：「會寧乃國家興王之地，自海陵遷都永安，女直人寖忘舊風。朕時嘗見女直風俗，迄今不忘。今之燕飲音樂，皆習漢風，蓋以備禮也，非朕心所好。東宮不知女直風俗，第以朕故，猶尚存之。恐異時一變此風，非長久之計。甚欲一至會寧，使子孫得見舊

㊸脫脫等，《金史》卷八九〈孟浩傳〉。
㊹脫脫等，《金史》卷八九〈移剌子敬傳〉。
㊺脫脫等，《金史》卷八〈世宗紀下〉。
㊻陶晉生，〈金代中期的女真本土化運動〉，《邊疆史研究集．宋金時期》（臺北：臺灣商務印書館，一九七一年）。
㊼脫脫等，《金史》卷七〈世宗紀中〉。

俗，庶幾習效之。」[48]於是大定二十四年（一一八四年）三月，世宗親率諸皇子、皇孫回上京會寧府尋根，並在太祖阿骨打起兵之地建立〈大金得勝陀頌碑〉，以弘揚女真民族精神。

世宗為復興民族文化，採取了如下一系列具體舉措：

㈠大力倡導人們學習和使用女真語、女真字。世宗時曾一度要求世襲猛安、謀克必須學習女真字，「凡承襲人不識女直字者，勒令習學」[49]，後來又進而規定「猛安、謀克皆先讀女直字經史然後承襲」[50]。大定九年（一一六九年），世宗又規定「親王府官屬以文資官擬注，教以女直語言文字」[51]。世宗還強制宮中衛士學習女真語，並要求諸王貴族的小名皆改用女真語。

㈡為金朝的未來考慮，世宗尤其注重對皇子、皇孫們進行女真文化教育。他曾說「大抵習本朝語為善，不習，則淳風將棄」[52]。皇太子允恭長子完顏璟（即章宗）原來不懂女真語，十歲時「始習本朝語言、小字」。後進封原王，判大興府事，立為皇

圖二九　女真文碑

[48] 脫脫等，《金史》卷七〈世宗紀中〉。
[49] 脫脫等，《金史》卷七三〈完顏宗尹傳〉。
[50] 脫脫等，《金史》卷八〈世宗紀下〉。
[51] 脫脫等，《金史》卷七〇〈完顏思敬傳〉。
[52] 脫脫等，《金史》卷八〈世宗紀下〉。

太孫，「入以國語謝，世宗喜，且為之感動，謂宰臣曰：『朕嘗命諸王習本朝語，惟原王語甚習，朕甚嘉之。』」[53]可見世宗對此事是特別在意的。

(三)興辦女真字學。女真字學雖始創於太宗天會年間，但數量有限，可考者僅有上京、西京和北京三處。而且自熙宗以後，女真字學已默默無聞。世宗大定初，在全國各地大興女真字學，「擇猛安謀克內良家子弟為學生，諸路至三千人」，後又定制「每謀克取二人」[54]。大定十三年，始創女真國子學，後又創建女真太學，各路廣設女真府州學，達二十餘處。世宗興辦女真字學的主要目的，是為了推廣和普及女真大小字，藉以保存女真族的文化傳統。

(四)創立女真進士科。大定九年，選拔諸路女真字學生「尤俊秀者百人至京師，以編修官溫迪罕締達教之」[55]。十三年，就以這批女真字學生為主，試以策論，取徒單鎰以下二十七人，是為「策論進士」。世宗創立女真進士科，其主要目的是鼓勵女真人學習本民族的語言文字，弘揚女真傳統文化，其定制以女真大字試策，以女真小字試詩。除保存女真文化之外，世宗還希望女真進士科逐漸發展壯大，自成體系，使其能夠與漢文化相抗衡。

(五)將儒家經典翻譯成女真大小字文本。自大定四年世宗下詔翻譯漢文典籍始，先後譯出《易》、《書》、《論》、《孟》、《春秋》、《孝經》、《老子》、《文中子》、《劉子》以及《史記》、《漢書》、《新唐

---

[53]脫脫等，《金史》卷九〈章宗紀一〉。

[54]脫脫等，《金史》卷五一〈選舉志一〉。

[55]脫脫等，《金史》卷五一〈選舉志一〉。

書》、《貞觀政要》等十餘種，這些譯著被作為女真字學的教科書頒行全國各地。以女真字來翻譯儒家經典，這種做法最能體現世宗的文化主張，他一方面積極倡導學習女真語言文字，另一方面又很讚賞儒家的倫理道德觀念。在他看來，女真人樸實無華的傳統美德與儒家的價值觀念非常契合，從這個角度考慮，世宗很樂意接受儒家文化，他曾對宰執說：「朕所以令譯五經者，正欲女直人知仁義道德所在耳。」㊻他的目的是要把儒家的倫理道德觀念移植到女真文化中去，而不是讓女真人拋棄本民族文化來接受漢文化。

㈥恢復女真人的尚武精神。騎射之長技是女真民族傳統中一項非常重要的內容，世宗對這個問題也相當重視。女真人舊日的尚武傳統，是「以射獵打圍便為戰陣，騎射打球閱習輕銳」㊼。為倡導女真人習武，世宗常常在宮中或野外圍獵擊球，大定年間，世宗還曾先後十次到山後的金蓮川駐夏捺缽，每次駐夏的時間長達四五個月，時人謂「名為坐夏打圍，實欲服勞講武」㊽。為防止女真人丟棄騎射之長技，還採取過一些特殊的措施，即所謂「網捕走獸法」，規定女真人及百姓不得用網捕野物，也不得放群雕捕捉，而只能射殺，「亦恐女直人廢射也」㊾。

對於保存女真民族傳統的問題，章宗與世宗的主張基本上是一致的，他也堅定地維護本民族傳統，

㊻脫脫等，《金史》卷八〈世宗紀下〉。
㊼徐夢莘，《三朝北盟會編》卷二三〇〈炎興下帙一三〇〉引崔淮夫、梁叟〈上兩府箚子〉。
㊽脫脫等，《金史》卷九六〈梁襄傳〉。
㊾脫脫等，《金史》卷九〈章宗紀一〉。

為挽救和振興女真文化繼續不懈努力，以避免女真族被漢文化徹底征服。章宗仍舊積極提倡和推行女真語言文字。自熙宗以來，漢文、女真文和契丹文一直是金朝的三種法定文字，章宗明昌二年廢罷契丹大小字，可能與推行女真字的政策有一定關係。在朝儀方面，章宗規定不論什麼民族，只要著便服都必須使用女真拜禮，「詔拜禮不依本朝者罰」⑥⓪。

為了使女真人保持其傳統的尚武精神，章宗於明昌初設置諸路提刑司（後改稱按察司），其職掌為「鎮撫人民，譏察邊防軍旅之事，仍專管猛安謀克，教習武藝及令本土純願風俗不致改易」⑥①。其中上京、東京兩路提刑使、副兼安撫使、副，「安撫專掌教習武事，毋令改其本俗」⑥②。金朝的提刑（按察）司前後只存在了二十多年，從它的職掌來看，其中一個重要的作用就是維護女真的民族傳統。

世宗當初創立女真進士科，其本意是要推廣女真大小字，加強女真文化建設，但出乎意料的是，至章宗時代，女真人競趨此途，愈來愈喪失了其傳統的尚武精神。這樣的結果顯然違背了世宗的初衷。為了對這種趨勢加以遏制，章宗制定了一些補救措施，於策論進士中增加騎射的考試內容，並於承安二年（一一九七年）敕令女真策論進士「限丁習學」，「若猛安謀克女直及諸色人，戶止一丁者不許應試，兩丁者許一人，四丁二人，六丁以上止許三人」⑥③。此舉最直接的目的當然是要保證猛安謀克軍

⑥⓪脫脫等，《金史》卷一二〈章宗紀四〉。
⑥①脫脫等，《金史》卷五七〈百官志三〉。
⑥②脫脫等，《金史》卷一一〈章宗紀三〉。
⑥③脫脫等，《金史》卷五一〈選舉志一〉。

隊有足夠的兵源，這是在當時女真人紛紛棄武習文的情況下不得不採取的一個限制手段。

此外，世宗、章宗兩朝還屢次下詔禁止女真人改用漢姓、服漢人衣裝，提倡節儉、率直、力田等「女真舊風」，反對奢華、狡詐、遊逸、不事產業等漢族社會「惡習」。但由於女真族的漢化方向在熙宗和海陵時代就已經決定，金朝中葉，漢化已是大勢所趨，世宗、章宗雖然積極推行復興女真傳統的本土化運動，但總的來說，以上努力並沒有達到預期效果，終究未能阻止女真人的漢化潮流，這場女真文化復興運動不得不以失敗而告終。泰和六年，章宗宣布允許猛安謀克戶與州縣民戶自由通婚；次年十二月，又「詔策論進士免試弓箭、擊毬」[64]，似乎標誌著章宗最終放棄了維繫民族傳統、遏止女真漢化的努力[65]。

三、括地與民族矛盾

金代中後期，女真人和漢人之間的民族矛盾日益加劇，這主要是由於猛安謀克戶貧困化而引發的土地爭端與括地問題所導致的。

女真猛安謀克的生產原帶有農村公社性質，父子兄弟督率奴婢共同耕作。猛安謀克戶入居中原後，貧富差距日益加大，公社趨於瓦解。富者廣占良田，奴婢成百上千；貧者多賣掉奴婢，自耕田地，由於勞動力不足，耕作技術差，生產不積極，土地每致拋荒，人戶陷於貧困。又有不少人模仿漢地租佃

---

[64] 脫脫等，《金史》卷一二〈章宗紀四〉。
[65] 以上參見劉浦江，〈女真的漢化道路與大金帝國的覆亡〉，《國學研究》（第七卷，二〇〇〇年）。

制經營方式，將田地租給漢人進行耕種，自己則耽於吃喝享樂，「惟酒是務」，或「預借三二年租課」，或「種而不耘，聽其荒蕪」㊿，甚至靠出賣奴婢、土地來維持其寄生生活。而地租所得往往不足以負擔從軍費用，最終仍然被迫典賣田地。在世宗、章宗時期，猛安謀克戶貧困化以及相關的積弱現象，逐漸成為金朝統治的一大痼疾。

金廷雖然採取了扶植貧困戶生產、限制出租土地等措施，但收效不大。為保護猛安謀克戶這一「國本」，只好採取括地重授之策，即對於土地拋荒或已典賣的猛安謀克戶，拘刷良田重新頒授[67]。金朝正式的括地運動最早始於海陵朝。來自上京路內地的大批宗室、貴族湧入中原，土地已不敷分配，遂於正隆元年二月，「遣刑部尚書紇石烈婁室等十一人，分行大興府、山東、真定府，拘括係官或荒閑牧地，及官民占射逃絕戶地，戍兵占佃宮籍監、外路官本業外增置土田，及大興府、平州路僧尼道士女冠等地，蓋以授所遷之猛安謀克戶，且令民請射，而官得其租也」[68]。此次括地範圍包括中都大興府、山東、河北西路真定府以及中都路平州，專為解決正隆初南遷的那批宗室貴族的土地問題，所括主要是閒置土地，似未觸動漢族百姓所耕種的公私田地，故尚未造成嚴重的社會騷動。

世宗在位時期，女真人的貧田化問題開始引起統治者的憂慮，大定間的括地運動、土地置換等措

---

[66] 脫脫等，《金史》卷四七〈食貨志二〉。

[67] 「拘刷」是古代固有詞彙，為收禁、收繳、沒收之意，《金史》之中即出現多次，例如卷四七〈食貨志二〉大定十七年六月，「若不拘刷良田給之，久必貧乏」；二十七年，「命有司拘刷見數，以與貧難無地者」；卷九〇〈張九思傳〉「及國初元帥府拘刷民間指射租田」等。

[68] 脫脫等，《金史》卷四七〈食貨志二〉。

施大都是以救濟女真人為目的。大定十七年（一一七七年），因世宗在中都近郊圍獵時，有猛安謀克民戶向他訴苦，自稱土地瘠薄，以致無法耕種，遂下令「以近都猛安謀克所給官地率皆薄瘠，豪民租佃官田歲久，往往冒為己業，……遣同知中都路轉運使張九思往拘籍之」⑲，開始對全國各路進行大規模的括地。而且從大定十九年（一一七九年）到二十三年，中原各路的猛安謀克進行了頻繁的遷徙，其目的主要是為了更換土地，即用肥沃的耕地替代他們原有的相對貧瘠的土地，這與當時的括地運動也是直接相關的。

此番括地雖然聲稱只拘括民佃官田，但實際上卻有大量漢族百姓的私田被括地官強取豪奪。世宗雖對括地官員妄取民田的做法有所約束，但終不能禁，甚至有時予以默許。在括地風潮中受害的廣大漢族百姓，因失去土地而淪為流民，給社會帶來了巨大的震蕩。在這種情況下，章宗不但不改弦更張，反而變本加厲。章宗朝的括地浪潮，不論其規模，還是其苛酷程度，都較以往有過之而無不及。

自章宗明昌六年以後，金朝不斷遭到北方阻卜等部的侵擾，雖幾次遣兵征討，卻多遭敗績，故將帥們認為問題的癥結在於猛安謀克「屯田地寡，無以養贍」，所以缺乏鬥志，遂奏請章宗再行括地，此議得到了大多數朝臣的贊同。於是承安五年（一二〇〇年），章宗「命樞密使宗浩、禮部尚書賈鉉佩金符行省山東等路括地」⑳。《金史．宗浩傳》亦云「會中都、山東、河北屯駐軍人地土不贍，官田多為民所冒占，命宗浩行省事，詣諸道括籍」，結果「凡得地三十餘萬頃」，數字相當驚人，其餘局部性的

⑲脫脫等，《金史》卷四七〈食貨志二〉。
⑳脫脫等，《金史》卷一一〈章宗紀三〉。

括地還有很多。

然而此次括地奸弊叢生，令廣大百姓倍受其害。「屯田軍戶多冒名增口，以請官地，及包取民田，而民有空輸稅賦、虛抱物力者。」⑦1當時規定凡冒種官田者令其自首，「隱匿者沒入官，告者給賞」，莒州刺史因「教其奴告臨沂人冒地，積賞錢三百萬」，後來發現被括的「冒種官地」實際上都是百姓的私田⑦2。此外，還有官員藉括地之機謀取私利，在各地兼併土地，以致括地運動並沒有達到救濟貧困女真人的目的，「如山東撥地時，腴田沃壤盡入勢家，瘠惡者乃付貧戶。無益於軍，而民則有損，至於互相憎疾」⑦3。

世宗、章宗兩朝的括地運動，原則上來說所括者應為官地，但其實往往及於民田，「名曰官田，實取之民以與之，奪彼與此，徒啟爭端」⑦4。有些地方的「上腴之田」，「民有耕之數世者，亦以冒占奪之」，這樣的做法結果「得軍（指猛安謀克戶）心而失天下心」⑦5，成為金朝的最大弊政。猛安謀克戶倚仗國家優待，有恃無恐，雖得地卻又未必認真耕種，往往重歸荒蕪，政府不得不重新為其括地，進而形成惡性循環，軍益驕而民日困，民族矛盾也因此激化，這直接導致了金末動亂中的民族仇殺。

除了括地之外，還有其他一些因素也誘發了女真人與漢人的土地爭端與民族矛盾。女真人從皇帝

⑦1脫脫等，《金史》卷四七〈食貨志二〉。
⑦2脫脫等，《金史》卷一二八〈女奚烈守愚傳〉。
⑦3脫脫等，《金史》卷一〇七〈高汝礪傳〉。
⑦4脫脫等，《金史》卷一〇六〈張行簡傳〉。
⑦5元好問，《遺山先生文集》卷一六〈平章政事壽國張文貞公神道碑〉。

到普通百姓都喜歡在秋冬時節開展圍獵活動，於是圍場就成為女真人和漢人發生土地爭端的一個重要因素。所謂「圍場」，是專門用於女真人圍獵的場所，金朝屢有「禁侵耕圍場地」之類的詔令。對於女真人而言，圍獵是他們習武的主要手段，故金朝統治者對圍獵活動相當重視，以至於不惜圈占大量耕地用作圍場，甚至就連從都城至山後捺鉢圍場的沿途道路兩側也都被闢為獵地。另外，女真人的畜牧活動也經常恣意侵害民田，牧地對耕地的蠶食也不容忽視。

女真人和漢人在土地問題上的種種矛盾和衝突，使得兩者之間的關係日趨緊張，至金代後期，如何緩解猛安謀克與州縣百姓的矛盾，便成了一個令金朝統治者十分頭疼的問題，並採取了一些不尋常的措施。如本來金朝為防止女真人的徹底漢化，一向是不允許猛安謀克和州縣民戶通婚的，但明昌二年解除了這一禁令，章宗對朝臣言「齊民與屯田戶往往不睦，若令遞相婚姻，實國家長久安寧之計」⑯，顯然金廷試圖以鼓勵異族通婚的手段來調和日益尖銳的民族矛盾，但此次開禁還只是權宜之計，泰和六年十一月，「詔屯田軍戶與所居民為婚姻者聽」⑰，正式宣布放開猛安謀克與州縣漢民之間的婚姻。

然而這一切努力幾乎都是徒勞的，世宗、章宗時期兩次大規模的括地運動在女真人與漢人之間製造了無法彌合的裂痕，廣大漢族百姓對女真人極為仇恨。貞祐二年（一二一四年）就在承安五年括地浪潮中深受其害的山東，爆發了聲勢浩大的紅襖軍起事。元好問總結稱，紅襖軍「渠帥岸然以名號自

---

⑯脫脫等，《金史》卷九〈章宗紀一〉。
⑰脫脫等，《金史》卷一二〈章宗紀四〉。

居，讐撥地之酷，睚眥種人，期必殺而後已」⑱，這裡說的「撥地」即指括地，「種人」就是指在金朝居於統治地位的女真人，可見在括地運動中失去土地的漢人把鬥爭矛頭直指猛安謀克編制下的女真人戶。紅襖軍起事雖然沒有能夠推翻金朝的統治，但它大大加劇了金末的社會危機，激化了民族矛盾，加速了金朝的衰亡⑲。

第三節　金朝的衰亡

一、北部邊疆的困擾

北部邊疆始終是困擾金朝的重大問題，也是其由盛轉衰的關鍵原因之一。自唐代起，在北方草原地區活動著一個稱為蒙兀的游牧民族，遼金時期又有阻卜、阻轐、朮不姑及萌古、萌古斯、盲骨子、蒙古等異稱或異譯，他們也與其他游牧部落一起被泛稱為韃靼。金朝崛起於東北，滅遼後併力南向，並未認真解決漠北韃靼問題，對北方游牧部族仍是羈縻約束，而韃靼叛服不常，早在金熙宗時便常常擾邊，宗磐、宗弼等人曾統兵征討。

世宗朝，雖處於「大定之治」的盛世，但韃靼不斷騷擾金朝北邊一直是一個令人頭痛的問題。中

⑱元好問，《遺山先生文集》卷二八〈臨淄縣令完顏公神道碑〉。

⑲以上參見劉浦江，〈金代土地問題的一個側面——女真人與漢人的土地爭端〉，《中國經濟史研究》（一九九六年第四期）。

都等地流傳民謠說：「韃靼來，韃靼去，趕得官家沒去處。」世宗每隔數年皆派出精兵出塞「巡邊」攻擊，剿殺其成年男子，擄掠兒童賣給中原富有人家為奴婢，號為「減丁」[80]。然而此舉收效不大，至世宗大定末、章宗明昌初，韃靼勢力愈益強大，對金朝構成嚴重威脅。

當時襲擾金朝的韃靼諸部，以位置偏東的蒙古、塔塔兒為主。蒙古是一個龐大的部落集團，分為尼魯溫蒙古（意為純潔的蒙古人）和迭列列斤蒙古（意為一般的蒙古人）兩大支系，彼此互通婚姻。尼魯溫蒙古中的乞顏、泰赤烏兩部，是蒙古的核心部落。約在金世宗時，金廷通過塔塔兒人誘捕了出自泰赤烏部的蒙古俺巴孩汗，將他處死。塔塔兒是室韋諸部中較早崛起的一支，分為六部，原曾歸順金朝，章宗時復叛。他們與尼魯溫蒙古中的合答斤（亦譯為合底忻）部、珊竹（亦譯為山只昆）部、迭列列斤蒙古中的弘吉剌（亦譯為廣吉剌）部，是這一時期襲擊金朝邊境的主力。章宗先後派大臣夾谷清臣、完顏襄、完顏宗浩等人統大軍北伐，其中明昌七年（一一九六年）完顏襄指揮的北伐在斡里札河之役中擊潰了塔塔兒部，於九峰山勒石紀功而還，今在蒙古國肯特省溫都爾汗以南約六十公里的巴彥呼塔格蘇木（縣）一座石山的山腰上，即發現了女真字摩崖〈完顏襄紀功石刻〉。在這次戰鬥中，蒙古乞顏部首領鐵木真配合金軍進剿有功，被授以「札兀惕忽里」的官號，意為糺軍統領，他就是後來的成吉思汗。

章宗的北伐雖然取得一些勝利，但韃靼諸部敗而復聚，出沒無常，總是不能完全解決問題。與此同時頻繁的戰爭卻大大加重了金廷的財政負擔。承安二年，章宗向朝中官員諮詢北邊的「攻守之計」，

[80] 趙珙，《蒙韃備錄‧征伐》。

提出方案者八十四人，其中四十六人主守，三十三人主張「且攻且守」，只有五人主攻[81]。當時有人悲觀地說：「中原以一部族待朔方兵，然竟不知其牙帳所在，吾見華人為所魚肉矣！」[82]

在出兵直接打擊韃靼的同時，金朝又在北部邊境上修築大規模的防禦工事「界壕」。界壕是一套由壕溝、城牆、堡壘組成的綜合防禦體系，具體做法是挖掘壕溝，取土在壕溝內側建築城牆。一些重點防守地段，還在城牆內側繼續挖築內壕和內牆。沿城牆每隔一段距離，築有堡壘和烽火臺。

界壕的修建斷斷續續，歷時甚久，早在熙宗朝大概已有界壕邊堡之設，但起初並無周密的修築計畫，所以它們並不在一條線上。世宗大定初，命參知政事完顏守道經略北方，移剌按達攝咸平路屯軍都統，入為兵部侍郎，「徙西北、西南兩路舊設堡戍迫近內地者於極邊安置，仍與泰州、臨潢邊堡相接」[83]。五年（一一六五年），又「詔泰州、臨潢接境設邊堡七十，駐兵萬三千」[84]。十二年（一一七三年），「世宗以東北路招討司十九堡在泰州之境，及臨潢路舊設二十四堡障參差不齊，遣大理司直蒲察張家奴等往視其處置。於是東北自達裡帶石堡子至鶴五河地分（今內蒙古科爾沁右翼中旗之霍勒河），臨潢路自鶴五河堡子至撒里乃，皆取直列置堡戍」，即將各段邊堡大致連接在一條線上，「開壕塹以備邊」，然此事後因「沙雪堙塞，不足為禦」而擱置[85]。章宗明昌中又重提開壕塹之議，當時有朝臣

[81] 脫脫等，《金史》卷一〇〈章宗紀二〉。
[82] 元好問，《遺山先生文集》卷二一〈雷希顏墓銘〉。
[83] 脫脫等，《金史》卷五一〈移剌按達傳〉。
[84] 脫脫等，《金史》卷六〈世宗紀上〉。
[85] 脫脫等，《金史》卷二四〈地理志上〉。

提出反對意見，理由主要是：其一，修界壕耗資巨大，勞民傷財；其二，北方草原地區風沙甚大，所開壕塹很快又被風沙所平，徒勞無益。但丞相完顏襄力主開築，最終章宗採納完顏襄的建議，在臨潢路建築塹壕，令襄親自督辦，「軍民並役，又募飢民以傭即事，五旬而畢」[86]。後承安三年（一一九八年），獨吉思忠任西北路招討使，對大定間修築的西北路界壕進行大規模修繕。僕散揆任西南路招討使兼天德軍節度使時，也「沿徼築壘穿塹，連亙九百里，營柵相望，烽候相應，人得恣田牧，北邊遂寧」[87]。這些分段修築連接而成的界壕，被後人稱為「金長城」，從東北向西南延伸，連同分支線在內總長約六千五百公里。

這套邊境防禦工程耗費了巨大的人力和物力。時人將開界壕與定德運並列作為章宗的重大業績，

[86] 脫脫等，《金史》卷九四〈內族襄傳〉。

[87] 脫脫等，《金史》卷九三〈獨吉思忠傳〉、〈僕散揆傳〉。

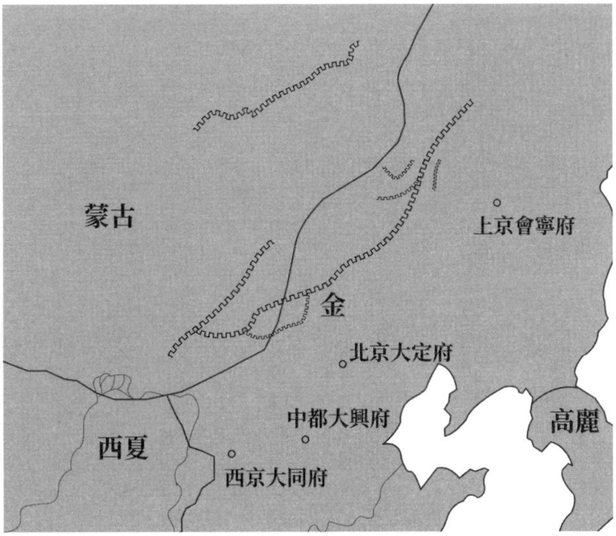

圖三十　金界壕位置分布圖

稱頌他「恢土德以大中原之統，繚塞垣以杜外夷之虞」[88]。但實際上，這條界壕並不能阻止蒙古人的入侵，反而消耗了大量國力，影響到金朝後期的國勢。

二、蒙古入侵與貞祐南遷

蒙古原係室韋之一部，名「蒙兀室韋」，唐朝時居於望建河（今額爾古納河）以東。大約在唐朝末年，西遷至斡難河（今蒙古鄂嫩河）上游不兒罕山（今蒙古肯特山）地區。遼金時期，統稱漠北游牧部族為韃靼，除蒙古外，其他比較重要的部族還有克烈、塔塔兒、篾兒乞、斡亦剌、乃蠻等。這些部族，甚至同一部族當中的不同部落或氏族，經常處於頻繁的混戰當中，分合不定。同時，距離金朝相對較近的一些部族也一再騷擾金朝邊境，蒙古就是其中的一支主要力量。十二世紀末，乞顏孛兒只斤氏貴族鐵木真的勢力崛起，逐步結束了草原上諸部爭雄的混亂格局。約在一一八九年，鐵木真被一些乞顏部貴族和異姓侍從擁立為汗。一一九六年，協助金朝攻滅塔塔兒部。一二〇四年，統一草原諸部。一二〇六年春，鐵木真在斡難河源召開貴族大會，被推戴為全草原的大汗，號成吉思汗，國號為大蒙古國。大蒙古國建立之後，很快轉入對農業定居社會的掠奪和擴張，金朝成為首當其衝的對象之一。

泰和八年十一月，章宗病卒，因其無子，由元妃李氏、黃門李新喜、平章政事完顏匡定策，立世宗第七子衛王永濟為帝，是為衛紹王。大安三年（一二一一年），成吉思汗大舉南侵，擊敗金軍主力，進圍中都，分兵深入劫掠後撤走，揭開了蒙古對金朝戰爭的序幕。此後幾年，蒙古軍一再深入華北腹

[88] 趙秉文，《閑閑老人滏水文集》卷一〇〈上尊號表〉。

地抄掠，「凡破九十餘郡，所過無不殘滅，兩河山東數千里，人民殺戮幾盡，金帛子女牛羊馬畜皆席捲而去，屋廬焚毀，城郭丘墟矣」[89]，金朝統治受到沉重打擊。

至寧元年（一二一三年），金軍將領紇石烈執中發動兵變，殺死衛紹王，擁立章宗庶兄珣，改元貞祐，是為宣宗。宣宗效法世宗之政，頗有勵精圖治之志，但當時金朝內外交困，矛盾重重，而他缺乏撥亂反正之才，故沒有取得成效。宣宗即位後，成吉思汗再次南侵，十月，元帥右監軍朮虎高琪兩戰皆敗績，因懼紇石烈執中治其罪，遂以兵殺執中於第，宣宗赦免高琪，仍授左副元帥。蒙古兵再次圍困中都，宣宗詔百官議於尚書省，擬向蒙古求和。十二月，蒙古軍分三路南下，橫掃河東、河北、山東九十餘州，「唯中都、通、順、真定、清、沃、大名、東平、德、邳、海州十一城不下」[90]。

貞祐二年三月，成吉思汗到金中都北郊，遣使諭宣宗曰：「汝山東、河北郡縣悉為我有，汝所守惟燕京耳。天既弱汝，我復迫汝於險，天其謂我何。我今還軍，汝不能犒師以弭我諸將之怒

[89] 李心傳，《建炎以來朝野雜記》乙集卷一九〈邊防〉「韃靼款塞」條。
[90] 宋濂等，《元史》卷一〈太祖紀〉。

圖三一　一二一一年蒙金戰爭中的野狐嶺戰役

耶？」於是宣宗遂遣使求和，奉衛紹王之女岐國公主及金帛、童男女五百、馬三千以獻，並遣丞相完顏福興送成吉思汗出居庸關。金蒙和議之後，元帥左都監完顏弼唯恐蒙古捲土重來，上奏曰「今雖議和，萬一輕騎復來，則吾民重困矣」，並勸宣宗遷都南京開封府，憑藉黃、淮及潼關以自固⑨¹。左丞相徒單鎰表示反對，說：「鑾輅一動，北路皆不守矣。今已講和，聚兵積粟，固守京師，策之上也。南京四面受兵。遼東根本之地，依山負海，其險足恃，備禦一面，以為後圖，策之次也。」⑨²監察御史納坦謀嘉勸諫道：「河南地狹土薄，他日宋、夏交侵，河北非我有矣。當選諸王分鎮遼東、河南，中都不可去也。」⑨³太學生趙昉也上書極言利害，反對遷都。然而宣宗不顧朝臣的強烈反對，五月，「決意南遷，詔告國內」⑨⁴；

⑨¹脫脫等，《金史》卷一〇二〈完顏弼傳〉。
⑨²脫脫等，《金史》卷九九〈徒單鎰傳〉。
⑨³脫脫等，《金史》卷一〇四〈納坦謀嘉傳〉。
⑨⁴脫脫等，《金史》卷一四〈宣宗紀上〉。

圖三二　岐國公主至蒙古和親

七月，宣宗攜後宮百官至南京；八月，又將皇太子召至南京，表明宣宗已徹底放棄了中都。史稱「貞祐南遷」。

宣宗南遷之後，蒙古隨即占領中都，逐漸控制華北，金廷只能聚保河南，屯兵自守。在此前後，黃河以北的地主豪強迫於戰亂，紛紛起兵自保，一時間「河北群雄如牛毛」⑮。金廷為利用這些地方武裝抵禦蒙古，封授苗道潤、王福、移剌眾家奴、武仙、張甫、靖安民、郭文振、胡天作、張開、燕寧等武裝首領為官，其中後九人因被封為公，各劃定其勢力範圍，故稱「九公封建」。此外，山東地區則爆發了以楊安兒為首的起事，起義者身穿紅襖，被稱為紅襖軍。楊安兒敗死後，由李全等人領導的紅襖軍主力紛紛接受南宋官號，演變為山東、淮東地區新的割據勢力，使金朝陷入了分崩離析的境地。

三、金朝的滅亡

興定元年（一二一七年），成吉思汗封拜其功臣「四傑」之一木華黎為太師、國王，全權負責對金戰事。木華黎大力招降並利用漢族地方武裝與金朝作戰，而金朝也以高爵招徠華北土豪，分別依附蒙、金兩方的地方勢力彼此展開了拉鋸式的爭奪。戰鬥雖有反覆，總的趨勢仍然是附蒙一方漸居上風，愈來愈多的地方軍閥倒向蒙古。周旋於蒙古、南宋之間的紅襖軍，面臨蒙古軍隊強大的壓力，一部分被殲滅，一部分被招降，山東地區落入蒙古的控制。蒙古對率部或納土歸降的軍閥、官僚，通常沿用金朝官稱，授予元帥、行省之類職務，許其世襲，並可自辟僚屬，時稱「世侯」。在東北，契丹人耶律留

---

⑮魏初，《青崖集》卷三〈重修北嶽露臺記〉。

哥和金朝官員蒲鮮萬奴先後叛金自立，蒲鮮萬奴一度建立「東真國」，但後來仍為蒙古所兼併。

元光二年（一二二三年）十二月，金宣宗病卒，皇太子守緒即位，明年改元正大，是為哀宗。哀宗為扭轉宣宗以來的衰頹局勢，對內政外交進行整頓和調整。宣宗時，朮虎高琪、高汝礪擅權，任用酷吏，苛刻成風。哀宗即位後，貶謫酷吏蒲察合住、泥厖古華等，並起用一些前朝舊臣和主張抗蒙的將相，如起復已致仕的張行信為尚書左丞、胥鼎為平章政事；以延安帥臣完顏合達戰禦有功，授金虎符，權參知政事，行尚書省事於京兆，兼統河東兩路；以樞密副使完顏賽不為平章政事，權參知政事石盞尉忻為尚書右丞⑯。

宣宗南遷後，因金朝北方疆土日蹙，「欲取償於宋」⑰，不久即以歲幣不至為由發兵南侵，雙方交戰數年，互有勝負，得失大致相當。而西夏因受蒙古侵擾，被迫向其稱臣納貢，並協助蒙古進攻金朝。哀宗即位後改變策略，既與南宋修好，又與西夏和議。正大元年（一二二四年），哀宗先遣樞密判官移剌蒲阿率兵至光州（今河南潢川縣），「榜諭宋界軍民更不南伐」。二年（一二二五年），金、夏達成和議，約定夏以兄事金，奉國書稱弟，各用本國年號，後哀宗面諭臺諫完顏素蘭、陳規曰：「宋人輕犯邊界，我以輕騎襲之，冀其懲創通好，以息吾民耳。夏人從來臣屬我朝，今稱弟以和，我尚不以為辱。果得和好，以安吾民，尚欲用兵乎。」三年，又「議與宋修好」⑱。

因與宋、夏議和，金朝遂得以集中兵力抵禦蒙古進攻。正大三年（一二二六年），移剌蒲阿收復曲

⑯脫脫等，《金史》卷一七〈哀宗紀上〉。
⑰脫脫等，《金史》卷一一〇〈楊雲翼傳〉。
⑱脫脫等，《金史》卷一七〈哀宗紀上〉。

沃（今山西曲沃縣）、晉安（今山西新絳縣）。四年（一二二七年），蒲阿、牙吾塔收復平陽（今山西臨汾），是年又逢成吉思汗於軍中病卒，金朝抗蒙的局勢略有好轉。五年（一二二八年），蒙古軍入大昌原（今甘肅寧縣太昌原鄉），完顏陳和尚出戰，「以四百騎破八千眾」，取得勝利，史稱「蓋自軍興二十年始有此捷」，「一日名動天下」[99]。但這已是強弩之末，並無法扭轉整個局勢，實際上，蒙古早已在對金作戰中取得壓倒性優勢，金朝只能固守黃河防線，苟延殘喘。據載成吉思汗臨終曾擬定借道於南宋、迂迴從後方給金朝致命一擊的戰略計畫。正大八年（一二三一年），蒙古第二代大汗窩闊台決定分兵三路伐金，自統中路軍由山西正面發起攻擊，另派斡陳那顏統左翼軍由山東進兵，拖雷則統右翼軍從陝西西部南下，繞道宋境，包抄金朝後方。拖雷由大散關入漢中，沿漢水東下，經過長距離的艱苦行軍，自鄧州（今河南鄧縣）迂迴進入金朝腹地。次年春，拖雷趁天降大雪之機，大破金軍主力於鈞州（今河南禹州）南邊的三峰山。經此一戰，金軍精銳喪失殆盡，蒙古軍乘勝占領南京，哀宗輾轉逃往蔡州（今河南汝南）。

此時，南宋見金朝覆亡大局已定，遂應蒙古的要求出兵夾擊。金哀宗遣使南宋，警告「我亡則及于宋，脣亡齒寒」，希望「與我連和，同禦大敵」[100]，但南宋未予理睬。天興三年（南宋端平元年，一二三四年）初，蒙、宋聯合攻破無兵無食的蔡州，哀宗在城破之前，召集百官傳位於東面元帥完顏承麟，是為末帝，哀宗隨即自縊於幽蘭軒。當日，蒙古軍入城，末帝承麟為亂兵所害，金朝至此滅亡。

---

[99] 脫脫等，《金史》卷一二三〈完顏陳和尚傳〉。
[100] 王鶚，《汝南遺事》卷二。

第七章　金朝經濟與文化

在金朝境內，社會經濟成分比較複雜，其中有女真人從事漁獵業，契丹人經營畜牧業，漢人以農業為生。由於各個民族和地區經濟發展水準、經濟成分、產業結構、經濟政策的差異，使社會差異加大，文化方面各有特色。

第一節　金朝的經濟

一、漁獵業與農業

女真人傳統上以善騎射及經營漁獵業為生，由於自然環境的客觀影響，養成「耐寒忍飢，不憚辛苦，食生物」的習俗。女真人積累了豐富的狩獵經驗，以善獵著稱，在遼朝統治期間，「阿骨打有弟姪曰吳乞馬、粘罕、胡舍輩，天祚歲入秋山，數人必從行，善作鹿鳴，呼鹿使天祚射之，或刺虎，或搏熊」①。北方山地較多，尤其女真的生活在東北的廣袤林區，狩獵一直是女真人獲取生活資源的重要手段。獵獲的獸肉可作作食物，獸皮可作衣服和被褥，同時用於對外交換。主要狩獵對象有獐、鹿、狼、狐狸、鵝、大雁等等。

建國以後，狩獵仍是女真人重要的經濟活動和習武手段。出使宋朝的馬擴曾參加金太祖阿骨打的圍獵活動，其場面十分壯觀。獵前，各部族首領擲所佩箭，以定隊伍前後左右次序，然後放馬單行行進。每騎相距五至七步，兩頭相望常有十餘里。隊伍呈箕掌形，空其一面，向兩翼張開。由認旗指揮，緩慢前進，逐漸合圍。野獸由內赴外者，四周進者可射；由外赴內者，只能由皇帝先射。約三四十里，有可宿營處即合圍，頃刻間便可圍數重，圍中野獸悉數被射殺。每天都以獵獲所得來款待使臣。

女真人的畜牧業也很發達，牧畜有馬、牛、羊、豬等。在河北井陘縣金墓壁畫中發現了一幅金人牧羊的場景，羊群雖然不大，但可以看到羊的品種有山羊和綿羊。養豬是東北民族的傳統。馬匹是戰爭和狩獵的重要工具，也是締結婚姻的聘禮和贖罪的代價。民間婚聘也以馬匹作為聘禮，以及財產及財力雄厚的主要標誌。在放牧生活中，人們總結出豐富的經驗：他們可以放牧數以萬計的羊群，並且掌握了以勇敢的羖羊為頭羊引領整個羊群而便於游牧的知識。三月和八月是剪羊毛最合適的時節；春天羊毛價值不高，因為織成的氈子等成品容易生蟲，秋天則不然，可以做成貴重的

圖三三　女真族男子狩獵圖

①葉隆禮，《契丹國志》卷一〇〈天祚皇帝上〉。

衣服；羊毛可以撚成線，織為氈、織為裘等②。

儘管女真人以狩獵業為主，但會在適宜農耕的地方從事農業生產。據記載，女真興起之初，阿骨打的先祖就懂得種植五穀，甚至有人憑藉耕種致富。在日常生活中，農耕器具也會像牛馬財物一樣一道陪嫁。在遼朝統治期間，同州土地平壤，居民聚落成村，遍地耕種，種植穄、黍等作物。女真在滅遼的過程中，占據了更多的農耕區域，隨著時間推移，他們的生活範圍進一步擴大，使得女真社會農業經濟繼續發展。在今山西孝義市金墓中出土一陶牛、一鐵牛，說明牛在墓主人經濟生活中占有極其重要的地位。另外，山西長治發現一座金墓，墓葬壁畫中有一幅《大舜耕田圖》。以上兩地原屬北宋地界，本來就有較為發達的農耕經濟，金人占據以後，繼承並發展了當地的農耕經濟。

女真人起源於白山黑水之間，建立金朝以後，繼承遼朝疆域，統轄東北地區。這一地區不但成為金朝初年的政治與經濟中心，而且農業生產與基本經濟格局也發生了顯著轉變。與遼比較，主要體現在下列幾個方面：

第一，該地區的農業墾殖區域有了大規模的擴展。此前遼朝農業地帶主要集中在西拉木倫河和遼河流域，金朝在原有基礎上，農業墾殖區向北擴展到今黑龍江烏裕爾河流域。雖然這時的農業開墾仍呈零星和點帶狀形式分布，但農田的

圖三四　慶祝豐收的磚雕

②游彪等，《中國民俗史（宋遼金元卷）》，頁三〇六－三〇九。

分布範圍已持續向東北繼續擴展了。

第二，農業耕作和作物培育技術有比較明顯的提高。從考古發掘的文物來看，出土了大量的農具，包括犁鏵、鐵鍬、鐵鍘刀等，各式各樣的鐵製農具，不僅數量與地點與遼代相比，有所增加，而且屬於精耕農作所使用的工具，在金代時常可見。

第三，農業生產方式擴張至鄰近民族，已不僅僅是漢、渤海等舊有農業民族的生產形式，女真、契丹、奚等游牧民族也相繼投入到農耕生產的行列中。

第四，營建了糧食生產基地，由於墾殖區擴大和技術提升，使得金代糧食品質和產量比遼代提升許多，便於松花江流域建立生產基地，也成為金王朝立都的基礎。

除此之外，金代主要的農業墾殖區也從西向東轉移。在遼代，主要農業墾殖區基本以上京臨潢府、中京道大定府為中心，分布在西拉木倫河流域和土河流域，到了金代，則移向第二松花江至遼東一帶，進而造成東北地區經濟格局的轉變與開發重心轉移。這一轉變也影響到日後東北地區的開發③。

二、工商業

女真初興，其手工業發展的總體水準有限。建國以後，在農業生產恢復和發展的同時，手工業和商業也得到了相應的發展。手工業主要生產部門有礦冶、採鹽、紡織、造紙、印刷、陶瓷等。它們繼承了遼朝和北宋的技術，有些又獲得新的發展和突破，甚至有些方面超越了遼、宋的水準。

③韓茂莉，〈金代東北地區的農業生產與地區開發〉，《北京大學學報》（二〇〇一年第五期）。

部落聯盟時期，有些女真部落已經在冶金方面積累了一定的經驗，有了專業的鐵工。如加古部烏不屯為鐵匠，完顏部曾向他購買鐵甲。溫都部烏春，也以鍛鐵為業。而當時完顏部還不會煉鐵和製造鐵器。隨著金朝統治區的擴大，鐵礦產地逐漸增加，西京路的大同府、朔州，河北路真定府，河南路汝州的寶豐、魯山，鄧州的南陽等地產鐵，西京雲內州更有特產青鑌鐵。

除文獻記載外，從考古發掘得知，女真內地也有一些鐵礦得到了開採。黑龍江阿城東南與五常毗鄰的半山區小嶺、五道嶺一帶發現了金代早期冶鐵遺址，遺址分布區西線的阿什河濱，目前發現有礦井十餘個，最深的有四十公尺，分採礦和選礦兩個作業區。在鐵礦東、西、南三面山坡上，散布著五十餘處冶鐵遺址，遺留下很多鐵爐、煉渣和鐵礦石等。

女真建國以前，就有家庭紡織工藝，布匹曾是他們與遼朝互市的重要商品。富人用細布，貧苦人家則用粗布。滅遼和北宋以後，更繼承了遼宋紡織技藝，紡織業得到很大發展。真定、平陽、太原、河間、懷州等地有規模較大的官營手工業作坊，政府在上述地區設置綾錦院，「使一員，正八品。副使一員，正九品。掌織造常課疋段之事」④。一九八八年，黑龍江阿城市巨源鄉齊國王墓中出土的絲織品主要是男女服飾，共計三十餘件，種類有袍、衫、褲、裙、腰帶、鞋、襪、冠帽等。服飾原料種類很齊全，有絹、綢、羅、錦以及絞、紗等。蠶絲品質好，絲線粗細均勻，有光澤，織品經緯線排列細密，彈性、韌性良好。織工精湛，大量採用挖梭技術，織金品占有相當數量，有織金綢、織金織、織金錦等。由此說明，金代的緙絲技術、紡織技法、印染工藝、織機工藝都有著很高水準⑤。

④脫脫等，《金史》卷五七〈百官志三〉。

金代商業是以經濟的恢復與發展為基礎而逐步發展起來的。金朝政府重視商業，制定商業政策，加強商業管理，使金代商業有較快發展。從金初至金熙宗時期是金代商業的起步時期。金初戰爭頻繁，關津閉鎖，商業剛剛起步，商品交換還處在以物易物的初級階段。後來，金借遼宋舊幣作為商品流通貨幣。金太祖為促進商業的發展，採取了開放關津的措施，與宋設立了榷場進行貿易，使一度因戰爭而閉鎖蕭條的商業開始得以恢復。金太宗採取了有利於生產發展和商業恢復的政策，鼓勵農耕，減免租賦和貸款利息，促進了商業的發展。金熙宗適應金朝內外商業發展的需要，與宋、西夏等政權在許多地方設置了榷場，進行貿易。

從海陵王至金章宗時期是金代商業的發展和繁榮時期。主要表現為：第一，市場繁榮，商品種類齊全，數量充足。市場上的農副產品有各種果、蔬、桑、拓、麻、麥、羊、豕、雉、兔等。手工業產品有布、絲、絹、綢，以及各種鐵製農具、用具。東北特產人參、蜜蠟、鹿茸，牲畜中的馬、牛等，也都進入市場買賣。

第二，商業城鎮的興起及對舊有城區的改造、拓展。隨著商業的發展和貿易的興盛，金代陸續出現了許多新興商業城鎮。上京會寧府是金初新興的政治、經貿中心。當時，往來中國、汴洛之士，多至其都。咸平、東京兩府也恢復了過去「商旅所集」的原貌。海陵時，又令人在汝州一百五十里內州縣，量遣商賈赴溫湯置市。金代商業城鎮的成長可從金諸路使司院務的數量得知。

第三，商業行會組織的出現。金代商業中有布行、銀行等商業行會組織。行會的出現，一是適應

⑤黑龍江省文物考古研究所，〈黑龍江阿城巨源金代齊國王墓發掘簡報〉，《文物》（一九八九年第一〇期）。

封建政府對商業實行約束和管理的需要；二是適應商人為維護同行的利益，壟斷當地商業，排斥外來競爭的需要。金代商業中行會組織的出現，是金代商業發展到一定階段的必然產物，是金代商業發展成熟的標誌之一。

第四，發行本朝貨幣。隨著商品交換的發展，金完顏亮時期開始鑄造新錢。海陵貞元二年（一一五四年）遷都燕京後，因銅質缺乏，開始發行紙幣。直到海陵正隆二年，始製銅幣。承安三年，金又鑄造銀幣，名「承安寶貨」，每兩銀幣折錢二貫。這是中國以白銀鑄成法幣的開始。當時，在金朝流通領域中，銅錢、交鈔、銀幣同時使用，反映了金代商業的發展和繁榮⑥。

三、賦役與財政

金代賦稅大致可分為四類：一是土地稅，包括兩稅制和牛頭稅制；二是物力錢；三是榷稅，即對部分工商業實行專賣制度所獲得的收益。此三類為正稅，第四類即是雜稅。

所謂「牛頭地」，是以牛具、人口為依據分配土地，它是當時土地國有的前提下實行的土地分配制度。牛頭稅是與牛頭稅地相對應的賦稅，亦稱「牛具稅」，這是對猛安謀克戶所徵的地稅。牛頭稅於天會三年十月開始徵收，《金史．太宗紀》徵收詔書曰：「今大有年，無儲蓄則何以備饑饉，其令牛一具賦粟一石，每謀克為一廩貯之。」五年九月丁未詔曰：「內地諸路，每耕牛一具賦粟五斗，以備歉歲。」⑦到世宗時期，隨著各項制度完善，牛頭稅也漸成定制，稅額最高不過一石，最低只收取三斗。

⑥武玉環，〈金代商業述論〉，《吉林大學社會科學學報》（一九九二年第四期）。

牛頭稅很低，給富豪之家提供了轉佃與人從中牟利機會，女真貴族趁機大肆進行土地兼併。世宗還用減輕牛頭稅額的辦法解決女真人自賣奴婢、勞動力減少、軍戶貧苦的問題，更加助長有權勢的人兼併土地的傾向，導致官地減少，軍民矛盾加劇，普通軍戶土地占有不足，國家收入銳減。為了檢查軍民土地、財產的實際情況，以均定賦役，大定年間又多次進行驗實物力的通檢推排⑧。

金代物力錢是指按照規定的稅率對物力徵收的一種資產稅，這是金朝獨創的一種稅種，它的意義主要不在於開闢新的財源，而是為賦役的分配提供一個統一的標準。世宗即位以後，鑑於海陵王時賦役嚴重不均的狀況，遂於大定四年對全國的州縣民戶進行一次大規模的通檢推排，根據通檢推排所核實的民戶物力徵收物力錢，按照物力錢的數額攤派各種徭役和雜稅。

金代的物力範圍比前代寬泛得多。大體上說，物力可分為「地土物力」和「浮財物力」兩大類。物力錢是按照每戶的物力總值而依規定的稅率徵收。物力錢以納錢為主，章宗以後在部分地區許以實物折納⑨。

一般說來，雜稅具有臨時性或區域性的特點，或者是某些時候、某種特殊情況下徵收的專項稅，或者是地方上隨事增設的特別稅。但實際上金代雜稅要比這更為寬泛，即凡是不能歸入前三類正稅的賦稅均視為雜稅，金代的各種苛捐雜稅名目繁多。其中海陵一朝和蒙古南侵以後的兩個時期內，雜稅的負擔尤為沉重。主要有：

⑦脫脫等，《金史》卷三〈太宗紀〉。
⑧李桂芝，《遼金簡史》（福州：福建人民出版社，一九九六年），頁二五二－二五三。
⑨劉浦江，〈論金代的物力與物力錢〉，《中國社會經濟史研究》（一九九五年第一期）。

第一，軍須錢。軍須錢（一作軍需錢）是金代雜稅中規模最大、稅負最重的一項。在金代一百二十年歷史上，約有近半數的時間都伴隨著戰爭，龐大的軍費開支僅靠正常的歲課當然是無法解決的，不足的部分就以軍須錢的名義向百姓徵斂。

第二，和糴。金代的和糴基本上沒有制度化，所謂的「和糴」主要表現為在某些非常時期的抑配徵購行為，所以將它列入雜稅。金代和糴可以說沒有常規性制度，只是在有特殊需要的時候實行抑配勒索。

第三，和買、配賣。和買即「抑賈買民物」，配賣即「高賈賣官物」。它們與和糴的性質類似，雖做「買」「賣」，實際上是一種變相的賦稅。

第四，科配軍器物料。金代戰爭頻繁，製造軍器的物料一般都向百姓攤派。海陵王準備入侵南宋時，中都與四方所造軍器材用皆賦於民。金代後期與蒙古的長期戰爭對軍器的需求極大，對百姓的征斂也就更重了。

第五，河夫錢。河夫錢又稱黃河夫錢。金代是黃河水害較嚴重的時期，據統計，在金朝統治期內，黃河共決口兩次、河溢十一次，其他小的水害不計其數。修築河堤、維護河道是一項經常性的工程，河防工程的費用主要就靠徵收河夫錢來解決。

第六，商稅。一般商稅分為過稅、入市稅和市籍租三種，這是廣義的商稅。而金代所稱的商稅是狹義的商稅，實際上就是入市稅，亦即交易稅。金代關稅就是過稅。金代的市稅即所謂「市籍租」。

此外，金代雜稅還有房稅、地基錢、五釐錢、金銀之稅、免役錢、牛夫錢、貸役錢、養馬錢、鋪馬錢、桑皮故紙錢、水利錢銀、菜園錢⑩。

第二節　金朝的文化

女真人在與契丹、北宋交往過程中，其文明化程度不斷加深，尤其在大量吸收漢文化的同時，也注重保留自身的民族特點，漢人又不可避免地受到女真等民族文化的影響，這就使得金朝文化呈現出多元文化並存乃至相互融合的歷史特徵。

一、女真風俗

女真人在飲食起居、服裝髮飾、喪葬疾病、歲時風俗、禮儀娛樂方面都有著明顯特徵。

女真早期社會發展較慢，「負山水坎地，梁木其上，覆以土」。這種坎地而築的居處，當是一種依山傍水的半地穴式建築，是早期挹婁人的遺制。至獻祖綏可時期，完顏部徙居海古水（今黑龍江阿城市東北），才有了簡易的居室。地上所見居室是由地穴形制發展變化而成，它依然保留了依山而建的特點。這種建築形制與當地氣候條件相適應。北方冬季寒冷，依山谷，門東向，可避風，裡面有火炕，能取暖。

生活條件的轉變下，女真人的糧食作物和飲食習慣在建國前後，也逐漸產生差異。建國以前，受社會與自然條件限制，他們的作物品種較少，食物除了糧食外，還要輔以大量的漁獵收穫作為生活所

⑩劉浦江，〈金代雜稅論略〉，《中國社會經濟史研究》（一九九六年第三期）。

需。隨著統治區域的擴大和賦稅體制的完善，女真人物質資源不斷充實，豐富的食品使得生活水準有明顯改善。女真人的食物以糧食為主，輔以肉類和蔬菜，他們會造酒和製醬。尤其在氣候寒冷的北方，為了漫長的冬季也能吃到蔬菜，他們還創造了獨特的蔬菜保存方法，製作鹹菜和酸菜。

女真生活在北方寒冷地區，也有「食肉衣皮」的習俗。從長期的生活經驗中，以皮毛為衣的女真人懂得如何鑑別毛質的優劣。儘管女真人的服飾多以皮毛為材料，但隨著金朝社會的發展，政權建立等因素，不同社會等級對衣服的材料和裝飾風格有著明顯差別，富人春夏多以絲繡為主，間用細布，裝飾珠玉，而貧困者採用粗布為衣衫，多衣牛馬、豬羊、貓犬、魚蛇皮。

女真男子編髮，辮髮垂後，留腦勺後，以彩色絲帶束髮，冠帽、束帶有自己的特色，其帶和巾有明顯漢地習俗影響的一面。金朝制度健全以後，男子頭部的冠帽、腰部的束帶不僅有較強的裝飾性，製作講究，且是身分標識。女真婦女的服飾有年齡的差別，較男子服飾似更多地保留著本民族的特色。從式樣上看，已婚和未婚女子的服飾皆屬裙裝，其差別主要體現在其顏色、衣領、衣襟開片的部位和裙裝長短之處。

女真的喪葬習俗主要沿襲北方民族習俗，有土葬、火葬、天葬等形式，但也有自己的特點。契丹、女真、蒙古諸族皆有被稱之為「燒飯」的喪祭習俗，女真的燒飯習俗非常盛行，屢見於《金史》諸紀傳。文惟簡《虜廷事實》「血泣」條曰：「嘗見女真貴人初亡之時，其親戚、部曲、奴婢設牲牢、酒饌以為祭奠，名曰燒飯。」《三朝北盟會編》卷三所記女真葬俗：「其死亡，則以刃剺額，血淚交下，謂之『送血淚』。死者埋之而無棺槨。貴者生焚所寵奴婢、所乘鞍馬以殉之。所有祭祀飲食之物盡焚之，謂之『燒飯』。」可以看出它實際上包含四層意思，即剺面葬俗、棺槨制度、殉葬制度、燒飯之俗。

女真社會有三個節日很有特色，即元正、重五、放偷日。

元正，即元旦。節日當天，女真人身著本民族服裝，首先向太陽方向行拜禮，爾後才彼此行禮慶祝。與元正節慶配合的活動還有「賜分食」、「賜果酒」、「花宴」、「射弓宴」等。元旦次日常常由重臣主持，分享各種美食。元月二日或三日的「花宴」是一種娛樂性很強的活動，舉辦百戲。元月四日舉行「射弓宴」，令射手進行射箭比賽。

重五是女真人另一個重要節日，有「重午射柳、祭天」的習俗。射柳，最初是那些依靠騎射為生的游牧狩獵民族將其技能與他們所信奉的薩滿教中生殖崇拜觀念相結合而形成的一種活動，兼生存技藝比賽和原始信仰特質於一身，受到人們的重視。具體形式為，插柳毬場為兩行，當射者以尊卑序，各以帕識其枝，去地約數寸，削其皮而白之。以無羽橫鏃箭射之，根據射中程度和箭法的技藝來區分勝負。

放偷日為正月十六日。放偷習俗主要沿襲契丹風俗，但金朝與此有所不同：遼俗放偷三天，金俗只正月十六日；遼俗許人偷竊但沒有贖還一說，金俗則加強了贖還這個環節。也就是說，如果所偷器物為原主人所特別鍾愛之物，若要贖還，失主應準備美酒佳餚以贖之。

二、語言文字

金朝境內，由於多個民族共存，其語言各異，主要通行女真語、契丹語和漢語。

契丹語不但為契丹人通用，而且在金朝初期很長一段時間內，不少女真上層人士也通曉契丹語。契丹文字作為金朝官方文字之一，直到金章宗明昌二年才廢止。由於契丹文字在金朝官方交往中占據重要位置，尚書省、御史臺和樞密院都設有契丹令史、譯史，諸京、府、運司和防禦州也設有譯史，具體負責處理契丹字文書往來。

建國以後，女真統治者開始創製文字，《金史．完顏希尹傳》記載較為詳細：「金人初無文字，國勢日強，與鄰國交好，迺用契丹字。太祖命希尹撰本國字，備制度。希尹乃依倣漢人楷字，因契丹字制度，合本國語，製女直字。天輔三年八月，字書成，太祖大悅，命頒行之。賜希尹馬一匹、衣一襲。其後熙宗亦製女直字，與希尹所製字俱行用。希尹所撰謂之女直大字，熙宗所撰謂之小字。」⑪女真文字來源於契丹字和漢字，在造字的時候，主要以契丹字和漢字為基礎，加、減筆劃，或取其音，或取其義製成。現存女真字基本上是一種音節文字，即以一個方體字表示一個由輔音和母音合成的音節（音綴），聯綴成詞。現存可以確切識讀的女真字約有七百多個，其中絕大多數都是以一個字代表一個音節。

女真大字為完顏希尹創製，於天輔三年（一一一九年）頒行，女真小字創於熙宗，於天眷元年頒行。一般認為，現傳世的女真文字只有一種，其形制與契丹大字相同，應當是女真大字。不過，一九七二年，河北承德市八家鄉深水河村附近的老陽坡峭壁中發現了金銀牌各一面，文字排列形式分為兩組，第一組作，第二組作，第一組上方有一個花押，有學者認為，上述文字就是女真小字⑫。

⑪脫脫等，《金史》卷七三〈完顏希尹傳〉。

⑫烏拉熙春，〈女真小字金牌、銀牌、木牌考〉，《愛新覺羅烏拉熙春女真契丹學研究》（京都：松香堂書店，二〇〇九

女真字頒行以後，其適用範圍比較廣泛。除了用作官方往來文書外，還翻譯了大量漢文典籍。世宗大定四年，頒行女真字所譯經書，令每謀克選兩人學習。不久便建立女真學校，招收諸路學生三千餘人。爾後，選拔成績優異者百人赴京師，由國家供給，學習古書、詩、策等，由此培養了精通女真語言的士人，也為進一步發展女真文化教育創造了條件。十三年，首開女真策論進士科，取徒單鎰等二十七人。然後以新進士為教授，在京師開設女真國子學，諸路設女真府學，招收士民子弟中有志於學者。女真進士同其他諸科一樣，成為選拔人才的重要途徑。

當時用女真字撰寫的文書、詩文著作和翻譯的經史大多無存，目前保存較多的是女真文石刻。其中有〈女真進士題名碑〉、〈大金得勝陀頌碑〉、〈朝鮮北青郡女真國書摩崖〉、〈朝鮮慶源郡女真國書碑〉、〈奧屯良弼餞飲碑〉、〈奧屯舜卿詩碑〉、〈奴兒幹都司永寧寺碑〉。此外，還陸續發現少量的女真字手抄殘頁。最重要的是，明初編撰的《華夷譯語》中有《女真譯語》，除以漢義對照外，並以漢字注寫讀音，成為解讀女真文各種資料的工具書。

目前，女真文字的研究已經取得突破性進展，具有重要意義。如下：首先，解讀女真碑銘，可以使漢文失載的史料與世相見。其次，從女真語彙上尚可推究出早期若干史實。第三，其表意文字禽獸為多，知造字之初女真部族尚未脫離狩獵經濟。第四，女真文字的語文學價值與史料價值同樣重要。⑬

年），頁二七－三九。

⑬金啟孮，〈女真文字研究概況〉，《中國民族古文字研究會》（北京：中國社會科學出版社，一九八四年），頁三四五－三六一。

三、宗教與儒學

金朝是以女真為主體，包括契丹、渤海和漢人等多民族在內的政權，社會文化呈多元化趨勢，有金一代的宗教，既有盛行於女真社會的原始宗教，又有長期以來為漢人和其他民族所信奉的佛教，以及以漢人為主要信徒的道教。

女真社會的原始信仰多是自然崇拜，如東向拜日，對樹木、動物、風雨雷師、嶽鎮海瀆的崇拜，相信靈魂和夢兆，還流行「燒飯」習俗。其喪葬儀式、拜祭天地，甚至占卜、相術等，都含有原始宗教成分。薩滿教是一種典型的原始宗教，自然崇拜，相信萬物有靈。金代女真人信奉薩滿教，稱作「珊蠻」，即薩滿的異譯，義為「巫師」。女真薩滿具有如下幾種功能：一，薩滿能通神語，是溝通人與神之間的媒介。二，參與重大典禮、事件和節日舉辦的祭祀儀式。在祭祀祖宗、社稷、風雨雷師、嶽鎮海瀆時，以及為皇帝即位、受尊號、納后、冊命、巡狩、征伐等舉行的奏告祖宗天地儀式中，都有巫師參加。三，消災治病，為人求生子女。四，女真人相信巫師能夠藉助詛咒使人遭災致禍。

由於高麗、渤海、遼朝時，佛教在北方廣泛傳播，影響深遠，女真早期就有人信仰佛教。金初，金源內地亦有佛教信徒，太宗天會元年有上京慶元寺僧獻佛骨之事，而在幽燕地區，佛教更為流行。熙宗和海陵王時期，隨著女真的漢化，漢人長期信仰的佛教愈加受到女真貴族的尊崇和信仰，熙宗因其子濟安病重，與皇后到佛寺焚香祈禱。海陵改元正隆以後，親自到宣化門應佛，並賜諸寺僧大量絹帛金銀。世宗時期，社會安定，經濟發展，在此期間內，佛教也有所發展，大定年間興建和修繕的佛寺比金代歷朝都多，不僅在漢地，而且在金源內地也留下了佛教遺跡。由於大肆興建佛寺，許多人紛紛出家為僧尼，世宗不得不對佛教採取措施，限制寺院的發展。

金代佛教的廣泛傳播，對社會經濟生活產生很大影響。金朝寺院經濟中出現所謂「二稅戶」，其租稅一半輸官，一半輸寺院。有些寺院僧尼巧取豪奪，廣占土地，施放高利貸，聚斂財富，甚至還設立質坊從中漁利。寺院大都修得金碧璀璨，富麗堂皇，花費許多人力物力。僧尼成為寄生階層。金朝在荒年或財政拮据時，經常公開售賣度牒、師號、寺觀名額等，以補充財政的不足，救濟災民。

在佛教理論方面，華嚴、禪、淨、密教、戒律各宗都有發展。黃河流域的中原一帶，禪宗非常興盛。金元之際，萬松行秀、李純甫等在禪宗理論方面都有很深的造詣。

金朝社會中，與佛教並存的還有道教，並且出現了新的道教派別。一、全真教。創辦者為王喆，全真教倡導善行、忍辱、柔弱、清靜，主張道、儒、佛合一。自創建以來，頗受金朝皇帝的青睞，並且由於簡便易行，

圖三五　王喆與弟子北七真

傳播很廣。二、大道教，亦名真大道教。創始人是金初劉德仁，大道教不尚符籙，主張行善、清靜、忠君等。三、太一教。始祖為蕭抱珍。太一教崇尚符籙，為人治病、求子、禳災、驅鬼⑭。

在北方，金代儒學承襲了遼和北宋的傳統。金朝建國之初，為了加強對中原地區的統治，除了對主動投靠的遼、宋舊臣委以重任外，還通過採用科舉考試以及扣留宋使等手段，大量收羅儒學人才，從國家制度、政策、語言文字乃至風俗習慣等都深受漢文化的影響。從大體上說，政府在科舉制度、學校教育方面兼採唐、宋制度，而在民間則蘇學獨盛，程學、王學衰而不絕。天會四年，金人攻陷汴京時，獲得大量的圖書，但對王安石的著作摒棄不取。宇文虛中、張斛、蔡松年、高士談等從南方來的士大夫也同時帶來了許多經籍圖書。此外，金初著名儒士還有韓昉、吳激、胡礪、翟永固、張用直等人。正是這些人才決定了金初儒學的面貌。金代儒學發展過程中最有代表性的三大家——趙秉文、王若虛和李純甫。由於他們之間存在個性、年齡等方面的差異，他們的影響也各不相同。

金熙宗天眷改制，廢除以勃極烈制為代表的貴族議事制，而全面推行三省六部的漢官制度，同時推動重視漢文化與教育事業。金熙宗開始尊孔，並冊立衍聖公與修建孔廟，提倡女真人學習和接受儒家思想；到了海陵王時期，天德三年命國子監大量刊印漢文經典文獻，指定這些經籍注疏本作為科舉考試的指定科目。包括十七史、《孝經》、《老子》、《荀子》、《揚子》等，顯示出金代科舉的特色。總而言之，金代儒學是遼朝、北宋儒學在新環境、新條件下的延續和發展⑮。

⑭宋德金，〈金代宗教簡述〉，《社會科學戰線》（一九八六年第一期）。

⑮魏崇武，〈金代儒學發展略談〉，《贛南師範學院學報》（一九九五年第五期）。

四、文學與史學

金朝立國之初，文化建設比較緩慢，到熙宗時期，文學日興。金人偏愛詩詞，金詩的風格承自唐宋，學李白、杜甫、蘇軾、黃庭堅。金朝皇帝自海陵王到章宗、宣宗，皆工文章，善詞賦。金代文學，應包括漢語文學和女真語文學，不過現存作品主要是漢語文學。元朝官修《金史》雖然保存了少量女真人的口頭歌謠，如巫覡之歌和童謠，然而已是漢文譯作。以女真文字創作的文學作品現在則極為少見。

金初文學的特色主要是「借才異代」，其中主要來自遼朝和宋朝。由遼入金的重要文人，有韓昉、左企弓、虞仲文、張通古、王樞等人。由宋入金的著名文學家則有宇文虛中、蔡松年、高士談、吳激、張斛等人。他們以自己的創作為金初文學競添新聲，使原來比較寂寞的文苑呈現出一派生機勃勃的景象，從而推動了金初文學的發展。與由遼入金的作家相比，他們投身金朝往往有著更加複雜的條件或更為難言的苦衷，從當時的道德標準來看，則處於進退失據的境地，因而便以「南朝詞客北朝臣」的身分，不時抒寫和表現家國之思、身世之感。

大定、明昌年間，則是金朝統治極盛時代，與金朝前期由遼宋入金的文人不同，這一期間的作家大多是在金朝統治的土地上成長起來的，較為安定的社會環境和崇尚儒雅的文化氛圍給他們個人的進取提供了方便條件，於是將金代文學推進到一個新的境界。這一時期的傑出作家，主要有蔡珪、党懷英、王寂、王庭筠、劉迎、趙渢以及稍後的周昂等人。他們或以昂揚的格調見長，或以閒適的情趣取勝，反映和表現了由動亂走向復興的社會現實。統觀金代中期詩、詞、文、賦等傳統形式的文學創作，表現尖銳社會矛盾的作品不多。這除了作家的主觀原因以外，主要是由生活決定的。金代中期文學的風貌，恰恰是大定、明昌年間「宇內小康」社會現實的反映。

宣宗貞祐南遷，移都汴京，從此兵連禍結，內外交困，整個政權呈現出一蹶不振之勢。由於客觀現實的激發，文壇風氣為之一變，類多感慨悲壯之音。因而戰亂之苦、亡國之痛便情不自禁地從筆端流露出來。其中趙秉文、楊雲翼、李純甫三人在金室南渡以前就已負有文名，南渡以後則名望更隆。至於集金代文學大成的，則是元好問。其詞清雄頓挫，閒婉瀏亮，用俗為雅，變故作新。就豪、婉兼備的特點而言，有人稱其為集兩宋大成；其文繩尺嚴密，根底盤深，正大明達，格老氣蒼，從唐、宋古文運動的發展來看，足堪接歐、蘇正軌⑯。

在遼朝降臣和契丹、渤海及漢人的影響下，太宗開始著手收集、整理女真先祖的史實，準備編修國史，完顏勖撰成《祖宗實錄》三卷。熙宗時期，又完成《太祖實錄》。比完顏勖稍後，紇石烈良弼於大定七年（一一六七年）撰成了《太宗實錄》，十一年（一一七一年），又完成了《睿宗實錄》。大定二十年（一一八〇年），完顏守道撰成了《熙宗實錄》。《宣宗實錄》完成於哀宗正大五年十一月，是由著名學者王若虛修撰的。從以上史實可以看出，金朝十分重視修史，從完顏勖撰《祖宗實錄》開始，到《宣宗實錄》撰成這期間，實錄的修撰幾乎沒有停頓過，這顯然是學習中原修史制度的結果。

在編修歷朝實錄、國史的同時，金朝也曾先後兩次為前朝修史。皇統年間，由耶律固主持編修《遼史》，未成而卒，其弟子蕭永祺繼其未竟之業，於皇統八年（一一四八年）修成，共七十五卷，其中紀

---

⑯周惠泉，〈金代文學論〉，《社會科學戰線》（二〇〇〇年第二期）。

三十卷、志五卷、傳四十卷，但這部《遼史》並沒有刊行。章宗時期，第二次組織人力編修《遼史》，主要由陳大任等人負責，至泰和七年完成，歷時十八年。陳大任《遼史》成為元朝官修《遼史》的史源之一⑰。

金朝的修史機構為國史院，設監修國史、修國史、同修國史和編修、檢閱等官，分別由漢人、女真人和契丹人充任，並以宰相、執政為監修或同修國史官。

五、藝術與科技

金代書畫繼承遼、宋風格，湧現出了一些卓有成就的書法和繪畫名家。金朝設有畫院，宮廷收藏歷代名畫，金章宗本人就是書畫鑑賞家和收藏家。女真貴族中不乏繪畫高手，完顏允恭就是其中一位。允恭「畫獐鹿、人馬，學李伯時，墨竹自成一家，雖未臻神妙，亦不涉流俗，章宗每題其簽」⑱。允恭的作品有《七星鹿圖》、《銜花鹿圖》、《解角麋圖》、《果下馬圖》、《朱鬣馬圖》、《試馬圖》、《墨竹圖》等等⑲。王庭筠書畫俱佳，曾主持過畫院，善畫山水、古木、竹石，師蘇軾、米芾，尤其擅長草書，傳世作品有《蒼崖古木圖》、《飛瀑界山圖》、《怪石圖》等。此外，著名的畫家還有王曼慶、任詢、李早、趙秉文等等。

⑰崔文印，〈金代在史學上的成就〉，《史學史研究》（一九八三年第三期）。
⑱夏文彥，《圖繪寶鑑》卷四〈金朝〉。
⑲王毓賢，《繪事備考》卷七〈金朝〉。

女真人早期的歌曲僅有《鷓鴣曲》，但高下長短鷓鴣二聲而已。樂器僅有鼓、笛。舞蹈中常見有的鏡舞，舞女兩手持鏡上下舞動，鏡光閃爍類似祠廟中所畫的雷母。滅遼以後，得到遼朝的教坊人、樂工，樂器則有腰鼓、蘆管、方響、箏、笙、箜篌、大鼓、拍板等。攻取汴梁後，金朝又將大批北宋樂工、樂器、樂書、樂章掠去，從而吸收漢地的樂、舞、百戲等形式，音樂、舞蹈的內容也日益豐富。

北宋流行的「說話」和「諸宮調」等說唱藝術，在金代又有所發展。諸宮調是一種有說有唱而以唱為主的文藝形式。因係連綴多種宮調的曲子成套演唱，故稱作「諸宮調」。諸宮調深受廣大民眾的喜愛，在鄉村、城鎮廣為流行。山西平陽地區，由於戲曲活動的活躍，自北宋時就開始修建舞臺，入金之後，這一地區戲曲演出活動依舊十分活躍。現存金人諸宮調有無名氏的《劉知遠》和董解元《西廂記》兩種。

金朝在天文曆算、醫學和建築方面都取得了突出成就。金朝滅北宋以後，接受了圖書、法物、天文儀器，廣泛吸收宋朝的天文曆法人才，由此繼承其天文曆法成就，在此基礎上，發展了金朝的天文研究和曆法推算。天會五年，命司天楊級造《大明曆》，楊級增損宋朝《紀元曆》，重新推算，於十五年製成並頒行。大定十七年，由於《大明曆》推算不精，時常有誤差，又命司天監趙知微重新修訂，知微用幾何方法預測日食、月食，於二十一年（一一八一年）修成新曆。同時，翰林應奉耶律履也製成《乙未曆》。尚書省對上述二部曆書比較後，決定採用知微所造的新曆。

金朝數學方面也取得突出成就。天元術是中國古代數學中建立和求解代數方程的方法，最早出現於十一世紀末。蔣周所著《益古》一書，記錄了當時流行的數學公式天元術，以元為未知數，立式求解。金末著名數學家李治撰《測圓海鏡》十二卷，用天元術解決與容圓有關的一百七十個問題。李治還著有天元術入門書《益古演段》三卷。此外，楊雲翼有《五星聚井辨》、《勾股機要》、《象數雜說》等天文曆算著作。

金代醫學成就很高，形成了以著名的醫學家劉完素為代表的河間學派，和以張元素為代表的易水學派。

劉完素，河間人，為後世所稱的醫學「金元四大家之一」，臨床喜用涼劑，中醫稱其為寒涼派，著有《素問玄機原病式》，「特舉二百八十八字，注二萬餘言」。完素多年研究《素問》，能夠結合理論與實踐，總結出火熱病的病理變化和治療原則，提出辛涼解表和清熱養陰療法，促進了中醫理論和治療的發展與提高。

易州人張元素，是易水學派的創始人。曾為劉完素治傷寒、用藥對症，為完素所服。易水學派以臟腑症候的病機和治療為研究對象，成為能與河間派相媲美的醫學派別。張元素的學術成就是創立了「臟腑辨證說」和「遺藥製方論」，有相當系統的理論，同時對五運六氣也有涉獵⑳。

⑳李桂芝，《遼金簡史》，頁三五八—三六〇。

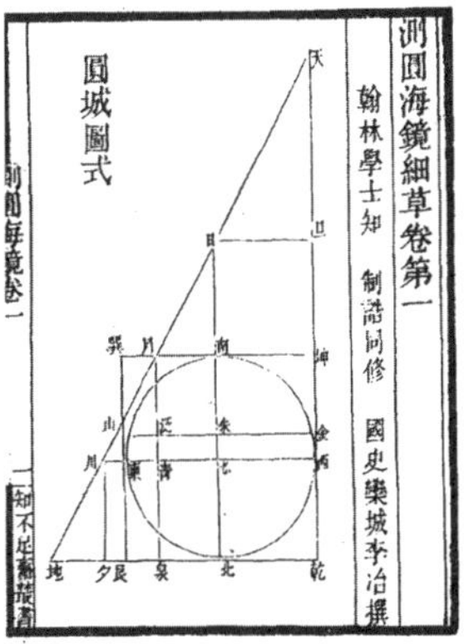

圖三六　李治《測圓海鏡》

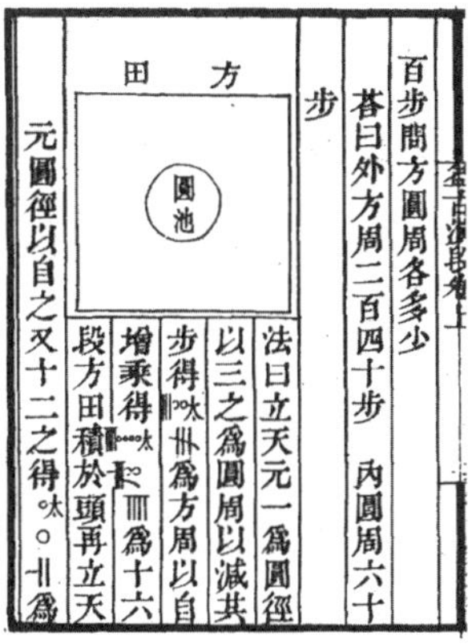

圖三七　李治《益古演段》

第四篇 元朝

第八章 大蒙古國（一二〇六—一二六〇年）

元朝是中國歷史上由蒙古族建立的統一王朝，它的概念有廣義、狹義之分。廣義上可以從一二〇六年成吉思汗統一漠北建立大蒙古國算起，狹義上則應從一二六〇年忽必烈將大蒙古國統治中心移到漢地，建立中原模式的中央集權官僚制統治算起。一二〇六到一二六〇年的大蒙古國階段，固然可以視為元朝的一部分，但更精確地說則是元朝的前身。

第一節　蒙古的建國和對外擴張

一、蒙古崛起前北方草原的形勢

蒙古的名稱最早可以追溯到唐朝。漢文史料將當時分布在大興安嶺北段，位於契丹以北、靺鞨以西、突厥回鶻以東的一些部落統稱為室韋，他們與鮮卑、契丹同屬於東胡之裔，故史書有時稱其為「契丹之類」①。新、舊《唐書》皆載室韋諸部中有一部稱「蒙兀室韋」，居於望建河以東。蒙兀就是蒙古最初的漢文譯名，以後又有過「萌古」、「朦骨」、「蒙古里」、「盲骨子」等多種譯寫方式。大約在唐朝末年，蒙古部逐漸西遷入漠北草原腹地，居於斡難河上游不兒罕山地區。蒙古人傳說早先有蒼狼和白鹿交配，來到斡難河源不兒罕山前居住，生子名巴塔赤罕，是為蒙古部始祖，這反映了他們早期的圖騰崇拜觀念。蒼狼的蒙古語譯名為「孛兒帖赤那」，故蒙古部以「孛兒只斤」為姓。

蒙古原為森林狩獵部落，進入草原後，畜牧業很快發展起來，同時狩獵仍然是經濟生活的重要補充形式。原始的血緣氏族制度趨於瓦解，私有制日益發達，牲畜等財產基本為個體家庭所私有。貧富分化的結果，出現了一批富人（蒙古語稱為「伯顏」）和世代擔任首領的氏族貴族（蒙古語稱「那顏」，原意為「官人」），這兩個階層往往合為一體。一般的平民（蒙古語稱「哈刺抽」）依附於貴族，受其領導。貴族通過對其他氏族、部落的戰爭掠奪財富，並擄掠人口供己役屬，成為身分世襲的奴婢（蒙古語稱「孛斡勒」）。一些貴族還擁有從屬於自己的軍事侍從（蒙古語稱「那可兒」，原意為「同伴」），其中既有本族人，又有外族人。這樣氏族的形式雖然存在，但已不是原始的血緣氏族，而成為以本氏族貴族為核心，凝聚了不同氏族屬民、侍從、奴婢而形成的地緣性部落集團。貴族子弟繼承父親分配的一部分屬民、奴婢，自立家業並擴充勢力，分化出新的氏族和部落。不同的氏族、部落又因生存需要結成聯盟。聯盟首長通常擁有「汗」（或譯「合罕」）的稱號。金朝初年，蒙古各部聯盟推舉葛不律（又譯合不勒）為汗。葛不律汗家族形成乞顏氏，與泰赤烏氏並為蒙古部中最強大的氏族。乞顏氏中，葛不律汗長子子孫形成乞顏主兒乞氏，次子之子也速該一系形成乞顏孛兒只斤氏。

遼金時期，對已遷入漠北的室韋諸部落稱為韃靼，又有阻卜、朮不姑等別稱。韃靼一稱來自突厥

① 魏徵等，《隋書》卷八四〈室韋傳〉。

人，因室韋中的塔塔兒部一度建立過較強的部落聯盟，故突厥以 Tatar 概稱室韋。久之一些非室韋系統的草原部落也被納入「韃靼」範疇，韃靼成為北方諸多游牧部族的泛稱。而蒙古只是這一時期「韃靼」之一部，草原上還有很多大小不一的游牧部落集團，如克烈、塔塔兒、弘吉剌、篾兒乞、斡亦剌、吉利吉思、乃蠻、汪古等。

克烈——是遼金時期漠北最強大的游牧部落，活動於蒙古部之西、漠北草原中部，今土拉河、鄂爾渾河上游。其族源眾說不一，可能是西遷室韋的後裔，但已受到突厥文化的強烈影響。其社會發展水準較為先進，十二世紀時已有初具規模的國家機構。他們又因信奉景教（即基督教聶斯托留派）而受到當時西方史家的重視和記載。

塔塔兒——是室韋諸部中較早崛起的一支，八世紀時其名即被用來統稱室韋。十二世紀居於蒙古部以東的呼倫貝爾草原，分為六部。因騷擾金朝邊境，多次受到金朝的征伐。

弘吉剌——又譯廣吉剌、翁吉剌，居於呼倫貝爾草原。本屬蒙古，但已分化成為一個獨立的部落集團。據波斯史書《史集》記載，蒙古人很早就分為尼魯溫蒙古（意為純潔的蒙古人）和迭列列斤蒙古（意為一般的蒙古人）兩大支系，彼此互通婚姻。迭列列斤蒙古除弘吉剌自成集團外，其餘氏族皆附屬於尼魯溫蒙古，共同構成十二世紀的蒙古部。

篾兒乞——居於蒙古部以西、克烈以北，今貝加爾湖以南、色楞格河下游一帶。是較早西遷的室韋之一部，但也吸收了很多的突厥文化。

斡亦剌——又譯外剌，居於篾兒乞以西、今葉尼塞河源頭。族源不詳，可能也出於西遷的室韋。

吉利吉思——居於斡亦剌西北，葉尼塞河上游。為唐朝黠戛斯之後，屬突厥語族。

乃蠻——居於漠北草原西部阿爾泰山到額爾濟斯河一帶，克烈、斡亦剌以西。屬突厥語族，繼承了突厥、回鶻的文化傳統，用畏兀兒（回鶻）文字。先依附西遼，又稱臣於金。地廣人眾，較早出現國家機構，其國君稱太陽汗。

汪古——居於漠南陰山地區。其主體出自屬突厥語族的沙陀、回鶻人，也融匯了契丹、党項等民族成分。遼、金時又稱「白韃靼」，為金朝看守北部邊境。

總之，自從回鶻汗國瓦解以後，北方草原的形勢十分複雜。大批西遷的室韋諸部填充了回鶻故地，但也有一些與突厥、回鶻同源的部族留居下來。遼、金王朝對這些北方草原民族只是羈縻約束，控制並不牢固，金朝更是一再受到「韃靼」諸部，包括塔塔兒、弘吉剌、蒙古、克烈等部族侵擾，雖多次北征，但總不能完全壓服，後來更是漸居守勢。另一方面，草原上的諸多游牧部落集團，甚至同一部落集團當中的不同氏族、支系，又處於頻繁的混戰當中，分合不定，形成「天下擾攘，互相攻劫，人不安生」②的動盪局面。

二、成吉思汗統一漠北

成吉思汗的出現，結束了北方草原諸部爭雄的混亂局面。成吉思汗名鐵木真，是蒙古乞顏孛兒只斤氏貴族，葛不律汗曾孫，生於一一六二年。年幼時其父也速該在出行途中被塔塔兒人毒死，部眾離散，鐵木真只能隨母親和幾個弟弟艱難度日，處境困窘，曾被蒙古泰赤烏氏貴族捕獲羈押，其妻孛兒

② 《元朝秘史》第二五四節。

帖（出自弘吉剌部）也一度被篾兒乞人擄去。鐵木真被迫投靠勢力強大的克烈部部主脫里汗，又與蒙古部中的札只剌（又譯札答闌）氏首領札木合結拜為兄弟。在此二人幫助下，鐵木真漸漸收復部眾，重建以本家族為核心的統治集團。當時蒙古部的大部分已被札木合控制，鐵木真力量強大後脫離札木合而獨立，游牧於怯綠連河（今蒙古克魯倫河）上游，並於約一一八九年被一些乞顏氏貴族和異姓侍從擁立為汗。札木合率領札只剌、泰赤烏諸部來攻，鐵木真分兵十三翼迎戰，因實力不敵而敗退，史稱「十三翼之戰」。

圖三八　成吉思汗

一一九六年，金朝討伐塔塔兒部，脫里汗與鐵木真出兵助金，在斡里札河（今蒙古烏勒吉河）打敗塔塔兒人。金軍統帥、右丞相完顏襄承制封脫里汗以王爵，此後脫里汗就被稱為王汗。鐵木真則得到了金朝封授的「札兀惕忽里」官號，相當於部族長。此戰前後，鐵木真集團內的乞顏主兒乞氏貴族與鐵木真所屬的乞顏孛兒只斤氏成員產生矛盾，不聽調遣，反而在後方劫掠，鐵木真發兵征討，捕殺主兒乞氏首領撒察別乞和泰出，從而消滅了親族中最有勢力的長支貴族，其個人的統治權威大為提高。

在鐵木真艱難創業、重振家族權威的過程中，他一直與克烈部王汗（脫里汗）結盟，並與其結為義父子。鐵木真羽翼豐滿後，開始逐漸擺脫對王汗的臣屬地位，但二人仍然長期維持同盟關係。王汗一度因克烈部內亂喪失權力，遠走西遼，後返回漠北，靠鐵木真的幫助才得以恢復統治。一二〇〇年，鐵木真與王汗聯兵，共同攻打蒙古泰赤烏氏貴族，將其軍隊擊潰。一二〇一年，塔塔兒、泰赤烏、札只剌等部推舉札木合為古兒汗（意為全體之君），又聯合乃蠻、斡亦剌等勢力，共同對抗鐵木真與王汗的聯盟。但經過幾次戰鬥，札木合屢敗，被迫降於王汗。王汗對鐵木真實力的膨脹早有疑忌，至此在札木合等人的鼓動下準備對鐵木真下手。一二〇三年春，王汗與其子桑昆派人通知鐵木真，將桑昆之女許嫁於鐵木真長子朮赤，企圖在許婚酒宴上殺掉鐵木真。鐵木真察覺情況有異，推辭不去赴宴。王汗父子自知謀洩，大舉發兵來攻，與鐵木真戰於合蘭真沙陀之地（在今內蒙古東烏珠穆沁旗北境）。鐵木真寡不敵眾，敗退至班朱尼河，從者僅十餘人，汲渾水同飲，因而宣誓說：「使我克定大業，當與諸人同甘苦，苟渝此言，有如河水。」③此後不久王汗與札木合等人又發生衝突，起兵相攻，而鐵木真收集餘部，重新恢復力量。這一年夏天，鐵木真探知王汗宴飲歡娛、疏於防備，遂調集軍隊兼程奔襲王汗駐地，發起猛攻，經過三天三夜激戰，擊潰了王汗的軍隊，王汗狼狽西逃，被乃蠻邊將所殺。至此鐵木真兼併了地廣人眾的克烈部，已經成為漠北最強盛的勢力。

一二〇四年春，乃蠻太陽汗見鐵木真勢力不斷強大，決定發兵來征。事先遣使漠南汪古部，希望聯合夾擊，而汪古部首領阿剌兀思剔吉忽里已歸附鐵木真，將情況向後者進行了通報。鐵木真整軍西進，與乃蠻軍會戰於納忽昆山，乃蠻軍大敗，太陽汗受傷被擒，不久死去。同年秋、冬，鐵木真又北征篾兒乞部，將其平定。次年，札木合被其親兵綁送鐵木真，鐵木真將他處死，以禮厚葬。

一二〇六年春，鐵木真在斡難河源召開貴族大會，即大汗位，建立「大蒙古國」。薩滿教巫師闊闊出聲稱得到上天的啟示，命鐵木真為普天下之汗、諸王之王，稱號為成吉思汗。成吉思一詞的含義，有「有力」、「天賜」、「偉大」、「海洋」等諸多不同說法。這一年，成吉思汗發兵襲乃蠻不亦魯黑汗（太

③宋濂等，《元史》卷一二〇〈札八兒火者傳〉。

陽汗之弟）於莎合水（今蒙古科布多河上游索果克河），擒而殺之。一二〇七年，派遣使者招降吉利吉思，並進一步征服、收降了吉利吉思以北的西伯利亞森林狩獵諸部落。一二〇八年，以此前歸降的斡亦剌部為嚮導，發兵西至額爾濟斯河，擊潰篾兒乞殘部，其首領脫脫別乞中流矢死，乃蠻王子屈出律逃奔西遼。至此，漠北草原已完全統一，一個強大的游牧帝國出現在歷史舞臺上。

圖三九　一二〇六年成吉思汗登基場景

三、早期蒙古國家制度

大蒙古國建立前後，成吉思汗創建或完善了一系列國家制度。這些制度都帶有濃厚的草原游牧帝國特徵，對蒙古國家的鞏固、強盛和有效管理，發揮了重大作用。

㈠**建立千戶、百戶授封制度**——早在一二〇四年與乃蠻太陽汗作戰前夕，成吉思汗已將其部隊按照十戶、百戶、千戶的十進位方式加以編組，委任了各級那顏（長官）。大蒙古國建立後，進一步將所有的草原牧民都按千、百、十戶編制起來，總數累增至九十五個千戶，分別授予隨成吉思汗創業建國的貴族功臣世襲統領。這種千、百、十戶制度具有兵、民合一的特點，既是軍事組織，也是大蒙古國統治草原社會的基本行政單位。編組千戶時，其中一部分由貴族功臣集聚本氏族成員結合而成，但大部分是混合不同部落、氏族的成員重新組成的。尤其是被成吉思汗征服的塔塔兒、克烈、乃蠻、篾兒乞等部族百姓，基本都被拆散，分別授予不同的貴族功臣，因而屬於不同的千戶。這樣千戶、百戶制度實際上取代了舊日的部落、氏族結構，大蒙古國百姓通過這一制度被納入嚴密的組織，由大汗委任的那顏分別管理，世代沿襲，在指定的牧地範圍內居住，接受賦役徵調。千戶以上還有萬戶，但只是單純的軍事統帥，不像千戶、百戶那樣兵民兼治。

千戶、百戶授封制度的建立和推行，在中國古代北方民族發展史上具有重大意義。在蒙古之前，漠北草原上先後出現過由匈奴、鮮卑、柔然、突厥、回鶻等民族建立的強大國家或部落聯盟。它們雖曾盛極一時，但其政權組織卻都是建立在氏族或部族共同體基礎之上，並未衝破氏族或部族組織的血緣外殼，相反卻通過這種血緣外殼來構築政權，形成一種「部族聯盟國家」。這些民族在草原上曇花一現，未能長期立足，是因為它們作為統治部族，與其征服的草原其他部族未能成功地融為一體；而融合的不成功，又與其政權的「部族聯盟國家」特徵有極大關係。大蒙古國則將漠北游牧國家的政治制度發展到了一個新階段，千戶百戶制度的長期實行，使草原上的氏族共同體逐漸瓦解，原有各部族不再像以前游牧國家治下的被征服部族那樣能夠保持自己組織的完整和相對獨立，它們在以後幾十年中與統治部族蒙古趨於合一，逐漸形成了全新而有持久生命力的蒙古民族。此前千餘年裡漠北的統治民族更迭頻繁，興衰無常，而自蒙古建國之後，漠北草原上就只剩下蒙古一個主體民族，即使在元朝滅亡、蒙古統一政權解體之後亦不例外。這應當說是漠北草原歷史上的一個階段性變化。

㈡**創建怯薛護衛軍**——成吉思汗在一二〇四年整頓軍隊之時，挑選了一部分貴族、平民子弟充當自己身邊的護衛親軍。一二〇六年建國後，成吉思汗將這支精銳的衛隊擴充到一萬人，分為四班，輪番值宿，每番三晝夜，總稱為四怯薛。怯薛，即蒙古語輪值之義。四怯薛各有怯薛長，由成吉思汗的親信功臣「四傑」博爾朮（蒙古阿兒剌氏）、博爾忽（蒙古許兀慎氏）、木華黎（蒙古札剌兒氏）、赤老溫（蒙古遜都思氏）擔任，並世襲其職。怯薛除保衛大汗外，還負責承擔大汗斡耳朵（蒙古語宮帳）內的各種服役，其中佩弓矢環衛者稱火兒赤，帶刀環衛者稱雲都赤，掌鷹隼者稱昔寶赤，書寫聖旨者稱札里赤，充書記主文史者稱必闍赤，廚師稱博兒赤，典車馬者稱兀剌赤，掌服御者稱速古兒赤，譯員稱怯里馬赤，還有諸多的其他執役名目。怯薛護衛軍是由過去草原貴族軍事侍從「那可兒」演變而來的（諸王也各有怯薛，但人數較少），它在新的形勢下起到了鞏固、強化汗權的作用，一方面以內禦外，從軍事上對在外的貴族將帥形成制約，另一方面其中相當一部分貴族將帥子弟實際上具有人質的性質，大汗可以因此更方便地駕馭臣下。同時，怯薛作為大汗的侍從近臣，自然地參與了軍政事務的策劃、管理，在很大程度上承擔了蒙古早期國家行政中樞的職能。

㈢**創制蒙古文字**——蒙古本無文字，「凡發命令，遣使往來，止是刻指以記之」④。成吉思汗滅乃蠻後，俘獲其掌印官畏兀兒人塔塔統阿，命其教授汗室子弟「以畏兀字書國言」⑤。畏兀兒文是由古代粟特文發展而來的一種拼音文字，自左向右豎寫。現在改用其拼寫蒙古語，最初的蒙古文由此產生。此後成吉思汗使用它發布命令，登記戶口，記錄審斷案件，編纂成文法，使蒙古人的文化水準大為提高，後來還出現了用畏兀兒體蒙古文撰寫的歷史、文學巨著《元朝秘史》。在創制文字的同時，也制定了使用這種文字的印章、牌符制度，從而加強了國家管理。

④趙珙，《蒙韃備錄》。

⑤宋濂等，《元史》卷一二四〈塔塔統阿傳〉。

㈣**頒行法律與設置司法長官**——蒙古人原有自古相傳的習慣法，稱為「約孫」（本義為「體例」）。成吉思汗建國前後，在這些習慣法的基礎之上重新頒行了一系列法律條文，蒙古語稱為「札撒」，後來還用蒙古文記錄成卷，名為《大札撒》。其中包括維護汗權、維護游牧社會等級制度、保護牧業經濟等基本內容，也殘存了一些蒙古人傳統的習俗和迷信禁忌。此後每逢新汗即位或遇重大征伐等事，在貴族聚會、典禮上都要誦讀《大札撒》條文，以示遵行祖制。成吉思汗還任命了掌管司法的官員大斷事官，蒙古語稱也可札魯忽赤，以其養弟塔塔兒人失吉忽禿忽擔任。大斷事官除審斷刑獄、詞訟外，同時負責主管貴族屬民的分配。其下還置有若干級別較低的斷事官（札魯忽赤）。

㈤**分封子弟**——大蒙古國具有「家產制國家」的典型特徵，成吉思汗家族將蒙古的全部民戶、國土視為共同財產，按照分割家產的習俗進行了分配。成吉思汗的諸弟、諸子都分得一部分民戶，稱為「忽必」（蒙古語「分子」），後來還具體劃分了地域。其弟合撒兒、合赤溫、別里古台、鐵木哥斡赤斤的封地都在蒙古高原東部，從克魯倫河、額爾古納河流域到呼倫貝爾草原，被稱為「東道諸王」。長子至三子朮赤、察合台、窩闊台被分封於阿爾泰山以西，稱為「西道諸王」。分配給諸王的民戶同樣處於千戶、百戶的編制之下，其千戶長（那顏）成為諸王的家臣。諸王對屬民有絕對支配權，可在領地內將他們再行分封給自己的子弟。蒙古國民戶、土地用於分封的只占少數，大部分民戶以及由克魯倫河直至阿爾泰山的蒙古高原中心地區，則作為父家長權力的象徵，仍由成吉思汗自己直接統領，並按照蒙古人「幼子守產」的習俗，預定將來交付給幼子拖雷繼承。成吉思汗家族的姻親和一些重要功臣也得到了世襲封地，但其地位低於子弟諸王，帶有大汗恩典賞賜的性質。另外成吉思汗時期的分封基本限於草原，對新征服的農耕地區則作為家族公產，由大汗統一派官治理。

上述國家制度的具體環節，都是以保障最高統治者大汗的個人權力為前提的。可能是由於草原游牧民經濟生活的不穩定性，他們當中普遍存在著對絕對權威的需求。草原社會等級觀念的發展，成吉思汗在艱苦創業過程中形成的個人崇高威望，加上蒙古國家最高權力與薩滿教神權的結合，使成吉思汗完全成為凌駕於眾人之上的「超人」型統治者。薩滿巫師闊闊出雖然擁立成吉思汗有功，但因其個人勢力對汗權形成威脅，即被成吉思汗果斷處死。波斯史家拉施特（Rashid al-Din Hamadani）稱成吉思汗即位以後「所有血親與非血親的蒙古氏族和部落，都成了他的奴隸和僕役」⑥。十三世紀前期訪問蒙古的歐洲傳教士加賓尼（Giovanni da Pian del Carpine）則記載說：「韃靼皇帝（按指蒙古大汗）對於每一個人具有一種驚人的權力。……一切東西都掌握在皇帝手中，達到這樣一種程度，因此沒有一個人膽敢說這是我的或是他的，而是任何東西都是屬於皇帝的。……不管皇帝和首領們想得到什麼，不管他們想得到多少，他們都取自於他們臣民的財產。不但如此，甚至對於他們臣民的人身，他們也在各方面都隨心所欲地加以處理。」⑦汗權的強大，是大蒙古國政治的突出特徵。

四、滅夏與滅金

歷史上所有統一漠北的游牧帝國，都會很快轉入對農業定居社會的掠奪和擴張，大蒙古國也不例外。首先成為蒙古侵掠對象的，是位於其南方的西夏和金。

---

⑥拉施特著，余大鈞、周建奇譯，《史集》第一卷第二分冊（北京：商務印書館，一九八三年），頁一五。

⑦道森編，呂浦譯，《出使蒙古記》（北京：中國社會科學出版社，一九八三年），頁二六－二八。

早在一二〇五年，成吉思汗就一度攻入西夏，劫掠大批牲畜、財物而還。西夏因蒙古軍撤走，大赦境內，並將都城興慶府（今寧夏銀川）更名為中興府。一二〇七年，蒙古軍再次侵入西夏，攻破兀剌海城（今內蒙古阿拉善右旗境），擄掠後退走。一二〇九年，成吉思汗對西夏發動了更大規模的進攻，由黑水城（今內蒙古額濟納旗南）入河西，連敗西夏軍隊，進圍中興府，引黃河水築堤灌城。西夏求援於金，金朝統治者認為敵人相攻是本國之福，因此置之不理。幸而蓄水圍城的外堤潰塌，蒙古軍反而被淹，成吉思汗遂同意與西夏講和。西夏襄宗獻女於成吉思汗，稱臣納貢，蒙古軍北還。此後一段時間西夏附蒙攻金，經常侵入金境殺掠，金朝也不時出兵報復。

在金朝統治的鼎盛時期，蒙古部對金叛服不常，繼葛不律汗即位的俺巴孩汗（出自泰赤烏氏）等一些貴族被金朝捕獲處死，雙方積怨甚深。一二〇八年金衛紹王即位，遣使至蒙古頒詔，成吉思汗此前赴金朝邊境進貢時見到衛紹王，知其庸懦無能，拒絕跪拜受詔，蒙金關係破裂。經過一段時間準備後，成吉思汗終於在一二一一年以為先輩復仇為名，大舉進攻金朝。為金守邊的汪古部歸附蒙古，引蒙古軍進入金境。金軍迎戰於野狐嶺（今河北萬全西北）、澮河堡（今河北懷來東），均告大敗。蒙古軍進抵中都（今北京），並分兵深入劫掠，至年底北撤。此後幾年內，蒙古軍一再深入華北腹地進行抄掠，「凡破九十餘郡，所過無不殘滅，兩河山東數千里，人民殺戮幾盡，金帛、子女、牛羊馬畜皆席捲而去，屋廬焚毀，城郭北墟矣」⑧。一二一四年，金宣宗獻公主、金帛求和，並遷都至南京（今河南開封）。駐於中都附近、由契丹等諸部族組成的乣軍殺主帥嘩變降蒙，蒙古軍於次年占領中都，置達魯

⑧李心傳，《建炎以來朝野雜記》卷一九「韃靼款塞」條。

花赤（蒙古語「鎮守者」）守之。

金廷南遷之後，已無力恢復對黃河以北地區的有效統治，而蒙古軍隊對所占州縣又多在殺掠後放棄，因此地方上的地主豪強紛紛起而割據自保，一時間「河北群雄如牛毛」⑨。一二一七年，成吉思汗封拜其「四傑」之一——木華黎為太師、國王、都行省，全權負責對金戰事。此後不久成吉思汗統蒙古軍主力西征花剌子模，留給木華黎的蒙古軍只有大約一萬三千人，另有汪古騎兵萬人。木華黎逐漸改變了過去肆行殺戮、得地不守的做法，大力招降並利用漢、契丹、女真等族地主武裝與金朝作戰，而金朝也以高爵招徠華北土豪，分別依附蒙、金兩方的地方勢力彼此展開了拉鋸式的爭奪。此後十餘年間戰鬥雖有反覆，不過總的趨勢是附蒙一方漸居上風，愈來愈多的地方軍閥倒向蒙古。在山東，儘管南宋也加入了對當地勢力的爭取，但該地最終仍然落入蒙古的控制。蒙古對率部或納土歸降的軍閥、官僚，通常沿用金朝官稱，授予元帥、行省之類統軍管民之職，許其世襲，並可自辟僚屬，稱為「世侯」。當時力量較強的世侯，河北地區主要有永清史天澤、易州（今河北易縣）張柔，山東地區則有東平嚴實、濟南張榮、益都李全等。

在向華北擴張的同時，蒙古的勢力也伸入了東北地區。約一二一一年，蒙古大將哲別一度攻占金東京（今遼寧遼陽）。契丹軍官耶律留哥在隆安（今吉林農安）起兵反金，眾至十餘萬，稱遼王，遣使歸附蒙古。一二一四至一二一五年，耶律留哥擊敗了金遼東宣撫使蒲鮮萬奴的軍隊，親赴蒙古朝見成吉思汗。其部屬耶廝不不願降蒙，在遼東稱帝，但不久死於內亂，餘部竄入高麗。此時蒲鮮萬奴也叛

---

⑨ 魏初，《青崖集》卷三〈重修北嶽露臺記〉。

金自立，稱天王，國號大真，史稱東真國。在蒙古的軍事壓力下，萬奴也表示歸降蒙古，遣子入質。一二一八年，蒙古與萬奴合兵，深入高麗追擊耶廝不餘部，在高麗軍隊的協助下消滅了這支力量。此後一段時間，蒲鮮萬奴一直割據東北，其地東至日本海，北抵松花江，都於南京（今吉林延吉東）。一二二九年，蒙古軍占領遼東南部。一二三一年，進攻高麗，迫使其國王投降。一二三三年，攻破南京，俘獲蒲鮮萬奴，滅東真國。至此蒙古完全據有東北地區。

西夏自歸附蒙古後，長期助蒙攻金，且困於蒙古徵發誅求，國力日漸疲乏。一二二三年，西夏獻宗即位，改變政策，與金朝結盟為兄弟，共抗蒙古。成吉思汗結束西征東還後，於一二二六年親統大軍，以抗命之罪對西夏發起進攻。西夏獻宗憂懼而死，其侄末主李晛繼立。一二二七年，蒙古軍已攻破西夏多處重要城池，包圍中興府。七月，成吉思汗病卒於營中，蒙古軍祕不發喪，繼續圍困。不久城中食盡，李晛出降被殺，西夏亡。

到成吉思汗去世時，蒙古已在對金朝作戰中取得壓倒性優勢，金朝只能固守黃河防線，苟延殘喘。據載成吉思汗臨終曾擬定借道於南宋、迂迴從後方給金朝致命一擊的戰略計畫。一二三一年，蒙古第二代大汗窩闊台在官山（今內蒙古卓資北）大會諸王，議定分兵三路伐金。窩闊台自統中路軍由山西正面發起攻擊，鐵木哥斡赤斤統左翼軍由山東進兵，拖雷則統右翼軍從寶雞南下，繞道宋境，包抄金朝後方。這一年冬天，窩闊台攻破河中府（今山西永濟西），渡過黃河。拖雷從大散關入漢中，沿漢水東下，經過長距離的艱苦行軍，自鄧州（今河南鄧縣）繞出金朝背後。一二三二年春，拖雷趁天降大雪之機，大破金軍主力於鈞州（今河南禹州）南邊的三峰山，北上與窩闊台會師，金朝滅亡的大局已定。大將速不台包圍金南京，金哀宗棄城出逃。次年金將崔立獻南京降蒙古。金哀宗由歸德（今河南商丘）走蔡州（今河南汝南），蒙古與南宋達成協議，合兵將金哀宗圍困在蔡州城內。一二三四年一月，城破，哀宗自殺，金亡。

五、三次西征

大蒙古國在向南方擴張的同時，還發動了三次規模巨大的西征，兵鋒遠及中亞、西亞乃至東歐，極大地改變了歐亞內陸的政治格局，也影響了世界歷史發展的進程。

在大規模的西征之前，蒙古已經開始向西拓展勢力。攻滅乃蠻、篾兒乞後，首先收服了畏兀兒。畏兀兒在宋時稱高昌回鶻，其地以哈剌火州（即高昌，今新疆吐魯番）和別失八里（亦稱北庭，今新疆吉木薩爾）為中心，首領稱亦都護（源於突厥語，意為「幸福之主」），臣屬於西遼。西遼在畏兀兒設少監之官進行監治，其人仗勢欺凌，引起畏兀兒人不滿。一二〇九年，畏兀兒亦都護巴而朮阿而忒的斤殺西遼少監，遣使降於蒙古。一二一一年，他又親赴蒙古朝見成吉思汗，成吉思汗對其十分優待，以女許嫁，視為第五子，「使與諸皇子約為兄弟，寵異冠於諸國」⑩。此後畏兀兒成為蒙古藩屬，須履行入質、納貢、從征等義務，同時亦都護的傳統稱號依然保存，並對畏兀兒領地和百姓享有世襲統治權。中亞地區還有另外一個依附於西遼的民族哈剌魯，居於巴爾喀什湖東南伊犁河、楚河一帶，是唐時西突厥支裔葛邏祿之後，首領稱阿兒思蘭汗。至此他們也殺掉西遼監護官，向蒙古歸降。這一時期，西遼在西方敗於勢力日漸上升的伊斯蘭教國家花剌子模，東部的畏兀兒、哈剌魯又相繼叛附蒙古，國

---

⑩趙孟頫，《松雪齋文集》卷七〈故榮祿大夫中書平章政事守司徒集賢院使領太史院事全公神道碑〉。

勢衰頹。被蒙古擊敗的乃蠻王子屈出律逃到西遼，篡奪了帝位。一二一八年，成吉思汗遣哲別率軍征討屈出律，將他捕獲殺死，西遼疆土盡歸蒙古。此前，居於貝加爾湖以西的森林部落禿馬惕部起兵反抗蒙古統治，殺死了成吉思汗的得力大將、「四傑」之一博爾忽，吉利吉思等部也起而回應。成吉思汗派長子朮赤領軍鎮壓，將起事平定。

一二一九年，成吉思汗發動了蒙古第一次西征，征伐的對象為花剌子模。花剌子模是中亞的伊斯蘭教古國，統治中心位於阿姆河下游，都玉龍傑赤（今土庫曼庫尼亞烏爾根奇）。原為西遼藩屬國，十三世紀初國王摩訶末在位時，擺脫西遼統治，四向開拓疆土，遷都於撒麻耳干（今烏茲別克撒馬爾罕），成為中亞地區最強大的勢力。蒙古崛起後，與花剌子模建立了商業聯繫，但一二一八年蒙古所遣商隊進入花剌子模邊境後，為其將領所殺，財物盡被劫掠。成吉思汗派使臣前去交涉，又被摩訶末殺死。成吉思汗大怒，決意興兵復仇，遂大舉西征。花剌子模有軍隊四十萬，人數多於約十五至二十萬的蒙古西征軍，力量上占據優勢，但其統治集團內部矛盾尖銳，不能緊密團結對外，而且採取了分兵把守、消極防禦的錯誤戰略，以至局面被動，屢戰屢敗。一二二〇年，蒙古軍已攻占訛答剌、不花剌等重要城市，進圍撒麻耳干，摩訶末棄城逃到裏海中的島上，不久病死，花剌子模其餘地區相繼被占領。一二二一年，蒙古軍在印度河畔擊敗摩訶末之子札蘭丁的抵抗部隊，札蘭丁逃入印度。一二二三年，成吉思汗率軍東返。此前由哲別、速不台統領的一支蒙古軍追擊摩訶末不獲，越過高加索山進入欽察草原，抄掠俄羅斯平原南部及烏克蘭地區，擊敗了斡羅思（俄羅斯）諸國王公與欽察人的聯軍後退兵，與成吉思汗會師，一同回到蒙古。

滅亡金朝以後，蒙古貴族發動了第二次西征。一二三五年，大汗窩闊台召集諸王大會，決定征討欽察、斡羅思方向的未服諸國。命宗室、貴族都派出長子參加西征，由成吉思汗之孫、朮赤之子拔都任統帥，軍隊人數約十五萬。一二三六至一二三七年，蒙古軍攻滅伏爾加河中游的比里阿耳部，招降了一部分欽察軍隊，擒殺堅持抵抗的欽察首領八赤蠻。隨後進入俄羅斯平原，相繼攻滅也烈贊、莫斯科、弗拉基米爾、科澤里思哥等公國或城市，又分兵征服高加索山和黑海以北欽察、阿速諸部。至一二四一年，俄羅斯、烏克蘭平原已基本被征服，拔都遂分兵兩路，繼續西征歐洲諸國。北路由諸王拜答兒、大將兀良合台等率領，進攻孛烈兒（今波蘭），在萊格尼察（在今波蘭西部）擊潰孛烈兒和捏迷思（德意志）諸侯聯軍，轉而南下同南路軍會合。南路軍由拔都自己統領，進攻馬札兒（今匈牙利），攻占其都城佩斯，前鋒追擊馬札兒國王別剌四世直至亞得里亞海畔，不及，遂由塞爾維亞返回。一二四二年，大汗窩闊台的死訊傳到西征軍中，拔都始收兵東返，駐節於伏爾加河下游，統治欽察、斡羅思地區。

圖四十　一二三八年拔都入侵弗拉基米爾—蘇茲達爾公國

拔都的西征給歐洲各國造成極大震動。一二四五年，教宗英諾森四世(Innocentius IV)在法國里昂召集宗教大會商討對策。事先已派遣教士東赴蒙古，勸說其停止殺掠和侵犯基督教國家，並了解大蒙古國的具體情況。義大利教士普蘭諾．加賓尼奉命出使，於一二四六年七月抵達漠北，謁見了剛剛即位的蒙古第三代大汗貴由（窩闊台長子），呈上教宗的信件。年底，持貴由汗答覆教宗的勸降詔書返回。一二五三年，法國教士威廉．盧布魯克（Guillaume de Rubrouck）又奉法王路易九世之命出使蒙古傳教，見到了第四代大汗蒙哥（拖雷長子），但也是不得要領而歸。不過兩位教士各自撰寫了比較詳細的出使報告，記述了蒙古草原地區政治、經濟、風土人情各方面的情況。

蒙哥汗在位時，又進行了第三次西征。此前在窩闊台時，蒙古大將搠里蠻消滅了札蘭丁等花剌子模殘餘勢力，征服了西亞的波斯地區，亞塞拜然、亞美尼亞等地也紛紛歸附。蒙哥即位後，命其同母第三弟旭烈兀總領波斯之地，並統兵西征波斯以西未服諸國，主要是禡拶答而（今伊朗馬贊德蘭省）地區的木剌夷國和定都於報達（今伊拉克巴格達）的阿拉伯阿拔斯王朝（漢文史籍稱為黑衣大食）。一二五三年，旭烈兀統兵出征，由諸王各自所屬軍隊中每十人抽調二人從征，並在漢地簽發

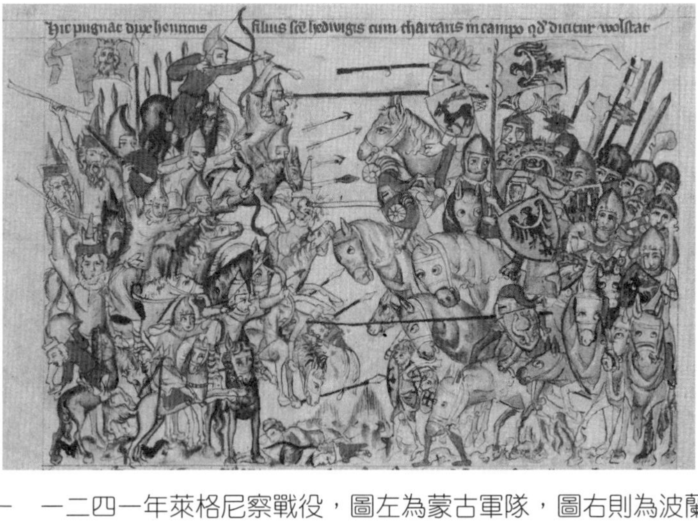

圖四一　一二四一年萊格尼察戰役，圖左為蒙古軍隊，圖右則為波蘭軍隊

炮手、火箭手等隨行。西征軍行進緩慢，一二五六年始抵木剌夷國。木剌夷國是伊斯蘭教伊斯瑪儀派（什葉派之一支，元代時譯作亦思馬因派）建立的宗教政權，廣蓄敢死之士從事暗殺活動，又不盡守伊斯蘭教戒律，被其他穆斯林視為異端。蒙古軍既至，木剌夷教主魯克奴丁窮蹙而降，旭烈兀毀其城堡，屠殺其人殆盡。一二五七年，分路向報達進發，至一二五八年二月攻陷報達，殺阿拔斯王朝末代哈里發穆斯塔辛，又縱火屠城，據載居民死者達八十萬人之多。此後旭烈兀繼續西征敘利亞，但不久得知蒙哥死訊，遂率主力部隊返抵波斯。留駐敘利亞的蒙古軍被埃及軍隊擊敗，西征結束。

蒙古的三次西征橫掃歐亞大陸，所向披靡，建立起一個疆域空前龐大的世界性帝國。西征軍兵鋒所及，殺戮人民，毀壞城鎮，給被征服地區帶來浩劫，中亞、西亞伊斯蘭文明受到的破壞尤為嚴重。但西征的結果，也給中西之間人員往來創造了便利條件，促進了中西文化交流。大批中西亞各族人陸

圖四二　蒙古攻陷報達（今巴格達）

續東來，使蒙元時期的民族狀況更加複雜，形成了一個統一的多民族國家。

六、進攻南宋與收服吐蕃、大理

早在成吉思汗進攻金朝時，即曾派使臣與南宋聯絡，但南宋邊將未敢接納。到一二二〇、一二二一年間，雙方始正式互通使節。一二二七年，蒙古軍在攻下臨洮（今屬甘肅）後一度進入南宋四川關外諸州抄掠，後來拖雷又強行由南宋境內假道，迂迴攻金。三峰山之戰後，蒙、宋達成聯合滅金的協議，最終共同攻陷蔡州。一二三四年金朝滅亡，南宋企圖趁蒙古大軍北歸之際收復河南，倉促出兵占領了早已殘破不堪的汴京、洛陽諸城，但很快又在蒙古軍隊的反擊下狼狽退回。是即「端平入洛」（端平為宋理宗年號）。此後蒙古以此為藉口，發起了攻宋戰爭。

一二三五年，窩闊台命其子闊出、闊端分統軍隊進攻南宋。闊出與宗王口溫不花、大將塔思、察罕、漢軍萬戶張柔、史天澤進攻襄、漢、淮西，一度占領南宋的軍事重鎮襄陽。闊端與宗王穆直、大將達海紺卜、按竺邇、漢軍萬戶劉黑馬進攻四川，在陽平關（今陝西寧強北）大敗宋軍，長驅入蜀，攻占成都。南宋軍隊頑強反擊，經過反覆爭奪，在長江中游頂住了蒙古的進攻，奪回襄陽，大體守住了淮河一線。而在長江上游，由於蜀門洞開，局面十分被動，雖曾短時期收復成都等地，但仍然又被蒙古軍奪去。隨著戰局的發展，南宋不得不把四川防禦的重點放在川東，憑藉險要修築城堡，利用多山的地形阻遏蒙古騎兵進攻。這樣雙方在四川盆地也形成了相持的狀態。這段時間，蒙古並未將南宋作為其擴張重點，進攻時很大程度上也是以劫掠財物為主，故而進展不大。

闊端經略四川期間，開始與吐蕃地區建立聯繫。一二三九年，闊端派遣部將朵兒答進兵烏思藏（烏思指前藏，藏指後藏），抄掠後退回。一二四四年，再遣朵兒答入藏，召請吐蕃最有影響的宗教首領之一——藏傳佛教薩迦派座主薩班（全名薩迦．班智達．貢噶堅贊）。薩班於一二四六年到達涼州，謁見闊端，雙方就烏思藏歸附蒙古達成了協定。薩班致函吐蕃各教派、各地區僧俗首領，宣諭其事，由此吐蕃開始納入大蒙古國的統治。蒙哥汗即位後，派人入藏清查戶口，劃定地界，指定某些地區為自己和諸弟的供養地，與各教派形成領屬性質的施供關係。不久，又在這些地區任命萬戶長。已分裂割據四世紀之久的吐蕃地區，在蒙古的統治下重新趨於統一。

圖四三　薩迦・班智達・貢噶堅贊

蒙哥在委派旭烈兀西征的同時，又命其同母次弟忽必烈負責進攻南宋。忽必烈提出遠征雲南大理國、從側後方迂迴包抄南宋的戰略計畫。一二五三年，忽必烈由六盤山統兵南下，以老將速不台之子、參加過拔都西征的兀良合台總理軍事。蒙古軍取道吐蕃東部（今四川甘孜藏族自治州境）而行，一路艱難跋涉，征服了當地一些割據的吐蕃部族，進一步加強了蒙古對吐蕃的控制。這一年冬天，蒙古軍渡過金沙江，進圍大理城（今雲南大理）。大理國王段興智與權臣高泰祥迎戰大敗，棄城逃走，城陷。一二五四年，忽必烈北還。兀良合台留鎮雲南，俘獲段興智，並相繼征服大理境內未服諸部，設十九萬戶府分治之。一二五八年，兀良合台又進攻安南（在今越南北部），一度攻占其都城升龍（今越南河內），不久撤回。

一二五七年，蒙哥下詔大舉伐宋。自統蒙古軍主力進攻四川，以同母幼弟阿里不哥留守漠北。原來負責對宋戰事的忽必烈因在中原勢力發展過速，聲望日增，已引起蒙哥的疑忌。蒙哥解其兵權，命在家休養，另委宗王塔察兒統兵攻荊襄、兩淮。又命兀良合台自雲南率軍北上，對南宋形成鉗形攻勢。一二五八年，蒙哥由六盤山南下入蜀，與四川的蒙古軍會合，連克多處城池，直抵南宋四川山城防禦體系的中心合州（今四川合川）釣魚城。而塔察兒所統東路軍進展不利，蒙哥不得不又起用忽必烈，命其至荊襄前線主持戰事。一二五九年，蒙哥猛攻釣魚城，宋將王堅率軍民奮勇拒守，蒙古軍連攻數月不克，損兵折將。七月，蒙哥病死於軍中，或云為飛石擊中，不治而死。結果這一路攻宋的主力部隊只好撤圍北還。與此同時東路的忽必烈卻已取得較大進展，前鋒渡過長江，包圍鄂州（今湖北武昌）。南宋命宰相賈似道總兵增援，蒙古軍圍鄂州兩月不克。適逢忽必烈得到幼弟阿里不哥行將奪取汗位的消息，遂於十一月與賈似道祕密議和，率軍北歸。兀良合台率領的三千蒙古軍和爨、僰等族軍萬人此時已抵達潭州（今湖南長沙），遇到宋軍阻遏。在忽必烈接應之下，這路軍隊也終於北上與蒙古大軍會合。這一次大規模的攻宋戰爭，遂因大汗暴卒而中途流產。

第二節　大蒙古國的內政

一、汗位的繼承和爭奪

與以前的漠北草原游牧政權一樣，大蒙古國的汗位繼承沒有固定次序，紛爭不斷。在某些時期，甚至出現了連續數年汗位虛懸的狀況。汗位紛爭的根本原因，在於蒙古建國前氏族軍事民主制的殘餘影響。國家雖已誕生，但最高統治者的世襲制度並未完全發展成熟，而是仍然帶有氏族、部落首領公選制的痕跡，形成一種「世選」繼承方式。在世選方式下，汗位繼承並不能完全由前任大汗的遺命所決定（即使「超人」型的成吉思汗也不例外），而是由諸王、貴族參加的「忽里勒台」會議要在其間起很大作用。

忽里勒台是蒙古語「聚會」之意，在蒙元時期專指擁立大汗（皇帝）、決定對外征伐等大事的諸王、貴族大會。蒙古建國前的忽里勒台是部落和部落聯盟的議事會，推舉首領是其中一項主要內容。成吉思汗初任蒙古乞顏氏首領，以及後來就任大蒙古國大汗，都經過了忽里勒台推戴的程序。大蒙古國的建立，使蒙古首領的公選制向世襲制跨出一大步，此後蒙古國家成為成吉思汗家族（亦稱「黃金家族」）的家產，大汗只能從成吉思汗的子孫中產生。但此時僅僅是世選而非單純的世襲，新汗的具體人選並不完全固定，而且仍須通過忽里勒台會議的擁戴，才能正式即位。如因各種原因無法馬上召集忽里勒台，就會出現汗位虛懸的情況。同時成吉思汗家族成員——諸王，也成為忽里勒台的主要參加者和主導力量。在忽里勒台會議上，諸王、貴族就汗位繼承人基本形成一致意見後，被推舉者照例要再三辭讓，最後始「不得已」而登位。登位時要舉行北方民族傳統的宗教、巫術儀式，君臣舉行盟誓，諸王、貴族表示效忠和盡臣下義務，大汗許以各種恩寵性的承諾，酬報以大筆賞賜。隨即舉行規模盛大、持續多日的宴飲，然後會議結束。大蒙古國歷代大汗、乃至以後元朝皇帝的即位，都基本遵循了這一程序。忽里勒台選君之制固然有利於推舉出最有才能和威望的最高統治者，但畢竟為有關家族成員爭奪汗位的行動提供了意識型態依據和事實上的可能，孕育著內訌和分裂的危險因素。

成吉思汗正妻孛兒帖生有朮赤、察合台、窩闊台、拖雷四子，他們本來都有資格繼承汗位。蒙古人自古流行「幼子守產」的習俗，家庭中正妻所出幼子稱作「斡赤斤」，意為「守爐灶者」，因兄長先已成年，分家自立，故可以繼承父親留下的家產。成吉思汗按照這一傳統，在分封子弟時，只將小部分軍隊、資產分給朮赤等三子，大部分自己留下，預備死後傳給拖雷。然而在考慮汗位繼承人時，他又從政治才能出發，選擇了窩闊台。其他兩子當中，朮赤與拖雷友善，而察合台與窩闊台交好，四子實際上形成兩黨，其矛盾延及子孫。

圖四四　窩闊台

一二二七年成吉思汗死，雖然有傳位於窩闊台的遺囑，但因忽里勒台會議一時未能舉行，窩闊台無法即位。在這種情況下，拖雷以「斡赤斤」身分監國兩年。一二二九年，終於召開了忽里勒台，「宗親咸會，議猶未決」⑪，經過一個多月的討論，仍然決定由窩闊台即汗位。因為有這樣一場風波，加上拖雷繼承成吉思汗大部分軍隊、資產，勢力龐大，故窩闊台對拖雷不無疑忌。一二三二年三峰山戰役之後，拖雷隨窩闊台自中原北還，途中暴卒。拖雷之死暫時緩解了窩闊台汗位受到的威脅。後來窩闊台未與諸王商議，就以大汗名義從拖雷屬部中奪取軍隊三千戶，授予己子闊端，反映出兩系的衝突已接近公開化。

一二四一年窩闊台死，忽里勒台會議仍未馬上召開，由窩闊台的皇后乃馬真氏脫列哥那臨朝稱制。脫列哥那狡黠多權術，以濫行賞賜換取宗王大臣擁護，攝政達五年之久。成吉思汗幼弟鐵木哥斡赤斤企圖趁虛而入奪取汗位，但未能成功。一二四六年舉行忽里勒台選汗大會，雖然窩闊台生前曾指定其

⑪宋濂等，《元史》卷一四六〈耶律楚材傳〉。

孫失烈門（窩闊台第三子闊出之子）為繼承人，但脫列哥那卻希望選立自己所生長子貴由。在她的指引下，貴由遂被推舉為大汗。貴由與朮赤之子拔都一向不和，在長子西征時曾互相辱罵，一直爭執到窩闊台處。貴由即位後，派親信野里知吉帶出鎮波斯，圖謀對付駐守欽察草原的拔都。一二四八年，貴由率軍隊西行，拔都亦嚴兵為備，但貴由卻在路上突然死去，醞釀中的內戰終未爆發。

貴由既卒，皇后斡兀立海迷失攝政，同時拔都以資深宗王的身分在他的封地召集忽里勒台會議，推舉拖雷長子蒙哥為新汗。窩闊台、察合台兩系諸王拒不參加會議，也不承認其推舉的合法性。次年蒙哥回到漠北，重新召集忽里勒台，但窩闊台、察合台兩系仍然抵制。又拖延兩年後，到一二五一年會議終於召開，蒙哥經推戴正式即位。窩闊台等兩系諸王不甘心失敗，藉朝會之機策劃兵變，遭蒙哥鎮壓。事後蒙哥又誅殺了海迷失皇后和窩闊台、察合台兩系的大批臣屬。如此大蒙古國的汗位便由窩闊台系轉至拖雷系。在此過程中成吉思汗子孫的矛盾完全爆發，自相屠戮，家族裂痕已無可彌縫，為日後大蒙古國的分裂埋下了伏筆。

二、草原本位政策與中原的混亂局面

大蒙古國的疆域雖然遼闊，但卻只是一個依靠軍事力量來維繫的政治聯合體。境內被征服的民族繁多而龐雜，其語言、宗教、風俗習慣各不相同，社會發展程度也有很大的差異。蒙古統治者在管理這一龐大帝國時，採取了以漠北草原為國家本位的統治政策。

儘管征服了大片農耕地區，但大蒙古國的統治中心一直處於漠北草原，這一荒遠的亞洲內陸腹地一時成為世界矚目之所。建國初期，尚無正式都城，大汗通常駐牧於怯綠連河上游的大斡耳朵（蒙古語「宮帳」）。窩闊台時，開始在漠北草原中央、斡耳寒河（今蒙古鄂爾渾河）東岸建造國都，定名為哈剌和林（今蒙古哈爾和林），簡稱和林。和林城的營建持續十餘年，宮殿、邸宅等建築基本模仿漢族式樣。都城以外，另建有四季行宮。窩闊台對蒙古國家制度進行了進一步的完善。首先是制定草原牧民的牲畜稅抽分之法，馬、牛、羊皆百頭抽一。其次是健全驛傳制度，在由漠北通往中原、西域的道路上選地設立驛站（站即蒙古語「驛」——Jam 的音譯），並設管站官員。還在草原上勘址掘井，以擴大牧場，發展畜牧業生產。透過對被征服地區的掠奪和剝削，漠北草原出現了前所未有的空前繁榮，專門建造有許多倉庫，貯藏財物穀帛。波斯史家志費尼(Ata-Malik Jurayni)在極言當時草原生活的變化幅度後說：「蒙古人的境遇已從赤貧如洗變成豐衣足食。」⑫

相比之下，蒙古統治者對被征服地區治理工作的重視程度就遠遠不夠，基本上是採取間接統治的方式。在一些重要城市，設置了受大汗控制、較強有力的統治機構，並駐紮軍隊，重點在於保證其對大蒙古國的臣服和繳納財賦。在基層的行政管理上，則大量保存當地傳統制度並任用當地上層人物。大約在窩闊台時期，已將被征服的農耕地區劃分為漢地、中亞和波斯三大部分，分別設置也可札魯忽赤（即大斷事官）進行管理。後來漢文史料將其比附為「行尚書省」。其中「燕京等處行尚書省」統治漢地，「別失八里等處行尚書省」統治畏兀兒、中亞地區，「阿母河等處行尚書省」統治阿姆河以西波斯之地。

大蒙古國統治下的中原漢地，長期處於動盪、混亂之中。蒙古初入中原，以劫掠為主，不重視地

⑫志費尼著，何高濟譯，《世界征服者史》（呼和浩特：內蒙古人民出版社，一九八〇年），上冊，頁二四。

區占領，屠殺之殘酷，於史少見。其軍法，「凡城邑以兵得者，悉坑之」⑬，只要進行抵抗被攻破，除工匠等專業人材和宗教人士外，城中居民一律屠戮。戰亂引起的饑饉和疾疫，使劫後餘生的百姓大批死亡。人口擄掠也非常嚴重，貴族、軍閥在戰亂中大量役占私屬奴婢，稱為驅口（意即「被俘獲驅使之人」），據說其數目「幾居天下之半」。經過戰爭浩劫，中原已陷於「天綱絕，地軸折，人理滅」的悲慘境地⑭。金章宗泰和七年，金朝境內有戶七百六十八萬，口四千五百八十餘萬。而窩闊台於滅金前後的一二三三年、一二三五年兩次在中原括戶，僅得戶一百一十餘萬。此後蒙古設置了「燕京行尚書省」控御漢地，但卻是專以搜刮為務而忽略治理，統治黑暗，法制不立，百姓飽受虐政而無從控告。窩闊台時，回回人（元朝對來自中亞、西亞各地穆斯林的泛稱）牙老瓦赤任燕京行省斷事官，「唯事貨賂，天下諸侯競以掊克入媚」⑮。蒙哥時的燕京斷事官不只兒視事一日，即殺二十八人。一人被判杖刑，杖畢釋放，適逢有人前來獻刀，不只兒遂將被杖者捉回試刀，「既杖復斬」⑯。

在地方上，漢人世侯的勢力依然很強大。大者握兵數萬，轄境二三千里，父子兄弟相襲，如同古之諸侯藩鎮。小者或僅一城之地，但也是兼統軍、民，世任其職。世侯的統治是金末戰亂割據局面與蒙古世襲制度相結合的產物，他們在向蒙古統治者履行納質、從征、貢獻等義務的條件下，即可自治

⑬姚燧，《牧庵集》卷四〈序江漢先生事實〉。
⑭蘇天爵編，《元文類》卷五七，宋子貞〈中書令耶律公神道碑〉。
⑮姚燧，《牧庵集》卷一五〈中書左丞姚文獻公神道碑〉。
⑯宋濂等，《元史》卷四〈世祖紀一〉。

其境，對於重建地方秩序、恢復生產起到了一定的作用。但其專制一方，自擅生殺禍福、聚斂封殖之權，也對百姓形成沉重的剝削和壓迫。蒙古滅金後，實行「劃境之制」，對犬牙交錯的大小世侯轄區進行了一些調整，另外在各路、府、州、縣廣設達魯花赤一職，居長官之上以監臨。這樣世侯的權力受到了一定的限制，不過其割據之實並未根本改變。

蒙古統治者還將草原分封之制推廣到漢地。一二三五年括戶之後，即將所籍中原民戶的大部分按地區分封給諸王、貴戚、勳臣，稱為「投下」或「頭下」（於遼代出現的詞彙，意為「頭項之下」）。與草原不同的是，封主並非親臨投下封地進行統治，僅派設達魯花赤監臨，其稅入由大汗所置地方官統一徵收，據所得分額頒給。儘管制度如此，但蒙古貴族仍然習慣於按照草原傳統觀念，將中原的投下封地封戶視作自己的私產，往往違制逕自設官徵賦，徵斂各種所需物品，或將投下民戶抑占為私屬人口。如遠駐欽察草原的拔都家族，被封以平陽路（治今山西臨汾）四萬餘戶。為便於運送，勒令封戶將所繳貢賦折納黃金，以至「十倍其費」。又將封地分割，「使諸妃王子各徵其民，一道州郡至分為五、七十頭項，有得一城或數村者，各差官臨督」。封戶「榜掠械繫，不勝苦楚」，「轉徙逃散，……人自相食」[17]。

蒙古征服中原之初，剝削方式以臨時徵斂為主，除官方的需索外，貴族、將領還要私自搜刮錢物，稱為「撒花」（波斯語「禮物」）。後來逐漸建立起賦稅制度，但正稅之外仍然有許多臨時徵發，「每使臣經從、調遣軍馬糧食器械及一切公上之用，又逐時計其合用之數，科率民戶」，百姓「甚以為苦，怨憤徹天，然終無如之何也」[18]。很多東來的西域商人投靠蒙古貴族，為其經商、放債取利，稱為「斡

⑰ 郝經，《陵川集》卷三二〈河東罪言〉。

脫」（突厥語「同伴」）。他們倚勢橫行，「或詐稱被劫，而責償於州縣」，甚者「以物置無人之地，卻遠遠卓望，才有人觸著，急來昏賴」[19]。其趁地方官民之急放高利貸，本利相滾，時稱「羊羔息」。「歲有倍稱之積，如羊出羔，今年而二，明年而四，又明年而八，至十年則累而千」，負債人「至於賣田業，鬻妻子，有不能給者」[20]。還有一些商人以高額向蒙古統治者「包認辦納」中原各類課稅，稱撲買，然後重斂取償於民，並多取以入私囊。總的來說，由於歷代蒙古大汗一直以漠北草原作為國家本位，「視居庸以北為內地」[21]，只將漢地看作大蒙古國的東南一隅，因此從未考慮過針對其特殊狀況，採用歷代中原王朝的典章制度進行正規管理。相反地，卻置漢地混亂局面於不顧，不滿足於按部就班、取民有度的統治方式，而是竭澤而漁，百般敲榨，使中原百姓處於水深火熱之中，社會經濟長期無法恢復。

三、整頓中原統治狀況的努力

在大蒙古國上層統治集團中，也有一部分人曾試圖對「漢地不治」的混亂狀況進行整頓。其代表人物，是窩闊台時的耶律楚材和蒙哥時的忽必烈。

耶律楚材，契丹人，遼太祖長子東丹王耶律倍八世孫。他出生在一個漢化、儒化程度相當高的金

[18] 彭大雅、徐霆，《黑韃事略》。
[19] 彭大雅、徐霆，《黑韃事略》。
[20] 元好問，《遺山先生文集》卷二六〈順天萬戶張公勳德第二碑〉。
[21] 袁桷，《清容居士集》卷二五〈華嚴寺碑〉。

朝官僚家庭，自幼博覽經史，旁通天文、地理、律曆、數術、釋老、醫卜等多方面知識。蒙古既入中原，被成吉思汗召至漠北，扈從西征，以占卜術數之能見用。窩闊台在位時，擔任怯薛必闍赤長，主掌漢文文書，參預機要，漢人按照漢地制度稱之為「中書令」。其領導下的怯薛必闍赤組織，也因窩闊台的信任獲得了一部分主管漢地財政、行政等方面事務的權力，被漢人比附為「中書省」。楚材用事期間，經常向窩闊台陳說雖馬上得天下、不可馬上治天下的道理，推行了一系列有利於恢復中原正常統治秩序的措施。

窩闊台初即位時，蒙古貴族仍然不明白對所占華北農耕地區究竟應如何統治、管理，有人甚至提出「雖得漢人，亦無所用，不若盡去之，使草木暢茂，以為牧地」。耶律楚材「因奏地稅、商稅、酒、醋、鹽、鐵、山澤之利，周歲可得銀五十萬兩，絹八萬匹，粟四十萬石」㉒。窩闊台聽從了他的建議，按照中原傳統定立稅制，於一二三〇年設立燕京、平陽、真定、東平等十路課稅所，每路各設正、副課稅使，多以漢人儒者充任，專掌錢穀，不受地方長官統攝。次年所收賦稅果然足額，窩闊台大喜，即授予楚材「中書省印」，仍舊主管漢文文書，同時漢地財賦之事也一以委之。滅金後實行投下分封，楚材力陳「裂土分民」之弊，勸說窩闊台對封主的權力進行一定的限制，令其不得在賦役定額外擅自徵斂，且封地官吏仍由大汗任命。根據楚材的設計，諸投

圖四五　耶律楚材

㉒蘇天爵，《元文類》卷五七，宋子貞〈中書令耶律公神道碑〉。

下民戶每二戶出絲一斤納於國家，每五戶出絲一斤納於封主，皆由官府統一徵收，再將應得分額分給封主。這項制度稱為「五戶絲制」。

耶律楚材為保護、發展儒家傳統文化進行了不懈的努力。在他的請求下，蒙古尋訪得孔子五十一代孫孔元措，仍命襲封「衍聖公」之爵。又在燕京設立編修所，平陽設立經籍所，編纂、刊印經史等著作。金亡前後，士大夫「混於雜役，墮於屠沽，去為黃冠」㉓，甚至淪為驅口，顛沛流離，處境悲慘。經楚材奏准，大蒙古國於一二三八年（戊戌年）在中原諸路舉行了一次儒士考試，以經義、詞賦、論分為三科，結果共有四千零三十人中選，其中四分之一的人來自驅口，因此而重獲自由。中選者可在本地擔任「議事官」，免其家賦役，其中一些人後來成為元朝名臣。史稱此事為「戊戌選試」。同年在楚材支持下，楊惟中、姚樞在燕京建立了太極書院，由從南宋俘獲的儒士趙復主講經書，程朱理學因而在北方傳播開來。

耶律楚材的上述措施，使大蒙古國在漢化方面作出了試探性的邁進，但同時也受到了蒙古貴族、西域官僚和商人的抵制、破壞，而且大都隨著他後來的失勢而中止。楚材主張地方兵、民分治，雖頒布條令而未能貫徹。五戶絲制事實上並沒有得到嚴格執行，各投下擅自徵斂的現象依然很嚴重（參本章第一節）。楚材竭力約束斡脫商人放債取利、撲買課稅等害民行為，同樣收效不大。戊戌選試曇花一現，後即無聞。在草原本位政策的大背景下，楚材推進漢化、實施儒治的各種主張「見於設施者，十不能二三」。正如元人所評論，大蒙古國「南北之政每每相戾，其出入用事者又皆諸國之人，言語之不

㉓彭大雅、徐霆，《黑韃事略》。

通，趣向之不同，當是之時，而公以一書生孤立於廟堂之上，而欲行其所學，戛戛乎其難哉！」㉔窩闊台死後，耶律楚材在汗廷受到排擠和冷遇，不久抑鬱而終。但草原本位政策的放棄畢竟是歷史趨勢所在，稍後在蒙古汗室內部也出現了傾向於漢化的代表人物，即拖雷四子、蒙哥之弟忽必烈。

忽必烈年輕時與漢族士大夫有較多接觸，徵召劉秉忠、趙璧、王鶚、張德輝、姚樞等人為幕僚，諮詢儒學及治道。在這些人影響下，他對漢文化的了解逐漸加深，頗知前代王朝治亂興衰之事，尤為景仰唐太宗的文治武功，已表現出較高的政治抱負。一些儒生給他奉上「儒教大宗師」的稱號，希望他充當儒家文化的保護人，他也欣然接受。蒙哥即位後，忽必烈受命統領漠南漢地軍務。當時蒙哥雖對汗廷政治進行了一些整頓，但總體上仍然是固守蒙古舊制，不願變通，中原的治理狀況並無改善。忽必烈採納漢人幕僚的建議，在邢州（今河北邢台）設安撫司，汴梁（今河南開封）設河南經略司，京兆（今陝西西安）設陝西安撫司，推行「漢法」的改革試點，「選人以居職，頒俸以養廉，去汙以清政，勸農桑以富民」。結果「不及三年，號稱大治」㉕。他在攻滅大理和對南宋的作戰中，約束軍隊不使恣意殺戮，更加提高了自己在中原的威望。一二五六年，忽必烈命劉秉忠在灤河上游王府所在地築城，名為開平（今內蒙古正藍旗東），以之作為經營中原的根據地。

忽必烈在漢地勢力的膨脹引起了蒙哥的疑忌。一二五七年，蒙哥解除忽必烈的兵權，又派親信大臣阿藍答兒、劉太平等至陝西、河南檢察財賦出入情況，忽必烈的王府人員多受羅織獲罪。忽必烈親

㉔蘇天爵，《元文類》卷五七，宋子貞〈中書令耶律公神道碑〉。
㉕姚燧，《牧庵集》卷一五〈中書左丞姚文獻公神道碑〉。

自去朝見蒙哥，表示馴服，事態始得緩解，但邢州安撫司等機構悉數撤罷，漢化改革又一次在保守蒙古貴族的阻撓下被中止。到蒙哥死後，忽必烈終於依靠漢地人力、物力的支持登上汗位，正式結束了大蒙古國的草原本位政策。

第九章 元朝的建立與大一統的完成（一二六〇—一二九四年）

一二六〇年，忽必烈即大蒙古國大汗之位，將統治中心由漠北草原移入漢地，建立起中原模式的中央集權官僚制統治。雖然「大元」國號到一二七一年才正式頒行，但作為漢式王朝的元朝，就實質而言在一二六〇年已經誕生。狹義元朝的歷史，又可以一二九四年初忽必烈去世為界，分為前後兩階段。因此元朝前期，實際上就是忽必烈統治時期。這段時期，元朝大體完成了從草原帝國向中原王朝的轉型，重建並強化了中國的大一統政治格局，同時也在一定程度上顯露出早衰跡象。

第一節　元王朝的建立

一、忽必烈登上汗位

一二五九年，蒙哥汗在指揮攻宋作戰中病逝於四川前線。他生前並沒有就汗位繼承人問題進行過安排，汗位繼承危機又一次爆發。汗位爭奪主要在蒙哥的兩位同母弟——忽必烈和阿里不哥之間展開。

此時忽必烈正受命統率伐宋東路軍，與南宋宰相賈似道相持於鄂州。阿里不哥則奉命留守和林，代掌國政，手中握有鎮守漠北諸軍的兵權。忽必烈聞蒙哥死訊，採納謀士郝經建議，與賈似道締結祕密和約，迅速北歸。次年四月，於開平召開忽里勒台大會，即位稱汗，建元中統。阿里不哥也於此前後在和林即汗位，大蒙古國出現了一國兩君的局面。

忽必烈在蒙哥時長期經營漢地，得到中原士大夫和漢族軍閥的擁戴。另外以塔察兒（成吉思汗弟鐵木哥斡赤斤嫡孫）為首的東道諸王從軍伐宋，此時也站在忽必烈一方。阿里不哥雖據有漠北本土，按照蒙古傳統的幼子守產習俗，在政治上占有一定優勢，但兵力、物資與對方相比均明顯不足。陝甘、四川的一些蒙古軍將領企圖回應阿里不哥，但被忽必烈派往西線的大臣廉希憲迅速捕殺。不久雙方軍隊大戰於甘州（今甘肅張掖），阿里不哥一方的軍隊戰敗，被逐出關隴地區。這一年冬天，忽必烈率軍親征漠北，阿里不哥自知不敵，退守吉利吉思（今葉尼塞河上游一帶），偽裝求和。忽必烈遂命宗王移相哥鎮守和林，自己南返。中統二年（一二六一年）秋，阿里不哥趁移相哥不備，偷襲並奪回和林，乘勝南下。忽必烈再度親征，雙方於大漠南緣的昔土木腦兒進行會戰，阿里不哥敗走。在退居吉利吉思期間，阿里不哥與自己扶植的察合台後王阿魯忽矛盾激化，兵刃相見。至此南下再敗，兩面受敵，物資匱乏，處境窘迫，其部屬紛紛向忽必烈投降。至中統五年（一二六四年）七月，眾叛親離的阿里不哥窮蹙來歸。忽必烈赦之不誅，而殺其黨羽異姓貴族十餘人，隨後下詔改元為至元

圖四六　忽必烈

元年。至此忽必烈最終控制了大蒙古國的「祖宗龍興之地」漠北地區，他作為大蒙古國大汗的地位得到確認。

在與阿里不哥爭奪汗位的同時，忽必烈還遇到了來自漢地的挑戰——山東軍閥李璮的叛亂。李璮是金末山東紅襖軍首領李全的義子，襲職為山東益都行省長官、加江淮大都督，專制益都地區三十餘年，為金亡以後北方勢力較強的漢人世侯之一。他表面上接受蒙古統治，借防禦南宋為名，擁兵自重，不斷積蓄力量，待機而動。忽必烈即位後陷入與阿里不哥的汗位爭奪，李璮認為時機已經成熟，遂於中統三年（一二六二年）二月舉事，占領益都、濟南，傳檄山東和河北，號召各地世侯共同反蒙，並遣使稱臣於南宋，獻漣、海三城以求支援。但事實上李璮錯誤地估計了形勢。他起兵時阿里不哥已在昔土木腦兒戰敗北返，並陷入與阿魯忽的爭鬥當中，忽必烈已有可能用主要力量解決漢地的問題。漢地其他世侯基本上仍擁戴忽必烈的統治，不願意捲入李璮的冒險計畫。南宋方面對長期與自己敵對作戰的李璮也並不信任，只以虛銜羈縻，沒有在軍事上採取配合行動。蒙古軍隊在宗王合必赤、右丞相史天澤指揮下，很快將李璮圍困在濟南孤城之內。李璮被圍數月，糧盡援絕，軍心渙散。七月，城破，李璮被俘處死。

李璮亂後，忽必烈因勢利導，著手解決世侯割據的問題。在往後幾年內，陸續作出一系列規定：地方實行兵、民分治，罷世侯子弟為官者，停止世侯世襲，立官吏遷轉法，定易將之制、使將不擅兵。這些措施從根本上結束了金末以來北方軍閥割據的局面，大大強化了中央集權，使忽必烈對漢地的統治更加穩固。

二、大蒙古國走向分裂

忽必烈登上並鞏固汗位，在蒙元歷史上具有劃時代的政治意義。橫跨歐亞的大蒙古國由此開始走向分裂。

通過軍事征服建立起來的大蒙古國，實際上只是一個缺乏統一經濟基礎的政治聯合體。成吉思汗立國漠北，按照「各分地土、共用富貴」①的原則，對諸子、諸弟大行分封。其中諸子封地在西，被稱為「西道諸王」。他們治下的疆域隨著蒙古的幾次西征大大擴展，其境內被征服民族十分龐雜，語言、宗教、生活方式、風俗習慣以及社會發展與漠北本土相比都有較大差異。而且西道諸王及其繼承者作為成吉思汗的嫡系子孫，都有被立為大汗的資格，在汗位爭奪鬥爭中矛盾迭出、積怨漸深，產生了很大的離心傾向。因此大蒙古國早就孕育著分裂的因素。

受蒙哥之命西征波斯、阿拉伯的旭烈兀，在得知蒙哥死訊後，由敘利亞東返波斯。他作為忽必烈和阿里不哥的同胞兄弟，受到雙方爭相拉攏。旭烈兀最終站在了忽必烈一方，遣使對阿里不哥進行指責。忽必烈也同時傳旨，承認他對阿姆河以西波斯、阿拉伯地區的統治權。波斯原是大蒙古國大汗的直轄區，忽必烈慷慨地將它賜

圖四七　旭烈兀

①《元典章》卷九〈吏部三·官制三·投下·改正投下達魯花赤〉。

給旭烈兀作為領地，一方面是為了換取後者的支持，另一方面也是因為旭烈兀擁兵在外，「其勢足以自帝一方」②，自己鞭長莫及，不得不順水推舟。旭烈兀的封國稱為伊利（突厥語「從屬」之意）汗國。伊利汗只在名義上接受大汗的冊封，實際上完全處於自治狀態。

曾任蒙古第二次西征統帥的拔都，在西征歸來後將營帳遷至伏爾加河下游，建立薩萊城（今俄羅斯阿斯特拉罕一帶）作為封國首都。以欽察草原為中心，形成了欽察汗國。拔都曾支持蒙哥奪取大汗之位，作為回報，蒙哥承認他對欽察汗國的世襲統治權。忽必烈即位時，拔都早已去世，其弟別兒哥繼任欽察汗。別兒哥對忽必烈和阿里不哥之爭反應冷漠，只是象徵性地派使者到兩人處勸和。此時他關心的主要問題，是與旭烈兀的伊利汗國爭奪對高加索地區的控制。而即位於漢地的忽必烈，對萬里之遙的欽察汗國，除要求承認自己的大汗名義外，也已不可能進行任何實際的控制。雙方的關係日趨疏遠。

成吉思汗第二子察合台的封地在中亞。最初察合台及其部屬只占有中亞的草原地區，農耕地區和城市則作為黃金家族公產，由大汗統一派官治理。忽必烈和阿里不哥出於爭奪汗位的需要，都竭力控制中亞地區。阿里不哥起初取得勝利，他扶植的阿魯忽（察合台之孫）掌握了中亞地區的統治權。但阿魯忽站穩腳跟後，與阿里不哥矛盾激化，反而遣使歸附於忽必烈。忽必烈委任他統治阿爾泰山以西、阿姆河以東地區，實際上承認了他對中亞農耕地區的占有權。在此基礎上形成了察合台汗國。

中亞地區的另外一支勢力是窩闊台後王。窩闊台最初的封國中心在今新疆北部，包括蒙古高原西

②郝經，《陵川集》卷三八〈復與宋國丞相論本朝兵亂書〉。

部的乃蠻故地。後來窩闊台後王在汗位爭奪中失敗，受到打擊，各自占有原窩闊台封國境內一些小的封地。在忽必烈和阿里不哥爭奪汗位的同時，窩闊台後王之一海都的勢力膨脹起來。海都是窩闊台之孫，封地在海押立（今哈薩克塔爾庫爾干），為人精明能幹，在窩闊台後王中最有號召力。海都積極謀求自任大汗，拒歸附忽必烈，後來還聯合察合台後王興兵內犯，與忽必烈及其子孫長期敵對。窩闊台諸後王的小塊封地，被海都逐漸統一為一個以伊犁河、塔拉斯河流域為中心，包括中亞北部、蒙古高原西部的窩闊台汗國。

從歷史傳統和地理位置上看，中亞地區與蒙古草原和中原漢地聯繫較為密切，曾經長期接受漠北游牧政權和中原王朝的交替統治。然而到十二、三世紀，這一地區已基本上突厥化，其居民大部分講突厥語、信伊斯蘭教，與漠北和中原的文化差異逐漸增大。統治這一地區的窩闊台、察合台後王，與蒙哥、忽必烈為代表的拖雷後王在蒙古汗位爭奪中結下了很深的歷史積怨，不甘心臣屬於後者。這都導致中亞地區的兩個汗國也與欽察、

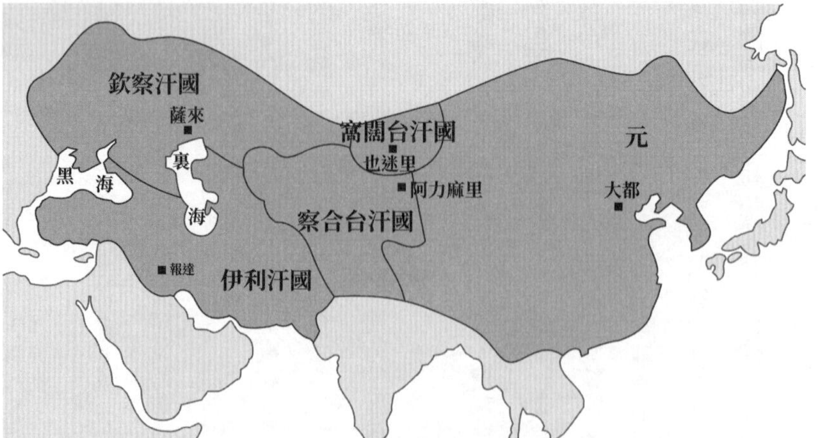

圖四八　四大汗國分布圖

伊利汗國一樣，出現獨立發展的趨向。

忽必烈在至元元年接受阿里不哥歸降時，曾鄭重地遣使通告欽察汗別兒哥、伊利汗旭烈兀、察合台汗阿魯忽等宗王，邀請他們按照蒙古傳統慣例，一同東來參加正式的忽里勒台選汗大會。但三汗很快相繼去世，他們的繼承人各主一方，對於共同選舉大蒙古國大汗一事不感興趣，卻糾纏於彼此之間的領土爭端，大動干戈，形同敵國。正在崛起當中的海都，也一再拒絕忽必烈召其入覲的要求。這次忽里勒台會議的流產充分表明，過去那個統一的大蒙古國已經不復存在了。代之出現的，除了忽必烈以漢地為中心建立的元王朝外，就是各自獨立發展的欽察、伊利、察合台、窩闊台四大汗國。當然，在以後大部分時間裡，忽必烈及其子孫仍被尊為成吉思汗的正統繼承人、「一切蒙古君主之主君」③，元王朝也在名義上被視為各汗國的宗主國。元代史料經常籠統地稱四大汗國的統治者為「西北諸王」，把他們置於「宗藩」的地位。

三、推行漢法

大蒙古國的分裂，固然導源於其內部長期存在的離心趨向，而忽必烈即位後大蒙古國統治重心的南移，致使國家中心與西道諸王相距更遠，也是加劇其分裂的重要因素。與大蒙古國的分裂同時，一個漢族模式的中央集權官僚制王朝——元朝出現在中國歷史舞臺上。

在忽必烈以前，大蒙古國一直採取草原本位的統治政策，漢地管理混亂。與其諸位前任相比，忽

③馬可．波羅著，馮承鈞譯，《馬可．波羅行紀》（上海：商務印書館，一九三六年），中冊，頁二八八。

必烈受到過更多的漢文化薰陶，並且是以漢地的經濟、軍事力量為後盾爭奪汗位，因此即位後將統治重心放在漢地，即便在占有漢北後仍然如此。在由著名文士、金朝狀元王鶚起草的即位詔書中，忽必烈對前代大汗的政治路線進行了總結，指出其「武功迭興，文治多缺」的弱點，進而提出了新的立國方針：「爰當臨御之始，宜新弘遠之規，祖述變通，正在今日」④。這是蒙古大汗第一次向漢地頒發以文詞典雅的漢文文言寫成的即位詔，它足以向中原百姓表明：新即位的忽必烈不僅僅是大蒙古國的大汗，同時也是中國一個新王朝的皇帝。中原士大夫經歷過長期異族統治，民族意識並不很強，又飽嘗戰亂之苦，渴望安定。在他們看來，「今日能用士，而能行中國之道，則中國之主也」⑤。忽必烈正是適應

④蘇天爵，《元文類》卷九，王鶚〈即位詔〉。

⑤郝經，《陵川集》卷三七〈與宋國兩淮制置使書〉。

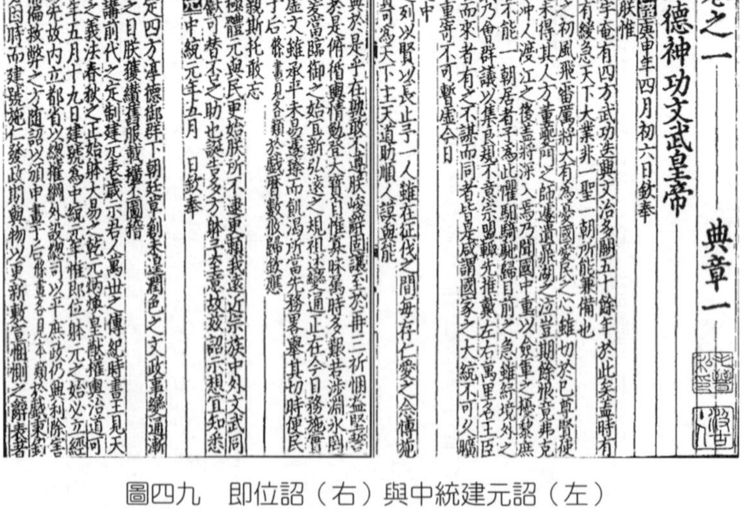
詔令卷之一　典章一
世祖聖德神功文武皇帝
皇帝登寶位詔 庚申年四月初六日欽奉
詔旨節文朕惟
祖宗肇造區宇奄有四方武功迭興文治多缺五十餘年於此矣蓋時有
先後事有緩急天下大業非一聖一朝所能兼備也
先皇帝即位之初風飛雷厲將大有為憂國愛民之心雖切於己尊賢使
能之道未得其人方董夔門之師遽遺鼎湖之泣豈期餘恨竟弗克
終肆予冲人渡江之後蓋將深入焉乃聞國中重以僉軍之擾黎庶
驚駭若不能一朝居者予為此懼馹騎馳歸目前之急雖紓境外之
兵未戢乃會群議以集良規不意宗盟輒先推戴左右萬里名王巨
僚不召而來者有之不謀而同者皆是咸謂國家之大統不可久曠
神人之重寄不可暫虛今日
太祖嫡孫之中
先皇母弟之列以賢以長止予一人雖在征伐之間每存仁愛之念博施
濟衆實可為天下主天道助順人謨與能
祖訓傳國大典於是乎在孰敢不遵朕峻辭固讓至於再三祈懇益堅誓
以死請於是俯循輿情勉登大寶自惟寡昧屬時多艱若涉淵冰罔
知攸濟爰當臨御之始宜新弘遠之規祖述變通正在今日務施實
德不尚虛文雖承平未易遽臻而飢渴所當先務嘑舉其切時便民
者條列于後 條畫見各類 於戲曆數攸歸欽應
上天之命勳親斯托敢忘
烈祖之規建極體元與民更始朕所不逮更賴我遠近宗族中外文武同
心協力獻可替否之助也誕告多方體予至意故茲詔示想宜知悉
○中統建元 中統元年五月　日欽奉
詔書節該
祖宗以神武定四方淳德御群下朝廷草創未遑潤色之文政事變通漸
有綱維之目朕獲纘舊服載擴丕圖稽
列聖之洪規講前代之定制建元表歲示人君萬世之傳紀時書王見天
下一家之義法春秋之正始體大易之乾元炳煥皇猷權輿治道可
自庚申年五月十九日建號為中統元年惟即位體元之始必立經
陳紀為先故內立都省以總權綱外設總司以平庶政仍興利除害
之事補偏救弊之方隨詔以頒申畫于後 條畫各見本類 於戲秉鈞
握樞必因時而建號施仁發政期與物以更新敷宣惻惻之辭表著

圖四九　即位詔（右）與中統建元詔（左）

他們要求的新主人。

蒙古國家統治重心轉變的主要標誌是「漢法」的推行，即有計畫地吸收、採用前代中原王朝的一系列典章制度和統治經驗。用當時人的話說，就是「帝中國當行中國事」⑥。具體而言，忽必烈在位初期推行的「漢法」，主要包括以下五方面：

㈠**建立年號、國號及有關禮儀制度**——忽必烈一即位，即採用中國傳統的王朝年號紀年，定年號為「中統」。詔稱「建元表歲，示君人萬世之傳；紀時書王，見天下一家之義」⑦。中統五年八月阿里不哥歸降後，復改年號為「至元」。至元八年（一二七一年）十一月，取《易經》「大哉乾元」之義，定國號為「大元」。在此以前，蒙古國家沒有類似於中原王朝的國號，只稱為「大蒙古國」，北方漢族文人則簡稱之為「大朝」。元朝之名，至此正式確立。在此前後，忽必烈還下詔在燕京（今北京）設太廟祭祀祖先，並按照中原儀制制定供節日、慶典使用的朝儀。

㈡**定都漢地**——忽必烈的即位儀式是在他的藩府所在地開平舉行的。中統四年（一二六三年），升開平府為上都。次年，又改燕京之名為中都，形成兩都制的格局。隨著對中原統治的穩定和深化，忽必烈更傾向將燕京建為新都。至元三年（一二六六年）年底，開始對燕京進行重建，具體方案是在燕京舊城址的東北曠野上建築新城。新城規模龐大，呈矩形，南北較長。城牆夯土築成，周長總計兩萬八千六百公尺，分設城門十一座。城市布局取法於《周禮．考工記》中所稱王都「左祖右社、面朝後

⑥宋濂等，《元史》卷一六〇〈徐世隆傳〉。
⑦蘇天爵，《元文類》卷九，王鶚〈中統建元詔〉。

市」的原則，規劃整齊，井然有條，城門與宮殿也多取《易經》命名。皇城在全城南部稍偏西，其內又有宮城。至元九年（一二七二年），正式定新城之名為大都。這是北京在歷史上第一次成為統一王朝的首都。新城建成後，舊城亦未廢棄，仍作為大都的一部分。上都則退居陪都的地位。元朝皇帝每年一部分時間居於大都，一部分時間赴上都避暑。

㈢**建立漢式官僚機構**——大蒙古國時期，國家制度十分簡略，在征服中原過程中曾根據具體情況沿用一些金朝舊制，但無一定之規。忽必烈即位後，在漢族儒臣的策劃下，模仿金制格局，逐步建立起一整套官僚機構。中央設中書省掌政事，為宰相機構，下轄吏、戶、禮、兵、刑、工六部，處理具體行政事務。又設樞密院掌軍事，御史臺掌監察。地方上最初設立十道宣撫司，主持日常軍民政務，下轄路、府、州、縣，後來又出現行省的設置，並有提刑按察司（後改肅政廉訪司）負責地方監察事務。忽必烈還採取了一些措施來強化中央集權的官僚制統治。首先是限制諸王勳貴的特權，禁止其越軌違制行為，如擅取官物、擅徵賦役、擅招民戶、擅用驛傳等等。其次即解決漢人世侯割據的問題，前文已述。

㈣**實行重農政策**——大蒙古國時期，統治者對漢地農業的重要性認識不足，忽必烈卻較早注意這一問題。他在藩府時就曾詢問儒生張德輝：「農家作勞，何衣食之不贍？」⑧即位後，他在中央設立大司農司，專管勸導、督察農事，又將「戶口增、田野辟」規定為考覈官吏的首要標準。元廷一再下詔招集流亡，鼓勵墾荒，發展屯田，興修水利，禁止抑良為奴。至元七年（一二七〇年），頒布立社法

⑧蘇天爵，《元朝名臣事略》卷一〇〈宣慰張公〉。

令，將以前農村中自發出現的社組織加以統一推廣。以自然村為單位，原則上每五十家立為一社，由社眾推舉年高通曉農事、家有兼丁者擔任社長，免除差役，專門負責勸農、組織農民協作互助，各社並設立義倉以備荒。元廷還彙集歷代農學著作，刪繁撮要，編成《農桑輯要》一書，頒行全國，用以指導農業生產。

㈤**尊崇儒學**——大蒙古國時期，儒學不受重視，僅被作為一種準宗教加以優待。蒙哥汗曾發出「儒家何如巫、醫」的疑問⑨，表明統治者對儒學作為治國工具的功能還沒有明確認識。忽必烈在這方面也顯示出超越同輩的識見，他在藩府時就與漢族儒士頻繁接觸，講論治道。即位後，下詔重申儒戶免除部分賦役的規定，設立諸路提舉學校官，重建地方官學教學體系。在中央設立國子學，任命大儒許衡為國子祭酒，用儒家文化教育勳臣子弟。忽必烈自己也多次召儒臣進講經史，加強對儒家文化的學習。

忽必烈即位後推行的一系列「漢法」，奠定了漢式王朝的基本框架。蒙古游牧民族在征服中原後，必然要逐漸適應發展程度較高的漢族農業文明，這是歷史的趨勢。忽必烈的主要歷史功績，就在於能夠順應這一趨勢，推動大蒙古國最終轉變為元王朝。舊史家稱頌他「用能以夏變夷，立經陳紀，所以為一代之制者，規模宏遠矣」⑩，這個評價是基本符合事實的。不過另一方面，與漢族王朝相比，元王朝也仍然帶有明顯的二元性特徵，舊有的「草原本位」色彩並未完全褪去。直到元朝後期的蒙、漢

⑨宋濂等，《元史》卷一二五〈高智耀傳〉。

⑩宋濂等，《元史》卷一七〈世祖紀十四〉卷末贊語。

文合璧碑銘中，漢文「大元」國號在蒙語中仍譯作「稱為大元的大蒙古國」或「大元大蒙古國」。元朝紀年方式漢、蒙並用，皇帝死後也同時有蒙、漢兩種紀念性稱號。如忽必烈按漢族傳統的廟諡為「世祖聖德神功文武皇帝」，而蒙古「國語」謚號則為「薛禪合罕」，意即賢明之汗。這表明元朝的皇帝實際上在一身兼任兩種角色，既是漢族臣民的皇帝，同時仍然是蒙古草原百姓的大汗。

第二節　重建大一統

一、元滅南宋

在大蒙古國走向分裂的同時，中國的大一統得到重建。忽必烈在北方政局基本穩定後，很快發動了滅亡南宋、統一全中國的戰爭。

蒙古對南宋的軍事行動早已開始，但很長時間內一直將攻宋重點放在四川，南宋方面則利用四川多山的地形修築城堡、頑強抵抗，使蒙古騎兵縱橫馳騁的長處無法發揮，雙方陷入僵持狀態。至此忽必烈採納南宋降將劉整的建議，選擇長江中游的襄陽作為攻宋突破口。至元五年（一二六八年），命阿朮、劉整督軍進圍襄陽，揭開了滅宋戰爭的序幕。

襄陽是南宋在長江中游最主要的軍事重鎮，城堅池深，兵精糧足，隔漢水與另一重鎮樊城相對，互為犄角之勢。元軍採取持久戰方針，屯田築堡，步步進逼，逐漸完成包圍。南宋援軍數次企圖衝破包圍圈，打通與城內的聯繫，然而都被挫敗。元軍圍襄五年，「所費無算」⑪，最後終於在至元十年

（一二七三年）正月首先攻破樊城。二月，南宋襄陽守將呂文煥力竭出降。元軍在南宋的國防線上撕開一個缺口，創造出了「乘破竹之勢、席捲三吳」[12]的有利形勢。

至元十一年（一二七四年）六月，元世祖忽必烈正式下詔伐宋。以蒙古八鄰部人伯顏為統帥，兵分兩路。合答、劉整等出淮西，為偏師。伯顏自與阿朮等率主力由襄陽出發，以降將呂文煥為先鋒，沿漢水入長江，順流而下。沿江宋將多呂文煥家族成員或舊部，紛紛望風迎降。南宋宰相賈似道被迫督師迎敵，至蕪湖，遣使祕密請和，以奉幣稱臣為條件，遭伯顏拒絕。隔年二月，兩軍戰於池州（今安徽貴池）下游的丁家洲，南宋步軍先敗，水師繼潰，軍資器械盡為元軍所獲。元軍乘勝東下，相繼占領建康（今江蘇南京）、鎮江、常州等要地。與此同時，長江中游的元軍占領江陵，徹底切斷了長江上下游宋軍的聯繫。

至元十二年秋、冬之際，元軍經短期休整，對南宋朝廷發起最後的攻擊。伯顏在鎮江部署方略，留部分軍隊經略淮東，以主力分路包抄南宋國都臨安（今浙江杭州）。次年正月，元軍會集臨安城下。南宋太皇太后謝氏和恭帝趙㬎奉傳國璽及降表降元，南宋亡。伯顏入臨安，禁軍士抄掠，收取宮中儀仗、圖籍、珍寶，全部北運。南宋皇室被押送到上都，忽必烈封趙㬎為瀛國公。

在伯顏進入臨安的同時，江西、湖南諸路的大部分地區也落入元軍之手。但仍然有不少地方的南宋軍民堅持抵抗。其中揚州、潭州（今湖南長沙）、靜江（今廣西桂林）的抵抗尤為壯烈。南宋大臣文

⑪ 胡祗遹，《紫山大全集》卷一二〈寄張平章書〉。

⑫ 宋濂等，《元史》卷八〈世祖紀五．至元十年四月癸未朔〉。

天祥、陸秀夫、張世傑也先後擁立趙㬎的兩個幼弟——益王趙昰和廣王趙昺，活動於福建、廣東一帶，圖謀復宋。元廷調兵遣將，圍攻、追擊南宋殘餘力量。至元十六年（一二七九年）正月，四川宋軍的最後一個據點合州釣魚山被元軍占領。二月，元軍追趙昺至崖山（今廣東新會南），大敗宋軍，陸秀夫抱趙昺投海自盡，張世傑亦溺死。文天祥被俘北上，堅貞不屈，嚴詞拒絕元廷勸降，至元十九年（一二八二年）就義於大都。南宋殘餘力量完全被消滅。

圖五十　文天祥

元朝攻滅南宋的戰爭，在性質上與大蒙古國時期的對外征伐不同，原始掠奪的色彩大大減少，而基本已成為漢地政權之間的兼併、統一戰爭。因此，江南地區所受戰爭破壞，較之北方要輕得多。至元十二年春，隨著南伐的節節勝利，元廷即詔諭長江中游各被占領地區，「令農者就耒，商者就塗，士庶緇黃，各安己業」，禁止鎮守官吏「妄有搔擾」。是年夏，南宋湖北制置副使高達降元，忽必烈在賜給他的詔書中指出「夫爭國家者，取其土地人民而已」，重新強調「使百姓安業力農」的方針⑬。次年占領臨安後，又一再頒發類似詔書，要求盡快使各地局勢轉入正軌，並宣布廢除南宋經總製錢、聖節上供等苛捐雜稅一百餘項。同時還採取了統一度量衡、貨幣的措施，以加強南北地區的經濟聯繫。

⑬宋濂等，《元史》卷八〈世祖紀五・至元十二年二月戊申〉、〈至元十二年五月辛未朔〉。

平宋前後，元廷對南宋官僚士大夫盡力招降、籠絡。最初宣布「去逆效順、與眾來降、或別立奇功者，驗等第官資遷擢」⑭。後來又規定南宋官吏可以「齎告敕赴省換授」⑮，宰臣子孫也可「因門第補官」⑯。這一政策相當收效，對於穩定江南局勢、恢復統治秩序起了很大作用。南宋餘部被消滅後，元廷繼續在江南延攬遺民，號召他們出仕新朝。至元二十三年（一二八六年），忽必烈派遣南宋降臣子弟程鉅夫持詔南下求賢，羅致名士二十餘人，皆任以監察、文學之職。在元朝政府大力搜羅下，大批南宋舊臣，如狀元留夢炎、王龍澤、宗室趙孟頫、諫臣葉李等等，接踵北上仕元，出任要職。

但另一方面，仍有很多遺民堅持民族氣節，拒不出仕。對他們來說，南宋被元統一不僅僅是朝代更替，而是遭受了異民族的征服，滅亡的不只是一姓的王朝，而是自己具有高度文明的民族國家。因此他們懷有強烈的反抗意識，對元朝統治採取抵制態度。例如謝枋得反元失敗，隱居賣卜，屢被薦於元廷，五召不赴，最後被元朝官吏拘禁起來強迫北行。他以絕食自明其志，抵達大都不久即卒。鄭思肖寓居蘇州，不與北人交接言談，平時坐臥未嘗北向，歲時伏臘則南向野哭。著《心史》抒發反元志向，用鐵函封緘藏於蘇州承天寺井內，三百餘年後始重現於世。這類遺民著名的還有汪元量、謝翱、周密等。

⑭蘇天爵，《元文類》卷九，王構〈興師征江南諭行省官軍詔〉。
⑮程鉅夫，《雪樓集》卷一〇〈吏治五事．取會江南仕籍〉。
⑯宋濂，《宋文憲公全集》卷二三〈史處士墓版文〉。

二、與宗室叛王的戰爭

忽必烈在位期間，西北、東北的宗室諸王一再發動叛亂，對大一統的局面構成威脅。西北叛王的主要領袖為窩闊台後王海都。至元六年（一二六九年）春，海都與察合台後王八剌等大會於塔拉斯河上，劃分各自在中亞地區的勢力範圍和財賦收入，宣誓保持蒙古傳統的游牧風俗、制度，並遣使質問忽必烈：「本朝舊俗與漢法異，今留漢地，建都邑城廓，儀文制度遵用漢法，其故何如？」⑰表明了反對「漢法」，與元廷為敵的政治立場。面對這一威脅，忽必烈派皇子北平王那木罕、右丞相安童出鎮阿力麻里（今新疆霍城西），加強對天山南北的統治，伺機西進。

至元十三年（一二七六年），那木罕所部宗王昔里吉（蒙哥子）、明里帖木兒、藥木忽兒等發動叛亂，拘繫那木罕與安童，並企圖與海都聯合，但未獲成功。昔里吉等於是向東進犯，占領吉利吉思等地，應昌（今內蒙古克什克騰旗達里諾爾西南）、六盤（今寧夏固原東南）均有貴族叛變回應，兩都戒嚴。忽必烈急調剛攻下臨安的伐宋軍主力北征，伯顏親自統軍在鄂爾渾河上大破昔里吉的部隊，應昌、六盤的叛變也很快被鎮壓。後來叛王內部發生分裂，一部分貴族拘禁昔里吉向元廷投降，一部分四下離散，元朝重新控制了漠北地區。但在此期間，海都與察合台汗篤哇（八剌子）趁機東進，占領阿力麻里，騷擾天山南北，畏兀兒亦都護火赤哈兒的斤戰死，元朝在天山地區的防線收縮到別失八里（今新疆吉木薩爾）和哈剌火州（今新疆吐魯番）一帶。

⑰宋濂等，《元史》卷一二五〈高智耀傳〉。

西北戰事未平，東北地區的宗王乃顏又發動叛亂。乃顏是成吉思汗幼弟鐵木哥斡赤斤後裔，其祖父塔察兒曾率東道諸王擁戴忽必烈即位。斡赤斤分地在東道諸王中最為廣大，乃顏繼承了這份財產，自恃地大兵多，漸有異志。至元二十四年（一二八七年），乃顏趁元朝以重兵防禦海都的機會，糾集合赤溫（成吉思汗弟）後王哈丹等起兵反元，並與海都取得聯繫，遙相呼應。忽必烈事先已有準備，聞訊即率軍親征。乃顏倉猝迎敵，兵敗被擒殺。忽必烈自返大都，留大臣玉昔帖木兒輔佐皇孫鐵穆耳征討乃顏餘黨，哈丹力屈投降。次年，哈丹舉兵再叛，被鐵穆耳所遣元軍擊敗，流竄於遼東與高麗之間，到至元二十八年（一二九一年）最終被剿滅。經過這次平叛戰鬥，東道諸王的勢力被大大削弱，以後基本上一直處於朝廷所置行省的節制之下。

在乃顏發動叛亂的同時，海都也在西北加強了軍事行動。至元二十五年（一二八八年），海都與篤哇興兵東犯，次年在杭愛山擊敗甘麻剌（忽必烈孫）所統元軍，宣慰使怯伯以和林叛降海都，漠北大震。七十四歲高齡的忽必烈被迫再度御駕親征，海都聞訊遁走，元軍收復和林。至元二十九年（一二九二年），忽必烈命玉昔帖木兒代替伯顏統領漠北元軍，不久又命鐵穆耳出鎮漠北，開始對海都展開攻勢。三十年（一二九三年），元將土土哈占領益蘭州（今俄羅斯圖瓦自治州），盡收吉利吉思等五部，控制了葉尼塞河上游地區，將海都的勢力逐至阿爾泰山以西，從而大大鞏固了漠北地區的防禦。至此，元廷在與海都的長期交鋒中取得了初步的優勢。

三、行省體制的定型

元朝疆域遼闊，「北逾陰山，西極流沙，東盡遼左，南越海表。……東南所至不下漢、唐，而西北則過之」⑱。在地方管理方面，元朝逐漸形成一套行省體制，對廣袤的疆土實施了有效統治。

行省一詞，源於金朝。當時為處理地方上的一些重大軍政事務，派尚書省宰臣出外便宜行事，行使尚書省職權，稱為「行尚書省事」，簡稱「行省」。金朝行省只是中央派出機構，並不是固定的地方行政區劃。大蒙古國時期，曾模仿金制授給一些漢族軍閥「行省」官號，後逐漸取消。另外窩闊台在位時，在新征服的中原、中亞地區設立三個大行政區進行管轄，漢族文人也將它們附會稱為「行省」。

忽必烈即位後，設中書省總領全國政務，地位相當於金朝尚書省。而宋、金以來的地方監臨區劃——路，在金元之際的戰亂中或分割、或增設，數目大大增加，不再能承擔統領府、州，對中央負責的職能。這樣忽必烈先後設立宣撫司、宣慰司作為地方一級行政機構，統領路、府。與此同時，仍沿用金朝習慣，不時以中書省宰臣掛上「行某處中書省事」的頭銜，代表中央出外，臨時主持地方上的政治、經濟、軍事諸方面事務。因事而設，事已則罷，治所和轄區都不固定，與宣慰司迭相置廢。在平宋過程中，因軍事征伐而設立的行省逐步在江南地方化。幾支元軍主力分別占領、控制的若干軍事鎮戍區，構成了南方幾大行省的基本區域。為了鎮壓反抗、盡快安定局勢，這些行省必須集中權力，並保持設置的相對穩定。這樣它們實際上承擔了統轄路、府的職責，向常設機構過渡。在此期間江南也設立了不少宣慰司，但它們隸屬於行省，作為後者的派出機構，只設於距離省治較遠的地方。這一制度變化也影響到北方，行省逐步取代宣慰司，成為鎮撫地方的一級行政區劃。

行省設置逐漸固定以後，元廷於至元二十三年對行省官制統一進行改革，規定此後行省官員不再

⑱宋濂等，《元史》卷五八〈地理志一〉。

以中書省宰相之名繫銜，而單稱某某行省平章、某某行省右丞之類，以區別於都省（即中書省）官員。至此行省有了自己獨立的官稱，中央派出機構的色彩完全消失。至元後期，全國已形成遼陽、甘肅、陝西、河南、江浙、江西、湖廣、四川、雲南九行省。後來轄區雖小有調整，而基本格局未變。上述九省加上以後元武宗時設立的嶺北行省，共十個行省，成為「掌國庶務，統郡縣，鎮邊鄙，與都省為表裏，……凡錢糧、兵甲、屯種、漕運，軍國重事，無不領之」⑲的地方最高行政機構。在鄰近首都大都的河北、山西、山東等地區（起初還包括漠北），不設行省，由中書省直轄，稱為「腹裏」。元人評價說：「國家置中書省以治內，分行省以治外，其官名品秩略同，所以達遠邇、均勞逸，參錯出入，而天下事方如指掌矣。」⑳

元朝行省制度在中國地方行政史上有很大獨創性。首先是轄區廣闊。大部分行省的轄區包括今天的二到三個省，遠遠超出以前王朝的一級地方行政區。這種情況適應了元朝疆域遼闊的特點，避免了中央與地方空檔過大狀況的出現，做到上下結合、渾然一體。其次是權力集中。行省於地方事務，凡軍、政、財權無所不統，與宋朝分割地方權力的制度明顯有異。這種情況很大程度上淵源於元朝特殊的民族征服背景。中央只有加重行省權力，才能夠及時並有效地鎮壓反抗行動，同時也能對分封在邊疆地區的諸王貴族進行節制。行省官員中僅有主要長官能掌握軍權，而這類職務通常不授予漢人，因此地方權重之弊可以通過民族防範、民族控制得到部分彌補。中央還通過各種制度對行省進行遙控。

⑲宋濂等，《元史》卷九一〈百官志七〉。
⑳虞集，《道園學古錄》卷四一〈江西行省平章政事巴咱爾公惠政碑〉。

行省處理轄區內事務在原則上都要按照朝廷典制行事，並接受監察機構的監察。人事方面「自管庫而上，皆命於朝」，司法方面「決大獄，質疑事，皆中書報可而後行」㉑。總體上看，在後來的歷史發展中，元朝行省極少扮演體現地方獨立性、代表地方利益的角色，相反地則是起到了代表中央控制地方局勢、搜刮財富的作用。

四、對邊疆控制的加強

元朝大一統的成果，不僅表現為版圖遼闊，而且表現為對邊疆控制的強化和穩定。很多過去大一統王朝的「羈縻之州」，到元朝「皆賦役之，比於內地」㉒。對漠北、東北、雲南、畏兀兒、吐蕃等邊遠地區，元朝都因地制宜地實施了有效的行政管理。

漠北原是大蒙古國的肇基之地。忽必烈定都漢地以後，它失去了政治中心的地位，隸屬於中書省統轄。至元九年，元廷在和林設轉運司，不久又改置和林宣慰司都元帥府，管理該地區政府所屬軍民和城郭、工局、倉廩、屯田、驛站諸事務。到元武宗時，升為行省（嶺北行省）。和林之外，元朝在漠北的另一個統治中心是稱海（今蒙古科布多東南），後來在此也設立了宣慰司，隸屬行省。漠北地區沒有州、縣建置，實際基層行政單位仍然是蒙古社會中傳統的千戶、百戶組織。諸王分地是漠北一類特殊的政區，諸王均有分屬於自己的一部分民戶、牧地，各置王傅、府尉、斷事官等職進行管理，從而

㉑許有壬，《至正集》卷三二〈送蔡子華序〉、卷四二〈陝西行中書省題名記〉。

㉒宋濂等，《元史》卷五八〈地理志一〉。

形成一批獨立性較強的藩國，但其中王位承襲、官員任命等事務皆須得到元廷的批准。

東北地區民族成分複雜，除漢族、蒙古族外，還有契丹、女真、水達達、兀者、吉里迷、骨嵬等多種民族或部族。元初在此設宣慰司，至元二十四年改設遼陽行省，下轄七路一府。行省轄境東到大海，包括庫頁島在內，東南與高麗接壤。州、縣等下層行政機構基本都設在中、南部諸路。北部的合蘭府、水達達等路，「土地曠闊，人民散居，……各仍舊俗，無市井城郭，逐水草為居，以射獵為業」㉓，元朝在這裡分設桃溫、胡里改等五個軍民萬戶府進行統治。

雲南地區早在至元十一年即設置行省。行省下轄三十七路、二府，邊陲又設立若干宣慰司（或宣撫司、招討司）。州、縣設置比較普遍，與內地同。這一地區統治的最大特色，在於各級地方機構廣泛任用土官的制度。大抵行省、宣慰司主要由流官大員坐鎮主治，兼置土官。路（或宣撫司、招討司）一級機構中，土官地位已相當重要，但仍有一些流官。州、縣之類下級機構則絕大部分任用土官。土官通常由當地土著民族領袖擔任，有品秩而不入流，即使犯罪，也僅罰不廢。死後由子侄兄弟繼任，無則妻承夫職。

畏兀兒降附蒙古較早，其首領亦都護仍被授予世襲統治畏兀兒的權力，但蒙古同時又在哈剌火州、別失八里等重要城市派駐達魯花赤（監臨官）進行監督。忽必烈即位後，畏兀兒地區逐漸成為元廷與窩闊台、察合台兩汗國作戰的前沿陣地。至元二十三年，元朝在此設立別失八里和州等處宣慰司都元帥府。另外又在亦都護下面設畏兀兒斷事官，管理畏兀兒人的民政事務。後來它發展為一個新的機

㉓宋濂等，《元史》卷五九〈地理志二〉。

構——大都護府，設大都護、副都護等官，皆由朝廷任命。

吐蕃地區作為一個單獨的大行政區，未設行省，由中央的宣政院直接統轄。元朝皇帝信奉藏傳佛教，尊藏傳佛教薩迦派僧侶為帝師，因而由掌管全國佛教事務的宣政院兼領吐蕃之地。帝師在吐蕃也有特殊的統治地位，其法旨「與詔敕並行於西土」㉔。宣政院下屬的地方行政機構分為三道，分別為吐蕃等處宣慰使司都元帥府（轄吐蕃東北地區）、吐蕃等路宣慰使司都元帥府（轄吐蕃東南地區）、烏思藏納里速古魯孫等三路宣慰使司都元帥府（轄吐蕃中西部、今前後藏和阿里地區）。三道宣慰司以下，又設元帥府、宣撫司、安撫司、招討司、萬戶所、千戶所等機構。臨近內地的藏、漢族雜居區，則仿內地制度設立路、府、州、縣。從宣慰使到萬戶各級官員，皆由宣政院或帝師薦舉，皇帝予以任命，或自朝廷選派，或直接任用當地僧俗領袖。萬戶以下地方官，一般可由當地僧俗首領按本地習慣自相傳襲。為加強統治，元廷還在吐蕃進行了清查戶口、設置驛傳等工作。

第三節　治國方針的轉折

一、漢法推行工作的停滯

忽必烈行漢法而建元朝。但是推行「漢法」的方針，從一開始就是不徹底的。蒙古貴族在新王朝

㉔宋濂等，《元史》卷二〇二〈釋老傳〉。

第九章

元朝的建立與大一統的完成（一二六〇——一二九四年）

的統治地位要依靠民族特權來保證和維護，而如果徹底推行漢法，就意味著取消這一類民族特權，這當然要為蒙古貴族所反對。因此，以忽必烈為代表的蒙古上層統治集團，在完成統治重心的轉變、大體上接受了前代中原王朝的一套典章制度以後，迅速向保守的方面轉化。他們對推行漢法的工作採取消極態度，對殘留的許多蒙古舊制拒絕進一步變革，相反卻熱衷於對外窮兵黷武、對內搜刮財富，使剛剛略顯平緩的社會矛盾重新激化起來。

忽必烈早在自己即位時所頒詔書中，已將新王朝的創建原則規定為「祖述（即繼承蒙古舊制）變通（即進行漢化改革）」，其更詳細的表述則是「稽列聖（即蒙古大汗）之洪規，講前代（即中原王朝）之定制」㉕，其二元性思路十分明顯。隨著自己統治地位的逐步穩定，作為名義上的蒙古世界帝國最高統治者，他的政治傾向開始發生變化。忽必烈即位之初，漢族官僚在政權中不僅不受歧視，而且掌握著主要權力。中書省官員和元初地方長官——十路宣撫使、副使當中，大部分都是漢人。中統三年爆發的李璮叛亂，牽涉到了忽必烈的重要謀士、元初制度主要創建者之一、中書平章政事王文統，王文統因而被處死。此事大大增加了忽必烈對漢人的疑忌情緒，另一支政治勢力——色目官僚集團乘機崛起。「色目」是元代對除蒙古之外西北諸族，包括西夏、中亞、西亞、乃至歐洲等地人的泛稱。色目人大都有較高文化水準，長於經商理財，或擅長一些特殊技藝。他們遠來中土，在漢地無勢力基礎，因而與蒙古統治者結合緊密，頗受倚重。至元二年（一二六五年）元廷規定：「以蒙古人充各路達魯花赤，漢人充總管，回回人（代指色目人）充同知，永為定制」㉖。在中央機構官員的任命上，經過

㉕蘇天爵，《元文類》卷九，王鶚〈即位詔〉、〈中統建元詔〉。

一段時間的摸索與調整，也逐漸形成一套不成文的規定：以蒙古人為長，以下參用漢人和色目人。其基本精神，是在不能不使用漢人的情況下，另外委派色目人分任事權，進行牽制，並由蒙古人居高監視。到忽必烈在位中期，朝中的用人格局已經發生了重大變化。昔日「濟之為用」的「鴻儒碩德」凋零殆盡，漢族儒臣被認為「彼無所用，不足以有為也」㉗，紛紛從重要崗位上被排擠出來。

與此相聯繫，隨著政權設置的大體完備和儀文禮制的基本告成，推行、貫徹漢法的政治革新工作趨於停頓。若干事關政權進一步漢化的重大舉措屢議屢置，懸而不決。例如科舉未開，「士無入仕之階，或習刀筆以為吏胥，或執僕役以事官僚，或作技巧販鬻以為工匠商賈」，以至「天下習儒者少」㉘。忽必烈即位後，很多大臣一再提出開設科舉的呼籲，但最後總是「議者不一而罷」㉙。又如元廷長期未頒行法典，起初僅借用、折代金朝《泰和律》有關條款，後以逐漸積累但未形成系統的斷例（即案例）作為審判標準。

至元三年，大儒許衡上疏論述「立國規模」，特別談到了漢法的推行。此時忽必烈即位已經七年，漢式王朝的框架已初步奠定，但在許衡看來，這方面的工作還很不徹底，仍然缺乏長遠規劃，「無一定之論」、「日計有餘而月計不足」。許衡指出：「考之前代，北方奄有中夏，必行漢法，可以長久。……

㉖宋濂等，《元史》卷六〈世祖紀三．至元二年二月甲子〉。

㉗王惲，《秋澗先生大全文集》卷四六〈儒用篇〉。

㉘宋濂等，《元史》卷八一〈選舉志一．科目〉。

㉙蒲道源，《閒居叢稿》卷一〇〈跋秋谷平章試院中所作詩〉。

國家仍處遠漠，無事論此，必如今日形勢，非用漢法不宜也」。可見他認為「漢法」尚未完全實行。值得注意的是，許衡對元朝漢化進程的估計較為悲觀，認為「非三十年不可成功」。因此他提出一套循序漸進的方針，「漸之摩之，待以歲月，心堅而確，事易而常，未有不可變者」，而忽必烈本人的態度尤為關鍵，「雖曰守成，實如創業」，必須「篤信而堅守之，不雜小人，不營小利，不責近效，不恤浮言」，才有可能達到「致治之功」㉚。的確，在游牧貴族保守勢力強大的客觀形勢下，最高統治者又未能堅定不移地貫徹改革方針，那麼漢法推行工作的停滯，就幾乎是必然的事了。

二、蒙古舊制的大量保留

忽必烈以「祖述變通」為立國方針，也就是說，吸收前代中原王朝制度要以保存若干蒙古舊制為前提。在漢法推行工作趨於停滯的同時，大量阻礙社會進步的蒙古舊制，因為牽涉到貴族特權利益，都在「祖述」的幌子下被保存下來。其中主要有下列內容：

㈠**投下制度**——「投下」意為分地、采邑，又引申為擁有分地、采邑的諸王貴族。中原地區的投下形成於大蒙古國時期。忽必烈即位後，採取了一些措施限制投下權力，以加強中央集權。但投下舊制並未受到根本觸動，其獨立性依然很強，封主往往專擅自恣，奴視地方官府，非法徵斂，欺侵隱占人戶，甚至私置牢獄枷鎖，接受管內人戶詞狀。投下封主委任的達魯花赤等官員的選拔遷調自成體系，稱為「投下選」，與政府官員的「常選」截然有別，即所謂「秩祿受命如王官，而不得以歲月通選

㉚蘇天爵，《元文類》卷一三，許衡〈時務五事〉。

調」㉛。很多人是長年、終身在任，乃至子孫世襲，朝廷人事制度對他們很少發生作用。各投下的政治地位也很高，它們在中央政府，包括中書省和樞密院等高級機構中，都能以不同方式薦用私人，充當自己的代表，參預政務。大批半獨立的投下，在地方上構成一批以蒙古游牧習俗為主的民眾集團；而眾多的投下封主，則成為元朝政治領域中游牧貴族保守勢力的主要代表。

㈡**斡脫制度**——斡脫已見前述，指為蒙古統治者經營商業和高利貸的西域商人。他們所放錢債利息很高，息轉為本，又復生息，時稱「羊羔息」。入元以後，政府為皇室、諸王的斡脫單立戶籍，並設立斡脫所、斡脫總管府等機構掌管有關事務，使斡脫的特權商業活動有了制度保障。斡脫經商通常持有聖旨、令旨，可使用驛站鋪馬，官給飲食，貨物可以減免課稅，或攜帶軍器，或有官軍護衛。他們還往往假公濟私，夾帶私人資金營運牟利。斡脫所到之處倚勢橫行，為非作歹，追徵錢債，導致許多人傾家蕩產。他們的活動不僅阻礙工商業正常發展，而且對整個社會經濟都起著破壞作用。

㈢**賜賚制度**——大蒙古國時期，大汗向諸王貴族賞賜大量金銀財帛。除即位時頒發的巨額賞賜外，平時還有固定的歲賜。入元後，有關制度仍然沿用。中統元年，歲賜總額為銀六萬零八百五十兩，帛三千零五十匹，鈔一百四十一錠，絹五千零九十八匹，綿五千一百四十八斤，「自是歲以為常」㉜。實際上這只是一個基本數額，以後的賞賜數在此基礎上不斷有增加。如至元二十六年（一二八九年），歲賜總額已達到金二千兩，銀二十五萬二千六百三十兩，鈔十一萬零二百九十錠，帛十二萬二千八百匹。

㉛蘇天爵，《元文類》卷四〇〈經世大典序錄．賦典．宗親歲賜〉。
㉜宋濂等，《元史》卷四〈世祖紀一．中統元年十二月乙巳〉。

此外臨時的特別賞賜，更是名目繁多，無法統計。這種賜賚制度到元朝中後期惡性發展，成為財政上一大痼疾。

㈣**怯薛制度**——如前文所述，怯薛是蒙古大汗的宮廷護衛親軍，分番入直，分工執役，同時也承擔著大蒙古國早期行政中樞的職能。入元後，原來由怯薛分擔的行政事務大都移交給了中書省等新設立的漢式機構，怯薛組織依舊保留，繼續掌管宮禁事務，並成為元朝高級官員的主要來源。怯薛成員本身並無品級，未納入官僚系統，但他們卻能夠憑藉近侍身分干預朝政。當朝廷大臣入宮奏事時，怯薛人員可以在場陪奏，參與議事；平時也能夠隨時向皇帝陳述政見。他們往往直接奏准皇帝，跳過中書省頒發聖旨、璽書，擾亂政事，並對朝廷大臣進行彈劾，使後者處於受監視、被約束的尷尬境地。元朝皇帝與怯薛的關係，實際上是草原時代貴族與其「伴當」（家臣）關係的遺存，具有較強的私人領屬性質。因此怯薛干政不僅是皇帝集權專制的產物，也是蒙古傳統影響的結果。這使得怯薛成為一個最接近權力源頭、超越於官僚機構之上的決策團體。

㈤**達魯花赤制度**——達魯花赤為蒙古語「鎮守者」的音譯，在漢文史料中又稱為「宣差」、「監臨官」，最初指蒙古征服某地後設立的監治長官。元朝建立後，達魯花赤一職廣泛設置於中下級行政、軍事機構中，位於正官之上，掌握最後裁定權力。如元人所云，「皇元……曰州府曰司縣，乃設官監治於上，路則復設總監一人，其位望之隆，控壓之重，若古方伯刺史」㉝。它具有蒙古皇帝「特派員」的身分，原則上都由蒙古人擔任。達魯花赤制度是蒙古統治者民族防範心理的體現，加劇了官員的冗濫

㉝王惲，《秋澗先生大全文集》卷五一〈大元國故衛輝路監郡塔必公神道碑銘〉。

傾向。被選任者文化素質通常都比較低，很難對地方政治起到積極作用。

㈥**札魯忽赤制度**——札魯忽赤是蒙古語，意為「斷事官」。大蒙古國時期的也可札魯忽赤（大斷事官），是國家或地區最高行政長官，統管行政、財政、司法等事務。到元朝，國家機器已大為完備，但札魯忽赤這一蒙古舊制仍然頑強地以新的形式生存下來。它所在機構稱為大宗正府，主要負責審理諸王駙馬投下中蒙古、色目人的犯罪案件和民事訴訟，兼管審理漢人重大刑事罪犯、按檢諸路刑獄。元朝中書省之下已有刑部掌管司法，同時又設大宗正府，雙方權限互有重疊、職責劃分不清，造成了司法體制的混亂。

此外，類似的蒙古舊制還有很多。它們並未構成獨立的系統，而是被配置、分布在國家機器的不同領域發揮作用，從而在總體上使元朝的國家體制呈現出二元性的特點。這種二元格局在忽必烈時期基本奠定，並影響了有元一代的政治生活。元王朝始終是一個中原政權模式與蒙古舊制的混合體。

三、任用斂財之臣

隨著忽必烈本人政治傾向的變化以及他早年幕僚的逐漸謝世，以色目人為主的一批「斂財之臣」開始控制朝政。其代表人物為阿合馬、盧世榮、桑哥。這三個人先後主政的時間合計長達二十餘年，占了忽必烈在位時間的大半以上。他們的理財活動對元朝以後的歷史進程產生了重要影響。

阿合馬，花剌子模費納客忒（今烏茲別克斯坦塔什干西南）人，原為忽必烈皇后察必的侍臣。中統三年，受命領中書左右部、兼諸路都轉運使，專掌財賦之任。後相繼任制國用使、尚書平章政事、中書平章政事、中書左丞相，長期專權，至元十九年被漢人王著刺殺。史稱阿合馬「為人多智巧言，以功利成效自負，眾咸稱其能」，忽必烈「急於富國，試以行事，頗有成績，……由是奇其才，授以政柄，言無不從」㉞。至元二十一年（一二八四年），忽必烈任命盧世榮為中書左丞，委以理財之責。盧雖為漢人，卻係阿合馬一黨，於阿合馬主政時以賄賂得官。他倚仗忽必烈委任之專，欺上凌下，怨者甚眾。執政四個多月，因御史彈劾而罷免，後下獄論死。至元二十五年，吐蕃人桑哥出任尚書平章政事（不久升右丞相），成為忽必烈的又一個斂財之臣。與前兩人相比，桑哥官位更高，權勢也更重。他與忻都、要束木、沙不丁等人結為一黨，誣殺不附己的大臣郭佑、楊居寬，朝野側目。其黨羽唆使屬下請立桑哥德政碑，受到忽必烈的鼓勵。後因他積怨過多，終於在至元二十八年罷相被殺。至此忽必烈時期的理財活動，基本告一段落。

阿合馬等人的理財工作，的確收到很大成效，使元朝財政收入一度有較大提高。但這些增加的收入，基本上來自對社會的搜刮和巧取豪奪。具體而言，主要有以下途徑：

㈠**增加稅課**——阿合馬等人當政期間，稅課成倍增長。如至元十七年（一二八〇年），定北方丁稅每丁粟二石，比忽必烈即位初增加一倍。國家對鹽、茶實行專賣，從至元十三年到二十六年，剔除貨幣貶值因素，官定鹽引的價格即上漲五倍多，茶引價格則上漲二十餘倍。阿合馬等人所用官吏，都以增括稅課為能事，而朝廷也以此為升黜標準，放任他們橫徵暴斂。各地因而出現了不少名目古怪的新增雜稅，如食羊課、屋間架稅等等。

㈡**官營牟利**——大力推行國家壟斷手工業、商業的政策，由政府經營礦冶、製藥等行業，又設立

㉞宋濂等，《元史》卷二〇五〈阿合馬傳〉。

和買、市舶、常平等機構。由於純以斂財為目的，復任用非人，其後果往往是官吏侵蝕貪汙，中飽私囊，而百姓深受盤剝之苦。如阿合馬當政時設官經營冶鐵，鑄造農具，高價專賣，「厚其直以配民」㉟，給農民造成沉重負擔。

(三)**變更鈔法**——元朝第一次在全國範圍內將紙幣作為主幣來發行，稱為鈔。元初發行中統鈔，控制較嚴，各地貯銀為鈔本，發行數視鈔本而定。阿合馬等人主政期間，大量印發無本之鈔，致使鈔輕物重，物價騰踴。桑哥當政後，只好發行新鈔，公開宣布舊幣貶值。新鈔稱為至元鈔，每貫相當於原中統鈔的五貫。結果「積鈔之家不勝其損，破家壞產，粟帛之家不肯從賤，或至閉糴，……農、工兩受其禍」㊱。

(四)**鉤考斂財**——鉤考又稱理算，意即檢查、清算各官府出納財物，追究欺隱，覈徵逋欠。阿合馬等人當政期間，上到六部、行省，下到屯田、學校，一再鉤考，藉以搜刮財富。鉤考物件表面上是官吏，其實最後的損失都轉嫁到百姓頭上。官吏經查出虧

㉟蘇天爵，《元文類》卷五八，李謙〈中書左丞張公神道碑〉。

㊱胡祗遹，《紫山大全集》卷二二〈寶鈔法〉。

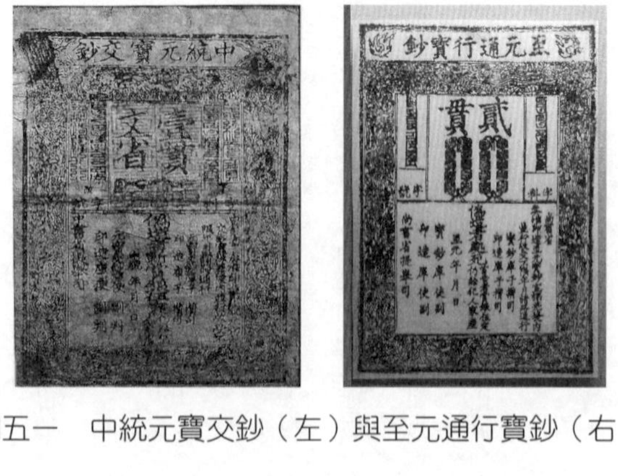

圖五一　中統元寶交鈔（左）與至元通行寶鈔（右）

欠錢糧，大都在補足之後保留原職，因而變本加厲地盤剝百姓。桑哥任相時，鉤考江南逋欠錢糧，「已徵數百萬，未徵猶數千萬，名曰理算，其實暴斂無藝，州縣置獄株逮，故家破產十九」㊲。

忽必烈任用斂財之臣，雖然一度解決了財政上的需要，但卻給社會造成巨大災難，也受到許多朝臣、特別是漢族儒臣的反對。反對者逐漸團結在皇太子真金周圍，與阿合馬等人進行鬥爭。真金從小接受儒臣教育，成為朝廷中積極主張漢化一派的代表。但阿合馬等人倚仗忽必烈撐腰，一直在鬥爭中居於主動地位。阿合馬遇刺後，真金派一度得勢。適逢有人上書請忽必烈禪位於真金，阿合馬餘黨利用此事進行反攻，激怒忽必烈，真金不久憂懼而死。此後，朝中的漢法派官僚失去了靠山，已不再形成一支能與斂財之臣相抗衡的勢力。桑哥當政時，部分南方漢族官僚因為與北方官僚有矛盾，投靠桑哥，使其力量更加壯大。桑哥倒臺後，南方官僚受到牽連，以後終元一代南方人極少再獲重用。

四、統治危機初步出現

總體而言，除去一段時間宗王叛亂的因素外，元朝可以說是中國歷史上極少見的沒有外患的朝代。如時人所言，「聖朝之疆宇固如金甌，平如衡權，三代以來，罕能同議」㊳。然而，就在大一統完成的同時，元朝中衰的因素也逐漸孕育起來。前代大一統王朝在統一後，往往都經歷一個上升階段，鼎盛時期持續較長，被史家譽為「盛世」。而在元朝，這樣一個較長時間的「盛世」並不存在。大一統所帶

㊲歐陽玄，《圭齋文集》卷九〈元翰林學士承旨魏國趙文敏公神道碑〉。

㊳黃淮、楊士奇等，《歷代名臣奏議》卷二三五〈征伐〉引趙天麟奏議。

來的種種促進經濟發展、文明進步的有利條件，在元朝並未得到充分的利用。漢法推行工作的停滯和蒙古舊制的大量保留，使統治集團與被統治地區的文化差異長期難以彌合。忽必烈先後對東亞、東南亞一些國家發起遠征，超出了社會的承受能力，使得「群生愁歎，四民廢業，貧者棄子以偷生，富者鬻產而應役，倒懸之苦日甚一日」㊴。凡此種種，都促使統治危機在元朝過早地出現了。

統治危機的主要表現，是反元起事的頻繁爆發。大規模的起事多發生在江南。元朝初滅南宋，江南人民曾打著復宋旗號掀起一些反元起事，但很快都在元軍的鎮壓下，或敗或降。這些事件實質上都是南宋餘部抗元的一部分。到至元十七年以後，反元起事又呈高漲趨勢。據官吏報告，至元二十年（一二八三年）「江南盜賊……凡二百餘所」，二十六年已達「四百餘處」㊵。這時的起事大部分已不再以「復宋」旗幟相標榜，而多稱王稱帝，自立旗號，說明它們主要導源於新的社會矛盾。

這一時期較大規模的起事，如至元十七年，江西南康都昌縣民杜可用利用民間祕密宗教白蓮會組織，自稱天王，改元「萬乘」，有眾數萬。同年福建畬民陳桂龍、陳大舉叔侄起兵反元，有山洞、山寨八十餘處，建年號「昌泰」。至元二十年，廣東新會人林桂方、趙良鈐率萬餘人舉事，建羅平國，用年號「延康」。同年歐南喜於廣東清遠稱王，與當地另一反軍領袖黎德合兵，眾號二十萬。福建南宋降將黃華亦於是年重新反元，聚眾十萬餘人，軍士皆剪髮文身，號「頭陀軍」，仍用南宋「祥興」年號，聲勢浩大，閩中百姓「十去其四」㊶。至元二十六年，廣東畬民鍾明亮起事，擁眾十萬，轉戰贛、閩、

㊴宋濂等，《元史》卷二〇九〈安南傳〉。
㊵宋濂等，《元史》卷一七三〈崔彧傳〉、卷一五〈世祖紀十二・至元二十六年二月己巳〉。

廣一帶，兩次降而復反，元廷兩行省一行院合兵剿之不能克。同年台州寧海（今屬浙江）人楊鎮龍舉兵，有眾十二萬，自稱大興國皇帝，設左、右丞相等官職，年號「安定」。至元二十九年，廣西左江僮人黃勝許聚眾二萬起事，阻斷道路，圍攻邕州（今廣西南寧）。其餘中、小規模的反元活動，更是不可勝數。元廷在竭力鎮壓、招降的同時，也被迫對統治政策作出某些調整。至元二十八年，桑哥罷相，「理財」活動告一段落。三年後忽必烈去世，對外戰爭也基本中止。在這樣的背景下，各地反元浪潮才稍趨平息。

忽必烈去世以後，其孫鐵穆耳嗣位，是為元成宗。成宗初年，一位姓吳的教官上「定本十六策」，指出當時的形勢是「官吏奸貪，盜賊竊發，士鮮知恥，民不聊生，……大臣持祿而不言，小臣畏罪而不敢，以朝三暮四之術，愚醉生夢死之民，……雖非大亂，亦未可謂之治矣」；「是內而朝廷，外而郡邑，無一事無弊，無一處非病，尚何足以為國乎！」㊷忽必烈留給子孫的，就是這樣一份遺產。大一統的元朝百年而亡，不可謂長壽，而追本溯源，應當說早在元朝前期，即已顯示出了早衰的徵兆。

㊶王惲，《秋澗先生大全文集》卷九二〈論草寇鍾明亮事狀〉。
㊷劉塤，《隱居通議》卷三一「元貞陳言」條。

第十章 元朝的中衰與滅亡（一二九四—一三六八年）

忽必烈去世後，元朝的統治又延續了七十餘年，歷經九位皇帝。其中前面八位皇帝累計在位四十年，最後一位皇帝元順帝在位三十餘年，可以分別看作元朝的中期和後期。元朝作為一個幾乎沒有外患的大一統王朝，享國僅百年有餘，壽命並不長久。它在統一之後並未出現一個呈上升趨勢的「盛世」，相反卻顯露出早衰的跡象，這在很大程度上與文化差異的背景有關。蒙古統治者對國家馬上得之，馬上治之，長於鎮壓、聚斂而短於改革、治理，與被統治地區的文化差異一直沒有很好地彌合。加上貴族官僚內訌、政治腐敗、社會貧富分化、自然災害等其他王朝常見的問題，終於導致了元朝短命而亡的歷史命運。

第一節 政治危機

一、邊疆戰事的餘波

忽必烈在位時頻繁的邊疆戰爭，到成宗即位後逐漸趨於緩和平息。此後絕大部分時間裡，邊疆形

第十章

元朝的中衰與滅亡（一二九四－一三六八年）

勢都是穩定的，直到元朝滅亡亦不例外。這是元朝有別於前後幾個統一王朝的一個顯著特點。

西北的窩闊台、察合台兩汗國，在一段時間裡仍是元朝在邊疆上的主要敵手。成宗以長兄晉王甘麻剌鎮守漠北，又以皇侄海山專門負責前線軍事，指揮大將月赤察兒、床兀兒等抗擊海都、篤哇的騷擾。在大德二年（一二九八年）的一次戰鬥中，篤哇偷襲成功，俘虜了元朝駙馬闊里吉思。元朝在西北的軍事重鎮別失八里和哈剌火州，在此前後都落入敵手。大德五年（一三〇一年），海都、篤哇合軍越過阿爾泰山，大舉東犯，與元軍戰於蒙古高原西部的鐵堅古山。雙方惡戰數日，基本未分出勝負，各自收兵。但在這場戰鬥中，篤哇受傷致殘，海都也因傷病在不久後死去，西北叛王的勢力受到重大打擊。海都死後，其子察八兒在篤哇的支持下即窩闊台汗國汗位。

窩闊台、察合台兩汗國長期興兵與元廷對抗，致使西北、中亞地區的人民大批流徙死亡，田野荒蕪，給當地的社會經濟造成了巨大破壞。元朝方面固然在戰爭中耗費了大量人力物力，而叛王方面也同樣沒有撈取到什麼利益，厭戰情緒逐漸增長。大德七年（一三〇三年），篤哇、察八兒等召開會議，決定「遣使請命罷兵，通一家之好，使吾士民老者得以養，少者得以長，傷殘疲憊者得以休息」①。使節到達元廷，成宗准予請和，命設置驛傳，以通往來。此後，西北諸叛王正式承認了元朝的宗主國地位，戰事宣告平息。在與元朝敵對狀態解除的同時，窩闊台、察合台兩汗國的同盟關係卻因外部壓力的削弱而走向崩潰，雙方不久即爆發了武裝衝突。元廷站在察合台汗國一方，遣軍攻擊窩闊台汗國側翼。察八兒受到夾擊，大敗，被迫向篤哇投降，其土地大部分併入察合台汗國，稱雄中亞數十年的

---

①宋濂等，《元史》卷一二八〈床兀兒傳〉。

窩闊台汗國至此瓦解。察合台汗國在此後仍與元朝保持友好關係，西方的伊利、欽察兩汗國亦繼續確認元朝的宗主國地位。

仁宗在位時，由於元廷與察合台汗國對邊界地帶領地的劃分出現意見分歧，雙方的關係一度又趨緊張。察合台汗也先不花扣留了元朝派往伊利汗國的使臣，並發兵攻入元朝境內。元廷一面進行反擊，一面聯絡伊利汗國從背後夾攻。也先不花兩面受敵，被元軍擊敗，元朝重新奪回哈剌火州地區。延祐七年（一三二〇年）也先不花死，其弟繼立，開始與元廷和談，最終再度恢復了雙方的和平關係，直至元亡不變。

忽必烈時期對東亞、東南亞諸國的擴張戰爭，在成宗即位後基本告一段落。主要的一次擴張餘波是成宗大德四年（一三〇〇年）對緬國（今緬甸）和八百媳婦（今泰國北部一帶）的征伐。當時緬國發生弒君事件，元廷發兵征討，因對方謝罪求和而撤軍。但在征緬過程中發現鄰近的八百媳婦諸蠻與緬國相結，恃險不賓。朝臣遂勸成宗伐之，理由是「世祖皇帝以神武開一統，功蓋萬世；陛下未有伐國拓地之舉，以彰休烈」。②成宗從其議，命劉深為帥，統湖廣等省兵兩萬往征八百媳婦。元軍沿途徵發丁夫馬匹運輸給養，百姓大受騷擾；又向西南各族土官勒索金、物，引起當地民族不滿。大德五年六月，水西女土官蛇節和雍真葛蠻土官宋隆濟聚集部眾起兵反元，包圍貴州。元朝的遠征軍受到起事者邀擊，尚未到達八百媳婦就被擊潰，劉深棄眾奔逃。這次開邊戰爭於是轉化為一場鎮壓邊疆民族起事的戰爭。元廷又大量增調軍隊、將領，直到大德七年才將動亂弭平。而從此元朝政府也不敢再發動

②蘇天爵，《元文類》卷二五，劉敏中〈丞相順德忠獻王碑〉。

「伐國拓地」的軍事行動了。

二、皇位繼承制度的隱患

元朝中期，邊疆戰事雖然逐漸平息，但更嚴重的危機在政權內部出現了。這就是激烈的皇位爭奪。造成皇位爭奪的主要原因，是大蒙古國忽里勒台選汗傳統在元朝的遺存。

「忽里勒台」作為大蒙古國時期的諸王大會，具有推戴大汗、決定征伐等職能。大蒙古國歷代大汗，包括元朝第一任皇帝忽必烈，都是經忽里勒台推戴即位的。忽里勒台會議在當時起到了確立君臣名分、將分散的草原封地聚合為帝國共同體的政治功能，但也造成了蒙古汗位繼承的不穩定性，加劇了蒙古貴族內部的紛爭。入元之後，忽必烈著手對此進行改革，很早就立己子真金為皇太子，企圖確立中原王朝傳統的嫡長子繼承制。這也是當時他推行「漢法」的一項重要內容。

然而，忽里勒台選汗傳統觀念仍然頑強地在元朝延續下來。忽必烈在立太子時，並不敢否定忽里勒台舊制，而僅僅聲稱預立皇儲是「太祖皇帝遺訓」，自己選立真金則是「上遵祖宗宏規，下協昆弟僉同之議」的結果，力圖將此舉披上忽里勒台傳統的外衣③。後來真金去世，忽必烈很長時間沒有續立皇儲。直到他去世前夕的至元三十年，才將皇太子冊寶授予其孫、真金第三子、正在漠北撫軍的鐵穆耳。但這次選立皇儲的工作與第一次相比更加不徹底，僅僅是頒授了一枚象徵皇儲身分的印璽，而並沒有採取鞏固鐵穆耳皇儲地位的進一步措施，如頒詔令、授玉冊、置官屬、擇師傅等，實際上是繼續

③宋濂等，《元史》卷一一五〈裕宗傳〉。

向忽里勒台舊制作了妥協。這給將來的皇位繼承帶來了複雜的影響。

至元三十一年正月，忽必烈逝世。四月，鐵穆耳始從漠北趕回上都。他的即位並不順利。按照蒙古慣例，在上都召開了忽里勒台大會。由於有相當一部分諸王貴族主張擁立鐵穆耳的長兄晉王甘麻剌，會上產生了激烈爭執。幸好朝中的元老重臣大都站在鐵穆耳一方。平宋勳臣伯顏「按劍陳祖宗寶訓，述所以立成宗之意，辭色俱厲」④，另一位元老玉昔帖木兒則親自說服甘麻剌，敦促他服從忽必烈的遺命。經過他們軟硬兼施的努力，最後終於形成了一致意見，在諸王大臣「合辭推戴」的形式下，鐵穆耳正式即位，是為元成宗。

成宗的即位過程表明：進入元朝之後，忽里勒台選汗傳統仍對包括皇帝在內的蒙古貴族有著重要影響，它並不因是否曾預立皇儲而改變，使元朝的皇位繼承制度存在著巨大的隱患。皇帝生前指定的繼承人身分，不足以成為繼承皇位的充分條件；只有通過忽里勒台會議的合辭擁戴，皇位繼承才最後生效。這種由草原社會流傳下來的貴族選君觀念，缺乏對被推舉者身分的具體限制，實際上為爭奪皇位的行動提供了意識型態上的依據，也為有野心的大臣進行政治投機提供了可能性。任何一個未按正常傳承次序即位的皇帝，都可以以「宗戚舊臣」的「協謀推戴」自欺欺人，利用忽里勒台傳統觀念來標榜自己上臺的合法性和正統性。有關惡果在元朝中期的皇位繼承中得到了充分體現。

④蘇天爵，《元文類》卷二四，元明善〈丞相淮安忠武王碑〉。

三、從成武授受到南坡之變

成宗在位後期，曾將自己年幼的獨子德壽立為皇太子，但德壽不久就夭折了。大德十一年（一三〇七年）春，成宗駕崩，此時並沒有預定的皇位繼承人，因而出現了更為嚴重的皇位繼承危機。皇后卜魯罕和中書左丞相阿忽台企圖擁立成宗的堂兄弟安西王阿難答。而中書右丞相哈剌哈孫則以阿難答並非真金後裔、「支子不嗣」為理由，傾向於成宗的兩個侄子海山和愛育黎拔力八達（均為真金次子答剌麻八剌之子）。當時海山封懷寧王，總兵於漠北；愛育黎拔力八達則居於懷孟（今河南沁陽）。哈剌哈孫一方面迅速遣使與他們聯繫，另一方面利用自己的政府首相身分，「稱疾臥闕下，內旨日數至，並不聽，文書皆不署」⑤。他用拖延時間的辦法，成功地阻止了卜魯罕皇后臨朝稱制，反對派想殺害他，但一時不敢下手。三月，愛育黎拔力八達首先趕到大都，在哈剌哈孫協助下鬮宮發動政變，捕殺阿難答、阿忽台等。愛育黎拔力八達本想自即皇位，但懼怕其兄海山手中強大的軍事實力，被迫自稱監國，北迎海山為帝。五月，海山即位於上都，是為元武宗。為報答其弟鬮宮奪位的功勞，他將愛育黎拔力八達立為皇太子⑥，相約兄終弟及，叔侄相承，以複系交替的方式分享皇位。

至大四年（一三一一年），武宗死，愛育黎拔力八達即位，是為元仁宗。按照事先的約定，他應當

⑤宋濂等，《元史》卷一三六〈哈剌哈孫傳〉。

⑥元朝所立皇儲，無論具體身分如何，一律稱為皇太子，而無皇太弟、皇太孫等稱。這可能是因為蒙古統治者不諳漢語，錯誤地將「皇太子」一詞當作不可拆卸的皇儲固定專用詞。

以武宗的長子和世㻋為皇位繼承人。但時易事移，重握大權的仁宗，不肯再將勝利果實從自己一系輕易讓出。延祐二年（一三一五年）十一月，仁宗封和世㻋為周王。三年（一三一六年）三月，下令讓他出居雲南；十月，正式立自己的兒子碩德八剌為皇太子。和世㻋不甘心失敗，赴雲南途中行至陝西，在一批武宗舊臣的擁戴下發動兵變，進攻潼關，並東渡黃河，襲破河中府（治今山西永濟縣蒲州鎮）。史稱這次事件為「關陝之變」。不久叛軍內部發生分裂，自相殘殺，元廷又調集優勢兵力加以圍剿，叛軍遂告潰散。和世㻋被迫遠走阿爾泰山以西，依察合台諸後王而居。

延祐七年，仁宗去世，碩德八剌即位，是為元英宗。英宗年輕氣盛，銳意興革，任用同樣年輕的一位勳臣後裔拜住為丞相，清算以已故權臣鐵木迭兒為首的勢力。鐵木迭兒餘黨御史大夫鐵失等人漸不自安，希望藉擁立新君來擺脫困境。至治三年（一三二三年）八月，英宗由上都南返大都，途中駐蹕於上都以南三十里的南坡。鐵失等人突然發動政變，率軍隊闖入行帳，殺害了英宗和拜住。史稱這次事件為「南坡之變」。鐵失計畫擁立的新君，是正在鎮守漠北的晉王也孫鐵木兒（甘麻剌之子）。後者一直在偵伺朝廷情況、覬覦皇位，與鐵失事先已有勾結，在這次宮廷政變中並非完全被動的角色。九月，也孫鐵木兒接受推戴，即位於漠北，隨後南下大都。因他於次年改元泰定，所以史書中稱他為泰定帝。為了掩飾自己捲入弒君事件的罪責，泰定帝果斷地迅速逮捕、處決了鐵失及其主要黨羽，從而也使混亂的政局重新穩定下來。然而，元朝的皇位繼承危機並沒有至此結束，更大的事變還在後面。

四、天曆之變及其後果

致和元年（一三二八年）七月，泰定帝在上都去世。八月，留守大都的簽書樞密院事燕鐵木兒利用手中掌握的兵權發動政變。燕鐵木兒是欽察人，其父床兀兒曾長期隨武宗在漠北作戰，他本人也很早就受到武宗提拔。由於上述關係，燕鐵木兒在泰定帝去世前就密謀擁立武宗後人。武宗有兩位嫡子，長子和世㻋被仁宗封為周王，在「關陝之變」後逃往西北。次子圖帖睦爾當時封懷王，居於江陵（今屬湖北）。燕鐵木兒發動政變後，封府庫，收符印，遣使急迎圖帖睦爾。另一位武宗舊臣、蒙古篾兒乞人伯顏（與前文中平宋勳臣同名）正擔任河南行省平章政事，他保證了河南行省站在燕鐵木兒一方，並親自護送圖帖睦爾進入大都。九月，圖帖睦爾在大都即帝位，是為元文宗。文宗改元天曆，所以史稱這次政變為「天曆之變」。與文宗即位同時，泰定帝的左丞相倒刺沙在上都擁立了年幼的皇太子阿刺吉八。這次皇位爭奪於是造成了兩都對峙，進而演化為大規模的內戰。在戰鬥中，大都方面因為擁有全國主要行省的支持，可以調動較雄厚的人力物力資源，故而漸占優勢。十月，大都軍隊包圍上都，倒刺沙出降被殺，阿刺吉八不知所終。兩都之戰遂告結束。

文宗在局勢初步穩定後，也仿照當年仁宗的做法，派使節到西北恭請其兄和世㻋，聲稱要把奪來的皇位轉讓給他，和世㻋隨即南下。天曆二年（一三二九年）正月，和世㻋在漠北即帝位，是為元明宗，文宗被立為皇太子。事情的開端似乎是大德十一年歷史的重演，但結局卻迥然不同。文宗的讓位只是故作姿態，他和燕鐵木兒都不甘心放棄已經到手的勝利果實。於是一個新的謀殺計畫誕生了。八月，文宗和燕鐵木兒北迎明宗，相會於旺忽察都之地（今河北張北北）。歡宴數日之後，明宗「暴崩」，文宗「名正言順」地重登帝位。

「天曆之變」雖以文宗的最後獲勝而告終，但這場風波極大地消耗了元朝的元氣。泰定帝在位時，全國已有很多地方發生天災，流民死亡相藉。天曆之變引發的內戰，又使一些地區蒙受巨大破壞。在兩都對峙時期，陝西、四川兩行省站在上都一方。陝西官員一再塗毀文宗所下詔書，扣留其使者，並發兵三路，攻入河南、山西。四川行省平章政事囊加台則自稱鎮西王，私署官屬，燒絕棧道，與文宗對抗。這樣內戰不僅發生在兩都地區，實際上已波及到中原和西南。直到天曆二年四月，經過文宗一方軟硬兼施的努力，方迫使上述地區臣服。但時隔不久，原來依附上都的諸王禿堅又在雲南發動叛亂。他自稱雲南王，糾合當地有野心的少數民族土官，抗拒朝命，攻掠州縣。元廷調集數省軍隊，最後才於至順三年（一三三二年）將叛軍討平。

天曆時期的皇位爭奪還為以後的皇位繼承埋下了若干伏筆。文宗在位時，曾立自己的長子阿剌忒納答剌為皇太子。但僅僅過了一個多月，皇太子即生病夭亡。此事引發了文宗的迷信心理，以至他在至順三年八月去世前夕下遺詔立明宗之子為嗣，而沒有傳位給自己的次子燕帖古思。文宗駕崩，皇后卜答失里與大臣擁立明宗次子、年僅七歲的懿璘質班為帝，但他也一月即卒，廟號寧宗。於是明宗的長子妥歡帖睦爾被從廣西迎接到大都，在次年即位。這就是元朝的末代皇帝元順帝。順帝在位前期，尊卜答失里為皇太后，並允諾將來傳位於燕帖古思。但後至元六年（一三四〇年），他終於對其父暴卒一事進行了清算，下詔撤除文宗的廟主，將卜答失里徙居於東安州（今河北安次西）。燕帖古思則被流放到高麗，於途中遇害。天曆時期皇位爭奪的餘波，至此終於結束。

五、權臣專權與皇帝怠政

元朝中後期，權臣專權的現象逐漸突出。出現這種情況有制度上的原因。元朝皇帝不行常朝，每年僅在元旦、皇帝生日及某些大慶典時舉行「朝賀」，平時並無接見百官的法定制度。因此「百官入見，歲不過宴賀一二日，非大臣近侍鮮得望清光者」⑦。中書省、樞密院、御史臺等主要機構每日正常議政，處理有關的行政、軍事、監察事務，議政結果由其長官定期入宮奏稟皇帝，取旨施行。這種政治體制使擔任省、院、臺長官少數高級大臣的實際地位變得更加重要。另一方面，由於分封制的發達，元朝的貴族政治主要表現為家臣政治，執政大臣基本出自怯薛，君臣關係當中具有一種自草原時代繼承而來的私人隸屬色彩和身分差異。而忽必烈以後的元朝諸帝絕大多數權力慾不強，滿足於深居宮中、垂拱而治，習慣於對相當其「家臣」的朝廷高官放手使用、不加疑忌。大臣（特別是宰相）雖然權重，但一般情況下他們的權力只是皇權的外延，不會對整個政治結構造成很大破壞。然而，在有些時期，個別大臣權力過度膨脹，形成專權，對政治體制的正常運作造成危害，成為政權中的不穩定因素。

仁宗在位時，右丞相鐵木迭兒長期專權。鐵木迭兒本無政治才能，僅因家世顯貴，本人又受到皇太后答己的寵幸，方能官拜首相。他恃寵擅權，貪汙受賄，提拔親黨，打擊異己，朝野側目。延祐四年（一三一七年），內外監察御史四十餘人對他進行彈劾，列舉大量罪狀，鑿鑿有據。仁宗覽奏震怒，詔命逮問。鐵木迭兒逃匿於答己宮中，有司無法捕治，仁宗亦礙於母親的情面而不再深究。延祐七年仁宗去世，鐵木迭兒倚仗答己的勢力重登相位，對以前彈劾過他的人大肆報復，誣陷殺害了前御史中丞楊朵兒只、前中書平章蕭拜住、上都留守賀勝等高級官員，「一令發口，上下股栗，稍不附己，其禍立至」⑧。答己死後，鐵木迭兒的氣焰才稍有收斂，不久亦死。

⑦吳師道，《禮部集》卷一九〈江西鄉試策問〉。

天曆之變以後，政變的主謀燕鐵木兒獨攬大權。文宗為酬勞奪位之功，拜他為中書右丞相，特意罷左丞相不置，使他獨為丞相，一切政務悉聽總裁。此外還加給他太師、答剌罕（蒙古傳統榮譽官號，有「得自由」、「自在」之意，可享受多種特權）的榮譽頭銜，並封太平王。燕鐵木兒「禮絕百僚，威焰赫赫，宗戚諸王無敢以為言者」，「挾震主之威，肆意無忌」，娶泰定帝皇后為夫人，前後尚宗室之女達四十人之多。他的兒子唐其勢甚至說「天下本我家天下也」⑨。燕鐵木兒除兼任多項要職外，還親統左、右欽察等若干支侍衛親軍，可謂如虎添翼。大臣闊徹伯、脫脫木兒等憎惡燕鐵木兒權勢之重，企圖推翻之，卻被其手下的欽察兵一網打盡。文宗、寧宗相繼去世，順帝被接到大都，但因燕鐵木兒有追悔之意，順帝「久不得立，……遷延者數月，國事皆決於燕鐵木兒，奏文宗后而行之」⑩。一直拖到燕鐵木兒死後，順帝才正式即位。

順帝在位前期，朝廷大權實際上掌握在權臣伯顏手中。伯顏是天曆之變的第二號功臣，在文宗朝的地位僅次於燕鐵木兒。順帝即位後，燕鐵木兒已死，伯顏升任右丞相，進封秦王。不久燕鐵木兒之子、左丞相唐其勢嫉伯顏權重，發動政變企圖奪回權力，被伯顏鎮壓。此後順帝也不再設左丞相，由伯顏獨秉國鈞。元朝權臣專權的狀況，在伯顏當權時期發展到了頂點。後至元五年（一三三九年），順帝將伯顏的官銜改為大丞相，加號元德上輔，這在元朝是沒有先例的。伯顏的兼職一再增加，累計頭

---

⑧宋濂等，《元史》卷一七五〈張珪傳〉。
⑨宋濂等，《元史》卷一三八〈燕鐵木兒傳〉。
⑩宋濂等，《元史》卷三八〈順帝紀一〉。

銜竟然達到二百四十六字。他「自領諸衛精兵，……導從之盛，填溢街衢，而帝側儀衛反落落如晨星。勢焰薰灼，天下之人惟知有伯顏而已」⑪。為了鞏固自己的權威，伯顏採取順我者昌、逆我者亡的做法，特別著重打擊不附己的宗室諸王，擅殺剡王徹徹禿，矯旨貶黜宣讓王帖木兒不花、威順王寬徹普化。伯顏權勢的惡性膨脹，實際上已對皇權構成了威脅。後至元六年（一三四〇年），順帝與伯顏之侄御史大夫脫脫合謀，趁伯顏侍太子出獵之際，發動政變，草詔數伯顏罪狀，將他貶往廣東安置。伯顏於南行途中在江西驛舍病死。

繼伯顏當政的脫脫，與前任諸人相反，有賢相之稱。但由於長期以來已形成了有利於大臣專權的種種政治機制，故而脫脫也是「雖不弄權，而權自盛」⑫。他任相時就國家的一些重大經濟、政治問題舉行過幾次百官集議，實則最後全由脫脫一人作主，百官大都隨聲附和，持異議者均遭打擊、貶黜。脫脫倒臺後，仍然連續出現大臣專權的情況，直至元亡。

元朝中後期出現權臣專權，與皇帝的怠政也有直接關係。忽必烈以後的元朝諸帝，大部分人都對理政興趣不大，在政事上少有建樹。成宗在位後期多病，政務委於皇后和宰臣。武宗自漠北入主大統，整日沉溺於飲酒作樂。仁宗、英宗雖有志振作，但前者受制於母后，後者在位短暫，都未有大的作為。文宗受權臣掣肘，只能在宮裡召集一批文士討論書畫。順帝更以怠政著稱。他即位後侍臣進言說：「天下事重，宜委宰相決之，庶可責其成功，若躬自聽斷，則必負惡名。」順帝「信之，由是深居宮中，

⑪宋濂等，《元史》卷一三八〈伯顏傳〉。
⑫孔齊，《至正直記》卷三「勢不可倚」條。

每事無所專焉」⑬。此後在他一朝出了不少權臣，但順帝的對付辦法僅僅是利用其間的矛盾，用一個權臣除掉另一個權臣，而自己則一直「溺於遊樂，不恤政務」⑭，未能親自獨攬乾綱，在制度上採取預防措施。皇帝怠政如此，元朝國勢的衰落也就不難理解了。

六、腐敗的政風

早在忽必烈在位時期，就已出現政治腐敗的跡象。阿合馬、桑哥長期當政，排斥異己，任用私人，官吏專事搜刮，賄賂盛行。成宗即位以後，標榜「守成」。朝中大臣懲阿合馬等人理財之弊，深恐成宗再興此舉，也紛紛勸他勿事更張，盡可能按元初所定制度辦事。但在「守成」的幌子下，君臣不思進取，也使忽必烈後期的政治弊端無法得到治理，腐敗風氣日趨嚴重。

腐敗風氣較早出現並深化的原因，一是官員素質低下，二是法制不夠健全。元朝的官員構成與其他朝代相比有很大差別，怯薛和吏員是最主要的兩條入仕管道（詳見後文）。由此二途出身的官員有一個大體相同的特點，即受正統儒家思想薰陶很少，缺乏鞏固統治的長遠目光，文化素質較低，社會責任感、道義感較弱，只知刻剝百姓、營私聚斂。「進身之初，不辨賢愚，不問齒德，夤緣勢援，互相梯引，有力者趨前，無力者居後……苟圖俸考，爭先品級，以致臨政，懵無所知」⑮；「一旦得用，如

⑬宋濂等，《元史》卷三八〈順帝紀一〉。
⑭宋濂等，《元史》卷二〇五〈搠思監傳〉。
⑮黃淮、楊士奇等，《歷代名臣奏議》卷六七〈治道〉引鄭介夫奏議。

猛虎之脫柵，饑鷹之掣構」⑯。官員品質雖然低下，數量卻持續膨脹。特別是自成宗時起，不斷創設新機構，舊有機構也一再升高品級，「官冗於上，吏肆於下，言事者屢疏論列，而朝廷訖莫正之」⑰。另一方面，元朝法制建設較差，尤其是對官吏犯罪的懲罰規定很不完備，往往法無專條，或者是籠統地泛言「禁止」、「罪之」。有些問題雖有明文規定，但執行起來也常是大打折扣，隨意性很強。凡此種種，都使元朝中後期的腐敗現象漸成積重難返之勢。

成宗時期，政治形勢表面平穩，但新問題不斷出現。怯薛集團憑藉近侍身分，弄權亂政。他們受人請託，徇情舞弊，往往直接奏准皇帝，越過中書省的正常議政管道頒發聖旨璽書，當時稱為「內降旨」。據時人估計，從成宗大德六年（一三〇二年）到武宗至大元年（一三〇八年），短短六、七年間，這種「內降旨」即達一千三百餘道，內容涉及命官、田土、戶口、詞訟、造作等許多方面，嚴重地干擾破壞了國家正常行政事務。「中賣寶物」之弊亦在此時發端。「中賣寶物」是元朝中期官員勾結色目商人、損公肥私的一種重要手段。他們代表官府，動用公款，高價收買色目商人的寶石之類珍奇異物，然後從商人手中提成分利。據波斯史籍記載：一次有關情況敗露，十二名高級官員下獄被判死刑，但因國師膽巴說情，成宗全部予以釋放，不了了之⑱。貪汙受賄之風愈演愈烈。大德七年，爆發了轟動一時的朱清、張瑄賄賂案。朱、張原為南宋海盜，降元後受命管理海運，通過經營海上貿易成為巨富。

⑯危素，《危太樸集》卷六〈送陳子嘉序〉。
⑰宋濂等，《元史》卷八五〈百官志一〉。
⑱拉施特著，余大鈞等譯，《史集》第二卷（北京：商務印書館，一九八五年），頁三八七－三八八。

他們為鞏固自己的地位，對朝中官員遍行巨額賄賂。事發，中書右丞相完澤、平章政事賽典赤伯顏、梁德珪等高官皆捲入其中，成宗被迫將他們罷免，中書省幾乎為之一空。但實際上過了不久，有關人員又都被重新起用。

仁宗以下，頻繁出現權臣專權局面，這些權臣大都是腐敗現象的代表人物。他們為鞏固和提高自己的權威，結黨營私，賣官鬻爵，本人則大肆收受賄賂，生活奢侈腐朽。鐵木迭兒「私家之富，又在阿合馬、桑哥之上」，燕鐵木兒「一宴或宰十三馬」⑲。在這樣的風氣下，「風俗大壞，居官者習於貪，無異盜賊，己不以為恥，人亦不以為怪。其間頗能自守者，千百不一二焉」⑳。到順帝時期，地方官吏貪汙、斂財各有名目。初次接見下屬要收「拜見錢」，逢年過節要收「追節錢」，利用具體職權收費叫做「常例錢」，處理訴訟受賄叫做「公事錢」，還有無任何藉口強行索取的「撒花錢」（撒花，波斯語，意為禮物）。當時「上下賄賂，公行如市」，地方監察官員至州縣巡視，「各帶庫子檢鈔稱銀，殆同市道」㉑。

元朝中後期，統治者在懲治腐敗方面作過一些努力，其中比較突出的是奉使宣撫的派遣。為整頓地方吏治，朝廷於地方官府（包括地方監察官）系統之外，臨時選派中央高級官員充任欽差使臣分道巡視各地，問民疾苦，懲辦不法官吏，稱為奉使宣撫。自成宗大德三年（一二九九年）直至元亡，共

---

⑲宋濂等，《元史》卷二〇五〈鐵木迭兒傳〉、卷一三八〈燕鐵木兒傳〉。
⑳吳澄，《草廬吳文正公集》卷一四〈贈史敏中侍親還家序〉。
㉑葉子奇，《草木子》卷四下〈雜俎篇〉。

舉行六次奉使宣撫，平均約每十二年一次。奉使宣撫代表朝廷巡行地方，權力較重，懲辦貪贓，疏理冤滯，雷厲風行，從重從嚴，在一定時期和地區內起到了良好作用。但隨著元朝政治的總體腐敗趨勢，這種以官治官、人治色彩突出的理政方式不可避免地暴露出了弱點。順帝時派遣奉使宣撫，使臣在地方恃權勒索，實際上又為百姓增添一重災禍。民間流傳歌謠諷刺說：「九重丹詔頒恩至，萬兩黃金奉使回」；「奉使來時驚天動地，奉使去時烏天黑地，官吏都歡天喜地，百姓卻啼天哭地」[22]。從中央到地方，大小貪官汙吏成為一丘之貉，政治的頹勢已難挽回。

第二節　遲滯的漢化進程

一、中後期的漢化成果

忽必烈在位後期，推行漢法與改革蒙古舊制的工作基本上趨於停頓。但從總體趨勢看，元王朝仍然在漢化的道路上緩慢前進。自成宗以下，還是取得了一些局部性的漢化成果。

首先是崇奉孔子。忽必烈時雖採取過一些崇儒措施，但對孔子沒有特加尊崇，孔子後裔世襲的衍聖公爵位也長期空缺。成宗即位之初，即「詔中外崇奉孔子」[23]。詔書稱「孔子之道，垂憲萬世，有

---

[22] 陶宗儀，《南村輟耕錄》卷一九「闌駕上書」條。
[23] 宋濂等，《元史》卷一八〈成宗紀一．至元三十一年七月壬戌〉。

國家者，所當崇奉」㉔。與此相關，詔書還重申並強調了發展地方儒學教育、保護和優待學校的種種措施。武宗即位後，又加封孔子為「大成至聖文宣王」。這個頭銜之高，超出了歷代尊孔的規模。加封詔書稱「先孔子而聖者，非孔子無以明；後孔子而聖者，非孔子無以法」㉕。這段話被後人認為是對孔子地位最精要的概括。

元朝長期不開科舉，社會上雖屢有呼籲，但統治者總是不予理睬。直到仁宗時，情況才有轉機。仁宗早年曾拜漢族儒士李孟為師，接受儒家思想薰陶較多。他即位後，整頓朝政，裁減冗員，徵召儒臣參與議政，組織人員用蒙古文翻譯重要經史著作，一時頗有儒治氣象。皇慶二年（一三一三年），正式下詔開設科舉（制度細節詳見後文）。科舉的開設部分地滿足了漢族儒士開闢讀書做官途徑的要求，也促進了漢文化在蒙古、色目人中的進一步推廣。

英宗在位時，任用木華黎後裔拜住為相，採取了一些推進漢化的措施。英宗與拜住都具有較好的漢文化素養，而且年輕氣

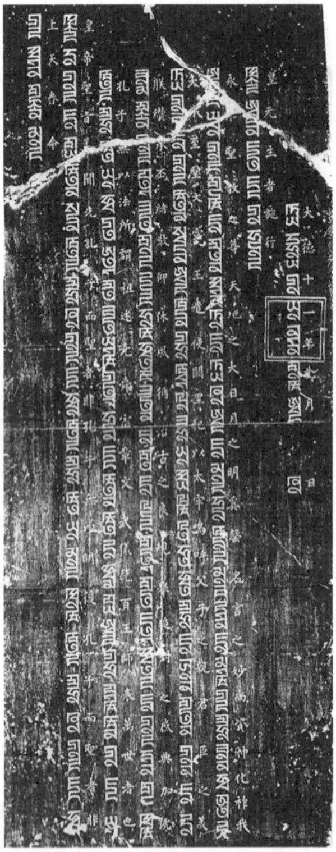

圖五二　加封孔子詔碑，其中的八思巴文是拼漢字的音

㉔蘇天爵，《元文類》卷一九，閻復〈曲阜孔子廟碑〉。

㉕蘇天爵，《元文類》卷一一，閻復〈加封孔子制〉。

銳，改革願望堅定。至治二年（一三二二年）春，在元朝建立太廟四十年之後，英宗首次按照前代中原王朝的儀節行親享之禮，「鼓吹交作，百姓聳觀，百年廢典一旦復見，有感泣者」㉖。元朝法無定制，曾多次著手修纂律令，但都未全部完成。英宗組織力量，在仁宗時編纂的歷朝法令文書類編初稿的基礎之上，加以進一步增刪修訂，於至治三年（一三二四年）春頒行天下，名為《大元通制》。《大元通制》的細目與唐、金兩代法典的沿襲關係十分明顯，就其基本精神而言，可以看作唐以來中國傳統法典的延續。時人即評價它「於古律暗用而明不用，名廢而實不廢，……雖欲違之而莫能違也」㉗。

英宗與拜住的漢化改革尚未充分展開，二人就在「南坡之變」中遇刺身亡。南坡之變固然有權力鬥爭的因素，同時也反映了蒙古統治集團內部漢化和反漢化兩派的激烈衝突。繼位的泰定帝實際上是保守草原游牧貴族集團利益的代表。儘管如此，他為了樹立自己合法繼統者的形象，消除漢族官僚和部分漢化蒙古貴族的不信任情緒，仍然不得不在漢化推進方面有所動作。其主要表現，就是經筵的開設。經筵是中國古代皇帝為學習經、史著作而特設的御前講席。元朝建立以來，經筵進講雖偶有事例，但一直沒有形成制度。泰定元年（一三二四年），泰定帝正式下詔開設經筵，命儒臣以《帝範》、《資治通鑑》、《大學衍義》、《貞觀政要》等書進講。後來又規定，經筵講讀官員沒有人代任不准去職。這樣就保證了經筵進講作為一項制度固定下來。

在「天曆之變」中登上帝位的文宗，從小在漢地長大，並且在江南生活過較長時間，其漢文化造

㉖宋濂等，《元史》卷一三六〈拜住傳〉。
㉗吳澄，《草廬吳文正公集》卷一九〈大元通制條例綱目後序〉。

詣大大超出前數任皇帝。文宗即位不久，就創設了奎章閣學士院，集儒臣於閣中備顧問。文宗喜愛書畫，彙集宮廷所藏書畫作品於奎章閣，於是書畫鑑定、研究也成為奎章閣的一項重要工作。奎章閣設授經郎二員，專門為勳舊、貴戚子弟和年幼的近侍講授經學。另外還設立了一個附屬於奎章閣的機構藝文監，負責用蒙古語翻譯儒書，校正、刊刻經籍。在天曆二年到至順二年（一三三一年），文宗還組織一批文人學士，模仿唐、宋《會要》體例，編纂了政書《經世大典》。全書共分十篇，八百八十卷，是一部集元朝典制之大成的著作。文宗標榜「文治」，尊孔崇儒，對孔子的父母和重要弟子逐一追贈爵位，又大力旌表節婦。他還遵照儒家禮儀，在大都南郊親祀昊天上帝，以太祖成吉思汗配享。

順帝在位前期，權臣伯顏當政，仇視漢人，推行了一些反漢化的措施，科舉一度停擺。伯顏倒臺後，脫脫任相，改元至正，實施「更化」。脫脫首先恢復科舉取士，又恢復太廟四時之祭，整頓國子監，遴選儒臣輔導順帝讀書，一時「翕然稱為賢相」㉘。長期以來議而未行的遼、金、宋三史修撰工作也在至正三年（一三四三年）正式開始，脫脫任都總裁官，廣泛羅致朝野儒士人才組成編寫團隊。當時關於遼、金、宋三史以何種體例編修、三朝孰為「正統」的問題一直爭論未決，脫脫最後作了「三國各予正統，各繫其年號」㉙的決斷，保證了編撰工作在兩年之內順利完成。這一時期，還進行了增補、修訂《大元通制》的工作，書成更名《至正條格》。至正前期，元王朝在漢化道路上取得了它最後一些成就，但隨著社會總體危機的逐漸深重，覆亡的命運也悄然而至。

㉘宋濂等，《元史》卷一三八〈脫脫傳〉。
㉙權衡，《庚申外史》。

二、漢化遲滯的特點

儘管元朝中後期陸續取得了一些漢化成果，但與中國古代其他北方民族王朝相比，它的漢化進程仍然較為明顯地呈現出遲滯的特點，顯得更為艱難、更為迂迴曲折。這一特點表現在許多方面。就制度層面而言，主要表現為大量不適應漢地情況的蒙古舊制繼續存留，其具體情況在第九章已經述及。除去那些從草原移植到漢地的制度以外，還有一些自大蒙古國以來長期執行的消極政策到元朝中期逐漸制度化，也可劃入傳統的蒙古舊制之列。其中最典型的就是客觀上將全體百姓分為四等的民族等級政策，關於它將在下文詳述。這裡主要從有關統治集團文化素質的角度來看漢化遲滯的問題。

總體來看，元朝包括皇帝在內的蒙古貴族接受漢族文明比較緩慢，其中大多數人在相當長時間裡都對中原地區的一套典章制度、思想文化十分隔閡。元朝歷朝皇帝均信奉藏傳佛教，加封吐蕃薩迦派僧侶為帝師，「所以敬禮而尊信之者，無所不用其至，雖帝后妃主，皆因受戒而為之膜拜」㉚。仁宗、英宗時還下令在地方廣設帝師殿，祭祀第一任帝師八思巴，規模制度超出孔廟。相對而言，在蒙古統治者心目中，儒學的地位就要遜色許多。社會、文化背景的差異，使他們對儒家學說的概念、體系感到難以理解。忽必烈早年雖曾對儒學產生一些興趣，但體會粗淺，後來在理財問題上與儒臣產生分歧，認為後者不識時務，與其漸漸疏遠。成宗時大臣因為「天變屢見」，按照儒家傳統的天人感應理論請求「引咎辭位」，成宗即輕蔑地說：「此漢人所說耳，豈可一一聽從邪？」㉛元朝最後一個皇太子愛猷識

㉚宋濂等，《元史》卷二〇二〈釋老傳〉。

理達臘（後為北元昭宗）則說：「李先生（按指其師傅李好文）教我儒書許多年，我不省書中何義；西番僧教我佛經，我一夕便曉。」㉜元朝諸帝中只有仁宗、英宗儒化稍深，但他們同時也仍然是藏傳佛教的虔誠信徒，且因具體政治環境的制約都未能有太大作為。大多數蒙古、色目貴族對儒學的態度亦與皇帝近似。就整個朝廷而言，可以說儒家思想在昔日作為治國主導方針的「獨尊」地位，始終沒有得到明確的承認，而與儒學格格不入的保守勢力直到元亡都相當強大。順帝一度講習經史，「左右多沮撓者」㉝。帝師則對太子習儒提出異議：「向者太子學佛法，頓覺開悟，今乃使習孔子之教，恐壞太子真性。」㉞

語言文字的使用也反映出類似問題。元初，忽必烈命八思巴仿吐蕃文字母創制「蒙古新字」，頒行天下，凡官方文書必用其書寫，再以當地文字（漢文、畏兀兒文等）附之。為推行這種文字，朝廷在地方上廣設蒙古字學進行教授。有元一代，大批漢人為獲晉身之階，入蒙古字學讀書。精熟蒙古語、取蒙古名字、具有蒙古化傾向已成為漢族官僚中並不鮮見的事例。蒙古語的語法、詞法還滲入漢語當中，形成一種獨特的「元代白話」文體。漢語文對蒙古貴族雖有一定影響，但並不明顯。宮廷中主要使用蒙語，大多數皇帝（僅後期的文宗、順帝例外）雖有一定程度的漢語水準，但仍不能完全脫離翻

㉛宋濂等，《元史》卷二〇〈成宗紀三．大德三年正月己丑〉。
㉜權衡，《庚申外史》。
㉝宋濂等，《元史》卷一三八〈脫脫傳〉。
㉞陶宗儀，《南村輟耕錄》卷二「後德」條。

譯。元朝的儒臣們為了向皇帝灌輸儒家思想，不得不十分費力地將經書、史書和有關講解用蒙古文翻譯出來進講。不僅皇帝多不習漢文，蒙古大臣中習漢文者也很少，如元朝後期的右丞相阿魯圖就對順帝稱「臣素不讀漢人文書，未解其義」㉟。有的蒙古貴族到地方任官，執筆署事，寫「七」字之鉤不從右而從左轉，「見者為笑」㊱。

在用人政策上，元朝統治者心目中的民族畛域根深蒂固。他們極力維護蒙古、色目貴族在上層統治集團中的壟斷地位，排斥漢族官僚進入統治核心。如時人所云：「臺、省要官皆北人為之，漢人、南人中萬無一二。」㊲在進入上層統治集團的一小部分漢族官僚中，以吏進身者又占了絕大多數，儒士得重用者寥寥，大都只在文化、教育機構中起一種點綴作用，「負有為之志，不得盡見於事」㊳。中下級官員當然是以漢族為主，其中也是吏員出職者居壓

㉟宋濂等，《元史》卷一三九〈阿魯圖傳〉。
㊱葉子奇，《草木子》卷四下〈雜俎篇〉。
㊲葉子奇，《草木子》卷三上〈克謹篇〉。
㊳馬祖常，《石田集》卷一一〈貢公神道碑〉。

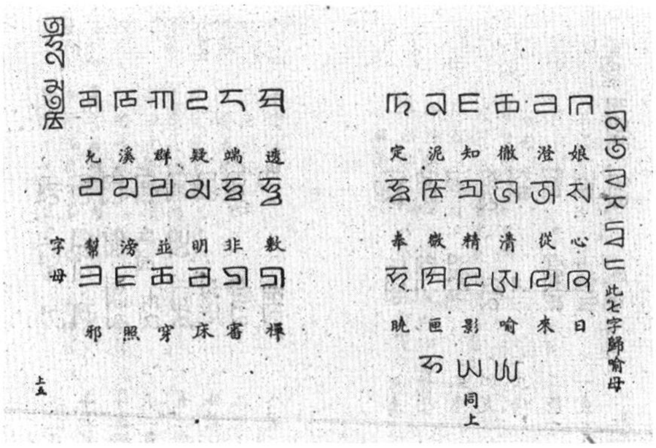

圖五三　《蒙古字韻》三十六字母表，以元朝通行的八思巴字記錄讀音

倒優勢。仁宗時雖開設科舉，但取士人數及其入仕前景都很不足道，被評為「名有而實不副」㊴。元朝重吏輕儒的用人方針，與前後朝代明顯有異，從根本上說是蒙古統治者特殊統治意識滲透的結果，是他們對漢族典章制度認識不深、漢化不徹底的產物。而政治腐敗的速度則因此大為加劇。元末人總結說：「不用真儒以治天下，八十餘年，一旦禍起，皆由小吏用事，……壞天下國家者，吏人之罪也。」㊵

造成元朝漢化遲滯的因素是多方面的。首先，蒙古族在進入中原以前從事比較單純的游牧、狩獵經濟，對漢族農業文明幾乎全無接觸和了解。認識農業經濟的重要性、接受相關的一套社會文化、意識型態，對他們來說相對比較困難。第二，蒙古建國後除漢文化外，還受到藏傳佛教文化、伊斯蘭教文化乃至基督教文化的影響，對本土文化貧乏的蒙古統治者來說，漢文化並不是獨一無二的藥方。第三，儘管橫跨歐亞的蒙古帝國在建立不久就陷於事實上的分裂，分化出元王朝和四大汗國，但在相當長的時間裡，元朝在名義上一直還只是蒙古世界帝國的一部分。漠北草原在國家政治生活中占有重要地位，存在著一個強大而保守的草原游牧貴族集團，這就使得元朝統治集團仍不能擺脫草原本位政策的影響，長期難以做到完全從漢族地區的角度出發來看問題。漢化遲滯在一定程度上導致了元朝的早衰，但蒙古民族卻也因此而能夠在元亡之後長期保持自身的傳統。

㊴徐一夔，《始豐稿》卷八〈送趙鄉貢序〉。

㊵孔齊，《至正直記》卷三「世祖一統」條。

第三節　財政問題

一、惡性膨脹的財政開支

與其他王朝類似，元朝在中後期也長時間為財政問題所困擾，財政開支巨大，入不敷出。而同其他王朝相比，元朝的財政支出制度尤為混亂，缺乏章法，表現出比較明顯的盲目、隨意性。財政開支的主要名目，也多少帶有一些自身的特點。

首先是皇室費用的支出相當巨大。忽必烈在位時，皇室的花費尚屬儉樸，自成宗以下，皇室生活日益腐化，開支漸趨浩繁，政府中所設專門為皇室服務的家政機構院、寺、局之類也一再增加。皇室費用之中，又以宴享和做佛事為大宗。蒙古人素重宴享，將其與征伐、狩獵併視為國家三件大事，「雖矢廟謨，定國論，亦在於樽俎饜飫之際」㊶。大凡新帝即位，群臣上尊號，冊立皇后、太子，以及逢元旦、皇帝生日、祭祀、諸王朝會和重大狩獵活動，都要在宮廷大排筵宴，招待貴族、大臣和近侍。預宴者所穿服裝由皇帝頒賜，均為同一顏色，大都由繡金錦緞織成，飾以珠翠寶石，「窮極華麗，振耀儀彩而後就列」㊷。這種特製的服裝稱為「質孫服」（質孫為蒙古語「顏色」之意），宴會也因而稱為

㊶王惲，《秋澗先生大全文集》卷五七〈大元故關西軍儲大使呂公神道碑銘〉。
㊷王禕，《王忠文公集》卷六〈上京大宴詩序〉。

「質孫宴」。「質孫宴」豪華奢靡，次數頻繁，耗費財物難以估算。做佛事指舉行藏傳佛教的宗教活動，儀式盛大，費用驚人，「一事所需，金銀鈔幣不可數計，歲用鈔數千萬錠」[43]，甚至殺羊即達上萬頭。忽必烈在位末年，每年的佛事名目有一〇二項，而成宗大德七年已達五百餘項。以後諸朝的佛事次數、規模又繼續擴展，「所需非一，歲費千萬，較之大德，不知幾倍」[44]。除此之外，元朝諸帝還大量興建佛寺、鑄造佛像、用黃金寫佛經，以至時人云「國家經費，三分為率，僧居二焉」[45]。除去宴享、佛事支出外，宮廷其他日常開支，如后妃、近侍、宦官的奢侈生活、宮室的營繕、珍禽異獸的飼養等，所花費用都相當可觀。

賞賜也是元廷財政的一項重要開支。對宗親貴族不斷進行賞賜是大蒙古國以來的傳統，而這類賞賜在元朝中後期達到了惡性發展的地步。與前期相比，此時賞賜的主要形式由較為固定的「歲賜」轉向更為隨意的臨時賞賜，受賜對象也更加廣泛，除宗親貴族外還兼及近侍、官僚和佛寺道觀。元朝中後期帝位爭奪激烈，即位的皇帝為酬謝支持者、安撫反對者，都要大行賞賜，稱為「朝會賜賚」，其數額之巨，遠遠超出平時固定的歲賜。如成宗即位後賞賜宗親貴族，「依往年大會之例，賜金一者，加四為五，銀一者，加二為三」。僅過兩月，中書省就不得不告急說「朝會賜與之外，餘鈔止有二十七萬錠，凡請錢糧者乞量給之」[46]。武宗即位時在和林、上都兩次聚會諸王駙馬，賜賚亦重複進行，結果

[43] 宋濂等，《元史》卷一七五〈張珪傳〉。
[44] 宋濂等，《元史》卷二〇二〈釋老傳〉。
[45] 張養浩，《歸田類稿》卷二〈時政書〉。

「以朝會應賜者，為鈔總三百五十萬錠，已給者百七十萬，未給猶百八十萬，兩都所儲已虛」㊼。文宗即位後對貴族功臣屢行賞賚，在至順二年四月的一次賞賜中即用去金二千四百兩，銀一萬五千六百兩，金腰九十一副，幣帛一千三百餘匹。除去上述與皇帝即位有關的賞賜外，貴族官僚乞請無度，平時較小規模的賞賜隨時有之，難以統計。另外，皇帝還經常將國有土地用於賞賜，如文宗賜大承天護聖寺土地一次即達十六萬頃。大量的賜田減少了國家的官田收入，從另一個角度使財政窘困的局面更為加劇。

此外，還有一些重要的財政支出項目，如軍費、官俸、賑濟等。元朝實行軍戶制，平時的軍需物資主要由軍戶自己負擔，但國家要支付軍士的口糧，這筆費用占了每年稅糧收入的很大一部分。在戰爭時期，軍費更要大幅度增加。元朝中後期基本不再發動對外戰爭，但內部用兵（如鎮壓人民反抗等）卻時有出現，特別是泰定帝死後爆發的天曆之變，演化為以兩都為中心的內戰，將國庫儲藏消耗殆盡。元朝的官俸就一般水準而言與前朝相比數額並不算大，但問題在於機構冗濫，品級趨高，長官多員，「至於屬官辟吏，員額雜冗，支俸食米，內外繁多」㊽。故而官俸實際支出的數量仍頗為可觀，且有不斷增長的趨勢。賑濟可算是真正「用之於民」的財政支出，而元朝賑濟又具有自己的特點，即對邊疆地區、特別是蒙古政權發源地漠北的賑濟比較重視。古代畜牧業經濟十分脆弱，如遇較大天災，往

㊻宋濂等，《元史》卷一八〈成宗紀一．至元三十一年四月庚子〉、〈至元三十一年六月壬辰〉。
㊼宋濂等，《元史》卷二二〈武宗紀一．大德十一年八月甲午〉。
㊽蘇天爵，《滋溪文稿》卷二六〈災異建白十事〉。

往受到毀滅性打擊。元朝在中國歷史上第一次對漠北草原實施了長期並且有效的控制，草原部民遇到天災可以「號救於朝廷」㊾。終元一代漠北自然災害史不絕書，元廷投入了大量財力去進行賑濟。這方面的支出當然是應予肯定的，但成本巨大，也的確成為元朝財政的一項負擔。

從縱向上看，儘管在個別時期情況也曾有所緩解，但元朝的財政危機總體而言仍處於日益惡化之中。早在忽必烈去世前夕，國家財政已經出現赤字。成宗大德四年宰臣上奏提到此前「公帑所費，動輒巨萬，歲入之數，不支半歲」㊿。此後元朝的財政勉強維持數十年不至崩潰，是以大幅度增加對百姓搜刮為前提的。「除稅糧、科差二者之外，凡課之入，日增月益。至於（文宗）天曆之際，視至元、大德之數蓋增二十倍矣，而朝廷未嘗有一日之蓄」。其時商稅數目「視至元七年所定之額，蓋不啻百倍云」[51]。對於這種惡劣的財政狀況，統治集團的奢侈浪費應負主要責任。

二、理財努力的失敗

元朝中後期，面對入不敷出、捉襟見肘的財政窘境，除加強剝削外，統治者也採取過一些針對性的措施進行「理財」。這方面的努力或能暫解燃眉之急，但由於支出仍在不斷膨脹，故並不能根本改善財政狀況。相反地很多「理財」措施還對社會產生破壞作用，進一步深化了社會危機。

㊾虞集，《道園學古錄》卷一七〈宣徽院使賈公神道碑〉。
㊿宋濂等，《元史》卷二〇〈成宗紀三．大德四年正月壬辰〉。
[51]宋濂等，《元史》卷九三〈食貨志一〉、卷九四〈食貨志二〉。

從成宗即位到武宗初年，元廷主要採取挪用鈔本、增發鈔幣的辦法來彌補財政赤字。成宗即位之初因濫行賞賜，國庫告急，遂下令將諸路平准交鈔庫所貯鈔本銀九十三萬六千九百五十兩，僅留十九萬二千四百五十兩，餘悉運往大都。此後數年財政入不敷出之數，皆借支於鈔本。武宗即位後，中書省臣以帑藏空虛，支出無著，猶奏「臣等固知鈔法非輕，曷敢輒動，然計無所出，今乞權支鈔本七百一十餘萬錠，以周急用」[52]。與此同時，元廷為濟一時之需，盲目擴大貨幣投放量，鈔幣印造之數逐年遞增。大量無本虛鈔流通於市，導致鈔幣猛烈貶值，物價騰踴。挪用鈔本和增發鈔幣，實際上是一種飲鴆止渴的做法，加劇了財政經濟的紊亂。

武宗至大二年（一三〇九年）八月，詔立尚書省以整頓財政。元朝制度，宰相機構為中書省，但忽必烈曾兩度於中書之外另立尚書省理財，以阿合馬、桑哥主其事，盡攬中書大權。武宗師其故伎，第三度設尚書省，以脫虎脫、三寶奴、樂實等人為省官，中書省復被架空。尚書省的理財措施，首先是發行新鈔「至大銀鈔」，一兩準至元鈔五貫，同白銀一兩。原來至元鈔每兩貫同白銀一兩，現貶值為五貫同一兩。更早的中統鈔則隨之貶至每二十五貫同白銀一兩，由於貶幅過大，乾脆被元廷禁止行用。隨即又鑄行銅錢為輔幣，小者稱「至大通寶」，一文準至大銀鈔一釐，大者稱「大元通寶」，一文準至大通寶十文。上述措施以倍數更大的新鈔貶抑、取代舊鈔，結果使得「鈔虛而物愈貴」[53]，百姓深受通貨膨脹之害。銅錢則因幣材等原因鑄造數量較少，元廷乃許前代舊錢並用，徒使幣制更加混亂。在

---

52 宋濂等，《元史》卷二二〈武宗紀一·至大元年二月乙未〉。
53 蘇天爵，《滋溪文稿》卷一一〈河南行省平章高公神道碑〉。

貨幣改革的同時，尚書省又奏定稅課法，規定諸色課程以武宗即位的大德十一年數為正額，以增收數目評定稅課官員等第，增收百分之九十為最，百分之七十以上為上酬，百分之五十以上為中酬，百分之三十以上為下酬，不及百分之三十為殿。此法的實質就是鼓勵官員多方加強搜刮。此外，尚書省還推行了諸如提高鹽價、增加江南富戶稅收、拘收外任官職田改頒祿米等一系列「新政」，總的精神不外通過各種途徑開闢財源。尚書省的理財工作引起了社會各階層普遍的反對，而且尚書省臣還與當時身為皇儲的仁宗不睦。至大四年正月，武宗卒，仁宗遂下令罷尚書省，有關省官以「變亂舊章，流毒百姓」[54]之罪誅竄一空。

仁宗即位後，也有改善財政狀況的打算，於延祐元年（一三一四年）下詔經理江浙、江西、河南三省田籍，分遣大臣赴三省檢括漏隱田產，以追徵稅賦，增加財源。當時南方的很多土地被地主、官僚、寺觀隱占，強者田多稅少，弱者產去稅存，賦役不均，而且影響了政府的財政收入，因此「經理」之舉本有積極意義。但地方官奉行過當，「期限猝迫，貪刻用事，富民黠吏，並緣為奸」[55]，變成一項暴政，「繩以峻法，民多虛報以塞命，其後差稅無所於徵，民多逃竄流移者」[56]。有的地方甚至出現了逼死人命及拆毀民屋、發掘民墓以虛張頃畝之事。百姓怨言騰沸，江西寧都州民蔡五九聚眾起兵反元。仁宗被迫停止「經理」，又下詔暫免新落實的田賦，括田增稅的目的並未完全實現。

[54] 宋濂等，《元史》卷二四〈仁宗紀一．至大四年正月壬午〉。
[55] 宋濂等，《元史》卷九三〈食貨志一．經理〉。
[56] 宋濂等，《元史》卷一二二〈塔海傳〉。

「延祐經理」以後，元廷未再進行較大規模的「理財」之舉，僅作過某些局部性措施，如泰定、文宗兩朝曾為解決饑荒問題採取入粟補官的辦法。到順帝至正十年（一三五〇年），財政危機已成積重難返之勢，元廷不得不又在幣制上打主意，企圖再祭印發新鈔的法寶。此次更鈔之議由左司都事武祺、吏部尚書偰哲篤提出，他們的方案是印造新的中統交鈔（又稱至正中統交鈔），同時鑄造至正銅錢，錢鈔兼行，新鈔一貫權銅錢一千文，準至元鈔二貫，新舊鈔、新錢及歷代錢通用。新鈔法的原則是以交鈔為母、銅錢為子，意在放手印行新鈔，以虛代實，藉以掠奪民間財富。這一建議得到丞相脫脫支持，在百官討論時「眾人皆唯唯，不敢出一語」，只有儒臣呂思誠表示反對，認為此舉將使民間「藏其實而棄其虛」，從而導致紙幣制度瓦解㊼。最後在脫脫主持下終於定議，呂思誠受到處分，新鈔遂行。實則果如呂思誠所料，新鈔大量發行造成了貨幣流通的極度混亂，鈔幣信用暴跌，百姓棄鈔不用，視如廢紙。「舟車裝運，軸轤相接，交料之散滿人間者，無處無之，……京師料鈔十錠，易斗粟不可得」，地方甚至「皆以物貨相貿易」㊽。元廷最後一次理財努力的直接後果是財政崩潰，而此時的元朝也行將滅亡了。

㊼宋濂等，《元史》卷一八五〈呂思誠傳〉。
㊽宋濂等，《元史》卷九七〈食貨志五・鈔法〉。

第四節　元朝的覆亡

一、動蕩不安的社會局勢

從成宗即位到順帝在位中期，元朝的統治大致維持穩定。但在穩定的表象之下，社會又始終孕育著動蕩不安的因素。其主要表現，就是各地的武裝反元起事綿延不斷，並且呈現出愈演愈烈的趨勢。

成宗即位後，面對忽必烈末年遺留下來的嚴重社會問題，暫停對外用兵，為政標榜「安靜」，使社會矛盾一度有所緩解。但「安靜」的國策也有因循保守的缺陷，不能解決政治腐敗等弊端，加上天災頻仍，故而地方上的反元浪潮很快又活躍起來。元貞二年（一二九六年），江西贛州興國縣民劉六十聚眾萬餘反元，自稱天王，署丞相、將軍等官，宣言「止殺官中人」[59]。大德四年廣西人高仙道以白蓮教為旗幟鼓動起事，平民信崇者數千人。次年河南人段丑廝等「詐稱神異，妄造妖言，虛說兵馬，扇惑人眾」，其徒黨「貫穿數州，恣行扇惑，無人盤詰」[60]。與此同時，元軍對八百媳婦的遠征又引發了西南土官蛇節、宋隆濟舉兵反抗（詳見本章第一節），也給予元朝統治重大打擊。

武宗時，天災人禍交織，社會危機仍很嚴重。如山東、河南地區「蝗旱薦臻，疹疫暴作，郊關之

[59] 蘇天爵，《元文類》卷四一〈經世大典序錄・政典・招捕〉。

[60] 《元典章》卷四一〈刑部三・諸惡・大逆・妖言虛說兵馬〉。

外，十室九空，民之扶老攜幼，累累焉鵠形菜色，就食他所者，絡繹道路，其他父母兄弟夫婦至相與鬻為食者，在在皆是」[61]。到仁宗即位初，在臨近大都的滄州爆發了以阿失歹兒等人為首的起事。他們在華北馳騁作戰，屢敗元軍，射死了元將寬徹大王。延祐二年，元廷在南方經理田籍的活動激起了江西寧都州民蔡五九的起事。這次起事直接導致了「經理」的流產，元廷調集江西、江浙兩省兵力才將其鎮壓。泰定帝時，息州（今河南息縣）人趙丑廝、郭菩薩倡言「彌勒佛當有天下」，策劃起事，事發後元廷十分恐慌，派出中央大宗正府、刑部、樞密院、御史臺官員與行省共鞫其案[62]。

順帝在位初期，權相伯顏把持朝政。此時元朝地方政局不穩的狀況日益嚴重。後至元三年（一三三七年），廣東增城縣民朱光卿起事，建「大金國」，建元赤符。同時在汝寧府信陽州（今河南羅山）則有棒胡起事。次年江西袁州（今宜春）民彭瑩玉、周子旺以白蓮教組織起事，周子旺自稱周王。後至元五年，河南行省掾史范孟糾集黨羽，冒充朝廷使者，矯詔殺死行省主要官員，隨後自稱河南都元帥，拘收衙門印章，封鎖黃河渡口，調兵守城，凡五日而敗。頻繁的地方動亂更加深了以伯顏為首的蒙古保守貴族對漢人的仇視情緒。在伯顏主持下，元廷重申漢、南、高麗人不得持有兵器的禁令，凡有馬者皆拘入官，禁漢、南人不得習學蒙古文字，又要求朝中漢官討論對漢族起事者的「誅捕之法」[63]。據稱伯顏甚至向順帝提出了盡殺張、王、劉、李、趙五姓漢人的建議。

---

[61] 張養浩，《歸田類稿》卷二〈時政書〉。
[62] 宋濂等，《元史》卷二九〈泰定帝紀一．泰定二年六月丁酉〉。
[63] 宋濂等，《元史》卷三九〈順帝紀二．後至元三年五月戊申〉。

伯顏倒臺後，脫脫繼任相位，糾除若干弊政，時稱「更化」，稍顯復興之跡象。但從整體來看，元朝統治的頹勢已無法挽回。上層統治集團傾軋劇烈，很難集中力量從事政治革新。地方政治腐敗、軍備廢弛的現象則一如既往。至正四年（一三四四年），益都鹽徒郭火你赤聚眾稱兵，轉戰山東、河北，攻打城邑，釋放囚徒，如入無人之境。又有起事者三十六人聚集於江南茅山道宮，三省元軍上萬人不能剿捕，反為所敗，「從此天下之人，視官軍為無用」[64]。地方上的武裝反抗此起彼伏，遍布全國，預示著大規模動亂即將到來。

在這段時間，自然災害也更加嚴重。主要是黃河發生決口，河南、北大片州郡俱罹水患，「田萊盡荒，蒿藜沒人，狐兔之跡滿道」[65]。河患不僅加劇了社會動蕩，而且威脅漕運和瀕海鹽場生產，直接影響到元朝財政收入。於是元廷採納都漕運使賈魯的建議，準備對黃河進行比較徹底的修治。當時元廷內部對治河方案有種種不同意見，賈魯主張「疏塞並舉，挽河東行，使復故道」[66]，這一計畫的工程十分艱巨，超出了其時社會的承受能力，故而頗受反對。但賈魯認為「役不大興，害不能已」[67]，經反覆辯論，他的意見終被脫脫採納。至正十一年（一三五一年）四月，詔命賈魯為總治河防使，發民工十五萬、戍卒二萬人治河。工程持續數月，至十一月完工，河歸故道。這次工程就治河本身而言

[64] 陶宗儀，《南村輟耕錄》卷二八「花山賊」條。
[65] 余闕，《青陽集》卷八〈書合魯易之作潁川老翁歌後〉。
[66] 宋濂等，《元史》卷一八七〈賈魯傳〉。
[67] 宋濂等，《元史》卷一八六〈成遵傳〉。

是成功的，但大河南北的百姓經連年水旱災荒，已不聊生，元廷在此時大舉徵發民工，督責嚴刻，死者枕藉，怨苦之聲載道。民工成批聚集於工地，又為反抗活動的策劃和宣傳提供了有利條件。由於上述原因，這次治河工程遂與至正十年的變更鈔法之舉共同成為元末大動亂的導火線。

二、白蓮教與反元大起義的爆發

元末大起義主要是由白蓮教徒組織和發動的。白蓮教本為佛教淨土宗的一個支派，創立於南宋初年，崇奉阿彌陀佛，以普勸在家人齋戒念佛、死後同生淨土為宗旨。因其教義淺顯，修行簡便，允許「在家出家」，故而在民間得到廣泛傳播。入元以後，白蓮教在傳播過程中逐漸滲入了淨土宗另一支派——彌勒淨土信仰的內容，進一步分化為一些小的宗派，並且較多地被利用來組織反元起事。例如起事於忽必烈後期的杜可用、成宗時的高仙道、順帝前期的彭瑩玉、周子旺，都是白蓮教徒，因此，元廷曾一度禁止白蓮教傳播。順帝至正十一年的治河工程開工後，北方白蓮教首領韓山童、劉福通等計畫趁機起事。他們加緊宣傳白蓮教「明王出世」、「彌勒下生」的口號，並將一個獨眼石人埋在治河工地裡，同時散布讖語「石人一隻眼，挑動黃河天下反」。河工挖出石人，遞相傳告，人心更加浮動。

這一年五月，韓山童、劉福通等人聚眾於潁上（今屬安徽），誓告天地，準備起事。山童自稱宋徽宗八世孫，當為中國主，事未發而謀洩，被地方官府捕殺。劉福通倉猝起兵，攻占潁州（今安徽阜陽）。起事者頭裹紅巾，故稱紅巾軍（或紅軍），多為白蓮教徒，燒香拜佛，故又稱香軍。他們以「貧極江南，富稱塞北」的文告鼓動百姓[68]，又打出旗號稱「虎賁三千，直抵幽燕之地，龍飛九五，重開大宋之天」[69]，意在利用長期存在的民族矛盾號召、團結漢人，並直接提出了推翻元朝統治的政治目標。起事發動後，進展迅速，占領了黃、淮之間很多州郡，眾至十萬，屢敗元軍，百姓從之如流。其餘地區亦紛紛起而回應，天下大亂。南方白蓮教徒徐壽輝、鄒普勝起兵於蘄水（今湖北浠水）並建立政權，徐壽輝稱帝，國號「天完」。芝麻李據徐州，郭子興據濠州（今安徽鳳陽東北），亦皆以白蓮教聚眾號召。另外還有一些起事者不屬白蓮教系統，如活動於浙東沿海的方國珍和占據淮東的張士誠。其中張士誠自稱誠王，建國號大周，都於高郵（今屬江蘇），阻斷漕運，對元廷威脅尤大。

面對驟然惡化的局勢，元廷調集軍隊，竭力鎮壓。各地起事者雖聲勢浩大，但多為臨時裹聚，缺乏軍事經驗，且各自為戰不相統一，在元軍優勢兵力的進攻下一時處於下風。至正十二年（一三五二年），右丞相脫脫親統大軍攻陷徐州，其別部又進圍濠州，城中紅巾軍苦戰始得解圍。在南方，數行省元軍合力圍剿天完紅巾軍，於至正十三年（一三五三年）攻占蘄水，徐壽輝遁入山中。至正十四年（一三五四年），元廷乘屢勝之威，大舉進攻張士誠占據的高郵，仍由脫脫任統帥，總制諸王及各省軍隊，便宜行事。徵調西域、西番、高麗各族軍隊助戰，兵號百萬，「旌旗累千里，金鼓震野，出師之盛，未有過之者」⑩。圍城三月，高郵危在旦夕。正在此時，元朝上層統治集團又一次爆發內訌。脫脫久處相位，有專恣之跡，漸受孤立。其政敵宣政院使哈麻趁其出師在外，在第二皇后奇氏和皇太子愛猷識理達臘支援下，策動御史彈劾脫脫久戰無功，勞師費財。章凡三上，順帝遂下詔將脫脫免職流放，派

⑱葉子奇，《草木子》卷三上〈克謹篇〉。
⑲陶宗儀，《南村輟耕錄》卷二七「旗聯」條。
⑩宋濂等，《元史》卷一三八〈脫脫傳〉。

人代統其軍。由於臨陣易帥，形勢陡變，元軍在張士誠出擊下不戰自潰，很多走投無路者反而加入了各支反元武裝。高郵之役成為元末戰局的重要轉捩點。此後元廷已很難再大規模地調集軍隊鎮壓起事，起事者的主要對手成為那些在動亂中結寨自保的地主武裝「義兵」。而所謂「義兵」在與起事者作戰的同時，也在向半獨立、獨立的勢力演化，元廷對他們漸漸無力控制。

從至正十五年（一三五五年）起，反元起事重新轉入高潮。這一年劉福通在亳州（今屬安徽）擁立韓山童之子韓林兒為帝，又號「小明王」，國號宋，建元「龍鳳」。天完紅巾軍也再度壯大，據漢陽為都。後其將領陳友諒殺徐壽輝自立為帝，國號大漢，占有長江中游大片地區。另一名將領明玉珍則進入四川，建立「大夏」政權。張士誠南下占領平江（今江蘇蘇州），方國珍繼續盤踞於浙東。張、方二人後來向元廷臣服，接受元朝官號，實則仍自主一方，形同割據。

在上述各支勢力中，以韓林兒、劉福通為首的宋政權對元廷形成了最直接的威脅。至正十六年，他們發動了三路北伐。西路出潼關入關中、漢中，東路進攻山東，占領益都、濟南等重要城市。中路經山西北上，攻破元朝的陪都上都，焚毀宮闕，又轉戰進入遼東、高麗。劉福通也在中原主動出擊，攻占北宋故都汴梁，定為都城。後由於兵力分散，後援不繼，加上內部紛爭的影響，三支北伐部隊在元軍圍剿下相繼失敗了，但它們的活動已給元朝統治非常沉重的打擊。

三、元末的中樞政局

在各地反元浪潮的衝擊下，元朝的統治風雨飄搖。江淮地區動蕩的形勢阻斷了南方賦入的徵收和北運，政府財政已無法支撐，大都一帶的糧食供應更成為一個嚴重問題。雖然元廷在京畿開闢屯田，但投入多而收穫有限，未能解決缺糧問題。至正十八年（一三五八年）大都發生饑荒，加之疫病流行，大批百姓死亡。十一座城門外各挖萬人坑掩埋，所葬遺骸達二十萬。而作為最高統治者的元順帝卻依然長期怠政，沉溺於遊宴淫樂，親自設計、製造龍舟、宮漏等物品以備遊戲，精巧冠絕一時。他又與一批近臣從吐蕃僧人修習房中術，君臣宣淫，男女裸處，「醜聲穢行著聞於外，雖市井之人亦惡聞之」⑪。大臣張楨奏請「凡土木之勞、聲色之好，燕安鴆毒之戒，皆宜痛撤勇改」，指出值大亂之際，「而陛下乃安焉處之，如天下太平無事時，此所謂根本之禍也」⑫。順帝執迷不察。

這段時期，上層統治集團內部的傾軋也有增無減。在順帝怠政的同時，皇太子愛猷識理達臘及其生母第二皇后奇氏（高麗人）卻積極干政，野心勃勃。他們與大臣哈麻聯手，導致脫脫罷相。此後哈麻掌握大權，密謀廢黜順帝，擁立皇太子，事洩被殺。但皇太子與奇皇后仍然繼續策劃「內禪」，尋求支持者，朝臣也因而分化為兩派。右丞相搠思監、宦官朴不花擁戴太子，御史大夫老的沙等人則站在反對立場，雙方爭鬥不已。混亂之中，陽翟王阿魯輝帖木兒又趁機發難。阿魯輝帖木兒是窩闊台之子滅里後裔，駐牧於漠北。他看到國事漸不可為，乃於至正二十年（一三六〇年）舉兵叛亂，並派使節對順帝說：「祖宗以天下付汝，汝何故失其太半？盍以國璽授我，我當自為之。」⑬順帝調兵征討，被打得大敗，後繼續增兵至十萬，才將叛亂弭平。

⑪宋濂等，《元史》卷二〇五〈哈麻傳〉。
⑫宋濂等，《元史》卷一八六〈張楨傳〉。
⑬宋濂等，《元史》卷二〇六〈阿魯輝帖木兒傳〉。

順帝在位後期，宮廷鬥爭又與軍閥矛盾交織在一起。元末大動亂中，以結寨自保的地主武裝「義兵」為核心，在北方形成了幾支新的武裝集團。其代表人物有察罕帖木兒、孛羅帖木兒、李思齊、張良弼等，前兩人勢力尤強。察罕帖木兒是入居河南的乃蠻人，取漢姓李，曾應科舉未中。至正十二年起「義兵」與紅巾軍作戰，勢力不斷壯大。他前後打敗了大宋紅巾軍的西、東兩路北伐部隊，並於至正十九年（一三五九年）攻破韓宋政權的都城汴梁，盤踞中原，元廷漸不能制。孛羅帖木兒是元將答失八都魯之子，代父職統軍，駐於晉北。李思齊、張良弼的勢力範圍則在陝西。察罕、孛羅二人長期不睦，屢次發生武裝摩擦。後來察罕帖木兒被紅巾軍降將刺殺，其養子擴廓帖木兒（漢名王保保）代領其軍。在愈演愈烈的宮廷鬥爭中，皇太子愛猷識理達臘結擴廓帖木兒為外援，反太子的老的沙等人則倚仗孛羅帖木兒相對抗，鬥爭更加複雜。

至正二十三年（一三六三年），老的沙在太子派的打擊下被免職，逃往孛羅帖木兒營中。搠思監、朴不花秉承太子旨意，奏孛羅帖木兒圖謀不軌，順帝乃下詔削奪孛羅官爵及兵權，矛盾趨於白熱化。次年孛羅帖木兒以討奸臣為名發兵進京，順帝被迫將搠思監、朴不花交付孛羅處死。皇太子不甘心失敗，命擴廓帖木兒出兵攻打孛羅帖木兒。孛羅帖木兒於是再度進攻大都，皇太子戰敗出逃。孛羅入京，任中書右丞相，節制天下軍馬。皇太子在外與擴廓帖木兒合兵，聲討孛羅罪狀。孛羅大權在握，日益驕橫，順帝設計將他刺死，誅其餘黨。皇太子在擴廓護送下還京，順帝任擴廓為左丞相，封河南王，總制關、陝、晉、魯諸道兵馬。陝西的李思齊、張良弼自恃年長屬尊，不服擴廓調遣，與他發生武裝衝突。皇太子和奇皇后希望借擴廓兵力迫使順帝禪位，擴廓不從，於是其同盟關係也出現了裂痕。至正二十七年（一三六七年），元廷宣布罷擴廓帖木兒兵權，命其部將白瑣住、忽林赤、貊高等人分別代掌軍隊。擴廓又與白瑣住等人互相殘殺，北方局勢一片混亂。此時新崛起的紅巾軍別支朱元璋已統一南方，對內訌不斷的元廷發起了最後的致命一擊。

四、元明嬗代

元末群雄逐鹿的最終獲勝者朱元璋，濠州鍾離（今安徽鳳陽東北）人，出身貧苦，父母和長兄皆死於疾疫，曾為生活所迫出家為僧，遊方乞討。至正十二年投入濠州紅巾軍郭子興部，以才幹漸受子興賞識，娶子興養女馬氏為妻，得自統一旅。郭子興卒後，其長子亦戰死，朱元璋遂成為郭氏餘部的主要統帥。他接受龍鳳大宋政權的官號，始任左副元帥，後渡長江向南發展，於至正十六年攻占江南重鎮集慶（今江蘇南京），被小明王韓林兒任命為江南行中書省平章政事、兼行樞密院同僉，得自置官屬。此時朱元璋已發展為一支獨立的政治力量，將集慶作為根據地中心，更名應天府。他採納儒士朱升「高築牆、廣積糧、緩稱王」[74]之策，在加強政權建設、發展生產的同時，並不急於自立旗號，仍長期遵用龍鳳正朔。

當朱元璋進占集慶之後，元朝在南方的統治已經趨於瓦解。雖有一些地方官仍效忠元廷，但基本上只限於自守，朝不保夕。與朱元璋爭衡的主要對手是另外兩支反元勢力，即東面的張士誠和西面的陳友諒。朱元璋首先與占據長江三角洲的張

圖五四　朱元璋

[74] 張廷玉等，《明史》卷一三六〈朱升傳〉。

士誠交戰，屢挫其鋒；又向南打敗幾支殘餘元軍，基本控制了浙西地區。從至正十八年起，他將軍事進攻的重點轉向西線，在與陳友諒的拉鋸戰中取得了比較顯著的戰果，勢力伸入江西。由於朱元璋的力量不斷壯大，龍鳳政權也一再給他加官晉爵，升為江南行省左丞相，封吳國公。不久大宋紅巾軍在中原敗於察罕帖木兒，小明王和劉福通由汴梁退至安豐（今安徽壽縣）。朱元璋見元軍勢強，為緩解北邊的壓力，遂向察罕帖木兒遣使通好。元廷聞訊，即派人前來招降，誘以高官厚祿。但朱元璋在一段時間的觀望之後，得知了察罕帖木兒遇刺的消息，認為北方已不再足畏，於是拒絕了元廷的誘降。至正二十三年，張士誠兵圍安豐，朱元璋親自馳援，將小明王救回江南，表面上厚加奉養，實則嚴密監視。龍鳳大宋政權實際上就此滅亡。

就在朱元璋進援安豐的同時，陳友諒親統號稱六十萬的主力部隊大舉來攻，包圍洪都（今江西南昌）。朱元璋率舟師二十萬赴救，陳友諒退至鄱陽湖迎敵，雙方惡戰一月有餘。朱元璋最終以少勝多，陳友諒中流矢死，餘眾大潰。鄱陽湖之戰確立了朱元璋在南方的霸主地位。至正二十四年（一三六四年），朱元璋稱吳王，建立西吳政權（同時張士誠亦稱吳王，史家因二人位置分稱為東、西吳）。隨後進攻武昌，陳友諒之子陳理出降，漢政權亡。二十六年（一三六六年），朱元璋派人暗害小明王韓林兒，停用龍鳳年號。二十七年，擊敗並俘虜張士誠，滅東吳，又迫降浙東沿海的方國珍，江南大局已定。這一年十月，朱元璋命徐達為征虜大將軍，常遇春為副將軍，率軍二十五萬，正式對元朝發動北伐。軍行前發布北伐檄文，提出了「驅逐胡虜，恢復中華，立綱陳紀，救濟斯民」的政治口號，同時又表示「如蒙古、色目，雖非華夏族類，然同生天地之間，有能知禮義、願為臣民者，與中夏之人撫養無異」⑦⑤。元朝統治下的北方正陷於軍閥混戰之中，無力組織有效的抵抗。朱元璋的北伐軍出兵不足兩月，即已盡占山東全境，隨後西定河南，潼關以東皆非元有。

在發動北伐的第二年，也就是元順帝至正二十八年（一三六八年）正月，朱元璋在應天府稱帝，建立明朝。這時南方的明軍已平定福建，兩廣亦指日可下。五月，朱元璋親臨汴梁召開軍事會議，籌畫對大都的進攻。閏七月，明軍沿運河北上，一路勢如破竹，直抵通州（今北京通縣）。順帝見大勢已去，遂留淮王帖木兒不花監國，自己與皇后、太子開城門北奔，逃往上都。八月初二日，明軍攻入大都，擒斬帖木兒不花，元亡。由於明軍以迅雷不及掩耳之勢進占大都，逐走元順帝，擁兵於山西的擴廓帖木兒和盤踞陝西的李思齊、張良弼失去了政治旗號，難以抵抗明軍的進攻，或奔或降，中原完全落入明朝的控制。北逃的元順帝及其子孫在此後一段時間裡仍以大元之名號令部眾，史稱「北元」，但作為中國歷代統一王朝之一的元朝已經不復存在，被新興的明王朝取而代之。

---

⑮李景隆、解縉等，《明太祖實錄》卷二四〈吳元年十月丙寅〉。

第十一章 元朝制度、經濟與社會

作為中國歷史上唯一一個由北方游牧民族建立的統一王朝，元朝在制度上與前後中原王朝既有延續，又有斷裂，而以延續為主。經濟雖曾在戰亂中遭受嚴重破壞，但戰後逐漸恢復到較高的水準。土地關係、社會結構方面，也在承繼前代的基礎上呈現出自己的特點。

第一節 國家制度

一、機構設置

忽必烈建立元朝後，在漢族士大夫幫助下，逐步創設、完善各項國家制度。這些制度的基本框架來源於前代中原王朝（特別是金朝），但在局部配置上，仍有很多蒙古舊制摻雜其間。機構設置就比較典型地反映了這種情況。

元朝中央統治機構最重要者有三：中書省掌行政，樞密院掌軍政，御史臺掌監察。中書省作為宰相機構，地位相當於金朝的尚書省。最高長官名義上為中書令，通常由成年皇儲兼任，實則只是虛銜。

中書省的真正長官為右、左丞相各一員（蒙古人尚右，故右在左上），以下依次有平章政事、右左丞、參知政事幾個級別的省官，共同組成宰相機構。宰相下面，又有參議府、斷事官廳、左司、右司等僚屬機構，協助處理政務。中書省職權範圍很廣，「軍國之務，小大由之」；「凡選法、錢糧、刑名、造作、軍站民匠戶口一切公事，並經由中書省可否施行」①。除樞密院、御史臺、宣政院等少數幾個特殊機構之外，其餘所有中央、地方機構奏請事務、選用官屬，都必須通過中書省。宰相中居於首位的右丞相，通常必以蒙古勳貴擔任，其餘宰相則參用蒙古人和漢人。中書省工作時，宰相們列坐於一堂，就所議政事各抒己見，最後由右丞相作出決斷，大事申報皇帝，小事便宜施行。遇重大問題需討論，則由宰相負責主持百官集議。對於已作出的決策，亦由宰相負責監督吏、戶、禮、兵、刑、工六部等下屬機構加以執行。六部作為唐宋以來的傳統行政機構，職掌基本未變，各設尚書、侍郎、郎中、員外郎、都事等官。在個別時期，元廷曾因理財需要增設尚書省，省官名目大致與中書相同。他們因理財受皇帝寵信，奪取人事權，架空中書省，直接指揮六部、節制行省，實際上也已具有宰相的性質。

樞密院作為最高軍事機構，統一管理、調度除怯薛軍（直屬皇帝）以外的全國內外軍隊，負責奏舉、銓選武官，賞罰、存恤軍戶。長官為知樞密院事（簡稱知院），以下依次設同知樞密院事、樞密副使、僉書樞密院事、同僉書樞密院事等官。御史臺是最高監察機構，專掌刺舉百官善惡、諷諫政治得失。長官為御史大夫，下設御史中丞、侍御史、治書侍御史、殿中侍御史、監察御史等官。樞密院、御史臺的長官可直接入宮奏事，自行舉薦官屬，它們在制度上獨立於中書省之外，共成鼎足之勢。如

---

①《元典章》卷二〈聖政一．振朝綱〉。

忽必烈所說：「中書朕左手，樞密朕右手，御史臺是朕醫兩手的」②。另一方面，中書省在其中地位又稍高，院、臺發送中書的文書要採用由下行上的體式。

省、院、臺之外，還有其他一些重要中央機構。宣政院掌管全國佛教事務，並負責統轄吐蕃地區，是元代特有的機構，地位較高，可自選官屬。大宗正府掌蒙古、色目人刑名訴訟，與前代掌管皇族事務的宗正機構名同實異，其職掌實際上來源於大蒙古國時期的大斷事官，長官也名為也可札魯忽赤。宣徽院掌朝會、宴享，基本與前代相同；但同時又負責徵收漠北蒙古部眾賦稅、撫恤蒙古部落、選拔怯薛人員，則為元朝特色。翰林國史院掌修史、起草制誥、備顧問，雖然事務閒散，實權微弱，但卻是朝中漢族儒士所占比例最高的機構，起到點綴作用。蒙古翰林院負責譯寫詔令文書，通政院管理全國驛站事務（一段時期內與兵部分掌），均為元朝特有的機構。大司農司掌勸課農桑及水利、義倉等事務，職掌近於前代。

地方最高行政機構為行省。行省全稱行中書省，最初為中書省派出機構，後逐漸地方化，全國共有十個行省，詳見第九章第二節。行省官稱與中書省相同，但一般不設丞相，而以平章政事為長官，以下為右丞、左丞、參知政事，又有左右司、都鎮撫司、檢校所等附屬機構。行省（以及中書省直轄的「腹裏」）以下的行政區劃，依次為路、府、州、縣，各自又按戶口多少分為上、中、下三等。正官名稱分別為總管、府尹（或知府）、州尹（或知州）、縣尹，正官之上又均按蒙古傳統設達魯花赤一職，作為「監臨官」，掌握最後裁定的權力。

②葉子奇，《草木子》卷三下〈雜制篇〉。

路在宋、金主要仍是代表中央監臨地方的「監司」，不具備在轄區內施政牧民的職能。元朝的路則已正式過渡為一級地方行政機構，與傳統的「牧民」之官府、州、縣並稱，僅級別稍高而已。這主要是因為元朝大量將宋、金的府、州升格為路（府與州原基本平級，重要之州稱府），致使路的數量劇增。北宋全國共二十三路，金朝十九路，南宋十七路，元朝則達一百八十五路。元朝的轄區大為縮小，如南方幾乎形成「每州皆為路」③的局面。這樣路已失去了昔日的「監司」地位，演變為一般的地方行政機構，要接受級別更高的行省統轄（在「腹裏」者仍由中書省直轄）。同時，路又不是唯一直屬於行省的建置，路以下的統屬關係也比較複雜，「大率以路領州、領縣，而腹裏或有以路領府、府領州、州領縣者，其府與州又有不隸路而直隸省者」④。路、府、州、縣並非嚴格的四級行政區，大多數時候行省下面只有三級或兩級，如路—府—縣、路—州—縣、府—州—縣、州—縣等幾類情況。中間層次較亂，而省、縣兩級基本穩定。另外，因為行省版圖較大，在一些遠離省治的地區，又有宣慰司的設置，就便處理當地事務，在偏遠路、府與行省之間起到承接作用。元朝還建立了比較完備的地方監察機構，對此將在下文詳述。

二、入官途徑

元朝的選官制度獨具特色。高級官僚基本上為上層蒙古、色目貴族以及極少數漢族勳貴所壟斷，

③葉子奇，《草木子》卷三下〈雜制篇〉。
④宋濂等，《元史》卷五八〈地理志一〉。

這些人絕大部分出自怯薛組織。中、下級官僚中，出身吏員者占了壓倒性優勢。過去憑藉文化知識「學而優則仕」的儒士集團則受到冷落，在官僚構成中僅占很小的比例。

大蒙古國時期的宿衛親軍怯薛，在入元以後繼續保存，但軍事職能已漸趨消退，主要承擔宮廷服役工作。他們的工作性質接近於前代的宦官集團，而作為世襲職事的貴族高官子弟，出身顯貴，被稱為「大根腳」（根腳，元代用語，指社會出身），實際社會地位又遠非宦官可比。其主要表現，就是可以直接進入省、院、臺等朝廷機構充任職務，常常是驟列高位、拔置要津。所謂「凡入官者，首以宿衛近侍」⑤。具體而言，因門第不同，怯薛成員在入仕方面所享受的特權也有高低之分。世代擔任怯薛長的博爾朮、博爾忽、木華黎幾個家族，地位最為顯赫，如木華黎後裔安童二十歲時即被忽必烈任命為中書右丞相，博爾朮後裔玉昔帖木兒則在忽必烈一朝長期擔任御史大夫。其餘怯薛人員亦往往「歲久被遇，常加顯擢」⑥。他們既可以通過武職世襲、文職蔭敘的正常途徑得官，也可以經怯薛長推薦，越過中書省和吏部的複雜銓選規定，由皇帝直接授職。後一種情況被稱為「別里哥選」（別里哥，蒙古語符驗、憑證之意）。出任朝官的怯薛成員，其怯薛執事身分並未解除，在規定的執役日期仍要「晝出治事，夜入番直」⑦。這種內外朝人員往來流動的現象，實際上成為元朝皇帝對官僚機器實施控制的一種手段。

---

⑤朱德潤，《存復齋集》卷四〈送強仲賢之京師序〉。
⑥宋濂等，《元史》卷八二〈選舉志二．銓法上〉。
⑦宋濂等，《元史》卷一〇二〈刑法志一．職制上〉。

吏員出職，即吏員脫離吏職、擔任官職，是元朝最主要的一條入仕途徑。元朝各級衙門的吏員名目繁多，主要有令史、司吏、書吏、必闍赤、譯史、通事、宣使、奏差、知印、典吏等。他們分別負責處理公文案牘、翻譯、傳達通訊、保管印信文書等工作，根據所在衙門品級高下、吏職地位主次高低、執役時間長短等因素，都可以出職擔任不同品秩的官職。其中省、院、臺、部等中央機構的吏員出職前景最優，無須考滿即可出職，考滿則直接補六、七品官。因此七品以下官員為求升遷，亦常重新投充中央機構吏職。這種為其他朝代所罕見的官、吏互相流動的現象，主要導源於蒙古統治者實用主義的統治意識。他們並未受到漢族社會鄙視胥吏傳統觀念的影響，相反認為官、吏之間「靡有輕賤貴重之殊，今之官即昔之吏，今之吏即後之官」⑧。在這種思想指導之下，吏員出職之途大開，有關制度也漸次完善，出現了「我元有天下所與共治，出刀筆吏十九」⑨的局面。

儒士的仕途較前代相比則大為狹窄。忽必烈即位後，儒臣們一再提出開設科舉的要求，然而屢議不果，長期未獲採納。這裡面有銓選壅滯、朝廷政爭、吏員出職制度化、科舉自身流弊諸因素的影響，而蒙古統治者與漢族地區文化背景的差異，則是更為深層的原因。在元朝前期，儒士主要通過補吏和任教官兩途入仕。補吏需有人保舉，名額很少，且以後在出職過程中要與專業吏員競爭，不占優勢。任教官一途相對而言更加重要。元朝地方廣設學校，由低而高配置直學、教諭、學錄、學正、山長、教授等教官。生員優秀者可保舉為直學，歷經數考可升至八、九品的教授，然後轉入行政系統任職。

---

⑧吳澄，《草廬吳文正公集》卷一四〈贈何仲德序〉。
⑨揭傒斯，《揭文安公全集》卷六〈善餘堂記〉。

實際上員多闕少，「自直學至教授，中間待試、聽除、守缺、給由，所歷月日前後三十餘年，比至入流，已及致仕」⑩。政治出路難望昔日之項背。極少數「名儒」、「名士」憑藉自己的特殊聲望被徵召入翰林國史院等中央文化、教育機構任要職，則屬特例。據當時人估計，仕途中由怯薛入仕者約占百分之十，出自吏員者占百分之八十五，而以儒晉身者僅有百分之五⑪。

仁宗皇慶二年，元廷終於下詔開設科舉。規定自次年起，每三年開試一次，分鄉試、會試、殿試三級。蒙古、色目人與漢人、南人分別有兩套不同的考試程序，錄取亦分為兩榜。鄉試為地方考試，全國共錄取三百人；會試則在中央禮部考試，於鄉試中選者中再遴選出一百人參加殿試；通過殿試者稱為進士，實際上只是重排名次，不再黜落。各級考試錄取人數中，原則上蒙古、色目、漢人、南人各占四分之一。總體上說，元朝科舉取士人數很少，對既定用人格局並無大的觸動，進士的地位和仕途也難望唐宋之項背。主要考試內容為經義，即從儒家經書中摘取文句命題作文，不考詞賦。四書為經義必考科目，漢人、南人考生加試五經（任選其中一經），經義內容須在程朱理學對經書的解釋基礎上發揮，從而使理學正式獲得了官方學術的地位，大大擴展了它的影響。

三、監察與考覈

元朝監察制度在前代基礎上進一步完善。中央監察機構御史臺，設御史大夫、御史中丞、侍御史、

---

⑩《元典章》卷九〈吏部三．官制．教官．正錄教諭直學〉。

⑪姚燧，《牧庵集》卷四〈送李茂卿序〉。

治書侍御史、殿中侍御史、監察御史等官，名稱和具體職掌皆同前代，而品秩更高，員額也更多。此外，又在地方上設江南、陝西兩大行御史臺（簡稱南臺、西臺），分擔中央御史臺（簡稱內臺）事務並受其節制，官員設置基本上也與內臺相同。行臺的建立，反映了元朝疆域遼闊的特點，在中國古代屬於首創。在基層監察方面，共設立二十二道肅政廉訪司（初名提刑按察司，簡稱憲司、監司），各設廉訪使二員、副使二員、僉事四員。廉訪使留司，總制一道，副使與僉事每年定期分巡州縣。二十二道廉訪司當中，八道直屬內臺，十道屬南臺，四道屬西臺。這樣，就形成了一個經緯交錯、自成系統的全國性監察網。

忽必烈在位前期，元廷先後頒布《設立憲臺格例》等三個條例，對御史臺、行臺、廉訪司的職權範圍作了詳細規定。它們的首要任務，是糾察從中央到地方各級官吏的不法、不稱職行為。對為政有方、廉能公正的官員，則有權進行舉薦。元朝不設專職諫官，監察機構（主要是內臺）官員也要承擔諫諍的職責。定期審覈中央到地方各級政府機關的公文案卷，發現並調查、處理問題，是監察官員最主要的一項日常工作。此外，監察機關還有監督銓選、糾肅風俗、勸農、追贓、參與鎮壓叛亂起事、覆覈地方案件等任務。為保證上述職責能夠順利完成，元朝規定：監察系統官員的任用，由御史臺自行選擇，其遷調主要在本系統之內；監察官員上奏，亦可實封直達御前，他人不得拆視。雖然在實際政治運作中，監察機關的職能很難充分實現，但就制度規定而言，還是相當周密、完備的。

文武官員皆有品階，制度大體仿自金朝。官品分為九品，每品又分正從，共十八級。官階指散官名號，文散官自一品至八品共四十二階（九品無散官），其中正一品官分六階，以下各級分別劃分為兩至三階，最高者為開府儀同三司，最低者為將仕佐郎。武散官分三十四階。官員積累資歷，經考覈後，可遞升品階。中央機構及行省、宣慰司官員，以三十月為一考，一考升一等（指官階）；地方路府州縣官員則三年為一考，三考始升一至二等。官員考滿時由上級發放「解由」，書明本人履歷、在任政績、工作交接情況等，送吏部覈實，按有關規定加以遷轉。對地方官有被稱為「五事」的考覈標準，即戶口增、田野辟、詞訟簡、盜賊息、賦役均，上級機構和監察機構按照這「五事」填寫「解由」。如五事皆備，可與合得品級之上升一等，四事備則減資（待選年限，指任滿後等待安排下一任職位的時間），三事備依常例遷轉，四事不備添資，五事不備降一等。官員正常循資升遷，到三品為止。三品以上，由皇帝在宰相協助下根據需要進行選用，不拘常調。總體來說，元朝的考覈制度不夠完善，表現在考覈標準不很細緻，考覈工作重獎不重懲，在執行過程中出現了論資排輩、魚貫而升的形式化傾向。忽必烈在位末年，東平（今屬山東）布衣趙天麟上疏指出考覈制度「宜以賢能為先，不宜以日月為上」，並提出一套包括「三要」、「九徵」、「二十六美」的更詳細的考覈標準⑫，但未獲採納。

四、法制建設

大蒙古國時期，法制不立，貴族、將帥往往隨意生殺立威。忽必烈即位後，著手整頓漢地法制混亂的狀況，將司法權收歸中央。在立法工作方面，以行政立法較有成就，刑法則一直未遑制訂。具體司法實踐只能借用金朝舊律《泰和律》，對其中有關條款的量刑規定稍作變通（減輕），但仍存在著明顯的折代、對應關係。朝廷將審判結果用斷例（即已斷之案例）形式發下，實際上相當於判例，具有

⑫黃淮、楊士奇等，《歷代名臣奏議》卷一五二〈用人〉引趙天麟奏議。

普遍法律效力和獨立地位。斷例積累既多，忽必烈遂於至元八年下詔禁用《泰和律》。然而，這些長期積累下來的斷例缺乏系統性、完整性，未能起到完備法典的作用。斷獄時「有例可援，無法可守，……遇事有難決，則檢尋舊例，或中無所載，則旋行議擬」⑬。司法工作隨意性較大，為官吏作弊提供了方便。忽必烈在位末年，曾頒行一部《至元新格》，分公規、選格、治民、理財、賦役、課程、倉庫、造作、防盜、察獄十門。不過總體而言，此書仍屬行政法規，雖涉及刑法、民法、訴訟法的一些原則，但內容單薄，並未解決元朝法無定制的問題。

元成宗在位時，繼續頒布了一些重要的專門性法規，如元貞二年的《官吏受賕條格》、大德五年的《強竊盜賊條格》。又命大臣何榮祖等修纂《大德律令》，雖已成書，但因錯訛較多而未能頒行。此後元廷的立法活動主要圍繞對已頒條格、斷例的整理而進行，斟酌分揀，清除其繁複抵牾之處。這一工作始於武宗，仁宗時初步完成，到英宗至治三年正式頒行，共兩千五百三十九條，名為《大元通制》。具體分制詔、條格、斷例、別類四個部分，細目與唐、金兩代法典的沿襲關係十分明顯。如「條格」部分大體相當於唐、金等王朝的「令」，亦兼及「格」、「式」的部分內容。「斷例」分十二篇，篇目結構全仿《唐律》。因此，《大元通制》可以說是一部具有法典性質的法令文書彙編。不過「斷例」體裁仍以具體案件為背景，與中原王朝傳統「律」的形式有明顯區別。總的來看，《大元通制》的內容尚不很完備，還包含有明顯的蒙古法因素，打上了一些蒙古族統治下元朝社會特有的印記，文書的格式、題材也不盡統一。但就基本精神而言，仍然可以看作唐以來中國傳統法典的延續。

---

⑬黃淮、楊士奇等，《歷代名臣奏議》卷六七〈治道〉引鄭介夫奏議。

元文宗時，對元朝典章制度進行總結，編纂政書《經世大典》八百八十卷，至順二年成書。主幹部分按照六部分類，與刑部對應者為《憲典》，分二十二篇，以《大元通制》篇目為基礎，進行了若干調整。較重要的變化是將《大元通制》斷例部分的〈鬥訟〉篇（此為唐律以來傳統篇目）分解為三，其中獨立出〈訴訟〉一篇。這樣就使程序法與實體法分離開來，在中國古代法制史上有重要意義。另外順帝至正六年（一三四六年）又頒行了《至正條格》，分制詔、條格、斷例三部分，在《大元通制》基礎上又綜合吸收了英宗以後所頒格例的內容，相當於對《大元通制》的增訂。

刑名設置方面，元朝大體沿襲了唐以來的笞、杖、徒、流、死的五刑體制，但在具體規定上頗有變化。如笞、杖刑在大多數時候以七為尾數，與前代王朝用整數不同。這可能有蒙古傳統的影響，據說忽必烈將其解釋為「天饒他一下，地饒他一下，我饒他一下」⑭。又如流刑不像前代那樣按里數分等級，而是根據不同民族分遣南北邊區，「南人遷於遼陽迤北之地，北人遷於南方湖廣之鄉」。死刑前代分斬、絞二種，元則「有斬而無絞，惡逆之極者又有陵遲處死之法」⑮。另外還有一些其他懲罰方式。如殺人者除償命外，還要向被害人家屬償付「燒埋銀」。身體傷害罪亦由犯人向受害人支付若干「養濟之資」、「醫藥之費」，量刑則適當減輕。一些罪犯在斷決後發付原籍，由地方官府登記管制，定期赴衙門報到，門前立紅泥粉壁書寫所犯罪名，此稱為「充警跡人」。只有年久無過或檢舉其他罪犯有功，始可解除「警跡人」身分。另外對重大犯罪，還往往施以籍沒財產、家屬的附加懲罰。有若干犯

⑭葉子奇，《草木子》卷三下〈雜制篇〉。
⑮宋濂等，《元史》卷一〇二〈刑法志一〉。

罪的懲罰規定明顯出於蒙古法的影響，例如偷竊牲畜者偷一賠九等。

法律內容也有一些自身的特點。首先是民族不平等，蒙古、色目人的法律地位明顯高於漢人、南人。其次是草原社會奴隸制因素的影響。由於社會上存在著一個為數甚眾的驅口（奴婢）階層，故法律中也確定了他們的賤人地位，明顯低於良人。再次，對官吏犯罪處罰偏於寬鬆，懲戒規定也不很完備，有時僅籠統言「禁止」、「罪之」而無量刑條款。最後，受蒙古統治者漢化程度影響，法律中對違反禮教的行為處罰也較輕。如同姓為婚、父母在別籍異財等罪名，量刑皆低於前代。

訴訟審判制度有比較詳細的規定。訴訟須自下而上，禁止越訴，民事訴訟還有時間限制。由於元朝社會狀況比較複雜，不同民族、不同戶籍類別的社會集團各有自己的管轄系統，故在審判方面出現了「約會制」，即不同集團當事人的直屬管轄上司會同地方官共同審案（主要限於民事和輕微刑事案件）。其優點是使斷案比較慎重，缺點是往往導致拖延結案，且使某些特殊集團成員（如軍人、僧侶等）更有可能恃勢欺壓一般民戶。地方審判機構基本上是行政、司法合一，或司法附屬於行政。中央則由刑部和大宗正府分別處理、審覈地方上報的刑事案件，死刑還必須奏准皇帝。因為大量案件須逐級審理上報，耽誤時間，造成罪囚淹滯，所以元廷也經常臨時委派中央官員赴地方，與地方官會審決囚。不過總的來說，由於立法工作不夠嚴密充分、官員素質低下等原因，司法實踐中的冤假錯案仍相當多，而且稽遲拖延的情況還是很嚴重，「訟婚則先娶者且為夫婦，至兒女滿前，而終無結絕」⑯。

---

⑯黃淮、楊士奇等，《歷代名臣奏議》卷六七〈治道〉引鄭介夫奏議。

五、軍事體制

元朝是蒙古貴族通過武力征服由北及南、由草原及漢地建立起來的大一統政權。占全國人口比例甚少的蒙古貴族，要想對幅員遼闊、人口眾多的漢族社會實施有效、穩定而長期的統治，軍事力量仍然是其最重要的憑藉。忽必烈在位時期，逐步建立起全國一整套軍事防衛體系，為以後諸帝一直沿用。

就兵士徵發來源而言，元朝軍隊可分蒙古軍、探馬赤軍、漢軍和新附軍四大類。蒙古軍以蒙古人為主體，兵民合一，「家有男子，十五以上，七十以下，無眾寡盡科為軍。有事則空營帳而出，十人為一牌，設牌頭，上馬則備戰鬥，下馬則屯聚牧養。孩幼稍長，又籍之，曰漸丁軍」⑰。大部分仍駐牧草原，僅一部分調入漢地。很多色目人軍隊同被列入蒙古軍籍。探馬赤軍原亦屬蒙古軍，後專指從各部抽選充當先鋒、並在戰後駐紮於被征服地區的部隊。忽必烈時，為中原的探馬赤軍單獨建立軍籍，從而使其獨立於蒙古軍之外。因長期脫離草原，其中也混入了不少色目人和漢人。漢軍指由北方漢人組成的軍隊，其主體為大蒙古國時期收編的漢族部隊和金朝降軍，後又採取簽發軍戶（詳見後文）的方式大規模擴充。新附軍則指在平宋時招降的南宋軍隊，後經戰爭消耗和整編（分散編入漢軍），其名稱逐漸消失。上述四種不同來源的軍隊，具體編制分為宿衛軍和鎮戍軍兩大系統，「宿衛諸軍在內，而鎮戍諸軍在外，內外相維，以制輕重之勢」⑱。

⑰ 蘇天爵，《元文類》卷四一〈經世大典序錄．政典．軍制〉。
⑱ 宋濂等，《元史》卷九九〈兵志二．宿衛〉。

宿衛軍包括怯薛和侍衛親軍兩部分。怯薛入元後軍事職能漸趨消退，基本上成為一個給侍宮廷的貴族特權組織，但在制度上仍有保護皇帝、衛戍皇宮和斡耳朵（宮帳）的職能。侍衛親軍則是忽必烈按照中原制度新建立的中央常備精銳部隊。中統元年（一二六〇年）始建，名武衛軍，共三萬人。不久分立為左、右翼侍衛親軍，復分為左、中、右三衛。滅宋後繼續擴建，並開始按照兵士的民族分類。到忽必烈在位末年，已設侍衛親軍十二支，其中漢人衛軍七支、蒙古衛軍二支、色目衛軍三支，人數共約十萬左右。以後又累擴至三十餘支，總人數在二十到三十萬人之間，所擴色目衛軍尤多。侍衛親軍隸屬於樞密院，長官為都指揮使，下轄千戶、百戶。軍士係從各兵源系統選拔精銳組成，鎮守於腹裏地區，居重馭輕，拱衛京師。遇有重要戰事則抽調出征，皇帝出巡則選充扈從軍，逢諸王大朝會則選充圍宿軍，行大禮則選充儀仗軍，另外又有巡邏軍（加強京城治安）、看守軍（守衛倉庫）等派充名目。漢人衛軍還常被委派承擔工役造作事務。

鎮戍軍分成全國各地，各鎮戍區屯駐軍隊的組成不完全相同。滅南宋後，「海宇混一，然後命宗王將兵鎮邊徼襟喉之地。而河洛、山東據天下腹心，則以蒙古、探馬赤軍列大府以屯之。淮、江以南，地盡南海，則名藩列郡，又各以漢軍及新附等軍戍焉」⑲。大抵在北方和四川地區，主要由蒙古軍、探馬赤軍鎮守，分統於四個「蒙古軍都萬戶府」。分別是：山東河北蒙古軍都萬戶府（治濮州，今山東鄄城北），河南淮北蒙古軍都萬戶府（治洛陽，今河南伊川），四川蒙古軍都萬戶府（治成都），陝西蒙古軍都萬戶府（治鳳翔）。每個都萬戶府之下又轄有若干萬戶府。在淮河以南原南宋統治區，則基本上

⑲宋濂等，《元史》卷九九〈兵志二．鎮戍〉。

用漢軍、新附軍鎮戍，同時仍有少量蒙古、探馬赤軍與其相參駐防，以資監視。這些軍隊分別編組為幾十個萬戶府（或元帥府），以江淮、浙西兩地區最集中。萬戶府以「翼」命名，實則通常不滿萬人，按人數多少分為上、中、下三等。萬戶府以下的統軍機構，依次為千戶所、百戶所。北方和四川的四個都萬戶府皆隸屬於樞密院。南方諸萬戶府（元帥府）起初由行樞密院統領，後罷行院，改由行省管轄，但戍軍調遣更防等重要事務仍要由中央樞密院節制。

與軍事鎮戍有密切聯繫的是宗王出鎮制度，即上引材料所謂「宗王將兵鎮邊徼襟喉之地」。對「邊徼襟喉之地」的概念，元政書《經世大典》解釋曰「如和林、雲南、回回、畏吾、河西、遼東、揚州之類」[20]。大抵或為防禦西北、東北叛王的前沿地區，或為南方要地，從東北經漠北、西北、西南至江淮，構成一道藩屏朝廷的半圓形軍事防禦線。因地皆要衝，故命宗王出鎮，以重其事。這種出鎮與投下分封有別，主要是一種軍事措施。出鎮地區只是宗王的軍事鎮戍區而不是封地，宗王的身分是代表皇帝鎮遏一方的軍政領導，其出鎮或世襲或否，而以非世襲的臨時指派占多數。忽必烈一度予出鎮宗王較大權力，如其子安西王忙哥剌鎮關中，「教令之加，於隴於涼，於蜀於羌，……其大如軍旅之振治，爵賞之予奪，威刑之寬猛，承制行之。自余商賈之征，農畝之賦，山澤之產，鹽鐵之利，不入王府（按指元朝中央），悉邸（按指安西王府）自用」[21]。但後來隨著行省制度在全國範圍內的確立，宗王的權力受到約束，其職責主要被限制在軍事方面，戰時統兵出征，戰畢軍隊仍歸行省管轄。宗王與

[20] 蘇天爵，《元文類》卷四一〈經世大典序錄．政典．屯戍〉。
[21] 姚燧，《牧庵集》卷一〇〈延釐寺碑〉。

行省並存分權，互為牽制，發揮了維護中央權威、保證地方向心力的作用。元朝後期，與西北叛王的戰事結束，而內地局勢漸有不穩定跡象，地方上人民起事頻繁，宗王出鎮的重心也因而有所調整，在武昌、廬州（今安徽合肥）等地新委任了出鎮宗王。元末，這些宗王在與反元義軍的作戰中扮演了很重要的角色。

為確保地方統治的穩定，蒙古統治者針對漢族社會制定了嚴密的軍事防範政策。忽必烈即位不久，借處置李璮叛亂事件之機，大規模收繳民間兵器。規定除軍人之外，包括漢族官員在內的任何人均不許私藏、執把兵器，凡隱藏全副甲冑、十副弓箭（弓一張、箭三十支為一副）或刀槍者，罪至處死。平宋後又在南方拘括兵器，繼續嚴申執把禁令，連民間供神儀仗也禁用兵器，只能用土木假器代之。至元二十二年（一二六二年），開始對武器進行集中管理。「分漢地及江南所拘弓箭兵器為三等，下等毀之，中等賜近居蒙古人，上等貯於庫，有行省、行院、行臺者掌之。無省、院、臺者，達魯花赤、畏兀、回回居職者掌之。漢人、新附人（按指南人）雖居職者，無有所預」㉒。當時只有鞏昌汪氏、槁城董氏等幾個為蒙古統治者立過汗馬功勞的漢地世侯家族，「不與他漢人比」，被恩准可以執把弓箭。㉓漢族軍人甚至不准承擔看守軍器庫的工作。與上述規定相聯繫，元廷特別注意貫徹「漢人不得與軍政」㉔的原則。萬戶府、元帥府等統軍機構，長官必以蒙古、色目人擔任，僅在個別邊遠地區可

㉒宋濂等，《元史》卷一三〈世祖紀十．至元二十二年五月丁亥〉。

㉓宋濂等，《元史》卷一五〈世祖紀十二．至元二十六年六月己酉〉；黃溍，《金華黃先生文集》卷二六〈陝西行臺御史中丞董公神道碑〉。

用漢人。高層管理方面，「以兵籍係軍機重務，漢人不閱其數。雖樞密近臣職專軍旅者，惟長官一、二人知之。故有國百年，而內外兵數之多寡，人莫有知之者」㉕。

元朝還十分注意與軍事有關的後勤、交通、通訊系統的建設。為保證軍糧供應，全國「內而各衛，外而行省，皆立屯田，以資軍餉，……由是而天下無不可屯之兵，無不可耕之地矣」㉖。屯田分軍屯和民屯兩大類。其中軍屯占多數，屬樞密院，按照軍隊組織系統進行管理，牛種農具例皆官給。民屯分屬大司農司、宣徽院或各行省管理，招募無業之民開墾，或用罪犯屯種。屯田數最高時，當在二十萬頃以上。交通和通訊方面，在全國範圍內建立了驛站和急遞鋪系統。驛站主要為各級政府因公差遣人員服務，提供交通工具、住所、飲食、薪炭等，也用來運輸官府物資，是當時最便利的交通體系。驛路以大都為中心，四通八達，東連高麗，東北至奴兒干（今黑龍江口一帶），北達吉利吉思，西通伊利、欽察兩汗國，西南抵烏思藏（今西藏地區），南接安南、緬國，做到了「人跡所及，皆置驛傳，使驛往來，如行國中」，「星羅棋佈，脈絡通通，朝令夕至，聲聞畢達」㉗。全國共設有驛站約一千五百處，分為陸站、水站兩大類，中央設通政院管理其事，一度也歸兵部分管。具體服務人員從當地百姓中簽發，單立戶籍，稱站戶。急遞鋪仿金制建立，每十里或十五、二十五里設一鋪，置鋪兵五人。其

㉔宋濂等，《元史》卷一八四〈王克敬傳〉。
㉕宋濂等，《元史》卷九八〈兵志序〉。
㉖宋濂等，《元史》卷一〇〇〈兵志三·屯田〉。
㉗宋濂等，《元史》卷六三〈地理志六·河源附錄〉；解縉等編，《永樂大典》卷一九四一六引《經世大典·站赤》。

職責為遞送公文，一般不送物品。所遞公文皆經編號，逐鋪傳送，交接時必須辦清登記手續以備查驗。傳遞速度規定為一晝夜四百里，急件五百里。鋪兵腰繫銅鈴，持槍挾雨衣，夜則持火炬，齎文書疾行。沿途行人聞鈴聲應為讓路，下一鋪鋪兵聞鈴聲即整裝待發。各級地方官府皆委正官一人提調其事，路置總鋪，中央置總急遞鋪提領所。驛站與急遞鋪相輔而行，為蒙古統治者控制、管理廣闊的疆土發揮了重要作用。

六、兩都巡幸

與前代中原王朝相比，元朝在北方的疆域大為擴展，特別是過去長期未能納入中原王朝有效控制範圍的漠北草原，作為蒙古統治者的「龍興之地」，在元朝國家政治中占有相當重要的地位。因此，元朝國家統治的重心也比前代中原王朝更加偏北。這一點明顯地表現在都城制度方面。

元朝實行兩都制度，以大都（今北京）為正式首都，上都（今內蒙古正藍旗東）為陪都。大蒙古國在漠北的都城和林，已降為地區性的統治中心（嶺北行省治所）。兩都之中，又以上都建設為早。上都地區在金朝稱為金蓮川，金朝皇帝建有避暑夏宮，其地位於蒙古草原南部邊緣，北連朔漠，南接華北，是中原與北方民族進行物產交易的重要場所之一，遼、金均置榷場於此。忽必烈在憲宗蒙哥時受命統領漠南漢地軍務，即將王府移至金蓮川，在那裡廣招人材，講求治術，奠定了日後立國中原的基礎。一二五六年，忽必烈命其幕僚劉秉忠相地建城，為永駐之基，遂選定金桓州故城以東、灤水（今閃電河）以北，建築新城，名為開平府。一二六〇年忽必烈在此召集忽里勒台大會，登上汗位，開平府遂成為汗廷所在地。與此同時，又對金朝舊都、蒙古在華北的統治中心燕京進行重建。中統四年，升開平府為上都。次年，改燕京之名為中都，兩都制的格局基本形成。隨著對中原統治的穩定和深化，忽必烈將建都的重點置於燕京，開始在燕京舊城址的東北曠野上建築新城。新城規模龐大，規劃整齊，井然有序。至元九年（一二七二年），定新城之名為大都。此後上都居於陪都的地位，仍發揮著聯絡中原與漠北的紐帶作用。

元朝皇帝在一定程度上保持著游牧民族的遷徙習慣，在兩都之間定期巡幸，「次舍有恆處，車廬有恆治，春秋有恆時，遊畋有度，燕享有節，有司以時供具而法寓焉」㉘。起初每年二或三月從大都北上赴上都避暑，八或九月由上都南返，後來固定為四月出發北巡，八月南還。每次巡幸都有盛大的儀仗隨從與固定的迎送儀式。北巡期間，除后妃、怯薛扈從外，中書省、樞密院、御史臺等中央機構的主要官員也從至上都，設衙理事，稱為分省、分院、分臺等。元人記載云：「天子時巡上京，則宰執大臣下至百司庶府，各以其職分官扈從」㉙；「或分曹釐務，辨位考工，或陪扈出入起居，供張設具，或執櫜鞬，備宿衛，或視符璽、金帛、尚衣諸御物，惟謹其為，小心寅畏，趨走奉命，罔敢少怠，而必至給沐更上之日，迺得一休也」㉚。各機構副職以下，大多留居大都辦公，稱留省、留院、留臺。日常政務仍在大都處理，僅重要機務急遞奏報於上都。如中書省一分為二，「京師留省，百事所萃，必疑不決暨須上聞者始諮報，故分省簿書常簡」㉛。不過上都作為元朝春、夏季國家中樞所在地，還是

㉘蘇天爵，《元文類》卷四一〈經世大典序錄．禮典．行幸〉。
㉙黃溍，《金華黃先生文集》卷八〈上都御史臺殿中司題名記〉。
㉚馬祖常，《馬石田文集》卷八〈上都翰林分院記〉。

發生過很多重大事件。如征南宋時，作戰基本方略大部分是在上都議定的。戰爭結束後，投降的宋恭帝趙㬎和太后、大臣等都被帶到上都覲見。

元朝皇帝定期巡幸上都，有游牧民族習俗影響的因素，也是出於避暑的需要，更重要的原因則是上都在元朝的特殊地位。上都居於漠北、漢地之間，是兩個地區的聯繫樞紐，其東、西兩側又都是蒙古諸王貴族的分地。皇帝到上都巡幸，可以更方便地與草原上的諸王貴族聯絡，以加強諸王貴族的向心力。通過皇帝在上都所從事的活動，即可見其端倪。

上都是皇帝會見諸王貴族、舉行「朝會」的主要地點。所謂「朝會」有兩種不同概念，一是諸王貴族的選汗大會忽里勒台，亦稱「大朝會」。「凡大朝會，后妃、宗王、親戚、大臣、將帥、百執事及四方朝附者咸在。朝會之信，執禮之恭，誥教之嚴，詞令之美，車馬服用之別，牲齊歌樂之辨，寬而有制，和而有容，貴有所尚，賤無不逮，固已極盛大於當時矣」㉜。另一種是平時所舉行、規模稍小的例行「朝會」，草原貴族在「夏間乘青草時月來上都」朝覲皇帝㉝，元人詩云：「翼翼行都歲幸臨，名王諸部集如林，氈車滿載彤廷帛，寶馬高馱內府金」㉞，即詠其事。仁宗時專門規定，「諸王、戚里入覲者，宜趁夏時芻牧至上都，毋輒入京師，有事則遣使奏稟」㉟。各種朝會期間，皇帝都要大排筵

㉛許有王，《至正集》卷三五〈文過集序〉。
㉜蘇天爵，《元文類》卷四一〈經世大典序錄．禮典．朝會〉。
㉝拜柱等，《通制條格》卷八〈儀制．朝覲〉。
㉞吳師道，《禮部集》卷八〈次韻張仲舉上京即事十首〉。
㉟宋濂等，《元史》卷二五〈仁宗紀二．延祐二年六月甲辰〉。

宴，招待貴族、大臣和近侍。

皇帝在上都還進行很多與傳統蒙古習俗有關的活動。例如祭祀，通常在六月二十四日祭天，稱為「灑馬奶子」㊱。祭天之後還有祭祖儀式。蒙元歷代君主死後都葬在漠北起輦谷，皇帝巡幸上都期間要擇日向西北遙祭祖先陵寢，亦稱望祭。每年在上都都會舉行一系列狩獵活動，城外專門修有稱為「東涼亭」、「西涼亭」的幾座行宮，供皇帝遊獵時居住。上都的娛樂活動也相當豐富，主要有角觝（摔跤）、放走（競走）等，都是蒙古人喜愛的傳統體育項目。

第二節　賦役與戶籍

一、賦役徵發

元朝賦役制度比較複雜，一方面名目繁多、南北異制，另一方面又因諸色戶計的劃分（將全國居民按職業等標準分為民、軍、站、匠、鹽戶等若干類，詳見後文）而有不同的承擔標準。在此以普通民戶的情況為主進行介紹。

普通民戶承擔的正稅主要有稅糧（主要徵收糧食）和科差（徵收絲、鈔）兩大類，對此南北方的徵收體制不同。北方的稅糧分丁稅（每丁粟二石）、地稅（每畝三升）兩種繳納方法，民戶納丁稅，其

㊱宋濂等，《元史》卷七七〈祭祀志六·國俗舊禮〉。

餘戶計納地稅（軍、站戶土地四頃內免稅）。因不同戶計之間買賣土地，造成納稅混亂，故時有一戶同時負擔丁、地兩種稅的情況。平宋以後，在南方基本沿襲了唐宋以來的兩稅法，以秋糧為主，按畝徵收，稅額因地而異，一、二升至二、三斗不等。夏稅稅額較少，一般以秋糧數額為基數折算徵納，或納實物，或折徵鈔幣。南北稅糧徵收時都要加徵鼠耗等附加稅，以抵償運輸過程中的損失，通常每石加收七升。科差的徵收以北方為主，主要分絲料（徵絲）、包銀（徵鈔）兩類；南方科差只徵鈔，稱戶鈔。科差在制度上有定額，但只是平均數，實際徵收時要按民戶貧富狀況分攤不同的數目。

正稅之外，工商雜稅（元朝史書稱為諸色課程）也是國家的大宗收入來源。其中，鹽課所得即占每年全國鈔幣歲入的一半以上。政府壟斷鹽的生產，所獲食鹽或直接置局銷售，或發售鹽引給鹽商，由鹽商運到制定的行鹽區販賣，鹽價完全控制在政府手中。類似的專賣稅還有茶課、酒醋課等。對於山林川澤的特產，如礦物、竹木之類，元廷或設機構專營，或由民間經理而抽取稅金。至元七年，定制國內商稅三十分取一。滅宋後，又逐步制定外貿管理制度，定市舶稅十分取一（粗貨十五分取一）。

民眾為國家負擔的義務或勞動，在元朝有一部分是由若干特殊戶籍居民世代承擔的，對此將於後文詳述。此外，元朝的役可分兩類。一類屬於力役，稱作「雜泛」，指政府臨時徵發的車牛人夫，主要因工程造作、治河、運輸等需要而徵調。另一類屬於職役，亦稱「差役」，指各種任務繁劇而待遇微薄的義務性基層職務，主要包括里正、主首（農村基層職事人員，負責催辦賦稅、力役，維持地方治安）、隅正、坊正（城鎮基層職事人員，職掌同前）、倉官、庫子（負責為各級官府看守倉庫、保管財物）幾種。攤派雜泛差役時，要根據應役戶的丁口、資產情況，先盡富實，次及下戶。忽必烈在位時，當役者基本限於民戶，其餘諸色戶計不承擔雜泛差役。以後當役面逐漸擴大，不僅以民戶為限。

對於一些靠賦稅和官營生產不能滿足需求的物資，包括許多軍需物資、建築材料等，元朝用和買的方式從民間獲得。官用物資的運輸也有很大一部分要在民間租賃車、船，稱為和雇。和雇和買以和為名，表面上是兩相情願的活動，官方需給值付酬；但在實際執行過程中，成為一種變相賦役，既不問有無，強行攤派，又支價甚少，拖延償付，乃至一文不給。忽必烈在位時，大部分百姓都要承擔和雇和買，僅儒戶、醫戶、僧道戶和部分軍、站戶例外。元朝中後期，則趨向於一體承擔。具體攤派辦法與雜泛差役類似，以隨產均當為基本原則。

二、戶籍管理

元朝的戶籍管理類別紛繁，主要有戶等和諸色戶計的不同劃分。

戶等，即按照資產多少，將居民劃分成若干等級，作為合理攤派賦役的依據。至元元年（一二六四年），元廷下詔仿前代制度推行戶等制，「將人戶驗事產多寡，以三等玖甲為差」㊲。首先分上中下三等，每等之內又分上中下三甲，因而有三等戶、九等戶之稱。所謂「事產」，在農村主要指土地，城鎮指房產和資金。戶等劃分完畢，將所定等級及丁口、產業等詳細情況登記在冊，稱為鼠尾簿，地方官府據以徵發賦役、處理民事糾紛。各種賦役當中，除稅糧外，科差、雜泛差役、和雇和買的攤派都與戶等有密切關係。但後來元朝政府長期不進行調查財產轉移狀況、調整戶等的工作，官吏豪強因緣為奸，戶等制在很多地方已是名實不符、弊端百出。

㊲拜柱等，《通制條格》卷一七〈賦役·科差〉。

元朝統治者又按職業將全體居民分為若干種類，稱諸色戶計。其中最基本的一種為民戶，即普通百姓。其餘戶計作為特殊戶籍，父子兄弟世代相襲，不得隨便脫籍。他們分別為國家承擔不同義務，在賦役方面可得到部分優免，並且大都有單獨的隸屬、管理系統。其中主要有以下類別：

㈠**軍戶**——承擔軍役，出成年男子參軍，要承擔馬匹、裝備等費用。在元朝四種不同兵員徵集體系的軍隊當中，蒙古、探馬赤、新附軍的軍戶都是自然形成的，漢軍軍戶則通過大規模在北方簽發而形成。政府在地方上設名為奧魯（蒙古語，意為老小營、營盤）的機構管理軍戶事務，如簽發丁壯、供應軍需、贍養老小、處理軍戶糾紛等等，統領於樞密院。軍戶數量約有二十到三十萬。

㈡**站戶**——承擔站役，即在驛站中從事服務。根據不同的交通工具，又有馬、牛、船站戶等名稱，以馬站戶最多。具體工作包括養馬、牛或備船，充當馬夫、船夫迎送乘驛者。一部分站戶還要供應乘驛者所需生活用品，如飲食、柴炭、燈油等。元朝驛站系統發達，站戶數量在三十萬以上，在諸色戶計中僅次於民戶。由於貴族官吏通過各種途徑非法乘驛，統治者給驛過濫，致使站戶貧困流亡的現象非常嚴重。

㈢**匠戶**——為官府從事手工業生產，要到官營手工業局、院中服役。部分匠戶全家長年應役，人身束縛嚴重；還有一部分則單身定期應役，工餘可與家屬自行從事生產，條件稍好。數量共約在二十萬以上。

㈣**鹽戶**——又稱竈戶，為官府生產食鹽。固定在某處鹽場，不得隨便移動，由官方鹽運司、提舉司之類機構管理。數量約六到十萬戶。

㈤**僧戶**——即僧侶（或尼姑），單列一類戶籍，其義務是作為宗教職業者，為皇帝和國家告天祈福。中央有宣政院，地方亦有各級僧官，專門管理其事務。至元二十八年，全國僧尼人數二十一萬餘，以後當更多。類似宗教徒單立戶籍者還有道戶（道士）、也里可溫戶（基督教士）、答失蠻戶（伊斯蘭教士）等。

㈥儒戶——即儒士。大蒙古國時期，儒士以類似宗教徒的身分與僧、道等同受優待，單列戶籍。入元後仍沿其制，通過考試、調查等辦法定出大約十一萬儒戶，其中南方約十萬，北方約一萬。凡儒戶必須隸屬於某一儒學、書院，以遣人入學讀書為義務，受當地儒學提舉司管理。就待遇而言尚高於一般民戶，但政治出路狹窄，無法與前朝儒士相比。

另外，還有打捕戶（負責為皇室獵獸）、鷹房戶（為皇室飼養鷹隼）、醫戶等諸多名色的戶計。

第三節　經濟成就

一、農業生產的恢復和發展

在金元之際的戰亂中，北方地區的社會經濟受到了巨大破壞。忽必烈即位後，採取了設司農司、立社、頒行農書等一系列措施來恢復生產。針對金末以來百姓流亡、土地拋荒的狀況，忽必烈於中統二年下詔規定：凡流民還業者第一年免差稅、次年減半。有新墾荒地者，五年後始驗地科差。後又規定：各處荒地在限期內許舊主認領，逾限則許百姓自願耕種。至元八年，頒布《戶口條畫》，對北方地區的戶籍進行了一次大規模清理，將一批被諸王貴族、權豪勢要之家非法隱占為奴婢的百姓追出，重歸民籍。同時多次下令禁止占民田為牧地，並派官清理已被貴族侵占為牧地的民田，按籍悉歸於民。在邊疆和內地的駐軍地區，則大力興辦屯田。

水利興修方面，也取得很大成就。元廷於設司農司同時，在中央設都水監、地方設各處河渠司，專門負責有關事務。張文謙、郭守敬等行省西夏，修浚唐來、漢延等古渠，溉田九萬餘頃。平陽路（治今山西臨汾）總管鄭鼎開渠引汾水，溉民田一千餘頃。王允中、楊端仁等於懷孟路（治今河南沁陽）開廣濟渠，引沁水達於黃河，流經五縣四百六十三處村坊，居民深得其利。

上述勸農政策的推行收到很大成效。「民間墾闢種藝之業，增前數倍」㊳。「凡先農之遺功，陂澤之伏利，崇山翳野，前人所未盡者，靡不興舉」㊴。在忽必烈在位的三十餘年中，北方地區基本未發生過大的自然災害，農業生產從金末的殘破狀態中恢復了過來，並繼續發展。如關陝地區已是「年穀豐衍，民庶康樂」㊵。衛輝淇州（今河南淇縣）一帶「曩以荒煙廢堞之墟，化為樂郊樂國，向也流逋傭耕之民，今為恆產完美之室」㊶。

相對而言，江南地區在戰爭中所受破壞比北方輕得多，因此南方農業恢復較快，在宋代基礎上取得更進一步的成就。在地窄人稠的農墾發達地區，土地利用精密，多採取與水、與山爭田的辦法。前

㊳元司農司撰，《農桑輯要》卷首王磐〈農桑輯要序〉。
㊴王惲，《秋澗先生大全文集》卷三七〈絳州正平縣新開溥潤渠記〉。
㊵蘇天爵，《滋溪文稿》卷一七〈河南府總管韓公神道碑〉。
㊶王惲，《秋澗先生大全文集》卷五四〈淇州創建故江淮都轉運使周府君祠堂碑銘〉。

者有圩田、櫃田、架田、塗田、沙田等形式，見於濱江沿海及湖泊附近；後者主要為梯田，行於多山丘陵地區。稻麥復種、一年兩熟制在江南已相當普遍。水稻畝產量通常都在二石以上，個別高產田達到七、八石。由來已久的南、北方經濟差異，在元朝進一步加大。南方江浙、江西、湖廣三行省的稅糧總數占全國一半以上，其中僅江浙一省即超出全國的三分之一。

邊疆地區農業的發展是元朝農業生產取得的一項主要成就。通過政府的屯田、移民等措施，漢族地區先進的農作技術被推廣到邊區，使當地的農業生產或從無到有，或明顯改進，大大提高了這些地區的糧食自給率。在漠北，元廷多次簽發內地軍民前往屯種，官府頒給農具、糧食、衣裘，以資生業。至元十一年，賽典赤贍思丁奉命行省雲南，「教民播種，為陂池以備水旱」㊷，使這裡的耕作技術大為改觀。其餘如新疆、海南、廣西等地的農業，在這一時期都有顯著進步。

從戶口變化上，也可以看出元朝特別是元朝前期農業生產恢復、發展的情況。中統三年，北方地區戶數為一百四十七萬六千一百四十六，以每戶五口計（下同），共七百餘萬口，還不到金代人口數的六分之一。即使考慮到蒙古統治下貴族、將帥大量隱占私屬人口的因素，仍然明顯可以看出戰亂破壞的慘重。至元十三年平宋後，江南戶口變化不大，得戶九百三十七萬零四百七十二，加上兩年前的北方戶數一百九十六萬七千八百九十八，共有戶一千一百三十三萬八千三百七十，口五千六百餘萬。到至元三十年，全國見於統計的戶數已達一千四百萬零二千七百六十，折約七千萬口。估計元朝最高人口數字在八千到九千萬之間，與宋金對峙時期的口數相去不遠。

㊷宋濂等，《元史》卷一二五〈賽典赤贍思丁傳〉。

二、南北經濟聯繫的加強

自中唐以來，全國經濟重心逐漸南移，南方的經濟發達程度明顯超出北方。元朝定都華北，「去江南極遠，而百司庶府之繁，衛士編民之眾，無不仰給於江南」㊸。加強南北經濟聯繫的需要十分迫切，元廷為此進行了疏通漕運和開闢海運的工作。

宋金對峙時期，運河多處已經淤塞。元統一後，將江南物資沿運河故道北運，曲折繞行，水陸並用，非常不便，因此被迫在部分地段重開河道，以保證漕運暢通。至元二十六年，在山東開鑿會通河，起於須城（今山東東平）西南之安山，向西北達於臨清，全長二百五十餘里，建閘三十一座。二十八年，又採納著名科學家郭守敬的建議，在京郊開鑿通惠河，引大都西北諸泉水東至通州（今北京通縣），全長一百六十四里。經重新疏鑿，運河改變了過去迂迴曲折的航線，河道基本取直，航程大為縮短，運糧船可以直接駛入大都積水潭（今北京北什剎海一帶）停泊。「江淮、湖廣、四川、海外諸番土貢、糧運、商旅懋遷，畢達京師」㊹。這條河道在明、清兩代一直發揮著重要作用。

海運航線的開闢是元朝的創舉。前朝已有近海航運之例，雖皆為臨時性的短途運輸，但逐漸積累了航海經驗。至元十三年伯顏下臨安，得南宋庫藏圖籍，由降附海盜朱清、張瑄負責經海路運往大都。十九年，命朱、張等人造平底海船運糧，因風信失時延誤了一些時間，但試航終於成功。此後元廷設

㊸危素，《元海運志》。
㊹蘇天爵，《元朝名臣事略》卷二〈丞相淮安忠武王〉。

立萬戶府、行泉府司等機構，由朱清、張瑄等任職，專掌海運。行期、航線逐步固定，每年二月由長江口之劉家港入海，自崇明東入黑水洋，取直線北行，繞膠東半島入渤海，抵直沽。順風時，十天即可駛完全程。海船在直沽交卸完畢，於五月返航，復運夏糧北上，八月再度回航。海運形成制度後，規模不斷擴大，與運河共同成為元朝的重要經濟命脈。據估計，在當時的南北交通運輸線中，河漕比陸運的費用節省十之三四，海運則比陸運節省十之七八。

南北經濟聯繫加強的另一個表現，是農作物品種的廣泛傳播，其中棉花種植的推廣尤其值得注意。棉花古稱木棉，產於海外，宋元之際已從南北兩路分別傳至閩、廣和關、隴。元朝統一以後，棉花在南方種植已相當普遍。至元二十六年，元廷置浙東、江東、江西、湖廣、福建木棉提舉司，每年向民間徵收棉布十萬匹，後棉布在南方又被列入兩稅正賦。與此同時，棉花的「諸種藝作之法，駸駸北來」㊺，由南向北進一步推廣，出現了「江東木棉樹，移向淮南去」㊻的情景。另外，西瓜、紅花、蠶豆、亞麻等外來作物也得到更廣泛的栽培。如西瓜起初在「北方種者甚多」，元統一後「南方江、淮、閩、浙間，亦效種」㊼。

元朝南北經濟聯繫的成果，還體現在一部集大成的農學著作《農書》上。《農書》作者王禎，東平（今屬山東）人，元成宗時曾任旌德（今屬安徽）、永豐（今江西廣豐）縣尹，在任興學勸農，頗有政

㊺王禎，《農書》卷二一〈農器圖譜一九．纊絮門〉。
㊻馬祖常，《石田集》卷五〈淮南田歌十首〉。
㊼王禎，《農書》卷八〈百穀譜三．西瓜〉。

績，《農書》即在這段時間完成。全書共分〈農桑通訣〉、〈百穀譜〉、〈農器圖譜〉三大部分，共三十七篇，十三萬六千字。〈農桑通訣〉是關於農業知識的總論，包括農業史、耕墾、耙耮、播種、鋤治、糞壤、灌溉、收穫以及植樹、畜牧、養蠶等問題；〈百穀譜〉專門論述各種農作物的栽培方法，如穀物、蔬菜、果木、水生植物等，棉花、茶葉也都包括在內；〈農器圖譜〉則繪圖講述了各種農具和農業機械的構造、源流和用法，有圖三〇六幅，並附文字介紹。《農書》充分地反映了元統一後南北農學技術相互交流、融合的情況，「使南北通知，隨宜而用，使無偏廢」⑱。此前的古代農書，內容都具有地域性，或專門針對北方旱地，或專門針對南方水田，像這樣從全國範圍內對農業進行系統研究的著作，在中國歷史上還是第一部。

三、工商業與城市經濟

元代手工業在宋、金的基礎上繼續發展。其中，官手

⑱王禎，《農書》卷二〈農桑通訣二．耙耮篇〉。

圖五五　王禎《農書》的水磨圖

工業尤為興盛。蒙古貴族在征服戰爭中俘虜了大批各族工匠，設置局、院等機構進行管理，讓他們從事軍需和日用品生產。到統一以後，官手工業機構已遍布全國各地。這些機構分屬工部、將作院等中央機關或各級地方政府，也有的隸於諸王貴族名下。官手工業的勞動者在戶籍上單列一類，稱為匠戶。他們由官府支付口糧和食鹽，職業世代相襲，不能隨意脫籍。官手工業剝削苛重，生產效率低下，但規模大，產品多，氈毯、絲織、兵器、礦冶、製鹽（鹽業生產者單獨列籍為鹽戶）等行業的成就尤為顯著。民間手工業以家庭手工業為主，一些城市中也出現了手工作坊。紡織、製瓷、釀酒等傳統手工業在民間都比較興旺。

棉紡織業是元代新興的民間手工業。元朝前期，年輕時流落到海南島的松江（今屬上海）婦女黃道婆，將海南島的製棉工具和棉紡織技術帶回到松江，在結合當地原有紡織工藝的基礎上，又進行了若干發明、革新。原來除去棉籽採用手剝的辦法，黃道婆則創制了軋棉籽用的攪機；原來彈棉花使用線弦竹弓，黃道婆改用強而有力的繩弦大弓。她還設計出紡紗用的三錠腳踏紗車，改進了織機和提花技術，大大提高了棉紡織的工作效率。松江人民在黃道婆影響下，紛紛從事棉紡織生產，改善了生活水準。為紀念黃道婆的功績，元朝後期為她建立了祠廟，歲時祭祀。後來到明清兩代，松江長期保持著全國棉紡織業中心的地位。絲織業方面，元朝受到波斯、中亞地區技術影響，大量生產含金的絲織品，即織金錦。其製作技術，是將金箔切成細條或拈成金線，與絲線夾織。產品金光奪目，雍容華貴。這種技術主要在官府手工業中使用，為上層貴族生產高級衣料。

元朝瓷器的新產品是青花瓷和釉裡紅，共同特徵為釉下彩繪。古代彩瓷分為釉上彩和釉下彩兩種。在已上釉入窯燒畢的瓷器上彩繪，再用爐火烘燒者稱釉上彩；先在胎坯上畫好花紋圖案，然後上釉入窯燒製者稱釉下彩。釉下彩瓷面光潔，花紋圖案穩定不褪色，品質更好。青花瓷上的青藍色來自釉藥中的氧化鈷，釉裡紅的紅色則來自氧化銅，其色調隨著火焰性質和溫度高低會有很大變化，要想獲得理想的顏色，保證圖案不失真，就必須嚴格掌握火焰性質、火候以及釉藥配置的準確度，製造難度很高。青花瓷和釉裡紅的成功燒製，反映出元朝製瓷技術比宋朝又有提高。

元朝政府十分重視商業，對許多重要商品，如鹽、鐵（包括鐵器）、貴金屬、茶、酒、醋等，採取專利壟斷政策，或由國家直接經營，或將經營權轉賣給商人，國家抽分其利。對一般民間貿易徵收商稅，大體三十取一。貴族、官吏和寺院也依靠其政治特權積極參與經商活動。其中斡脫商人（為蒙古貴族經營商業和放高利貸的西域官商）最為活躍。政府與貴族官僚頻繁參與經商活動，促進了商業的繁榮，同時又使這種繁榮帶有畸形色彩，正常的民間商業活動受到一定破壞。斡脫倚勢橫行，靠高利貸牟取暴利，導致很多負債人傾家蕩產，還激化了社會矛盾。

儘管如此，由於大一統局面的重建、交通運輸的發達（驛站、漕運、海運）等因素，元朝民間商業仍然取得了顯著成就。在此需要提到貨幣的變化。元朝第一次在全國範圍內將紙幣——鈔作為主幣來發行。中統元年十月，發行中統元寶交鈔，簡稱中統寶鈔或中統鈔，面值從十文到二貫，共分十等。習慣上稱鈔一貫為一兩，五十貫為一錠，百文為一錢，十文為一分。中統鈔以銀為鈔本（準備金），法定比價每鈔二貫（兩）同白銀一兩。中央設諸路交鈔都提舉司總管貨幣發行事宜，地方上設各路交鈔庫（也稱行用庫）為兌換機關。紙幣質輕便攜，適應商品經濟發展的需要。而元鈔發行之初，鈔本充實，投放量控制較嚴，因此幣值穩定，「公私貴賤愛之如重寶，行之如流水」㊾，對商業發展是一個有力的促進。另外元廷也制定了一些利於民間商業的法令，如限制貿易中間人——牙儈的活動等。雖然很多商品由政府專賣，但更多大量重要物資的交流仍然要依賴民間商人來解決。不少人靠經商致富，「朝無擔石之儲，暮獲千金之利」⑳。

元朝的對外貿易十分發達，自中唐以來逐漸衰落的絲綢陸路貿易重新興盛。不僅舊有的交通線再次暢通，而且還開闢了一些新商路，如由漠北經阿爾泰山西行、以及由南西伯利亞西行的道路等。元朝通過欽察汗國與歐洲建立貿易聯繫，通過伊利汗國則可溝通阿拉伯及小亞細亞。中西陸路交通線之複雜、商旅之頻繁，都達到了空前的規模。海路貿易的興盛尤有過之，元沿宋制，在南方一些主要港口設立市舶司管理海外貿易事務。忽必烈一朝先後設七市舶司，後來到元中期合併為泉州、廣州、慶元（今浙江寧波）三處。其中泉州是當時東方第一大商港，因生長刺桐樹，在世界上以「刺桐城」著稱。至元三十年，元廷頒布市舶法則二十餘條，規定外貿貨物十分抽一（粗貨十五分抽一），又另抽三十分之一為商稅。在陸、海兩路的對外貿易中，輸出的貨物主要是絲綢、瓷器等傳統手工業商品，輸入貨物則有珠寶、藥材、香料、布匹等。對外貿易不僅活躍了國內市場，也給元朝政府帶來巨額收入。

手工業和國內外貿易的發展，促進了城市經濟的繁榮。首都大都既是全國政治中心，也是北方最大的經濟中心和商品集散地。城內手工業種類多、規模大，據稱每天運入城中的絲即達千車，以供織錦等行業之用。商業繁盛，國內外商品川流不息地彙聚於此，「東至於海，西逾於崑崙，南極交廣，北抵窮髮，舟車所通，貨寶畢來」㉑。南宋故都杭州基本保持了宋代舊貌，其繁華與大都比較有過之無

⑲胡祇遹，《紫山大全集》卷二二〈寶鈔法〉。
⑳張之翰，《西巖集》卷一三〈議盜〉。

不及。義大利旅行家馬可·波羅稱其中有大市十所、小市無算，「貿易之巨，無人能言其數」，並讚揚它為「世界最富麗名貴之城」[52]。許多歷史悠久的城市，如太原、平陽（今山西臨汾）、濟南、揚州、平江（今江蘇蘇州）等，入元以後繼續保持著繁榮局面。而隨著運河的恢復和海運的開通，在其沿線又出現了一批新興的工商業城市、城鎮，其中主要有淮安、臨清、濟寧、松江、太倉、直沽等。在元朝政府設置市舶司的泉州、廣州等沿海城市，其經濟狀況也非常活躍。

第四節　土地關係與社會結構

一、南北方土地關係的差異

蒙古在統一全中國的過程中，同時將草原的生產關係帶到了漢族地區。比較而言，北方征服早、

圖五六　《馬可·波羅行紀》中所描繪的泉州港

[51] 程鉅夫，《雪樓集》卷七〈姚長者碑〉。
[52] 馬可·波羅，《馬可·波羅行紀》，中冊，頁五七一。

破壞重，南方征服晚、破壞輕，所受影響程度不同。加上金與南宋的社會經濟狀況原來就有一定的差別，元朝南、北方的土地關係遂出現較為顯著的差異。主要表現，就是北方地主經濟的規模明顯小於南方，北方租佃制也遠不如南方發達。元朝南北賦稅徵收異制，北方一般民戶繳納丁稅，南方則主要是履畝而稅，也從側面反映出這一問題。

隨著元朝北方農業生產的恢復，地主經濟也從金末的破壞中重新發展起來。一些蒙古、色目貴族和漢族軍人、官僚通過請乞賜予、接受投獻、隱占、強奪等途徑控制了大片土地。一般漢人當中，經濟條件較好的多被簽為軍戶、站戶，其中亦頗有「田畝連阡陌、家資累巨萬、丁對列什伍」者[53]。但根據現有材料來看，即使包涵憑藉政治身分、特權占有土地的情況，北方地主經濟的規模也仍然較為有限，通常有田數千畝就被視為田多，租佃制的發展程度明顯不如南方，甚至比金朝也有所倒退。驅口、部曲之類人身依附關係較強的勞動者被廣泛用於農業生產（詳見後文），雖然在不少情況下主人對他們採取「歲納丁粟以免作」[54]的剝削方式，但這與正常的契約租佃關係畢竟不同。總的來說，元朝北方的人口受戰亂、逃亡等因素影響較前代減少，荒地尚多，因此土地問題並未發展到非常緊張的程度。

相比之下，南方地主經濟所受戰亂破壞相對較小，在南宋的基礎上繼續有所發展。一方面很多大戶「其隆未替」，「貲產日盛」[55]，另一方面「繼興而突起之家，爭雄長於壟畝之間」的也不在少數[56]。

[53] 王惲，《秋澗先生大全文集》卷三五〈上世祖皇帝論政事書〉。
[54] 宋濂等，《元史》卷一八五〈呂思誠傳〉。

土地兼併嚴重，租佃制居支配地位。時人云：「江南與江北異，貧者佃富人之田，歲輸其租。」[57]在福建崇安縣，居人口比例九分之一的地主占有土地的比例高達六分之五。許多南方地主被時人視為「富蠻子」、「多田翁」[58]。大地主「一年有收三二十萬石租子的，占著三二千戶佃戶」[59]，元朝後期的浙西地區甚至出現每年收穀數百萬斛的巨富（元制兩斛一石）。這樣的土地集中程度要大大超出北方。佃農對地主主要繳納實物地租，交租方式似仍以分成租制較為多見，比例通常在產量的百分之五十以上，但定額租制也已有相當的發展。元朝政府曾數次頒詔，要求江南地主減輕地租、存恤佃農，然而收效不大。

在元朝的族群階層中，南人最居邊緣，但南方大地主仍然可以憑藉自己的雄厚財富獲取政治勢力，其途徑之一是把持官府。出任江南州縣長官的蒙古、色目貴族大多昧於政事，又不熟悉環境，治理地方不得不依賴於當地土豪大姓。後者花費重金拉攏利誘，致使「貪官汙吏，吞其鉤餌，惟命是聽，欲行則行，欲止則止」[60]，或者直接出任基層職務，規避徭役，武斷鄉曲。另一條途徑是買官，即挾鉅資北上京師，交結怯薛貴族，營求官職。所謂「南人求名赴北都，北人徇利多南趨」[61]，在元朝是常

[55]吳澄，《草廬吳文正公集》卷三六〈故逸士游君建叔墓表〉，卷四一〈故靜樂逸士黃君墓誌銘〉。
[56]鄭元祐，《僑吳集》卷八〈鴻山楊氏族譜序〉。
[57]宋濂等，《元史》卷一八〈成宗紀一．至元三十一年十月辛巳〉。
[58]長谷真逸，《農田餘話》卷上；楊瑀，《山居新語》。
[59]《元典章》卷二四〈戶部十．租稅．納稅．科添二分稅糧〉。
[60]《元典章》卷五七〈刑部十九．諸禁．禁豪霸．札忽兒歹陳言二件〉。

見現象。江南地主倚仗經濟力量，「無爵邑而有封君之貴，無印節而有官府之權，恣縱妄為，靡所不至」[62]，政府對他們的控制並不嚴格。正因如此，元亡後很多江南地主對元朝仍然頗為懷念。

二、官田與寺觀土地

元朝土地關係還有一個重要特點，即官田和寺觀土地的數量相當可觀。官田有普通官田、屯田、職田、學田、牧地等很多種類。普通官田是官田的狹義概念，專指用於租佃的國有土地，其地租收入由國家統一調撥支配。此類土地大部分分布在經濟發達的江南地區。每年通過漕運、海運大批北調的糧食，實際上多產自江南的普通官田。一些地方的普通官田收入甚至占了絕對優勢，如上海縣「歲收官糧一十七萬石，民糧三萬餘石」[63]。元朝中後期，朝廷還常將此類土地賞賜給貴族、官員或寺觀，大多數土地在賞賜後其國有性質並未發生根本變化，往往由朝廷代置官府或派官管理，被賜者僅享其租入而已。屯田之制基本仿自前代，而規模更大，遍布全國。主要由各地駐軍屯種，同時也有相當數量使用流民、罪犯的民屯。屯田不僅起到供應軍需的作用，而且促進了社會經濟恢復和邊疆的開發。職田是撥給在任地方官、出租招佃、以地租收入充部分薪俸的國有土地，具體數量按官員級別高下而定。學田是用於地方辦學的土地，亦屬國有性質，其租入充學校經費。牧地為國有牧場，基本分布於

[61] 薩都剌，《雁門集》卷五〈芒鞋〉。
[62] 黃溍、楊士奇等，《歷代名臣奏議》卷一一二〈田制〉引趙天麟奏議。
[63] 宋濂等，《元史》卷六五〈河渠志二·吳松江〉。

北方。上述各類官田的總數難以估計，但幾乎可以肯定在一百萬頃以上。

元朝官田的來源不一，大抵北方官田主要源於金末以來的荒地，南方官田主要承自宋代，如江南三省的普通官田多來自宋末賈似道強買的「公田」，學田亦多為南宋舊有。此外，元廷通過購買、籍沒、接受投獻、甚至強奪等途徑，又增置了不少新的國有土地。在經營方面，除屯田採取軍事化管理方式、牧地用於放牧外，其餘主要進行租佃。就制度規定而言，官田租佃的剝削程度一般當低於私田，故常有官員、地主包佃官田後再轉佃給農民以從中漁利的現象。另外為便於管理，官田租佃中使用定額租制的情況更多於私田。有些官田的租額相當高，如福建廉訪司的職田「每畝歲輸米三石，民率破產償之」⑭。這樣的剝削率就大大高於私田了。官田的經營中弊端重重，很多地方的官田被地主豪強隱占而淪為私有，政府不得不多次之徵括。與此相聯繫各地官田亦往往存在多少不等的虛額，有租而無田，其租入多被地方官攤派到民田上面，強令百姓承擔。

元朝尊崇各類宗教，僧侶、道士等享有優遇，寺觀土地的數量也因而惡性膨脹。大寺觀「租入鉅萬，徒眾千百，饗用過於宮籞，積聚侔於邦賦」⑮。皇帝、貴族對佛教最迷信，故而寺觀土地又是以寺院土地為主。根據至元二十八年元廷的統計數字，全國已有寺院四萬二千三百一十八所，僧尼二十一萬三千一百四十八人。而以後幾十年中，各地仍在不斷「大建佛剎」，數量「十倍於昔」⑯。一些以

---

⑭ 蘇天爵，《滋溪文稿》卷九〈太史院使齊文懿公神道碑銘〉。

⑮ 黃淮、楊士奇等，《歷代名臣奏議》卷六八〈治道〉引鄭介夫奏議。

⑯ 繆荃孫，《江蘇金石志》卷二三，薛元德〈梅岩瞿先生作興鄉校記〉。

朝廷或貴族名義出資興建的「官寺」占田極多，有的高達一千萬畝以上。為數眾多的中小寺院各自土地合計，其總數也是相當驚人的。鎮江路人均土地約六畝，而僧尼占地達人均五十畝；昌國州（今浙江定海）寺觀土地的數量達到全州的百分之三十五，其中絕大部分是寺院土地。

寺觀土地的來源大致有賞賜、施捨、購買、強占等幾類，土地性質則比較複雜。朝廷賞賜的土地多出現於「官寺」當中，大體仍屬國有土地性質，通常由朝廷設專官代為經營管理。其餘基本上都屬私田。寺觀土地主要採取租佃制進行生產，其佃戶人數眾多，江南地區一度被冒入寺籍的佃戶即達五十萬戶有餘。與一般貴族、地主的土地占有相比較，寺觀土地占有的穩定性更高，既較少受政治鬥爭的影響，也不像世俗地主的土地所有權那樣頻繁轉移。如時人所云：「天下之田一入僧業，遂固不移，充衍增大，故田益以多。」[67]同時，經營條件又更為優越，大部分土地可以免納稅糧，收取地租時還會得到地方官府的幫助。正因如此，不少世俗地主常用詭名託寄、帶田入寺等辦法，將自己的土地轉到寺觀名下以逃避賦役，在很大程度上影響了國家的財政收入。

三、人身依附關係

受蒙古草原原有生產關係的影響，元朝統治下漢族社會的人身依附關係較之前代也有了明顯強化。其首要表現，就是驅口階層的廣泛存在。驅口是元朝北方地區對奴婢的通稱，主要來源於大蒙古國時期的戰爭俘虜，子孫相襲，世代為主人服役。入元以後，雖然朝廷原則上禁止抑良為驅，但很多人仍

---

[67] 吳師道，《禮部集》卷一二〈金華縣慈濟寺修造舍田記〉。

因債務等原因被販賣甚至強抑為奴。在伐宋戰爭中，將領「利俘獲，往往濫及無辜，或強籍新民以為奴隸」[68]。一些罪犯及其家屬則被籍沒為官府的驅口。儘管元朝的驅口數量難以估算，但史料中提到貴族、官僚家中的驅口人數動輒數千，其總數應是相當可觀的。

驅口在元朝屬於賤民，地位低於良人。他們沒有人身自由，僅有口而無籍，附於主人戶籍之末，作為主人財產的一部分，與錢、物同，可任意轉賣。大都、上都等重要城市曾設有人市，以供買賣驅口。驅口本人及其子女的婚配，皆由主人作主。法律禁止良賤通婚，但主人強姦奴妻者無罪。主人按法律不能任意殺害驅口，但殺害後最多只杖八十七。至於對驅口施加各種刑罰，更是常見的事。驅口有一部分被主人用於家內服役和手工業勞動，但也有相當多的人從事農業生產，而且主人通常對他們採取「歲責其租賦」[69]的管理方式，近於租佃制的關係。與此相聯繫，驅口地位雖然低下，但一般仍有自己的財產。按制度驅口也要向國家交納稅糧、科差，僅數額較少。法律規定捉獲逃亡驅口後，要將該驅口家私沒收一半，賞給捉獲人。有的驅口因生產致富，自己亦蓄有驅口，後者稱為「重驅」。驅口亦可在積蓄了一定的財產後向主人贖身，以求脫離奴籍。然而有的時候，「奴或致富，主利其財，則俟少有過犯，杖而錮之，席捲而去，名曰抄估」[70]。有自己的財產和經濟，並不能改變驅口人身隸屬的地位。

[68] 宋濂等，《元史》卷一七〇〈雷膺傳〉。
[69] 宋濂等，《元史》卷一六三〈張雄飛傳〉。
[70] 陶宗儀，《南村輟耕錄》卷一七「奴婢」條。

元朝南方租佃制發達，在很多地方租佃制中的人身依附關係也比較嚴重。地主往往不以按期徵收地租為滿足，而要巧立名目，強迫佃戶承擔更多的義務。他們干預佃戶及其子女婚姻，對佃戶進行人身役使，勒逼佃戶代服刑罰、私設刑堂拷打佃戶，甚至於將佃戶夾帶在土地上典賣於人。主佃之間名分森嚴，不容干犯，佃戶即使年長，在地主面前仍處於卑幼的地位。法律規定，地主毆死佃戶僅杖一百七，征燒埋銀五十兩。官田佃戶亦受到明顯的超經濟強制，官府利用政治力量更易對佃戶進行人身束縛，普通官田和職田上虛報子粒、違制多取、旱澇不免等現象都很常見。在理論上雖是自由租佃，可往往一旦佃種就面臨「官田難除，害將無窮」的困境[71]。有的佃戶佃種官田本非自願，而是因為被「勾追到官，置局監禁，日夜拷打，逼勒承認」[72]。這類租佃制中較為嚴重的人身依附關係，有些是南宋的遺存，有些則是受到北方驅口之制的影響。江南地主蓄奴之風較之南宋更盛，有些地主「生產家事，悉任奴隸，井有條序」[73]，這顯然也與北方的影響有關。

元朝的人身依附關係還比較明顯地存在於其他一些階層之中。如典、雇關係在社會上即較常見，因借貸而以人身為抵押、定期贖取，稱為「典身」，因無謀生手段而被迫為人勞動換取衣食，稱為「受雇」。被典、雇者通常叫做雇身人或雇身奴婢，他們的法律地位已與驅口比較接近，有時即被主人變相抑逼為奴，即使典、雇期滿也無法脫身。元朝還存在一個「怯憐口」階層，它是蒙古語「家內人口」

[71] 程端禮，《畏齋集》卷五〈著存庵田記〉。
[72] 俞希魯，《至順鎮江志》卷六〈賦稅〉。
[73] 黃溍，《金華黃先生文集》卷三七〈屏山處士王君墓誌銘〉。

之意，亦解釋為「私屬人」，專指皇室和諸王貴族投下的私屬人口。「怯憐口」的廣義概念通常不限於驅口，而泛指不直接受國家控制，為投下私屬，承擔農業、手工業、畜牧業或其他一些專門性工作的人戶。他們有的來自早期俘虜，有的出於朝廷分撥，有的則是投下擅自招收、百姓為躲避賦役而自動投奔。「怯憐口」的職業、來源不同，貧富也有很大差別，共同之處就是對投下具有私人依附關係，不能隨便解脫。另外，元廷劃定的「諸色戶計」也有很多表現出程度不等的人身依附關係，只不過這種關係是對國家而言的。如部分匠戶要到官府手工業局、院中服役，不僅世代相襲難以脫籍，連日常生活都受到較嚴格的人身束縛。打捕鷹坊、屯田、淘金等人戶也都是依附色彩很強、受束縛十分嚴重的戶計。

四、婚姻、家庭與宗族

社會結構的基本單位是家庭，一部分家庭構成宗族，而家庭又來源於婚姻。在這些方面，元朝也有自己的特點。

元朝所統治的是一個多民族社會，在婚姻、家庭方面各民族有不同的風俗習慣。元朝政府規定：同一民族的人自相婚姻，即從本民族之俗。不同民族通婚，以男方婚俗為主，但如他族男子與蒙古女子通婚，婚俗則不一定依從男方。蒙古人的婚俗以多妻制和收繼婚為主要特色。多妻制與漢族社會的妻妾制不同，諸妻雖有正、次或長、次之分，但尊卑區別並不明顯。皇帝往往有數名皇后，而不是嚴格的一后數妃，就是多妻制的體現。收繼婚或稱「接續」、「轉房」，指寡婦由其亡夫的親屬收娶為妻，如子收庶母、侄收嬸母、弟收嫂等。這在古代北方民族當中是一種十分流行的風俗，其產生原因主要是保證家庭或家族財產穩定不外流的需要。多妻制與收繼婚在色目人中也比較普遍，但與漢族風俗習慣有較大差距，收繼婚尤其如此。元朝末年儒士鄭晅批評蒙古收繼婚俗「恐貽笑後世」，認為「必宜改革，繩以禮法」[74]。他的意見只體現出漢族社會的倫理道德觀念，故而未受統治者採納。也有一些蒙古婦女受到漢族貞節觀的影響，反抗收繼。如魯國大長公主祥哥吉剌「蚤寡守節，不從諸叔繼尚，鞠育遺孤」[75]。但這樣的事例比較少見。

漢族社會的婚姻狀況也有一些新的變化。首先是與「異族」通婚的現象大量增加。元朝各民族雜居的情況比較普遍，而在民族等級及有關地位、待遇上蒙古、色目人高於一般漢族居民，後者遂往往慕勢攀援，通婚姻以求榮利。具體而言，蒙古、色目人娶納漢婦者最常見；漢人娶蒙古、色目女者相對較少。另外，受蒙古婚俗的影響，漢族社會也出現了收繼婚現象。政府法律允許漢人子收父妾、弟收兄嫂，但漢族其他形式的收繼婚概為非法。在實際生活中，由於子收父妾涉及輩分問題，最為傳統倫理所不容，所以真正流行的漢族收繼婚只有弟收兄嫂一種形式。而且漢族收繼婚主要存在於北方下層社會，江南絕少出現，士大夫階層更是視之為「亂倫」，予以詆嗤。到文宗至順元年（一三三〇年），元廷終於下令禁止漢人實行收繼婚。與收繼婚的一度出現相聯繫，儘管程朱理學的影響逐漸擴展並深化，在政府的提倡、表彰之下產生了一批節婦，但百姓婚姻中未嚴守節烈原則的現象仍較為常見，「婦人夫亡守節者甚少，改嫁者歷歷有之，至齊衰之淚未乾，花燭之筵復盛」[76]。

---

[74] 宋濂等，《元史》卷四四〈順帝紀七．至正十五年正月辛未〉。
[75] 宋濂等，《元史》卷三三〈文宗紀二．天曆二年十二月乙未〉。

蒙古人家庭的特點之一是婦女地位較高，她們不僅從事家務勞動，在畜牧業生產和社會交往中也發揮重要作用。另一個特點是「幼子守產」習俗。家庭中的子女一旦長大婚配，即分割家產另立廬帳，只有正妻所生幼子長大成婚後並不外分，而常年與父母同居，承擔贍養父母的主要責任，並繼承其大部分財產。漢族社會的家庭與過去區別不大。根據官方統計的戶口來看，元朝家庭的平均規模大體在每戶四到五口之間。雖然傳統觀念崇尚「父母在、不析居」，但實際生活中親在分居的現象仍相當普遍。即使「士者之家」，也是「三世不別籍者希矣」⑰。甚至「別居異財，豐衣美食，坐忍父母窘乏，不供子職」⑱。也有一些累世同居的大家庭，因其少見於世，故得到朝廷旌表和時人稱頌。如延安人張閏「八世不異爨，家人百餘口，無間言」⑲。此類大家庭以浦江（今屬浙江）鄭氏最為著

圖五七　元朝夫婦的壁畫

⑯《元典章》卷一八〈戶部四・婚姻・官民婚・命婦夫死不許改嫁〉。
⑰戴表元，《剡源戴先生文集》卷五〈會稽唐氏墓記〉。
⑱拜柱等，《通制條格》卷三〈戶令・收養同宗孤貧〉。
⑲宋濂等，《元史》卷一九七〈孝友傳一〉。

名，從南宋至元末，十世同居，歷二百六十年，被旌為「義門」、「浙東第一家」，並有詳記治家之法的《鄭氏規範》傳世，這實際上已是一個長期同居的小型宗族。

宗族組織主要只存在於漢族社會。元朝的宗族是在前代基礎上繼續發展起來的。比較而言，北方宗族在金元之際的戰亂中所受破壞更為嚴重，所以在元朝的發展不很充分。南方宗族組織的延續性相對完好，因而發展較為明顯。構成宗族制度的基本要素包括族譜、祠堂、族產。族譜用以明血統、別親疏，做法沿自宋代；祠堂用以會聚族眾、奉祀祖先，其名稱始於元朝。族產以族田為主，所產用於宗族公共事務，是宗族組織的經濟基礎。此外宗族通常還有族長、族規，它們也是宗族制度的重要環節。

第十二章　元朝民族關係與對外關係

元朝社會具有多元種族特徵，民族關係比前代王朝更為複雜。同時，元朝的對外戰爭與和平往來，也都在中外關係史上書寫了新的內容。

第一節　民族關係

一、「四等人制」

元朝社會是由多民族構成的。統治者在很多方面對不同民族實行差別對待政策，大致上可以看出蒙古、色目、漢人、南人四個階層，被後人概括為「四等人制」。這樣一個階層序列，與被征服的先後次序密切相關。蒙古人作為元朝的「國族」，是統治者依賴的基本力量。蒙古以外的西北、西域各族人，包括汪古、唐兀（即西夏）、吐蕃、畏兀兒、哈剌魯、阿兒渾、回回、欽察、康里、阿速等等，統稱為色目人，係取「各色名目」之義，他們被視為蒙古統治者的主要助手。「漢人」在此是一個狹義概念，主要指淮河以北原金朝統治區以及較早為蒙古征服的四川、雲南地區的漢族。另外，長期以來居於華北的契丹、女真人也包括在內，他們中的絕大多數在元朝已經漢化。南人則指最後被征服的原南宋統治區（元朝江浙、江西、湖廣三行省）內的居民。

「四等人」地位和待遇的差別體現在許多方面。從政治出路看，蒙古、色目人通過怯薛入官，保證了他們對高級職位的壟斷，漢人、南人進入高層的機會則受到種種限制。原則上，無論中央還是地方官，「其長則蒙古人為之」，漢人、南人只能擔任副職①。地方行政機構普遍設立、掌握最後裁定權力的達魯花赤，按制度必須由蒙古人充任，偶爾亦用色目人。中書省、樞密院、御史臺等中央重要機構的長官，更是非蒙古人不授，僅個別特殊時期例外。軍事方面規定「漢人不得與軍政」②。地方監察方面「各道廉訪司必擇蒙古人為使，或闕，則以色目世臣子孫為之，其次參以色目、漢人」③，南人完全被排斥。朝廷明文禁止漢人、南人投充怯薛，妨礙蒙古、色目貴族的仕途。科舉開設後，總人數相差懸殊的四等人在錄取名額上卻平均分配，蒙古、色目人的考試難度又明顯低於漢、南人。從法律地位看，蒙古人若因爭執或乘醉毆死漢人，無須償命，只徵收一筆燒埋銀，並將犯人杖責後罰其從軍出征。同樣犯盜竊罪，漢、南人除杖刑外還要附加刺字刑罰，蒙古、色目人則可免於刺字。從軍事防制角度看，元廷以蒙古軍、探馬赤軍鎮戍中原防範漢人，以漢軍鎮戍江南防範南人，禁止漢、南人持有弓箭等兵器，禁止他們畜鷹犬打獵、習學槍棒，乃至祈神賽社、演唱戲文，皆在禁限。

① 宋濂等，《元史》卷八五〈百官志一〉。
② 宋濂等，《元史》卷一八四〈王克敬傳〉。
③ 宋濂等，《元史》卷一九〈成宗紀二·大德元年四月丙申〉。

上述差別待遇政策在客觀上達到兩方面效果。首先，區分出蒙古色目人和漢人南人兩大集團，鞏固了蒙古貴族的統治地位。其次，延續了漢族社會南北地域之間的隔閡，從而便於蒙古統治者自上操縱、控制。傳統中國南北隔閡由來已久，曾因政治分裂得到強化，在元朝統一局面下仍然得到某種刻意的維護，致使「南北之士，亦自町畦以相訾甚，若晉之與秦，不可與同中國」④。這對元和元以後中國政治的發展，都有很大的消極影響。

另一方面，就本質而言，學術界久已習慣使用的「四等人制」概念也存在不盡準確之處。首先，「四等人」與其說是上下之別，不如說是內外之別、親疏之別，或者說是核心、邊緣之別。正如元明之際人所評：「元朝自混一以來，大抵皆內北國而外中國，內北人而外南人，以致深閉固拒，曲為防護，自以為得親疏之道。是以王澤之施少及於南，滲漉之恩悉歸於北」⑤。將這種差別理解為等級高低，並不完全妥帖。其次，將「四等人」的不同待遇稱之為「制」，固然未嘗不可，但應當注意它們並非周密規劃和設計的產物，而是諸多隨機頒布的單項規定、慣例的概括。這些規定或慣例並非全都分成四種不同待遇，嚴格對應「四等人」。例如漢人、南人待遇的差異主要表現在官吏任用上，其他場合基本沒有區別。再次，「四等人制」並不能全方位涵括當時的民族政策和民族關係，對它不能絕對化地理解。蒙古統治者對少數較早歸順的漢族軍人、官僚家族，如真定史氏、保定張氏、槁城董氏等，都有特殊優待，視同「國人」。這些家族實際上已成為蒙古、色目特權統治集團中的一分子。而廣大的蒙

④余闕，《青陽集》卷四〈楊君顯民詩集序〉。

⑤葉子奇，《草木子》卷三上〈克謹篇〉。

古下層百姓，要為國家承擔沉重的軍役、賦稅，不少人破產流亡，或賣身為奴婢，他們也從上述差別對待政策中得不到多少實際好處。這種情況使得元朝的社會矛盾更加複雜。

二、民族融合與交流

儘管元朝統治者是以北方民族的身分君臨天下，其統治帶有較強的民族歧視和壓迫色彩，但元朝仍被時人和後人視作中國歷代正統王朝中的一環。它不僅大體奠定了中國疆域的規模，而且對疆域內各民族實施了長期有效的統治，因而促進了各民族之間的融合與交流，加強了周邊民族與內地的經濟、文化聯繫和認同感、凝聚力。這也是元朝對中華民族歷史發展所作出的重要貢獻。

作為今天中華民族重要組成部分的蒙古族，是在元朝正式形成的。蒙古起初只是漠北的一個普通部族，在成吉思汗領導下兼併了草原上的其他部族，建立起大蒙古國。大蒙古國推行的千戶、百戶制度，在一定程度上打碎了原有的氏族、部族體系，使舊的氏族共同體逐漸分解。各被征服部族不再能保持自己組織的完整和相對獨立，而是與統治部族蒙古趨於融合，逐漸向一個較大範圍、全新的蒙古民族過渡。進入元王朝後，統治者在廣泛接觸、吸收各民族文化的基礎上，大力推動本民族文化的建設，如新創文字、設學校、編史書等，在待遇上也將原漠北諸部族共同列入「蒙古人」的範疇，定為第一等。元廷對作為「祖宗龍興之地」的漠北始終牢牢控制，所予重視程度是前代中原王朝無法企及的。在行政上設宣慰司、行省等機構進行治理，在軍事上屯駐大量軍隊，在財政上不斷撥賜巨額經費，這都極大地促進、鞏固了蒙古對漠北諸部族的消化。到元朝中後期，漠北諸部族已經習慣於使用「蒙古」作為它們的總名稱，原有的克烈、塔塔兒、篾兒乞等部族名使用漸少，且通常都居於蒙古總稱之下。還有很多從其他地區擄掠來的外族成員，也逐漸融入蒙古族當中。元亡後，退居漠北的蒙古統治者仍然在一段時間內打著「北元」旗號，以元朝的繼承人自居。而漠北草原千餘年來民族更迭頻繁、興衰無常的狀況也就此結束，具有持久生命力的蒙古民族從此長期活躍在這一舞臺上。

回族也在元朝開始形成。隨著蒙古的幾次西征，大批信奉伊斯蘭教的中亞、西亞居民，包括花剌子模人、波斯人、阿拉伯人等等，長途遷徙到中國，當時的文獻稱之為回回人，為色目人之一種。「回回」一詞最早指回鶻，後也被用以概稱西域人，但在元朝最常見的意義已成為穆斯林專稱，在戶籍上單列一類。他們的種族、語言、原籍並不相同，入居中國後，在伊斯蘭教強大的整合作用下，形成了一個新的文化共同體。回回人散居全國各地，長期與漢族人民相處，受到漢文化較深的影響，習漢語，讀儒書，仿漢人立姓氏字號。然而他們同時仍保持著自己的宗教信仰、風俗習慣，進行興教建寺的活動，「雖適殊域，傳子孫，累世不敢易焉」⑥。以元朝回回人為主體，再加上進一步融合其他民族中的穆斯林，最終形成了中國的回族。

在大一統局面下，元朝出現了引人矚目的民族雜居現象。首先是一些周邊民族，主要是漠北的蒙古人和西北的色目各族人，因從政、駐防、屯田、謫戍、流亡、經商等原因大量湧入內地，與漢族混雜而居。如方志記載元朝後期鎮江城的僑寓人口即達一萬三千餘人，其中包括蒙古、畏兀兒、回回、河西（即西夏）、契丹、女真等多種民族⑦。同時內地漢人因被俘、罪徙等原因遷往邊地的也不在少

⑥何喬遠，《閩書》卷七，吳鑒〈清淨寺記〉。

⑦俞希魯，《至順鎮江志》卷三〈戶口〉。

數。各民族的雜居共處促進了民族融合。原居內地的契丹、女真人，在元朝已漸與漢族合一；新入居的蒙古人和回回以外的色目人，也與漢族居民交往漸深，在元亡後自然地融入了漢族，「相忘相化，而亦不易以別識之」⑧。遷居邊疆地區的漢人則與當地民族相融合。民族雜居也加強了彼此的文化交流，內地的蒙古、色目人研習儒學或以詩文書畫知名者不乏其例，而蒙古語文在漢族社會亦頗為流行。不同民族文化相互影響，交相輝映，成為元朝顯著的時代特色。

第二節　對外關係

一、與四大汗國的關係

成吉思汗後裔建立的欽察、伊利、察合台、窩闊台四大汗國，名義上都屬於元朝的「宗藩」，實際上處於獨立地位。

察合台、窩闊台兩汗國距離元朝較近，分別由察合台和窩闊台的後裔建立。察合台汗國最盛時，疆域東至吐魯番和羅布泊，西抵阿姆河，北到塔爾巴哈台山，南越興都庫什山。窩闊台汗國位於察合台汗國以北，疆域盛時東抵吐魯番，西至塔拉斯河，南到天山，北達額爾濟斯河流域。元朝前期，兩汗國在窩闊台之孫海都的領導下抗拒元廷，與元朝軍隊在漠北西部和天山南北長期交戰，互有勝負。

⑧陳子龍等，《明經世文編》卷七三，丘濬〈議內夏外夷之限一〉。

海都死後，兩汗國在成宗大德七年與元廷約和，設置驛傳，以通往來。在與元朝敵對狀態解除的同時，兩汗國的同盟關係卻因外部壓力的削弱而走向崩潰，不久即爆發武裝衝突。在元廷協助下，察合台汗國兼併了窩闊台汗國，此後一直尊奉元朝為宗主國，互通往來。元朝末年，察合台汗國分裂為東、西兩部分。不久，突厥化的蒙古巴魯剌思部貴族帖木兒篡奪了西察合台汗國的汗位，形成帖木兒帝國。東察合台汗國則一直存在到十六世紀。

欽察汗國是由成吉思汗長子朮赤封地發展而成的國家。朮赤之子拔都在完成蒙古第二次西征之後，將營帳遷至伏爾加河下游，形成了以欽察草原為中心，東起額爾濟斯河、西包俄羅斯平原的龐大汗國，亦稱金帳汗國。元朝前期，欽察汗國參加了察合台、窩闊台汗國對抗元朝的行動，但後來較早從中脫離，倒向元朝一邊。元武宗至大元年，遣使冊封欽察汗脫脫為寧肅王。汗國在十五世紀開始分裂，十六世紀初滅亡。在元朝各「宗藩之國」中，欽察汗國距離最遠，因此與元廷聯繫相對較少。但縱向而言，這一時期中原地區與偏遠的欽察草原之間建立的經濟、文化聯繫，仍是其他朝代所無法比擬的。欽察汗國首都薩萊是當時溝通東西陸路交通的國際性都市，輸入的中國商品十分豐富，還有不少中國工匠在那裡從事手工業生產。考古學家也在欽察汗國統治區發掘出了大量的元朝時期中國產品。當地的原居民欽察、阿速、斡羅思人入居中國者相當多，都屬於色目人之列，其中大部分又被編入侍衛親軍。

伊利汗國疆域東起阿姆河和印度河，西達小亞細亞，南抵波斯灣，北至高加索山。其汗室在四大汗國中與元朝皇室血緣最近，因此與元廷的關係一直友好，往來最為密切。歷代伊利汗即位，多經由元朝冊封。忽必烈賜給伊利汗阿八哈「輔國安民之寶」方印，泰定帝也曾加授汗國權臣出班開府儀同三司、翊國公的官爵。蒙古大臣孛羅奉忽必烈之命出使伊利汗國，因而留居下來，終老於此。孛羅曾在元廷任御史中丞、樞密副使等要職，熟悉蒙古國家制度和歷史典故，在伊利汗國發揮了重要的諮詢作用，包括幫助汗國模仿元朝制度發行紙幣，為波斯史家拉施特撰寫歷史巨著《史集》提供資料。元成宗時，設置「管領本投下大都等路打捕鷹房諸色人匠都總管府」，掌管伊利汗國在元朝的投下戶等事務，官屬皆由伊利汗任命。仁宗即位後，裁減機構，省併衙門，考慮到伊利汗「遠鎮一隅」，在朝中「別無官屬」，故對此總管府仍「存設不廢」⑨。汗國與元朝在醫學、天文學、地理學、航海技術等方面都存在著密切的交流。十四世紀中葉，伊利汗國因內亂而瓦解。據有報達的蒙古札剌亦兒氏貴族哈散自立為汗，後其子占有亞塞拜然等地，移都桃里寺，史稱其為札剌亦兒王朝。至十四世紀末，為帖木兒帝國所滅。

二、與亞洲各國的關係

元朝與亞洲各國的關係可分為兩個階段。世祖一朝，多次對東亞、東南亞各國發動戰爭；成宗以下，戰爭結束，以和平往來為主。朝鮮半島上的高麗王朝情況比較特殊，由於地理位置的關係，很早就被蒙古征服，終元一代都處在元朝緊密控制之下。

早在窩闊台在位時，蒙古就發兵入侵高麗，迫使高麗國王稱臣納貢。高麗不堪蒙古的欺壓和剝削，一再反抗，致使戰端屢起。元朝建立後，與高麗形成了比較穩定的藩屬關係。在接近元朝統治中心、

⑨宋濂等，《元史》卷八五〈百官志一〉。

被蒙古兵威直接籠罩的情況下，高麗能夠作為一個異姓政權長期存在，就當時而言十分特殊，可謂「萬國獨一焉」⑩。然而它的存在卻是以犧牲相當一部分國家主權為代價，只保持著半獨立的地位。元朝在高麗設置了征東行省，以高麗國王兼任行省丞相，高麗國內與中原王朝相同的官名和文書稱謂全被更改。歷代高麗國王大都娶元朝公主（包括宗王之女）為妻，這些公主在高麗挾持國王，干預政務，實際上成為元廷駐高麗的代表。高麗國王即位之前，基本都在元朝充當人質，有的即位後仍然長期留居元朝。王位繼承也經常受到元朝干預，前後共有三位國王遭到廢黜，四位國王具有兩度即位的奇特經歷。當然，在這樣的背景下，元朝與高麗的人員往來和經濟、文化交流也要比歷史上的其他時期更加密切。

忽必烈以高麗為跳板，屢次遣使對日本進行招諭，希望其臣服朝貢，但日本的鎌倉幕府置之不理。

⑩ 姚燧，《牧庵集》卷三〈高麗瀋王詩序〉。

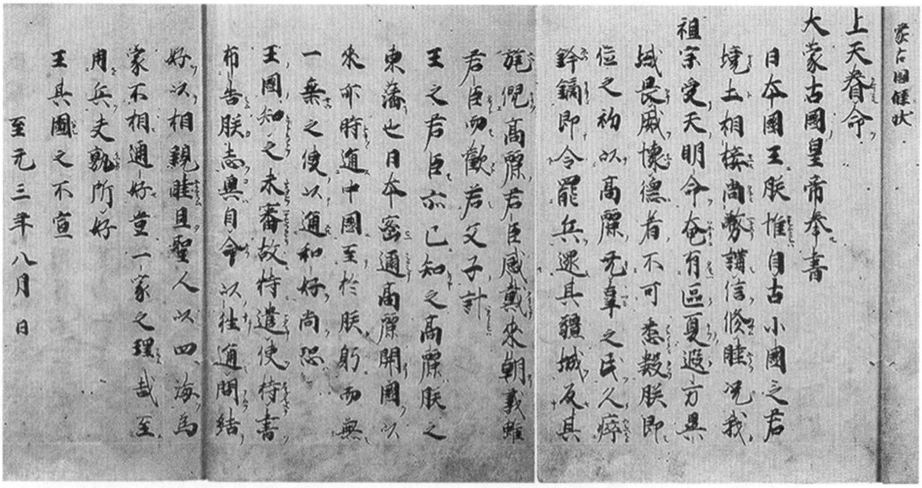
蒙古國牒狀
上天眷命
大蒙古國皇帝奉書
日本國王朕惟自古小國之君
境土相接尚務講信修睦況我
祖宗受天明命奄有區夏遐方異
域畏威懷德者不可悉數朕即
位之初以高麗無辜之民久瘁
鋒鏑即令罷兵還其疆城反其
旄倪高麗君臣感戴來朝義雖
君臣而歡若父子計
王之君臣亦已知之高麗朕之
東藩也日本密邇高麗開國以
來亦時通中國至於朕躬而無
一乘之使以通和好尚恐
王國知之未審故特遣使持書
布告朕志冀自今以往通問結
好以相親睦且聖人以四海為
家不相通好豈一家之理哉至
用兵夫孰所好
王其圖之不宣
至元三年八月 日

圖五八　一二六六年元世祖忽必烈派遣使節至日本遞交國書〈大蒙古國皇帝奉書〉，又被稱為〈蒙古國牒狀〉

至元十一年，忽必烈先對日本發動一次試探性的進攻，登陸後因後援不繼，倉促撤回。到至元十八年（一二八一年），南宋已滅，遂下詔大舉征伐日本。遠征軍兵分兩路。忻都、洪茶丘率蒙古、高麗、漢軍共四萬人、戰船九百艘由高麗出發，阿塔海、范文虎、李庭率新附軍（南宋新降附的軍隊）十萬人、戰船三千五百艘由慶元（今浙江寧波）出發，志在必取。兩路軍隊在日本沿海會師後，因將帥內部出現矛盾，且日軍防守嚴密、無隙可乘，故而駐於近岸島嶼，逗留不前。一個月後，颱風大作，元軍戰船多毀，大批軍士淹死。忻都、范文虎等將帥乘好船逃走，大部分軍隊被遺棄在島上，遭到日軍猛烈襲擊，幾乎全部被殲，得還者僅五分之一。這次大張旗鼓的侵日之役，遂告慘敗。此後雙方未再發生戰爭，民間交往斷續進行。成宗時，僧人寧一山隨商船出訪日本，在日本傳播禪宗學說二十年，直至去世，被追封為國師。日本僧人來華者為數更多。

忽必烈在位後期，兩次對安南發動戰爭。安南早已向忽必烈稱臣，但忽必烈屢次提出「臣服六事」的條件，要求其君主入朝、子弟入質、編民數、出軍役、輸納稅賦、置達魯

圖五九　《蒙古襲來繪詞》中描繪一二八一年弘安之戰，日本武士登上元軍戰船的場景

花赤，事實上是要取消安南的國家主權，故而受到拒絕。至元二十一、二十四年，忽必烈命其子鎮南王脫歡為統帥，兩次發兵攻入安南。安南軍民採取堅壁清野、誘敵深入、不斷騷擾、待敵之疲然後反擊的戰術，兩次大敗元軍。曾參與平宋的元朝著名將領唆都、李恒、樊楫都在征安南之役中喪生。忽必烈因脫歡兩次南征無功，十分憤怒，命他居於揚州，終身不得入見。

征安南失敗後，忽必烈又將征伐矛頭指向爪哇（今印尼爪哇島）。爪哇是當時南洋地區比較強盛的國家。忽必烈曾數次遣使前往「招諭」，希望爪哇國王前來朝見，都未能達到目的。至元二十九年，元廷調發軍隊兩萬人，由史弼、亦黑迷失、高興率領，遠征爪哇。時爪哇國王被相鄰葛郎國王哈只葛當所害，其婿土罕必闍耶興兵復仇，不勝，聞元軍至，即遣使迎降求助。元軍協助打敗哈只葛當，但隨後就遭到土罕必闍耶襲擊。因連續作戰，兵力損耗較大，不敢戀戰，狼狽撤還。雖有所擄獲，但喪失士卒三千餘人，得不償失。忽必烈大為失望，史弼等將領都受到處罰。

除上述戰爭外，忽必烈在位後期還曾對緬國、占城（今越南南部）用兵。直到至元三十一年忽必烈去世，對外戰爭才告中止，與東南亞地區恢復了和平交往。成宗時派使團出使真臘（今柬埔寨），使團隨員周達觀根據親身見聞著《真臘風土記》，記述柬埔寨吳哥時代文明的盛況，成為今天瞭解吳哥文化的主要文字史料。

馬八兒、俱藍都是南亞小國，分處於印度半島南端的東、西兩側。當時記載稱「海外諸蕃國，惟馬八兒與俱藍足以綱領諸國，而俱藍又為馬八兒後障」⑪。至元十六年，因馬八兒遣使來獻珍物，而

⑪宋濂等，《元史》卷二一〇〈馬八兒等國傳〉。

俱藍尚未歸附，忽必烈遂派廣東招討司達魯花赤楊庭壁前往招諭。此後楊庭壁又三次出使其地，先後敦使南亞十餘小國前來與元朝通使聘問。忽必烈在位末年，馬八兒王子孛阿里因與其國王有隙，奔於元朝，寓居於泉州，忽必烈賜高麗女子蔡氏為其妻。成宗時，加授中書左丞、商議福建行省事之職。後馬八兒等國為印度半島北部的德里蘇丹國兼併，但當地仍與元朝維持通使關係。

三、與歐洲、非洲的往來

蒙古對歐亞大陸的征服掃平了林立的關卡和複雜的疆界，使中國與歐洲進入直接往來的時代。早在大蒙古國時期，義大利人普蘭諾．加賓尼和法國人威廉．盧布魯克就分別受教皇和法國國王派遣出使蒙古汗庭，先後到達哈剌和林。忽必烈建立元朝以後，雖然蒙古的統治重心已經南移，但與歐洲仍繼續保持著活躍的往來。如元人朱思本所云：「西海（按指地中海）雖遠在數萬里外，而驛使賈胡時或至焉。」⑫ 義大利旅行家馬可．波羅 (Marco Polo) 在這段時間來華，成為中外關係史上的大事。馬可．波羅出生於義大利威尼斯的一個商人家庭，約於至元十二年隨

⑫朱思本，《貞一齋詩文稿》卷一〈北海釋〉。

圖六十　《馬可・波羅行紀》中描繪東方的行進圖

父、叔到達中國。他聰明謹慎，擅長辭令，因而頗得忽必烈賞識，曾奉命出使江南、西南的很多地方，還到過東南亞一些地區。後來伊利汗阿魯渾遣使者到元朝請婚，馬可．波羅一行獲准隨同使者返鄉。他們於至元二十八年由泉州乘船啟程，途經伊利汗國，於四年後終於回到威尼斯。以後根據馬可．波羅的記憶與口述，由露絲梯切諾 (Rustichello da Pisa) 筆錄，寫成《馬可．波羅行紀》一書。此書轟動一時，在中世紀歐洲人面前展示了一個嶄新而神奇的東方世界，影響了以後幾個世紀的歐洲航海家、探險家。

這一時期，來自中國的旅行家在歷史上第一次訪問了歐洲。漢文史料沒有提到這位旅行家的名字和事蹟，其有關情況僅見於西文記載。他的名字為列班．掃馬 (Rabban Sauma)，其中 Sauma 為本名，Rabban 為敘利亞語「教師」之意，是尊稱。掃馬是生活在大都的畏兀兒人，自幼信奉景教，東勝州（今內蒙古托克托）人馬忽思 (Marcus) 從其學。約至元十二年，二人由大都出發赴耶路撒冷朝聖，但因故只走到報達。後來馬忽思被擁戴為景教新教長，稱雅巴．阿羅訶三世 (Yahballaha III)，掃馬也被任命為教會巡視總監。一二八七年，掃馬受雅巴．阿羅訶三世及伊利汗阿魯渾委派，率使團出使歐洲。他會見了法王腓利普四世和英王愛德華一世，又覲見教宗尼古拉斯四世，都受到熱情款待。圓滿完成出訪任務後，掃馬回到報達，輔佐雅巴．阿羅訶三世管理教務，直到去世。

列班．掃馬對歐洲的訪問，促使羅馬教廷更積極地開展對東方的傳教工作，將中國作為直接傳教對象。一二八九年，天主教教士孟特．戈維諾 (Monte Gorvino) 受教宗尼古拉斯四世委派，涉海來華。他於至元三十一年到達大都，向新即位的元成宗呈遞了教皇的書信，被允許進行傳教工作。根據現存孟特．戈維諾寫給本國教友的信件，他曾長期居於大都，翻譯《新約》和禱告詩，並興建教堂二所，收養幼童一百五十人，為大約六千人進行了洗禮。元朝貴族、駙馬高唐王闊里吉思也跟從他改奉天主教。一三〇七年，教宗克萊孟五世 (Clement V) 正式任命孟特．戈維諾為大都大主教，並遣教士七人東來相助，其中三人到達，在福建泉州設立了分教區。後來孟特．戈維諾病卒，教宗又向中國派出第二任大主教，但他只到達了察合台汗國，隨後下落不明。這段時間，義大利教士鄂多立克 (Odoric) 也來中國作私人旅行。他先由海路抵達廣州，又經泉州、杭州、集慶等地北上，在大都居住三年，曾見到已近暮年的孟特．戈維諾。鄂多立克後由陸路經西藏、中亞回到歐洲，並著遊記傳世。

後至元二年（一三三六年），元順帝派出一個十六人使團出使羅馬教廷。使團攜帶了順帝致教宗的書信，並帶有元廷阿速貴族福定、香山等人代表中國教徒懇請教宗速派第二任大主教的上書。一三三八年，使團抵達教宗本篤十二世的駐地亞威農（在今法國南部），受到熱情款待，遊歷了歐洲很多地方。隨後教宗派佛羅倫斯教士馬黎諾里 (Marignolli) 等數十人隨元朝使團回訪中國。馬黎諾里一行經陸路於至正二年（一三四二年）到達上都，向順帝進呈教宗書信，以及駿馬一匹作為禮物。其馬高大，身純黑，而後二蹄皆白。史書記為「拂郎國貢異馬」⑬。當時諸臣爭作〈天馬賦〉、〈天馬贊〉，士子習文亦以〈代拂郎國進天馬表〉為題，可見此事轟動朝野之盛況。馬黎諾里等人在大都留居三年，後乘驛至泉州，經海道西返。元朝滅亡後，明太祖曾遣返元末來華的歐洲人捏古倫，「命齎詔書還諭其王」⑭。但此後鄂圖曼土耳其帝國崛起於西亞，帖木兒帝國崛起於中亞，中、歐之間的陸海路聯繫都

⑬宋濂等，《元史》卷四〇〈順帝紀．三至正二年七月〉。
⑭張廷玉等，《明史》卷三二六〈拂菻傳〉。

被阻斷，往來遂告中止。

元朝與非洲的交往主要限於東非和北非。成宗大德時，元廷曾遣使赴索馬利亞、摩洛哥等地採辦獅、豹等珍禽異獸。元中後期人汪大淵曾隨商船出遊南亞、東非數十國，著《島夷志略》一書記遊歷見聞，述及東非層拔羅國（今坦尚尼亞桑吉巴）物產、風土人情等事。摩洛哥旅行家伊本・拔圖塔（Ibn Batuta）於元順帝時自印度來中國，曾到達廣州、泉州、杭州諸地，後由泉州回到摩洛哥。他著有《伊本・拔圖塔遊記》一書，對中國南方的經濟、社會生活描述頗多。

第十三章 元朝的文化

與前後統一王朝相比，元朝壽命相對較短，而且又是由游牧民族建立的，因此它在中國文化史上的地位常被忽視。事實上，元朝統治者雖自漠北入主中原，但漢族社會傳統文化的發展趨勢並未因此改變，相反地，文化各主要領域還在前代王朝基礎上取得了進一步的成就。

第一節 理學與教育

一、理學北傳與朱陸調和傾向

金朝後期的知識界對成型於南宋的程朱理學已經有所了解，但程朱理學有系統的北傳始於金元之際。窩闊台時蒙古軍伐宋，德安（今湖北安陸）儒士趙復被俘虜到北方。蒙古大臣楊惟中遂於燕京創設太極書院，延請趙復講授其中，「燕之士大夫聞其議論證據，翕然尊師之」①。趙復本人是理學信

①楊弘道，《小亨集》卷六〈送趙仁甫序〉。

徒，他北上以後的講學、遊歷、著述活動，第一次使北方學術界比較完整地接觸到了程朱理學的基本內容。此後北方出現了一批理學家，其中許衡、劉因號稱元朝前期北方兩大儒，最為著名。許衡早年為忽必烈幕僚，後從政受挫，轉而致力於教育，長期擔任國子祭酒，編寫了多種淺近的理學著作用於教學，大大擴展了理學的影響，因而被後人尊奉為朱熹道統的繼承者。但其論學多是在蹈襲程、朱的基礎上加以簡化、通俗化，缺乏創新與深度。劉因畢生以隱居教授為業，曾拒絕元廷的徵召。其學在朱熹讀書窮理、先博後約理論的基礎上更多地強調返求五經，呈現出與許衡所代表正統派的若干不同特色。當時其他以理學知名的學者還有郝經、姚樞、竇默等。

然而在元初的北方，理學總體來看尚未占據主導地位，原有詞章傳注之學的勢力仍然強大。士人多「踵金辭賦餘習，以飾章繪句相高」②，社會上「間有一二留心于伊洛之學，立志于高遠之地者，眾皆群咻而聚笑之，以為狂為怪為妄，而且以為背時枯槁無能之人也」③。元滅南宋，理學著述大批流入北方，對舊學風造成巨大衝擊。在此前後，通過許衡等人的努力，元朝的學校制度逐漸定型，程朱理學首先在教育界獲得支配地位。理學代表著作朱熹《四書章句集注》等成為通行教科書，對社會產生了巨大影響。到成宗大德五年，四書先於五經的地位已經得到廣泛接受，「上而公卿大夫，下而一邑一鄉之士，例皆講讀，僉謂精詣理極，不可加尚」④。

---

②蘇天爵，《滋溪文稿》卷七〈昭文館大學士國子祭酒耶律文正公神道碑〉。
③蘇天爵，《元文類》卷三七，王旭〈上許魯齋先生書〉。
④王惲，《秋澗先生大全文集》卷四三〈義齋先生四書家訓題辭〉。

理學對學校教育的控制，直接導致它在後來開設的科舉中確立了官方學術的地位。仁宗開科舉，程序多採用朱熹《貢舉私議》。經書考試尤重四書，單獨出題，並用朱熹《四書章句集注》。漢、南人試五經之一，考試標準亦以理學家有關著作為主。總體而言「非程、朱之學不試於有司，於是天下學術，凜然一趨於正」⑤。由於程、朱等人對五經的研究不夠全面、系統，故元朝五經考試在側重理學的同時亦兼用古注疏。事實上自南宋末年以來，隨著理學的傳播、興盛，學術界用其觀點解釋諸經的著作不斷增加，只是缺乏概括、會通而已。元文宗時曾設立藝文監，計畫彌補這一缺憾，如唐朝《五經正義》之例，編出代表官方、體現理學思想的權威性經書解釋著作行用於世。但後來元廷用主要力量編修政書《經世大典》，釋經工作因而中輟。明初所修《四書大全》、《五經大全》，實際上沿襲了元朝的思路，而且其內容也是在抄襲、拼湊元儒有關理學釋經著作的基礎上完成的。

元朝的理學雖在學術界取得統治地位，著作也比較多，但就學術本身而言創新並不明顯。其較有特色的地方，是朱、陸調和的傾向。南宋以來程朱之學大行於世，同時作為理學別支的陸學傳授仍然不絕如縷。儘管恪守陸學門牆的學者為數不多，陸學的影響實則並未驟減，其很多觀點得到了正統理學（朱學）學者的吸收。朱熹強調讀書窮理、由博返約，常人為之難以統御，往往失之支離。後學遂有援引陸九淵「發明本心」之說以救其弊者，這在元朝中後期的南方學術界頗為常見，著名學者吳澄就是其中的代表人物。吳澄在師承上與朱熹有轉相傳授的關係，畢生鑽研諸經，著述繁富，在「讀書窮理」方面下了不少功夫，其學術成就在元朝理學家中當推翹楚。但他對陸九淵也十分敬仰，推崇他

⑤歐陽玄，《圭齋集》卷五〈趙忠簡公祠堂記〉。

發明本心，「反之於身，……不待外求」的修養理論⑥，認為這是「先立乎其大者」⑦，希望吸取陸學合理因素，在傳授朱學過程中用作方法論的補充。吳澄於仁宗朝在京任國子司業，教學時鼓吹陸學的「尊德性」理論，認為「為學不本於德性，則其敝必偏於言語訓釋之末」。而北方學術界研習朱學為時不久，尚未明察其弊，故而吳澄的言論引起軒然大波，「議者遂以澄為陸氏之學，非許氏（衡）尊信朱子本意」，吳澄被迫辭職南歸⑧。另一方面，陸學傳人兼採朱學者同樣不乏其例，意在吸取朱學縝密、篤實之功以補陸學空疏弊病。如李存提倡尊經，謂「非學則不能以自明，而學之不絕如線者，賴遺經存焉耳」⑨。元朝（主要是南方）理學界調和朱、陸，折衷理、心，可以看作從宋末理學到明朝心學此消彼長的過渡狀態。

二、儒學教育體制

元朝的儒學教育體制比較完備，中央設國子學，地方路、府、州、縣普遍設立官辦儒學，又有大量基本屬於私學性質的書院。

國子學初設於至元八年，這一年，忽必烈任命理學家許衡為國子祭酒，同時「增置（國子）司業、

⑥吳澄，《草廬吳文正公集》卷一〇〈序象山語錄〉。
⑦黃宗羲等，《宋元學案》卷九二〈草廬學案〉。
⑧宋濂等，《元史》卷一七一〈吳澄傳〉。
⑨李存，《鄱陽仲公李先生文集》卷二八〈與陳苑二信〉之一。

博士、助教各一員，選隨朝百官近侍蒙古、漢人子孫及俊秀者充生徒」，並將校址設在原金朝樞密院衙署⑩。此時國子學初設，規模較小，第一批學生只有侍臣子弟十一名，基本都是蒙古、色目人。為教好這些漢文化基礎差的學生，許衡將他的舊日弟子耶律有尚等十二人召入國學，擔任「伴讀」，亦即教學輔導工作。教學內容比較淺顯，先從朱熹所編《小學》入手，次為四書，兼及算術、書法、歷史知識。教學之餘，又命學生演練禮儀。後來許衡受到權臣阿合馬排擠，辭職回鄉，國子學名存實亡。直到許衡死後的至元二十四年，元廷又重新設立國子學，其上增設教學管理機構國子監，以耶律有尚為祭酒。此次重設，學生規模擴大為一百人，包括蒙古五十人，色目及漢人五十人，年齡均要求十歲以上。另有伴讀二十人，十五歲以上。教學內容，參考許衡所定學制，先教《孝經》、《小學》、四書，然後是五經（其中《禮經》教授《禮記》和《周禮》）。成宗時，在大都城東部配套修建了規模較大的國子學新校舍和孔廟，「遠邇來觀，靡不驚駭，嘆羨其高壯宏敞」⑪。國子學生員數量也逐漸增加，最終發展到正額生員四百人，伴讀六十人，另有向民間招收的自費「陪堂生」一百人。國子學內部形成了一套考試積分制度，積分達標的學生再經禮部考試，可以授以低級官職。

地方官學的發展比中央略早。中統二年，在地方設立「諸路提舉學校官」，明確恢復地方官學設置，並將發展教育規定為地方政府職責之一。行省制度定型後，各行省皆設有儒學提舉司掌管地方儒學事務。地方行政機構路、府、州、縣各層次，按制度均應設立儒學，「由京師達於郡邑，海隅徼塞，

⑩宋濂等，《元史》卷七〈世祖紀四〉；蘇天爵，《元朝名臣事略》卷八〈左丞許文正公〉。

⑪蘇天爵，《元文類》卷一八，吳澄〈賈侯修廟學頌〉。

四方萬里之外，無不立學。」⑫學生人數多寡不一，少者十幾、幾十人，多者一二百人，通常視當地經濟狀況而定。總體而言，江南儒學生員相對較多，北方較少，級別高的儒學生員相對較多，級別低的較少。他們主要來自國家劃定的儒戶，也包括一些普通民間子弟。在學期間可以享受獎學金性質的補助，主要用於解決本人膳食，有的地方兼可提供住宿及相應生活費用。各級官辦儒學在結構上都包括孔廟和學校兩個組成部分，「由學尊廟，因廟表學」⑬，因此習慣上又被稱為廟學。其教學制度，大體與國子學相仿。學生成績優異者，有機會「歲貢」至高層機構充任吏職，或者擢為教官，從而輾轉進入仕途。然而這兩條仕途十分狹窄，絕大多數學生永無入仕之望，被評為「盡優異之虛文，無激勸之良法」⑭，大大影響了他們的學習積極性和學校教學品質。

書院是唐末出現的學者講習場所，進而演變為民辦學校，在南宋十分興盛，金朝卻寥寥無幾。大蒙古國時期，北方的書院建設有所發展。忽必烈即位之初，即降旨要求各地「管內凡有書院，亦不得令諸人搔擾，使臣安下」⑮。平宋以後，南方的書院大部分都保存下來，許多不願出仕的遺民避居書院講席，甚或新建書院，講授其中。至元二十八年，元廷在江南官辦儒學中普遍設立小學，同時「其他先儒過化之地，名賢經行之所，與好事之家出錢粟贍學者，並立為書院」⑯。由於有政府鼓勵，興

⑫黃溍，《金華黃先生文集》卷九〈重修紹興路儒學記〉。
⑬蘇天爵，《元文類》卷二九，元明善〈武昌路學記〉。
⑭黃淮、楊士奇等，《歷代名臣奏議》卷六七〈治道〉引鄭介夫奏議。
⑮《元典章》卷三一〈禮部四．學校一．儒學．禁治搔擾文廟〉。
⑯宋濂等，《元史》卷八一〈選舉志一．學校〉。

辦書院之風大盛。到元朝後期，「為書院者，遂與州縣學委立而布滿於四方」，「比比皆是」，「視前代倍百矣」⑰。

元代書院與地方儒學的區別主要有兩點。第一，地方儒學置於路府州縣治所，在該路府州縣都是獨一的。書院的設置則靈活得多，既可能在路府州縣城中，更有可能在比較偏僻的「山林清曠之地」、「深山窮谷」⑱，而且一州一縣的書院可以有多所。第二，地方儒學由國家統一設置，書院則大量由個人興建。即使是官方設置的書院，也往往具有某種特殊的紀念意義或目的。不過，原本屬於私學的書院，在元代已出現明顯的官學化傾向。民間私學要想採用「書院」一稱，必須上報政府批准。元朝前期形成的地方儒學管理制度，也行用於書院。書院的負責人山長，已被元廷列入國家教官編制。與此相聯繫，書院應有的自由講學精神受到很大削弱，在統一的管理制度下，「月有書，季有考」⑲，教學十分死板，「殆為文具」⑳。

三、蒙古字學等專科學校

除儒學系統外，元朝另有三類廣泛設置的官辦專科學校——蒙古字學、醫學和陰陽學。元人云：

---

⑰黃溍，《金華黃先生文集》卷一〇〈文學書院田記〉；王褘，《王忠文公集》卷一〇〈明善書院記〉；許有壬，《至正集》卷四三〈緱山書院記〉。
⑱蘇天爵，《滋溪文稿》卷三〈新樂縣壁裡書院記〉；許有壬，《至正集》卷三六〈慶州書院記〉。
⑲任士林，《松鄉集》卷一〈重建文公書院記〉；戴表元，《剡源戴先生文集》卷一〈美化書院記〉。
⑳虞集，《道園學古錄》卷三六〈重修張岩書院記〉。

「昔之為學也一，今之為學也增其三焉，曰蒙古字、曰醫、曰陰陽。所肄之業雖不同，其於嚴師弟子之道以相授受，則亦未始不同也。」㉑就是說，這些專科學校雖與儒學教學內容不同，但在教學制度、管理等方面，仍然有許多共同的地方。

蒙古字學是教習八思巴字的學校。八思巴字是忽必烈命藏傳佛教高僧八思巴用藏文字母創制的一套拼音符號，起初名為蒙古新字，後專名蒙古字。它的直接作用是取代成吉思汗時期創制的畏兀體蒙古文來記錄蒙古語，同時也用以「譯寫一切文字」㉒，即拼寫漢語等多民族語言。八思巴字創立後獲得了元朝「國字」、「國書」的地位。凡詔書、官員任命書、宗廟祭祀祝文、乘驛證明、各機構上呈給皇帝的賀表之類重要文書，以及官府印章、牌符，一律要使用八思巴字。為推廣這套文字，在中央設立了蒙古國子監和蒙古國子學，地方設立蒙古字學。蒙古國子監、學設官原則與作為中央儒學的國子監、學相仿。學生人數經過幾次增加，定為正式生員一百五十人、陪堂生一百一十四人。地方蒙古字學按制度僅設立於路、府、州，在縣一級並未設立，因此數量比儒學低很多。

無論中央還是地方，蒙古字學學生的出路都是兩條：充任蒙古字學教官或充任譯史（主管文字翻譯的吏職），然後積累資歷，進入流官行列。這樣的入仕模式與儒學大體一致，但由於蒙古字學學生人數遠少於儒學，而政府機關中譯職人員的需要頗為廣泛，譯職人員升遷前途又較為優越，因此當時認為「蒙古字學視儒學出身為優」㉓。「人知國字之足以進身，而競習之」㉔。學生中蒙古人其實不多，

㉑俞希魯，《至順鎮江志》卷一一〈學校〉。
㉒宋濂等，《元史》卷二〇二〈釋老傳〉。

大部分都是色目人和漢人、南人。其中很多人成為優秀的蒙古字學教官。

元朝統治者對前代視為「方技」、「雜流」的各種專業技術及其人才予以較高地位，醫學和陰陽學因此得以廣泛設立。它們都設於地方，在中央並無「國子學」級別的專門學校。其中醫學設立較早，設置也更廣泛。中統三年，在各路普遍設立醫學，以後逐漸向路以下地方機構推廣，原則上設到縣一級，與儒學相同，比蒙古字學普及。成績合格的學生，結業後即可獲得在社會上的行醫資格。欲為官者，還可參加專門的醫學科舉考試，中試排名在前者可在朝廷太醫院中擔任太醫，低者亦可擔任醫學教官。元朝陰陽學初設於至元二十八年，主要目的是為了對民間從事陰陽活動（指以天文學知識和陰陽五行思想為基礎的占卜、堪輿、擇日之術）的人進行集中管理，同時從中選拔人才為國家服務。先在各路設立，又推廣到府、州。學生的出路，優秀的可經考試到中央司天臺工作，或充任陰陽學官，大多數則在社會上以陰陽術謀生。

儒學均有孔廟，形成配套的廟祀制度，蒙古字學、醫學也是如此。元朝中期，規定在蒙古字學普遍建立帝師殿祭祀八思巴，規模制度大於儒學的孔廟。醫學廟祀制度形成稍早，祭祀對象為三皇，即伏羲、神農和黃帝，又以「姓名載於醫書」的黃帝臣子俞跗等「十大名醫」從祀。陰陽學沒有相關制度，有些地方與醫學一樣，亦以三皇作為行業神。

㉓徐一夔，《始豐稿》卷一二〈李君墓誌銘〉。

㉔陳旅，《安雅堂集》卷四〈閻主簿孝行詩序〉。

第二節 宗 教

一、佛教與道教

佛、道二教作為傳統中國影響最大的宗教，在蒙元時期有了新的發展。最早受到蒙古統治者扶植的是道教。王喆創立的道教新派別全真教，自金朝中期以來流行於漢地。成吉思汗聞王喆弟子丘處機之名，於西征途中遣使徵召，對他十分尊重，稱為「神仙」，賜予聖旨，凡其門人皆免除賦役。丘處機東歸後，居於燕京太極宮，遣門徒四出招徠百姓，從者如流，多希望以此避禍亂、免賦役，一時間「黃冠之人，十分天下之二，聲焰隆盛，鼓動海嶽」㉕。丘處機死後，弟子尹志平、李志常相繼掌教，編集、刊印《道藏》七八百餘卷，進一步擴大了全真教的影響。金時與全真教大致同時創立的道教新派別太一教、真大教等，也都得到蒙古統治者的尊禮。

佛教與蒙古統治者的接觸略晚一些。當時在北方，禪宗中的臨濟、曹洞兩支比較活躍。臨濟宗高僧海雲謁見過成吉思汗，窩闊台時住持燕京大慶壽寺，協助蒙古統治者進行選試僧道的工作。貴由、蒙哥時，海雲一直奉旨領佛教事，為大蒙古國最高僧官。在他和曹洞宗高僧萬松等人的努力下，僧侶獲得了與道士一樣的免除賦役特權，以及為大汗「告天祝壽」的任務。

㉕元好問，《遺山先生文集》卷三五〈清真觀記〉。

吐蕃歸附蒙古前後，藏傳佛教開始在蒙古貴族中發展信徒。藏傳佛教主要由印度佛教密宗演變而來，又深受藏地原始宗教苯教的影響，具有大量的巫術儀軌內容，富於神祕色彩，與蒙古原始宗教薩滿教頗能融合。其中薩迦派的首領薩班，最早與蒙古貴族建立合作關係，推動了藏地納入蒙古統治。他的侄子八思巴進入忽必烈藩府，忽必烈夫婦皆從其秉受灌頂儀式，皈依藏傳佛教。自此藏傳佛教逐漸成為最受蒙古統治者尊崇的宗教。

佛、道二教俱受崇奉，各自在漢地擴張勢力，因而產生矛盾。道教最初在競爭中占有優勢，凌虐佛徒，將華北數百所佛寺改為道觀。又翻刻《老子化胡經》，散布貶抑佛教的言論。蒙哥汗在位時，先後兩次召開佛、道二教辯論大會，以全真教為代表的道教勢力受到漢地、吐蕃、西域僧侶的聯合攻擊，敗下陣來。《老子化胡經》等數十部道經被作為「偽經」焚毀，侵奪佛教的寺院田產也都被勒令歸還。此後，道教的正常傳播並未遭遇限制，只是地位確定排在佛教之後。入元以後，全真教等北方道教派別繼續得到統治者的優遇，但已經背離教義中的禁欲苦行原則，失去了發展的活力。

元世祖在位前期，授八思巴以「帝師、大寶法王」稱號。帝師作為皇帝精神上的導師，負責向皇帝傳授佛法，祈禱皇室福壽，保佑元朝國運昌盛。同時，節制並參與佛教最高機構宣政院的管理活動，在制定國家宗教政策、處理佛教事務、治理吐蕃地區等方面發揮著重要的影響。此後元朝歷代皇帝都從薩迦派僧侶中封授帝師，藏傳佛教也一直在蒙古宮廷中享有獨尊地位。元朝中期，還下令在地方配合蒙古字學的建設，廣泛設置帝師殿祭祀八思巴，規模制度超出孔廟。終元一代，藏傳佛教僧侶經常憑藉蒙古貴族的寵信為非作歹，「怙勢恣睢，日新月盛，氣焰熏灼，延於四方，為害不可勝言」㉖。

在南方的佛教門派中，也以臨濟宗最為活躍。元中期杭州臨濟宗高僧中峰明本以其深厚的禪學修養，死後被朝廷追贈國師稱號。兩個佛教異端宗派白雲宗和白蓮教在南方廣為傳播，也發展到中原地區。它們的共同特點是融匯了民間信仰的不少內容，在社會下層影響很大，成為半世俗化的佛教，因此為正統佛教所排斥，與官府也幾度發生衝突。元朝末年的紅巾軍，就是由白蓮教組織和發動的。

南方道教以傳統的天師道（亦稱正一教）為主，他們較早與蒙古統治者建立了聯繫。據稱元世祖即位前，曾派人至江西龍虎山與天師張可大祕密會晤，張可大對來人說：「善事爾主，後二十年當混一天下」。元滅南宋後，張可大之子宗演率徒眾北覲，元廷賜號靈應沖和真人，「令主江南道教事」㉗。張宗演的弟子張留孫被元世祖留侍左右，利用接近宮廷的便利條件，逐漸自成系統，發展出一個天師道的半獨立支派，稱為玄教。玄教在教義上與天師道基本一致，因此到元朝滅亡，又重新併入天師道當中。南方其他符籙道派，也逐漸歸入天師道旗幟之下。南北道教諸教派的首領頻繁在宮廷中活動，「號其人曰真人，給以印章，得行文書，視官府」㉘。他們一併協同中央機構集賢院管理全國道教事務。

二、伊斯蘭教、景教與天主教

蒙古人最初信仰多神的原始宗教薩滿教，後來通過對外征服戰爭接觸到了很多更加複雜的宗教。

㉖宋濂等，《元史》卷二〇二〈釋老傳〉。
㉗宋濂，《宋文憲公全集》卷一七〈漢天師世家序〉。
㉘虞集，《道園學古錄》卷五〇〈真大道教第八代崇玄廣化真人岳公之碑〉。

在他們看來，這些宗教都能憑藉各自不同的途徑與「長生天」對話，為大汗「告天祝壽」。由於這種觀念，也出於統治各地不同民族的需要，統治者對各種宗教採取了兼容並蓄、一律加以護持的政策。因此佛、道二教以外的其他宗教也都得到優待，獲得了較大發展空間。其中比較重要的是幾種外來宗教伊斯蘭教、景教和天主教。

伊斯蘭教在兩宋的傳播範圍還比較小，主要在東南沿海地區的阿拉伯、波斯商人當中流行。蒙元時期，中亞、西亞各族居民大批徙居內地，其中有相當一部分是穆斯林，時人用「回回」一詞來稱呼他們，成為中國回族的前身。元朝也使用波斯語稱謂，稱穆斯林為木速蠻，稱其教士為答失蠻。

回回人是元朝色目人的一種，地位較高。早在大蒙古國時期，就有不少回回人在汗庭擔任要職。元朝建立後，在諸色戶計中專門設有回回戶。他們在中國多聚族而居，形成了大分散、小集中的局面。一方面「皆以中原為家，江南尤多」，「不復回首故國」㉙，另一方面又堅持「惟其國俗是泥」㉚，頑強地保持著自己的宗教文化。不過，他們在中國傳統文化方面有造詣者也頗不乏人。元朝在中央設立回回哈的司，由哈的（按係阿拉伯語音譯，意為法官）大師領之，依據伊斯蘭教規管理本教門的宗教活動，地方上也設有相應的分支機構。在許多城市乃至大漠南北，都有回回人建立清真寺的記載，或有遺跡保留下來。相對而言，元朝內地的清真寺具有比較明顯的波斯文化色彩，而東南沿海地區清真寺的阿拉伯文化色彩更重一些。回回人以外，其他民族信仰伊斯蘭教的資料不多。據稱元世祖之子安

㉙ 周密，《癸辛雜識》續集卷上「回回沙磧」條。
㉚ 許有壬，《至正集》卷五三〈西域使者哈只哈孫碑〉。

西王阿難答從小由回回人撫養長大，因而信奉伊斯蘭教，並其手下十五萬軍隊大多皈依為穆斯林。但這個說法的真實性還有爭議。

蒙古崛起之前，基督教的分支聶思脫里教在克烈、乃蠻、汪古等北方民族部落中已經十分流行，漢文史籍通常稱為景教。窩闊台汗的皇后乃蠻人脫列哥那就信仰景教，蒙哥汗和元世祖的母親唆魯禾帖尼也是出身於克烈部的景教徒。元朝建立後，景教傳播到全國其他地區。當時習慣上將基督教教士稱為也里可溫，指的主要是景教。元廷設有管理也里可溫事務的中央機構崇福司，地方上也設有也里可溫掌教司。元朝聖旨中，通常將也里可溫與僧、道、答失蠻並提，作為職業宗教人士，他們都享有蠲免賦稅的優惠待遇。仁宗延祐二年，一次省併也里可溫掌教司七十二所，可見景教徒當時在全國分布相當廣泛。

元朝前期，西行朝聖的景教徒列班·掃馬受中東景教教會委派訪問了羅馬教廷，促使教廷積極開展對東方的傳教工作。天主教教士孟特·戈維諾受教宗派遣來華，被任命為大都大主教，傳教頗有成績。景教反對天主教的「三位一體」說，被天主教視為異端，雙方在中國並未很好地合作，反而展開了爭奪教徒的競爭。天主教勢單力孤，居於下風，原來信奉景教的元朝駙馬高唐王闊里吉思曾在孟特·戈維諾影響下率領部眾改奉天主教，但闊里吉思死後，他的部眾又重新信奉景教。後來孟特·戈維諾死於大都，教宗允諾向中國派出第二任大主教，但始終未見到達。

總體而言，無論伊斯蘭教、景教還是天主教，在元朝都屬於外來的封閉式宗教。信徒主要限於色目族群，景教徒中也有一些蒙古人，但這些宗教對漢族社會的影響很小，漢族百姓對它們的認識也比較膚淺。元朝滅亡後，伊斯蘭教在內地定居回回人的信奉下繼續存在，景教和天主教則隨著政局變化基本銷聲匿跡。

第三節　史　學

一、南宋遺民的史學成就

中國古代史學的發展，到宋代出現一個高峰，元代則相對衰落。但在元代前期，兩位由宋入元的遺民學者胡三省和馬端臨，卻在史學領域取得了重要成就。

胡三省，台州寧海（今屬浙江）人。宋理宗寶祐四年（一二五六年）進士，曾任小官，宋亡避歸鄉里。三省精於史學，立志為編年體史學巨著《資治通鑑》作注。注釋初稿在戰亂中遺失，復購他本《通鑑》重新作注，將司馬光《通鑑考異》及自己所作注釋全部散入《通鑑》正文之中，親手抄錄成書。自此刊刻《通鑑》，通常必附胡注，胡注已成為讀《通鑑》者不可缺少的輔助材料。

《通鑑》胡注用力精深，內容豐富，大致包括八個方面。第一是音讀，即對一些生僻字注出讀音。第二是官制，注某官名的職掌、品秩、設立時間等。第三是名物，對一些當時人已不熟悉的古代物品、概念進行解釋。第四是地理，注古代地名的建置沿革和名稱變化。第五是前後照應，注《通鑑》所載事件、人物的先後聯繫，諸如某事為此後某事張本，某人某事見此前某卷某年，某字型大小即此前某卷某人等等。第六是改正錯誤，指出《通鑑》記事中的一些疏誤並進行考訂。第七是事件補充解釋，對《通鑑》中一些記載過於簡略的重要問題補充材料，作進一步說明。第八是對《通鑑》中某些事件、人物的評論。

胡注雖散在《通鑑》之中，不為專書，但綜合來看，它本身也稱得上是一部體大思精的史學名著。對於《通鑑》讀者來說，胡注的價值主要有三：一是貫通古今，考證精詳；二是拾遺補闕，保存材料；三是前後照應，便利閱讀。清四庫館臣評為「深得注書之體」，「足為千古注書之法」㉛。而且，胡三省通過注釋中有限的評論，抒發了宋元鼎革的亡國之痛。胡注中體現出的民族感情和愛國思想，充分打上了遺民史學的時代烙印。

馬端臨，饒州樂平（今屬江西）人，宋末右丞相馬廷鸞之子，中科舉後未仕。元朝前期，曾任書院山長、路儒學教授等教官職務。所著《文獻通考》，闡述自上古至宋歷代典章制度的發展演變線索，是到元代為止規模最大的一部典制體通史。全書三百四十八卷，共分二十四門。在編纂思路上主要受唐後期杜佑《通典》的影響，但涵蓋時代比《通典》長，分類比《通典》細，而且還增立了一些《通典》遺漏的重要典制項目。清四庫館臣評論該書「雖稍遜《通典》之簡嚴，而詳贍實為過之」㉜。

《文獻通考》的優點和價值，主要表現在以下四方面。第一，材料豐富，分類詳細，從許多方面對古代歷史、社會進行了深入的專題研究。窮本溯源，貫穿排比，形成一系列的專門史。第二，注重動態考察，強調「會通」，力求探索歷代制度的變通張弛之故，在長時段考察中每有創見。第三，詳今略古，於兩宋著墨最多，對紛繁複雜的宋代典制進行了極有價值的清理，對於宋史研究具有重要意義。

㉛ 紀昀等，《四庫全書總目》卷四七〈史部．編年類．資治通鑑〉、〈資治通鑑釋文辨誤〉。

㉜ 紀昀等，《四庫全書總目》卷八一〈史部．政書類一．文獻通考〉。

第四，體例謹嚴，條理清晰，便於閱讀。其編纂，大體包括文、獻、考三個層次。每門開端，首有小序，簡明扼要地概述本門基本內容。以下正文，凡屬於「敘事」的資料，謂之「文」，為全書骨幹。凡屬於「論事」的資料，從奏疏到評論，謂之「獻」，列於「文」後，排版低一格。凡自己的研究心得、考訂按語，是所謂「考」，列於「獻」後，排版再低一格。全書卷帙雖然龐大，但編纂得法，提綱挈領，使人一目了然。在中國古代歷史編纂學的發展史上，《文獻通考》也作出了重要的貢獻。

《文獻通考》當中，也有一些借古喻今、針對現實進行發揮的地方。但與胡三省《通鑑注》相比，所占比重較小，且更顯含蓄、委婉。其原因之一，大約是同樣作為遺民，馬端臨比胡三省小二十多歲，宋亡時還比較年輕，亡國之痛的感受不如胡三省深切。當然，也可能與個人性格的差異有關。

二、蒙元官方史學編纂

元朝的官方史學編纂可以追溯到大蒙古國時期。當時的官方史學編纂，還不涉及中原王朝那樣的漢文史書，而是用創制不久的畏兀體蒙古文撰寫的史著，被稱為「脫卜赤顏」，漢譯「國史」。這樣的蒙古文「國史」在元朝建立後仍然持續編纂，而且深藏宮中，祕不示人，特別是不讓漢人觀看。元亡，這套「國史」落到明朝手中。明朝派人將其中的開頭一部分譯為漢文，以供外交人員學習蒙語文之用，定名《元朝祕史》，今天一般稱為《蒙古祕史》。「國史」未被翻譯的部分，很快就散佚了。幸而被翻譯出來的《元朝祕史》，屬於蒙元蒙古文「國史」中最重要的部分。

《元朝祕史》的翻譯工作十分複雜。先將蒙古文原文用漢語音寫下來，再逐詞旁注漢語詞義，並分節用漢語白話意譯大意。到後來，蒙古文原稿也已失傳，只有這個分為三層次的漢文譯本輾轉保留至今。全書分十二卷（或十五卷），二百八十二節。從蒙古民族的蒼狼、白鹿起源傳說寫起，記載了諸多蒙古氏族、部落的由來，重點描述成吉思汗早年的艱難經歷和他逐漸壯大勢力、削平群雄、創建大蒙古國的進程，以及蒙古建國後對外征服戰爭的輝煌業績，以窩闊台汗在位後期的自我評價結尾。書中包含了十二、十三世紀蒙古社會狀況的豐富資料，涉及當時生產力、生產關係、部落組織、政治軍事制度、草原兼併戰爭、社會意識型態等各個方面，情節真實具體，不僅是關於蒙古歷史最早最可信的文獻，對於從總體上了解北方游牧民族的歷史文化也有重要參考價值。

作為由游牧民族自身撰寫的史學著作，《元朝祕史》的組織結構、敘事方式都與漢文史籍有明顯不同，全書不大重視時間概念，而文學意味較強，語言生動，人物性格鮮明。書中的故事和格言，長期在蒙古族百姓中流傳，因此，《元朝祕史》也被視為一部風格獨特的文學作品，相當於蒙古族的英雄史詩。

忽必烈建立元朝後，很快設立翰林國史院，承擔漢文官方史書的編纂工作。後來，又設立官員專掌起居注，負責記錄皇帝言行。宰相機構中書省下面也設有時政科，記錄政務要事以供修史之用。當時修史的首要任務，是編纂大蒙古國建立直到忽必烈即位前夕的官方編年史，即遵循漢制為成吉思汗（太祖）、窩闊台（太宗）、貴由（定宗）、蒙哥（憲宗）四位君主修《實錄》，加上被追尊為帝的拖雷（睿宗）事蹟，稱為「五朝《實錄》」。由於年代漸遠，資料匱乏，五朝《實錄》的編纂拖了大約四十年，到成宗大德七年才最後定稿。而忽必烈死後開始編纂的《世祖實錄》，由於材料儲備比較豐富，一年多就成書了。自此以下，歷代皇帝死後不久即編成《實錄》，包括一些本未即位但後來追尊為帝的，也都編了《實錄》。到元朝滅亡，一共修成十三部《實錄》，成為明修《元史》的主要史料來源。元順帝時，還修成《后妃功臣列傳》，記述元朝后妃、大臣事蹟。但順帝本人死於元朝被推翻之後，他在位的三十多年並無《實錄》留存。

翰林國史院設立後還接受了一項任務，就是遵循中原歷代王朝「國可滅，史不可滅」的傳統，為已經滅亡的遼、金兩個王朝編纂紀傳體史書。到南宋滅亡後，宋朝也被列為修史對象。三個王朝當中，遼朝資料十分匱乏，金朝資料也不算豐富，宋朝資料又過於繁冗，都給編纂工作造成困難。三朝各自的歷史地位如何認定，究竟孰為「正統」，也就是應當以哪個王朝為主線進行編纂，意見也不一致。而且元朝中期皇位更迭頻繁，政局不太穩定，這些因素都導致遼、金、宋三朝史書的編纂一再拖延，從最早的世祖朝一直拖到最後的順帝朝。至正三年三月，中書省提出盡快啟動三朝史書編纂的建議，得到批准，隨即制定了編纂「凡例」，徵調配備編纂人員，開始工作。「凡例」中確定的最重要原則是「各國稱號等事，准南、北史」㉝。也就是遼、金、宋各自獨立修史，迴避孰為正統的問題，俗稱「三國各與正統」㉞。以三朝各自保存下來的材料為基礎，加上元初以來斷斷續續做過一些工作，因此編纂啟動後進展很快。到至正五年（一三四五年）十月，距離啟動編纂不過兩年半有餘，《遼史》、《金史》、《宋史》均已完稿。其中《宋史》多達四百九十六卷，是「二十四史」中篇幅最大的一部。儘管學者對三部史書的編纂品質評價一般，但它們畢竟接續了歷代「正史」編纂傳統，是元朝在中國文化史上的重要貢獻。

㉝脫脫等，《遼史》附錄〈三史凡例〉。
㉞權衡，《庚申外史》。

第四節　文學藝術

作為正統文學的詩詞、散文在元朝繼續發展，作家眾多，但文學成就總體而言不很突出。元朝前期，北方文壇主要踵金朝餘習，南方則仍未脫南宋文風的籠罩。自元中期以下，詩文創作才真正體現出自身的特點，湧現出一批較有特色的作家和作品。

一、詩文書畫

金與南宋的詩歌創作較多地受到蘇軾、黃庭堅的影響，元朝前期亦然。但在南宋滅亡後，一批由宋入元的詩人如戴表元、仇遠等提倡學習盛唐、漢魏，這一趨向到元朝中期成為詩壇的主流。北有元明善、馬祖常，南有袁桷，皆以宗唐復古為尚。大約在仁宗朝，出現了詩壇「四家」之說，指虞集、楊載、范梈、揭傒斯四人，後世則稱之為「元詩四大家」。虞集在其中居盟主地位，他的詩作風格清新淡雅，聲律純熟，尤受時人推崇。元末詩人以楊維禎（號鐵崖）最著名，其詩能破除元人模擬之弊，以奇詭見長，當時號為「鐵崖體」。詞的創作在元朝走向衰落，歷史地位又低於詩。元朝中後期有一批色目詩詞作家的成就值得注意。他們雖出自西北各族，卻能熟練地使用漢文傳統格律作詩填詞。這類作家的代表人物是回回人薩都剌，他的詩詞清婉俊逸，亦間有沉鬱蒼涼之作，有些作品達到了很高的藝術水準。

元朝的散文作者以姚燧、虞集最著名。姚燧為元初文臣姚樞之侄，曾受學於名儒許衡，從忽必烈在位後期到仁宗初年是他的創作高峰時期，作品極受時人推崇。姚文以雄渾剛勁見長，具有明顯的擬古傾向，工於用典，然亦有過分古奧艱澀之病。時人「豈惟知之，讀而能句、句而能得其意者，猶寡」[35]。虞集時代稍後，詩文兼擅，學古而能不為所拘，被評為「隨事酬酢，造次天成，……機用自熟，境趣自生」[36]。此外知名作家還有元明善、黃溍、歐陽玄、蘇天爵等。以上諸人的共同特點是都曾在朝中任翰林文章之職，傳世作品亦以碑銘詔冊等應用文居多。宋朝一些理學家認為作文害道，將理學、文學置於對立地位。元朝理學雖然流行，但元人在文、道關係上則比較通達，多提倡兩者並重，反對判然析為二途。元文寫作起初有宗唐、宗宋之爭，後來漸趨融合，唐宋並宗。元末朱右編韓愈、柳宗元、歐陽修、曾鞏、王安石、蘇洵、蘇軾、蘇轍之文為《八先生文集》，所選作家已與後人所謂「唐宋八大家」完全相同。

書法盛於唐而稍衰於宋，至元復興。元朝最重要的書法家為趙孟頫，他是宋朝宗室，南宋滅亡後被徵召至大都，以才學受到忽必烈賞識，從此歷仕五朝，官至翰林學士承旨。趙孟頫的書法度越兩宋，融會魏晉隋唐諸名家而自成風格，圓潤遒麗，兼擅諸體，「篆、籀、分、隸、真、行、草書，無不冠絕古今，遂以書名天下」[37]。他的書藝對明清兩代書法有重大影響。另外鮮于樞、鄧文原、楊維禎等人的書法都知名一時。元朝的繪畫繼宋朝之後進一步向寫意風格發展，超越形似、崇尚意趣的文人畫完

[35] 姚燧，《牧庵集》卷四〈送暢純甫序〉。
[36] 歐陽玄，〈雍虞公文序〉，《道園學古錄》卷首。
[37] 宋濂等，《元史》卷一七二〈趙孟頫傳〉。

全成為畫壇主流。趙孟頫也是最重要的畫家，其畫作嫵媚、細潤而有神韻，人物、山水、花鳥、鞍馬、竹石無不精工，是繪畫史上承先啟後的集大成者。隨後有黃公望、王蒙、倪瓚、吳鎮並稱「四大家」，皆以水墨山水見長。元朝一些漢化色目人的書畫作品亦達到相當高的水準，如康里人巙巙的書法、回回人高克恭的繪畫，當時皆與趙孟頫齊名。書畫的收藏、鑑定作為一項專門學問在元朝社會上很受重視，出現了夏文彥《圖繪寶鑑》、湯垕《畫鑒》、盛熙明（畏兀兒人）《法書考》等理論著作。元文宗時的奎章閣則是皇家書畫鑑藏機構，彙集了大量書畫精品，當時的很多書畫名流被網羅在內，從事鑑定工作。

二、曲與話本

元朝通俗文學的發展引人矚目，體裁主要包括曲和話本。

曲包括散曲和雜劇。散曲是繼詞之後新出現的一種用於演唱的韻文，有小令、套數兩種形式。小令為單曲，體裁與詞相近，特點是在基本句式的基礎上可以使用襯字，使得句子長短有一定伸縮性，並且較多地採用口語，語言風格傾向於俚俗、詼諧。套數是將不同曲牌而屬於同一宮調（音樂調式）的若干支小令首尾連綴而成，可以表現或敘述相對複雜的內容。散曲起源於宋、金的市井小曲，也受到北方少數民族音樂的影響，大致形成於金朝後期。到元朝，散曲的發展進入鼎盛時期。重要作者既包括仕宦不顯的關漢卿、白樸、馬致遠、喬吉、張可久，也包括官居高位的盧摯、姚燧、張養浩，還有出身少數民族的貫雲石（畏兀兒人）。作品的內容和風格也是豐富多彩，在反映社會現實和寫景抒情方面都有不少佳作。

從北宋到金朝，社會上流行著多種演唱藝術形式，其中一種名為雜劇，主要通過念誦和對白來表演滑稽故事，也夾雜著歌舞或雜技。還有一種稱為諸宮調，用不同宮調的若干套「套曲」連綴起來演唱長篇故事，中間加有念白和對話。金末元初，雜劇在融匯諸宮調等藝術形式的基礎上，發展成為比較成熟的戲劇，也就是元雜劇。它以唱為主，每劇通常分為四折，劇首和兩折之間可加較短的「楔子」。每折皆由同一宮調的若干支曲組成，一韻到底，稱為一套。演唱只由一位主角獨唱，其他角色只作配合的科白。在演唱、念白的同時，根據需要再加上動作和舞蹈。作為一種綜合性表演藝術，元雜劇具有非常廣泛的表現內容，「上則朝廷君臣政治之得失，下則閭里市井父子兄弟夫婦朋友之厚薄，以至醫藥卜筮釋道商賈之人情物性，殊方異域風俗語言之不同，無一物不得其情、不窮其態」㊳。後人根據具體內容將其分為愛情婚姻劇、神仙道化劇、公案劇、社會劇、歷史劇幾大類。代表性作品有關漢卿的《竇娥冤》、《單刀會》，王實甫的《西廂記》，馬致遠的《漢宮秋》，紀君祥的《趙氏孤兒》等。元雜劇作家大都生活於社會下層，他們的創作充分發揮了反映社會現實和針砭時弊的作用，在結構安排、人物塑造上也達到很高的藝術成就。

北宋末年到南宋，發源於溫州一帶的地方戲在南方逐

㊳胡祗遹，《紫山大全集》卷八〈贈宋氏序〉。

圖六一　雜劇表演

漸流行，到元朝被稱為南戲。它使用南方語言和曲調進行表演，清柔婉轉，風格與高亢雄勁的北方雜劇不同。它的劇本結構比較自由，大多數篇幅都長於一本四折的雜劇，甚至多出數倍，有利於表現更加複雜、完整的故事情節。演唱時有獨唱、對唱、輪唱、合唱等多種形式，不像雜劇只由主角一人獨唱到底。這樣可以更好地調度場上氣氛，便於表現不同角色各自的思想感情和人物性格。另外南戲演唱時的韻律、宮調也不像雜劇那樣嚴格古板。元朝後期，南戲吸取了雜劇的一些創作技巧，在藝術上更加完善，呈現後來居上之勢。最著名的作品，是元末高明撰寫的《琵琶記》。

說書是宋、元城市中比較常見的娛樂活動，時稱「說話」，說書內容的底本則稱為話本。它主要用白話撰寫，編印後形成通俗讀物，成為白話小說的早期形式。現存宋元話本大多在宋朝已具雛形，在元朝又有進一步的加工修改。其中講說歷史故事的稱為「講史」，亦稱「平話」，篇幅一般較長，情節相對複雜，主要是一般的敘述鋪陳，抒情與細節描寫較少，代表作品為元英宗時書商輯刊的《全相平話五種》，包括《三國志平話》、《武王伐紂書》、《樂毅圖齊七國春秋後集》、《秦併六國平話》和《前漢書平話續集》。講說公案、靈怪等故事的稱為「小說」，題材多取自現實生活，篇幅較短，基本以一人一事為主，人物性格刻畫較細，主題突出，重要的有《宋四公大鬧禁魂張》、《簡帖和尚》、《曹伯明錯勘贓》等。兩類體裁的講說在民間都很流行，講史尤盛，如元末著名的女說書人朱桂英即以「善記稗官小說，演史於三國五季」著稱[39]。元朝話本（尤其是長篇講史）的發展，直接孕育了元明之際的兩部長篇小說巨著《水滸傳》和《三國演義》。兩書的內容直接來源於話本，體裁特徵如分章標回、格式

---

[39] 楊維禎，《東維子文集》卷六〈送朱女士桂英演史序〉。

固定、韻散結合等，也都與話本有著明顯的繼承關係。

第五節　科　技

一、郭守敬的成就

元朝在科技領域成績最突出的人物是郭守敬。郭守敬，邢州人，元朝前期官至昭文館大學士、知太史院事。他具有多方面的才能，當時人稱譽說：「天佑我元，似此人世豈易得？」他的學問被認為「不可及者有三」，具體而言「一曰水利之學，二曰曆數之學，三曰儀象制度之學」㊵。

水利之學，就是水利工程勘測和設計，這是郭守敬最早成名的領域。他在年輕時就負責修浚西夏故地的唐來、漢延等古渠，重建銀川平原上的灌溉網路。後來又曾主持修築黃河下游以東平（今屬山東）為中心的河渠交通線，為元朝平宋戰爭創造了有利條件。元大都興建期間，水利設施也多出自他的籌畫，特別是在世祖末年設計開鑿通惠河，充分解決了大都的水路物資運輸問題。

通惠河工程具體來說，就是建立通州（今北京通州區）到大都的水運管道，完成京杭大運河最末一段的通航。這一帶地勢西高東低，無法直接把通州的運河水西引到大都，必須在大都西側尋找水源，將其東引至通州與運河相接。經過實地考察，郭守敬精心規劃了從昌平東南白浮泉到甕山泊（今北京

㊵蘇天爵，《元文類》卷五〇，齊履謙〈知太史院事郭公行狀〉。

頤和園昆明湖）的引水管道。這條管道先將白浮泉水西引，轉而與西山山麓相平行南流，彙聚山上流下的泉水，再向東南注入甕山泊。線路略呈C字形，皆呈平緩下降趨勢。其間的地形起伏變化並不明顯，直觀上很難判斷，必須依賴精密的海拔高度勘測。郭守敬在當時是如何完成這一勘測的，目前還是一個謎。甕山泊以下，主要是疏浚金朝舊管道，向東南匯於積水潭，然後東折而南，沿大都皇城東牆南行，再轉而東行至通州城南入運河。在這段線路，郭守敬建立了一套船閘系統，用以控制流速，保證流量。在郭守敬的精密勘測、巧妙設計下，通惠河的開鑿非常成功。江南糧船可以循河而上駛入大都，停泊在積水潭碼頭。當時的積水潭「汪洋如海」，「恣民漁採無禁」㊶，頗具江南水城風貌。

曆數之學，就是天文曆算，最大成果為《授時曆》的制定。儀象制度之學，即機械製造，對郭守敬來說主要是指配合制定《授時曆》製造的一系列天文觀測或計時儀器。這兩方面工作是緊密聯繫的。

元平南宋前後，郭守敬奉元世祖之命制定新的曆法。他先從改制、創造天文儀器入手，共造出簡儀、仰儀、圭表、正方案等近二十種，「皆臻於精妙，卓見絕識，蓋有古人所未及者」㊷。古代觀測天象的渾儀，在長期發展過程中觀測精確度逐步提高，而構造也相應地日趨複雜，又對觀測帶來不便之處。郭守敬所造簡儀，既對渾儀的構造部件進行了很大簡化，又進一步加大了觀測、記錄的精確度。仰儀是利用小孔成像原理新創的儀器，用來觀測太陽位置和日月食過程。圭表在前代基礎上高度增加五倍，並配置一個固定安裝且可轉動、中有小孔的薄銅片「景符」，以提高觀測日影的準確度。

㊶宋濂等，《元史》卷五八〈地理志一〉。
㊷宋濂等，《元史》卷四八〈天文志一〉。

在上述工作基礎上，郭守敬於至元十六年籌畫了一次規模空前的天文測量。在元朝版圖內，從北緯十五度到六十五度，共設立二十七處觀測臺，測得各地緯度值、夏至日影長度和晝夜長短，並對一系列天文常數進行了精密測定。觀測恆星近二千五百顆，其中一千餘顆是首次測出。次年，新曆修成，元世祖賜名《授時曆》，頒行天下。它廢除了前代制曆時所習慣前推「上元」(假想中曆法的理想起點)的「上元積年法」，而以頒曆當年的冬至作為推算資料起點。在日、月、星辰運動的測算中，採用了「招差法」和「弧矢割圓術」等先進數學手段。加上廣泛而精確的實測資料，以及對前代曆法成就的系統吸收總結，都使得《授時曆》成為中國古曆的集大成之作。

《授時曆》頒行後，郭守敬繼續整理有關天文資料、表格和推算過程，撰成《推步》、《立成》等書五種二十七卷，以後又完成《時候箋注》等天文曆法專著九種七十九卷，可惜的是，這些著作今天已經亡佚。

二、地圖學及其他

除郭守敬在相關科技領域的貢獻外，元朝的科技成就還表現在農學、地圖學、中醫學、數學等方面。其中農學方面的主要成果王楨《農書》，已經在本書第十一章第三節述及。

元朝遼闊的疆域和活躍的對外關係推動了地圖學的發展。至元二十三年，元世祖接受回回學者札馬剌丁的建議，下令編纂一部全國地理總志。成宗時又繼續補充、修訂，至大德七年最後定稿，名《大元大一統志》，共一千三百卷，卷帙為古代輿地書之最。惜今已散佚，僅有極少量佚文存世。這部書沿用前代王朝地理總志體例，但涉及很多前代無法記載的邊陲和域外地區，內容更加豐富、詳盡。據相關文獻反映，地圖在這部總志裡占有重要地位。所載地方各路，每路開頭都有一幅「地理小圖」。志中還收錄了「回回圖子」，應當是西域、中亞一帶甚至更遠地方的地圖。這些又匯總為「地理總圖」，所有地圖都是用彩筆繪畫的。

元文宗時，元廷編纂政書《經世大典》八百八十卷，大部分今天也已散佚。書中一張地圖通過明初《永樂大典》輾轉流傳下來，清朝道光年間被魏源收入所撰《海國圖志》，定名《經世大典地理圖》。這幅《地理圖》表現的是十四世紀前期察合台、伊利、欽察三大汗國及附近地區的地名分布，內容以域外為主，包括中亞、西亞、俄羅斯等廣大地區，也有少數地方在今天的新疆。這在中國地圖學史上是前所未有的。一般認為，圖上的地名資訊極有可能來自《大元大一統志》中的「回回圖子」。該圖的繪製方法和方位標識，有些與傳統中國古代地圖不同，可能是受到了伊斯蘭地理學的影響。

以上是元朝官方繪製的地圖，私人繪圖則以元朝中期朱思本《輿地圖》為代表。朱思本，臨川（今江西撫州）人，出家為道士。多次為元廷擔任祭祀名山大川的工作，因而有機會遊歷全國很多地區。《輿地圖》是他費時十年繪製的全國地圖，其中既總結了唐宋地圖繪製的成就，又大量融入了自己廣泛實地考察所獲資料。繪製時先繪好各地區分圖，然後合為長寬各七尺的總圖，並配有文字說明。《輿地圖》的精確度達到較高水準，雖已散佚，但基本內容被明人羅洪先納入所繪《廣輿圖》中，對後來的地圖繪製產生了深遠影響。《輿地圖》的繪製範圍主要限於元朝直接統治區，元後期李澤民繪有《聲教廣被圖》，則是在《輿地圖》基礎上增廣繪製的世界地圖。該圖也已失傳，現存十五世紀明朝和朝鮮人所繪地圖間接保存其內容。從後面這些地圖來看，《聲教廣被圖》的覆蓋範圍應該已經包括南亞、非洲、歐洲、大西洋，超過《經世大典地理圖》。說明由於元朝對外交流的活躍，地圖繪製的視野也大大開闊了。

在中醫學和數學領域，習慣上有「金元醫學四大家」和「宋元數學四大家」的稱謂，元朝大致在其中各占兩席。兩種「四大家」提法的巧合，反映了元朝在科技文化方面對前代王朝的繼承和發展。

金元醫學四大家在中醫學史上的貢獻，主要是結合各自的臨床實踐經驗，從不同角度對傳統中醫理論有所發展。具體指劉完素、張從正、李杲、朱震亨四人，前兩人是金朝人。李杲，真定（今河北省正定）人，生活在金朝後期到大蒙古國這一階段，曾師事金代另一位名醫張元素，盡得其傳。著有《內外傷辨惑論》、《脾胃論》、《蘭室祕藏》等書。他認為「土為萬物之母」，「人以胃氣為本」，「內傷脾胃，百病由生」。宣導補中益氣，升陽益胃，補脾胃以壯元氣，因而在中醫學史上被稱為「補土派」。朱震亨，義烏（今屬浙江）人，完全生活在元朝。雖然出生於南方，卻是劉完素的三傳弟子，亦旁通張從正、李杲之學。著有《格致餘論》、《局方發揮》、《丹溪心法》、《傷寒辨惑》等書。他結合前三家的醫學觀點，倡瀉火養陰之法，認為疾病在於「陽常有餘，陰常不足」，創立了一些滋陰降火的方劑，以調節人體的陰陽平衡，被稱為「養陰派」。

宋元數學四大家包括秦九韶、楊輝、李治（一作李冶）、朱世傑四人。其中秦九韶和楊輝是南宋人，李治生活在金朝後期到元初，朱世傑為元人。李治著有《測圓海鏡》、《益古演段》，朱世傑著有《四元玉鑑》、《算學啟蒙》。李治在他的著作中對中國古代列方程的「天元術」進行了系統敘述。朱世傑進一步將天元術的一元高次方程式擴充為多元高次聯立方程組，稱為「四元術」。朱世傑還深入研究了高次方程數值解法和高階等差級數的問題。

附錄

大事年表

西元	年號	大事
九一六年	契丹神冊元年	耶律阿保機稱帝，國號契丹
九二六年	契丹天顯元年	契丹滅渤海
九三六年	契丹天顯十一年 後唐清泰三年	契丹軍南下，滅後唐，耶律德光冊石敬瑭為晉皇帝，石敬瑭割燕雲十六州
九四七年	遼大同元年 後晉開運四年	契丹攻入汴梁，滅後晉，耶律德光建國號大遼 四月，耶律德光北歸，中途崩殂
九六〇年	遼應曆十九年 後周顯德七年 宋建隆元年	陳橋兵變，趙匡胤篡周，建國號宋 遼穆宗耶律璟為近侍所殺
九七九年	遼保寧十一年 宋太平興國四年	宋滅北漢，遼宋軍隊戰於高粱河，是遼宋間第一次直接衝突
一〇〇二年	遼統和二十年 宋咸平五年	受契丹封為夏國王的李繼遷占領靈州，改為西平府

一〇〇四年	遼統和二十二年 宋景德元年	澶淵之盟　＊簽訂時為陰曆十二月，其實已是一〇〇五年
一〇三八年	遼重熙七年 西夏天授禮法延祚元年 宋寶元元年	李元昊在興慶府稱帝，國號大夏
一〇四四年	遼重熙十三年 西夏天授禮法延祚七年 宋慶曆四年	宋夏慶曆和議
一一一四年	遼天慶四年 西夏雍寧元年 宋政和四年	完顏阿骨打起兵反遼
一一一五年	遼天慶五年 金收國元年 西夏雍寧二年 宋政和五年	完顏阿骨打稱帝，國號大金
一一二〇年	遼天慶十年 金天輔四年 西夏元德二年 宋宣和二年	宋金結海上之盟，相約夾擊滅遼

一一二五年	遼保大五年 金天會三年 西夏元德七年 宋宣和七年	天祚帝被俘，遼亡，耶律大石逃往中亞 金太宗下詔伐宋
一一二七年	金天會五年 西夏元德九年 宋靖康二年	金軍俘宋徽宗、宋欽宗，北宋亡 趙構即位於南京，是為南宋
一一三二年	金天會十年 西夏正德六年 宋紹興二年	耶律大石在葉密立稱帝，號菊兒汗，史稱西遼
一一四一年	金皇統元年 西夏大慶三年 宋紹興十一年	紹興和議
一一五〇年	金天德二年 西夏天盛二年 宋紹興二十年	完顏亮政變，弒金熙宗自立為帝
一一六一年	金正隆六年 西夏天盛十三年 宋紹興三十一年	完顏亮南征南宋，敗於采石，而後在瓜州軍隊譁變，完顏亮被殺

一一七〇年	金大定十年 西夏乾祐元年 宋乾道六年	任得敬分國，夏仁宗得到金國支持，捕殺任得敬
一二〇三年	金泰和三年 西夏天慶十年 宋嘉泰三年	鐵木真擊敗王汗，兼併克烈部
一二〇六年	金泰和六年 西夏天慶十三年 宋開禧二年	鐵木真即大汗位，建國大蒙古國，稱成吉思汗 李安全政變
一二〇八年	金泰和八年 西夏應天三年 宋嘉定元年	嘉定和議
一二一一年	金大安三年 西夏皇建二年 宋嘉定四年	齊王李遵頊政變，廢黜李安全，自立為帝 成吉思汗征金
一二一四年	金貞祐二年 西夏光定四年 宋嘉定七年	金蒙和議 貞祐南遷，金宣宗遷都南京
一二一八年	金興定二年 西夏光定八年 宋嘉定十一年	蒙古滅西遼

一二一九年	金興定三年 西夏光定八年 宋嘉定十二年	成吉思汗西征花剌子模
一二二六年	金正大三年 西夏寶義元年 宋寶慶二年	成吉思汗征西夏
一二二七年	金正大四年 西夏寶義二年 宋寶慶三年	成吉思汗病逝 夏末帝李晛投降蒙古，西夏亡
一二三二年	金天興元年 宋紹定五年	窩闊台征金，金大敗，金哀宗逃往蔡州
一二三四年	金天興三年 宋端平元年	蒙宋聯軍攻破蔡州，哀宗自縊，金亡
一二三五年	宋端平二年	長子西征，窩闊台以拔都為統帥，七年之內進攻欽察、莫斯科、波蘭、匈牙利
一二五一年	宋淳祐十一年	蒙哥汗即位
一二五三年	宋寶祐元年	忽必烈滅大理 旭烈兀西征
一二五八年	宋寶祐六年	旭烈兀攻陷巴格達，滅阿拔斯王朝

一二五九年	宋開慶元年	釣魚城之戰，蒙哥崩
一二六〇年	蒙古中統元年 宋景定元年	忽必烈即位稱汗，阿里不哥在和林亦即位，雙方內戰
一二六四年	蒙古至元元年 宋景定五年	阿里不哥投降，忽必烈成為唯一的大蒙古國大汗
一二七一年	元至元八年 宋咸淳七年	忽必烈定國號為大元，推行漢法
一二七六年	元至元十三年 宋德祐二年	元軍攻臨安，南宋太皇太后謝道清出城投降
一二七九年	元至元十六年 宋祥興二年	陸秀夫抱著皇帝趙昺投海自盡
一三二三年	元至治三年	南坡之變
一三二九年	元天曆二年	天曆之變
一三五一年	元至正十一年	韓山童、劉福通起事
一三五五年	元至正十五年	劉福通擁立韓林兒為帝，稱小明王，國號宋
一三六八年	元至正二十八年 明洪武元年	朱元璋稱帝於應天，國號大明 明軍攻入大都，元亡

世系表

遼世系表

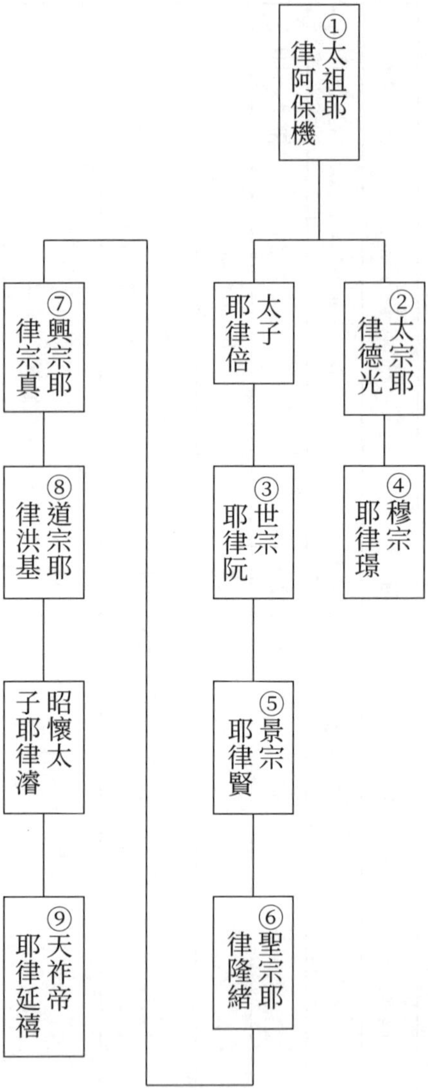
①太祖耶律阿保機
②太宗耶律德光
太子耶律倍
④穆宗耶律璟
③世宗耶律阮
⑤景宗耶律賢
⑥聖宗耶律隆緒
⑦興宗耶律宗真
⑧道宗耶律洪基
昭懷太子耶律濬
⑨天祚帝耶律延禧

西夏世系表

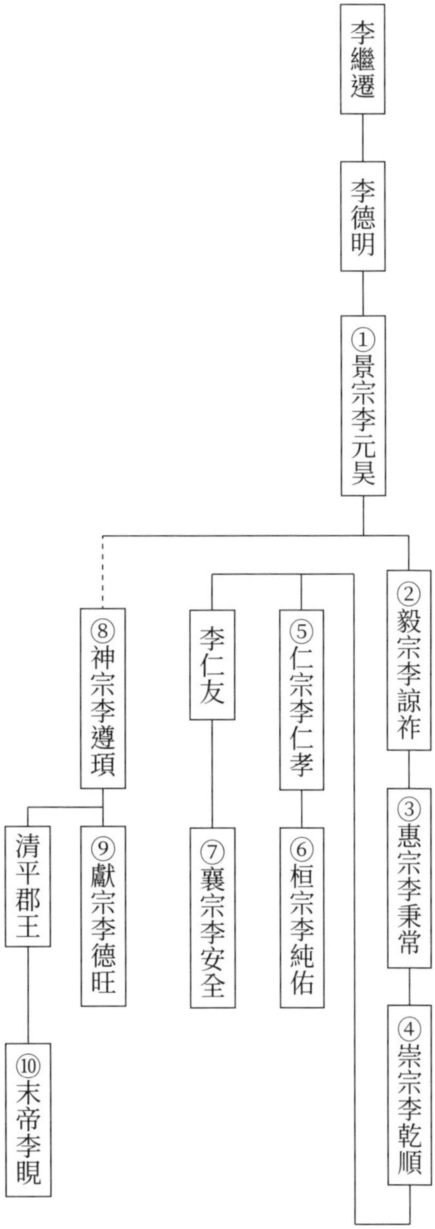
李繼遷
李德明
①景宗李元昊
②毅宗李諒祚
③惠宗李秉常
④崇宗李乾順
⑤仁宗李仁孝
⑥桓宗李純佑
李仁友
⑦襄宗李安全
⑧神宗李遵頊
⑨獻宗李德旺
清平郡王
⑩末帝李睍

金世系表

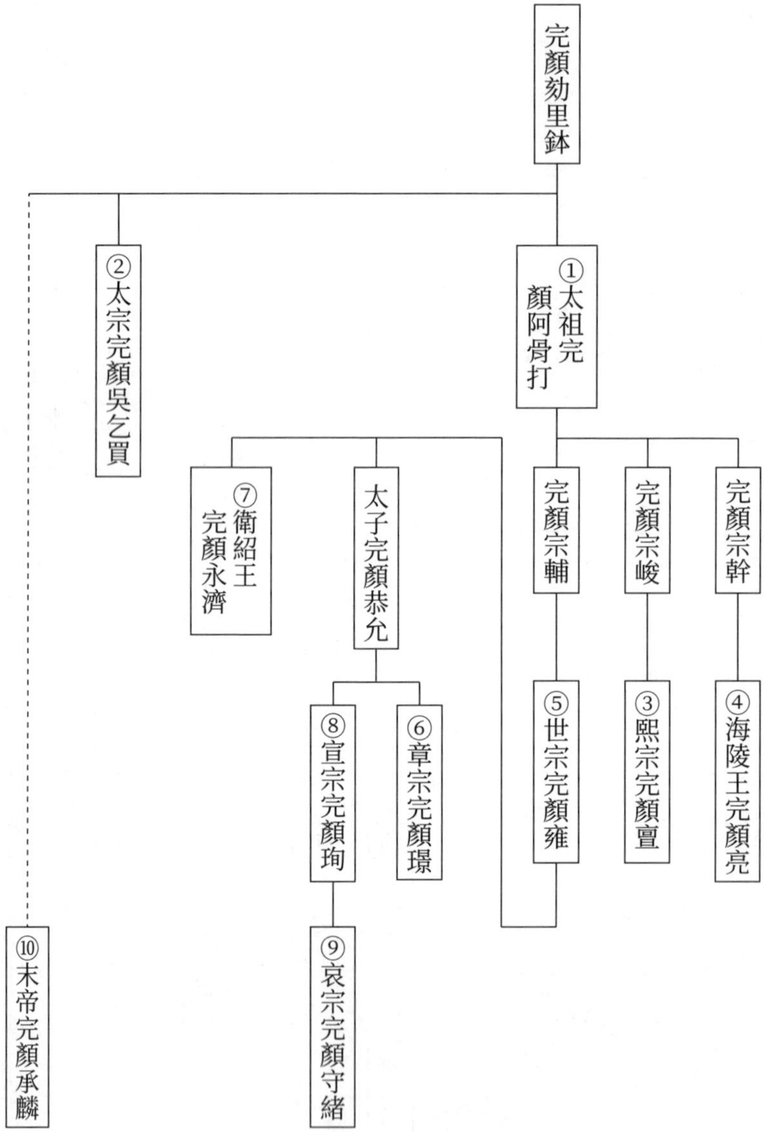
完顏劾里鉢
①太祖完顏阿骨打
②太宗完顏吳乞買
完顏宗輔
完顏宗峻
完顏宗幹
⑤世宗完顏雍
③熙宗完顏亶
④海陵王完顏亮
⑦衛紹王完顏永濟
太子完顏恭允
⑧宣宗完顏珣
⑥章宗完顏璟
⑨哀宗完顏守緒
⑩末帝完顏承麟

大蒙古國世系表

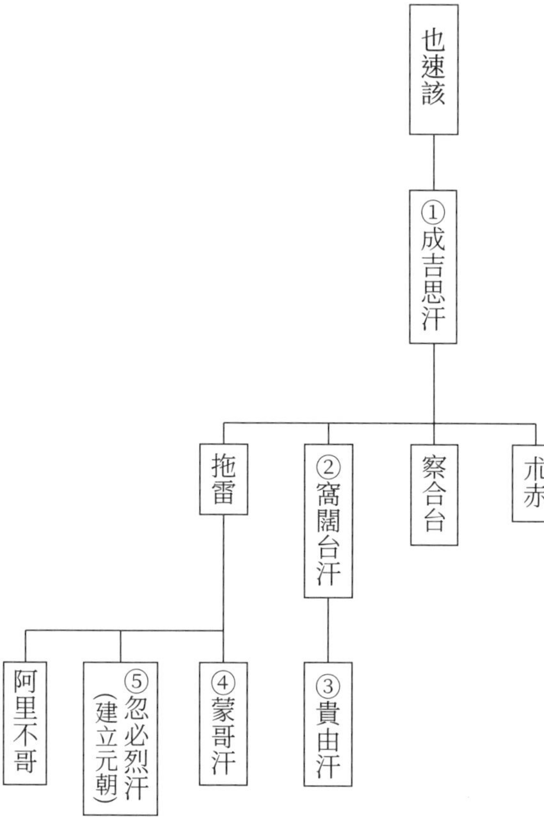

元世系表

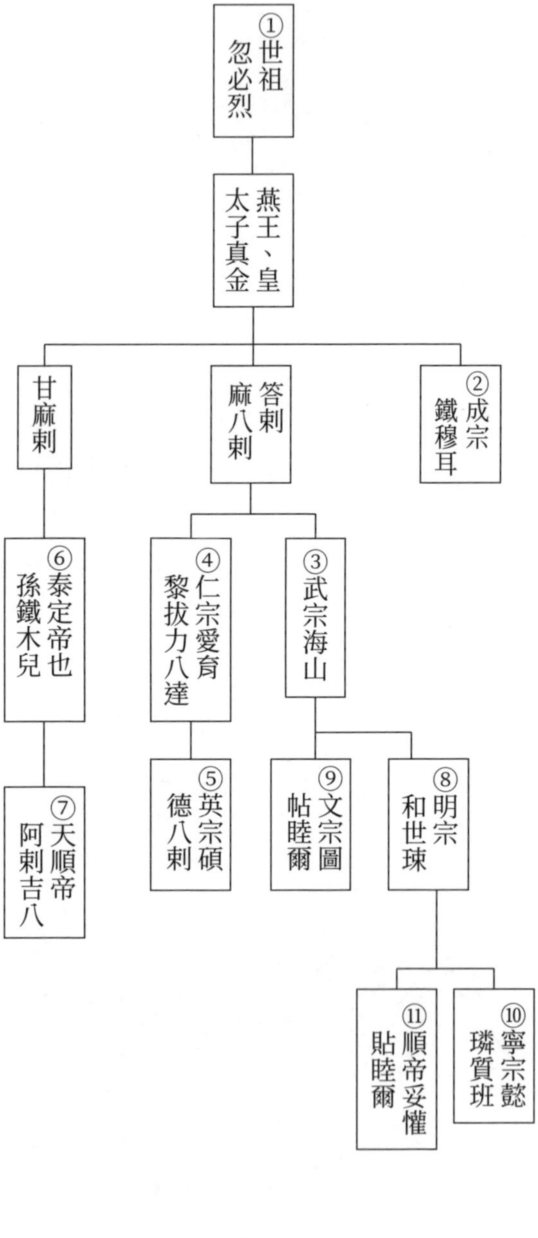
①世祖忽必烈
燕王、皇太子真金
甘麻剌
答剌麻八剌
②成宗鐵穆耳
⑥泰定帝也孫鐵木兒
④仁宗愛育黎拔力八達
③武宗海山
⑦天順帝阿剌吉八
⑤英宗碩德八剌
⑨文宗圖帖睦爾
⑧明宗和世㻋
⑪順帝妥懽貼睦爾
⑩寧宗懿璘質班

參考書目

一、文獻史料

《元朝秘史》，收入《四部叢刊三編》，上海：商務印書館，一九三六年。
元司農司撰，繆啟愉校釋，《農桑輯要》，北京：農業出版社，一九八八年。
元好問，《遺山先生文集》，收入《四部叢刊初編》，上海：商務印書館，一九二二年。
孔齊，《至正直記》，上海：上海古籍出版社，一九八七年。
王惲，《秋澗先生大全文集》，收入《四部叢刊初編》，上海：商務印書館，一九二二年。
王毓賢，《繪事備考》，收入《景印文淵閣四庫全書》，臺北：臺灣商務印書館，一九八六年。
王禎，《農書》，北京：農業出版社，一九八一年。
王褘，《王忠文公集》，收入《金華叢書》，同治九年永康胡氏退齋刊民國補刊本。
王鶚，《汝南遺事》，收入王灝編，《畿輔叢書》，光緒五年刊本。
史金波等譯註，《天盛改舊新定律令》，北京：法律出版社，二〇〇〇年。
司馬光，《資治通鑑》，北京：中華書局，二〇一八年。
田況，《儒林公議》，收入朱易安、傅璇琮主編，《全宋筆記》，鄭州：大象出版社，二〇〇三年。
任士林，《松鄉集》，光緒十六年刊本。
危素，《元海運志》，收入《叢書集成初編》，上海：商務印書館，一九三六年。
危素，《危太樸集》，收入《元人文集珍本叢刊》，臺北：新文豐出版股份有限公司，一九八五年。

宇文懋昭著，崔文印校證，《大金國志校證》，北京：中華書局，二〇一一年。

朱思本，《貞一齋詩文稿》，收入《宛委別藏》，南京：江蘇古籍出版社，一九八八年。

朱德潤，《存復齋集》，收入《四部叢刊續編》，上海：商務印書館，一九三四年。

何喬遠，《閩書》，福州：福建人民出版社，一九九五年。

余闕，《青陽集》，收入《四部叢刊續編》，上海：商務印書館，一九三四年。

佚名，《道山清話》，鄭州：大象出版社，二〇一九年。

佚名編，《續編兩朝綱目備要》，北京：中華書局，一九九五年。

吳師道，《禮部集》，收入《續金華叢書》，揚州：江蘇廣陵古籍刻印社，一九八三年。

吳廣成，《西夏書事》，上海：上海古籍出版社，二〇二一年。

吳澄，《草廬吳文正公集》，收入《元人文集珍本叢刊》，臺北：新文豐出版股份有限公司，一九八五年。

宋濂，《宋文憲公全集》，收入《四部備要》，上海：中華書局，一九三六年。

宋濂等，《元史》，北京：中華書局，一九八三年。

志費尼著，何高濟譯，《世界征服者史》，呼和浩特：內蒙古人民出版社，一九八〇年。

李心傳，《建炎以來朝野雜記》，北京：中華書局，二〇〇六年。

李心傳，《建炎以來繫年要錄》，北京：中華書局，二〇一三年。

李存，《鄱陽仲公李先生文集》，收入《北京圖書館古籍珍本叢刊》，北京：書目文獻出版社，一九八八年。

李景隆、解縉等，《明太祖實錄》，臺北：中央研究院歷史語言研究所，一九六二年。

李綱，《梁溪集》，收入《景印文淵閣四庫全書》，臺北：臺灣商務印書館，一九八六年。

李燾，《續資治通鑑長編》，北京：中華書局，二〇〇四年。

周密，《癸辛雜識》，北京：中華書局，一九八八年。
周密，《齊東野語》，北京：中華書局，一九八三年。
房玄齡等，《晉書》，北京：中華書局，一九七四年。
拉施特著，余大鈞、周建奇譯，《史集》，北京：商務印書館，一九八三年。
長谷真逸，《農田餘話》，收入《叢書集成初編》，上海：商務印書館，一九三六年。
姚燧，《牧庵集》，收入《四部叢刊初編》，上海：商務印書館，一九二九年。
拜柱等纂修，方齡貴校注，《通制條格》，北京：中華書局，二〇〇一年。
洪皓，《松漠記聞》，收入金毓黻主編，《遼海叢書》，瀋陽：遼瀋書社，一九八五年。
紀昀等，《四庫全書總目》，北京：中華書局，一九六五年。
胡祗遹，《紫山大全集》，收入《景印文淵閣四庫全書》，臺北：臺灣商務印書館，一九七三年。
范仲淹，《范文正公集》，收入范仲淹，《范仲淹全集》，北京：中華書局，二〇二〇年。
夏文彥，《圖繪寶鑑》，北京：北京師範大學出版社，二〇一六年。
徐一夔，《始豐稿》，收入丁丙編，《武林往哲遺著》，揚州：江蘇廣陵古籍刻印社，一九八五年。
徐夢莘，《三朝北盟會編》，收入《中華再造善本》，北京：國家圖書館出版社，二〇一三年；收入《四部叢刊四編》，北京：中國書店，二〇一六年；上海：上海古籍出版社，二〇一九年。
袁桷，《清容居士集》，收入《四部叢刊初編》，上海：商務印書館，一九二九年。
郝經，《郝文忠公陵川文集》，收入《北京圖書館古籍珍本叢刊》，北京：書目文獻出版社，一九九八年。
馬可．波羅著，馮承鈞譯，《馬可．波羅行紀》，上海：商務印書館，一九三六年。
馬祖常，《馬石田文集》，收入《元四大家集》，上海：上海古書流通處，一九二一年。

骨勒茂才著，黃振華等整理，《番漢合時掌中珠》，寧夏：寧夏人民出版社，一九八九年。
張之翰，《西巖集》，收入《景印文淵閣四庫全書》，臺北：臺灣商務印書館，一九八三年。
張廷玉等，《明史》，北京：中華書局，一九七四年。
張養浩，《歸田類稿》，收入《景印文淵閣四庫全書》，臺北：臺灣商務印書館，一九八三年。
脫脫等，《宋史》，北京：中華書局，一九八五年。
脫脫等，《金史》，北京：中華書局，二〇二〇年。
脫脫等，《遼史》，北京：中華書局，二〇一六年。
許有壬，《至正集》，收入《北京圖書館古籍珍本叢刊》，北京：書目文獻出版社，一九八八年。
陳子龍等編，《明經世文編》，北京：中華書局，一九八七年。
陳旅，《安雅堂集》，收入《元代文集珍本彙刊》，臺北：國立中央圖書館，一九七〇年。
陳高華、張帆等點校，《元典章》，北京：中華書局、天津：天津古籍出版社，二〇一一年。
陳準，《北風揚沙錄》，收入陶宗儀編，《說郛三種》，上海：上海古籍出版社，一九八八年。
陶宗儀，《南村輟耕錄》，北京：中華書局，一九五九年。
黃淮、楊士奇等編，《歷代名臣奏議》，上海：上海古籍出版社，一九八九年。
彭大雅、徐霆，《黑韃事略》，收入王國維，《王國維遺書》，上海：上海古籍書店，一九八三年。
揭傒斯，《揭文安公全集》，收入《四部叢刊初編》，上海：商務印書館，一九二九年。
程鉅夫，《雪樓集》，收入《元代文集珍本彙刊》，臺北：國立中央圖書館，一九七〇年。
程端禮，《畏齋集》，收入《四明叢書》，臺北：新文豐出版股份有限公司，一九八八年。
黃宗羲等，《宋元學案》，北京：中華書局，一九八六年。

黃溍，《金華黃先生文集》，收入《四部叢刊初編》，上海：商務印書館，一九二九年。

楊士奇等編，《歷代名臣奏議》，上海：上海古籍出版社，一九八九年。

楊弘道，《小亨集》，收入《景印文淵閣四庫全書》，臺北：臺灣商務印書館，一九八三年。

楊瑀，《山居新語》，北京：中華書局，二〇〇六年。

楊維禎，《東維子文集》，收入《四部叢刊初編》，上海：商務印書館，一九二九年。

葉子奇，《草木子》，北京：中華書局，一九五九年。

葉隆禮，《契丹國志》，北京：中華書局，二〇一四年。

虞集，《道園學古錄》，收入《四部叢刊初編》，上海：商務印書館，一九二九年。

路振，《乘軺錄》，收入賈敬顏，《五代宋金元人邊疆行記十三種疏證稿》，北京：中華書局，二〇〇四年。

道森編，呂浦譯，《出使蒙古記》，北京：中國社會科學出版社，一九八三年。

蒲道源，《閒居叢稿》，收入《元代文集珍本彙刊》，臺北：國立中央圖書館，一九七〇年。

趙孟頫，《松雪齋文集》，收入《四部叢刊初編》，上海：商務印書館，一九二九年。

趙秉文，《閑閑老人滏水文集》，收入《四部叢刊初編》，上海：商務印書館，一九二二年。

趙珙，《蒙韃備錄》，收入王國維，《王國維遺書》，上海：上海古籍書店，一九八三年；收入王國維，《王國維全集》，杭州：浙江教育出版社，二〇〇九年。

趙翼著，王樹民校證，《廿二史劄記校證（訂補本）》，北京：中華書局，二〇一〇年。

劉祁，《歸潛志》，北京：中華書局，二〇〇七年。

劉昫，《舊唐書》，北京：中華書局，一九七五年。

劉塤，《隱居通議》，收入《景印文淵閣四庫全書》，臺北：臺灣商務印書館，一九八三年。

歐陽玄，《圭齋文集》，收入《四部叢刊初編》，上海：商務印書館，一九二九年。
歐陽脩，《新五代史》，北京：中華書局，二〇一六年。
歐陽脩等，《新唐書》，北京：中華書局，一九七五年。
鄭元祐，《僑吳集》，收入《元代文集珍本彙刊》，臺北：國立中央圖書館，一九七〇年。
黎靖德編，《朱子語類》，北京：中華書局，一九八六年。
戴表元，《剡源戴先生文集》，收入《四部叢刊初編》，上海：商務印書館，一九二九年。
戴錫章，《西夏紀》，銀川：寧夏人民出版社，一九八八年。
繆荃孫，《江蘇金石志》，江蘇：江蘇通志局，一九二七年。
薛居正等，《舊五代史》，北京：中華書局，一九七六年。
薩都剌，《雁門集》，上海：上海古籍出版社，一九八二年。
魏初，《青崖集》，收入《景印文淵閣四庫全書》，臺北：臺灣商務印書館，一九八三年。
魏徵等，《隋書》，北京：中華書局，一九七三年。
蘇天爵，《元朝名臣事略》，北京：中華書局，一九九六年。
蘇天爵，《滋溪文稿》，北京：中華書局，一九九七年。
蘇天爵編，《元文類》，收入《國學基本叢書》，上海：商務印書館，一九三七年。
蘇頌，《蘇魏公集》，北京：中華書局，一九八八年。
蘇轍，《欒城集》，上海：上海古籍出版社，一九八七年。
權衡，《庚申外史》，收入《叢書集成初編》，上海：商務印書館，一九三六年。

二、延伸閱讀

三上次男，《金史研究》（三卷本），東京：中央公論美術出版，一九七〇－一九七三年。
王天順，《西夏戰史》，銀川：寧夏人民出版社，一九九三年。
王曾瑜，《遼金軍制》，保定：河北大學出版社，二〇一一年。
史金波，《西夏社會》，上海：上海人民出版社，二〇〇七年。
外山軍治，《金朝史研究》，京都：同朋舍，一九七九年。
白壽彝總主編，陳得芝主編，《中國通史．第八卷．元時期》，上海：上海人民出版社，一九九八年。
何俊哲、張達昌、于國石，《金朝史》，北京：中國社會科學出版社，一九九二年。
余蔚，《中國行政區劃通史．遼金卷》，上海：復旦大學出版社，二〇一二年。
杉山正明著，周俊宇譯，《忽必烈的挑戰：蒙古與世界史的大轉向》，臺北：八旗文化出版社，二〇一四年。
杉山正明著，郭清華譯，《疾馳的草原征服者：遼、西夏、金、元》，新北：臺灣商務印書館，二〇一七年。
李治安，《元代行省制度》，北京：中華書局，二〇一一年。
李桂芝，《遼金科舉研究》，北京：中央民族大學出版社，二〇一二年。
李華瑞，《宋夏關係史》，石家莊：河北人民出版社，一九九八年。
李蔚，《西夏史研究》，銀川：寧夏人民出版社，一九八九年。
李錫厚，《中國歷史．遼史》，北京：人民出版社，二〇〇六年。
杜建錄，《西夏與周邊民族關係史》，蘭州：甘肅文化出版社，一九九五年。
周良霄、顧菊英，《元史》，上海：上海人民出版社，二〇〇三年。

遼夏金元史

周思成，《大汗之怒：蒙古鐵騎與日本武士的海上交鋒，忽必烈東征的未竟之路》，臺北：麥田出版社，二〇二〇年。
林鵠，《南望：遼前期政治史》，北京：生活・讀書・新知三聯書店，二〇一八年。
林鵠，《憂患：邊事、黨爭與北宋政治》，上海：上海人民出版社，二〇二二年。
武玉環、高福順、都興智、吳志堅，《中國科舉制度通史・遼金元卷》，上海：上海人民出版社，二〇一五年。
邱靖嘉，《〈金史〉纂修考》，北京：中華書局，二〇一七年。
洪金富，《元代蒙古語文的教與學》，臺北：蒙藏委員會，一九九〇年。
苗潤博，《〈遼史〉探源》，北京：中華書局，二〇二〇年。
張博泉等，《金史論稿》第一卷，長春：吉林文史出版社，一九八六年。
張博泉等，《金史論稿》第二卷，長春：吉林文史出版社，一九九二年。
許守泯，《貞下起元：元代蘇州士人的經世與轉向》，臺北：新文豐出版股份有限公司，二〇〇九年。
陳昭揚，《金初漢族士人的政治參與》，新北市：花木蘭文化出版社，二〇一一年。
陳得芝，《蒙元史研究導論》，南京：南京大學出版社，二〇一二年。
陶晉生，《女真史論》，臺北縣：稻鄉出版社，二〇一〇年。
陶晉生，《中國近古史》，臺北：東華書局，一九九五年。
陶晉生，《宋遼金史論叢》，臺北：聯經出版事業股份有限公司，二〇一三年。
陶晉生，《宋遼關係史研究》，臺北：聯經出版事業股份有限公司，一九八四年。
傅樂煥，《遼史叢考》，北京：中華書局，一九八四年。
程妮娜，《金代政治制度研究》，長春：吉林大學出版社，一九九九年。
楊若薇，《契丹王朝政治軍事制度研究》，北京：社會科學文獻出版社，二〇二二年。

蒙思明，《元代社會階級制度》，北京：中華書局，一九八〇年。
趙永春，《金宋關係史》，北京：人民出版社，二〇〇五年。
劉浦江，《松漠之間——遼金契丹女真史研究》，北京：中華書局，二〇〇八年。
劉浦江，《遼金史論》，北京：中華書局，二〇一九年。
蔡美彪，《遼金元史十五講》，北京：中華書局，二〇一一年。
蔡偉傑，《從馬可波羅到馬戛爾尼：蒙古時代以降的內亞與中國》，臺北：八旗文化出版社，二〇二〇年。
蕭啟慶，《九州四海風雅同：元代多族群士人圈的形成與發展》，臺北：聯經出版事業股份有限公司，二〇一二年。
蕭啟慶，《元代的族群文化與科舉》，臺北：聯經出版事業股份有限公司，二〇〇八年。
蕭啟慶，《內北國而外中國——蒙元史研究》，北京：中華書局，二〇〇七年。

圖片出處

圖一、二、十五、二四、二五、二八、三十、四八：本局繪製；圖三、四、五、八、九、十、十一、十二、十三、十六、十七、十八、十九、二十、二二、二三、二六、二七、三一、三二、三三、三五、三六、三七、三八、三九、四十、四一、四二、四三、四四、四五、四六、四七、四九、五十、五二、五三、五四、五五、五六、五七、五八、五九、六十、六一：維基百科；圖六、七、十四、二一：Shutterstock 圖片網；圖二九：《中華古文明大圖集》，臺北：宜新文化事業有限公司、香港：樂天文化公司，一九九二年，第六部，頁八六；圖三四：《中華古文明大圖集》，臺北：宜新文化事業有限公司、香港：樂天文化公司，一九九二年，第二部，頁二四三；圖五一：《中華古文明大圖集》，臺北：宜新文化事業有限公司、香港：樂天文化公司，一九九二年，第四部，頁七五。

文明叢書——

把歷史還給大眾，讓大眾進入文明

風雪破窯——呂蒙正與宋代「新門閥」

本書重構呂蒙正及其家族的故事，除了讓讀者重新了解呂家這段精彩的家族故事之外，更透過分析呂氏家族的歷史認識中國中古門第社會崩解後，科舉制度如何影響士族官僚的發展，改變了近世中國的社會結構。並以淺顯易懂的語彙與學術性、易讀性兼具的內容，讓讀者能輕鬆的理解相關內容，提供了觀看「宋代門閥」的新視野！

公主之死——你所不知道的中國法律史

丈夫不忠、家庭暴力、流產傷逝——一個女人的婚姻悲劇，牽扯出一場兩性地位的法律論戰。這是西元六世紀一位鮮卑公主的故事：她的愛、恨與婚姻。有人怪她自作自受，有人為她打抱不平；有人以三從四德的倫理定位她的角色，有人以姊妹情誼的心思為她伸張正義。他們都訴諸法律，但影響法律的因素太多，不是人人都掌握得了。這已是一千五百年前的事，為何蘭陵長公主的死，卻宛如歷歷在目？在高舉性別平權的今日，且讓我們看看千百年來，女性的境遇和努力。

妖怪、變婆與婚姻——中國西南的巫術指控

在巫術與傳說盛行的中國西南地區，當地侗族流傳著稱為「變婆」的妖怪，他們活著的時候與一般人無異，死後卻成了令人恐懼的神秘力量。本書作者深入中國貴州，用親身經歷為我們打開侗族神秘的潘朵拉之盒，釐清「變婆」標籤下隱含的意義，看見妖怪與巫術的另一種面貌：它們並非單純迷信，而是一個社會區分「非我族類」的方法，也是幫助人們重拾生命的力量，拿回命運主導權的方式。

蠻子、漢人與羌族

由於歷史上中國與吐蕃的東西爭鋒，夾在中間的川西岷江上游，在二十世紀初成為漢、藏的邊緣。在這高山深谷中世代生息的住民都有三種身份：他們自稱「爾瑪」，但被上游的村寨人群稱作「漢人」、被下游的人們稱作「蠻子」。本書描述近百年來，在中、西學者的「學術研究」之下，在國家的民族政策與民族識別下，許多蠻子、爾瑪與漢人成為羌族的過程；以及在羌族認同下，人們如何重塑本族歷史或神話、界定共同母語、建構本土文化。

粥的歷史

本書談粥的歷史，主要談的是與這種食物有關的文化現象。作為個案研究的主題，粥這樣的食物，很可以反映我們身處的文化中人們與食物的互動關係。從糧食的種類到粒實的烹調，再到食物形象的賦予，歷史上的粥，從來就不是一碗水米混融而已。粥的歷史，包涵的是人們的生活經驗、心態情感，甚至是對健康生命的護衛與渴求。粥的本體是無情之物，但它碰上的卻是有情之人，而屬於粥的文化則正在這場遇合中現身。

救命——明清中國的醫生與病人

這是三百年前的世界，人們同樣遭受著生老病死的折磨。不同的是，在那裡，醫生這個職業缺乏權威，病人對自己的身體與疾病，卻是充滿意見；在那裡，醫生不能好整以暇地坐在診療室中，等待病人上門掛號，反而得巡迴各地，為了看病而四處奔波；也是在那裡，醫生面對著各種挑戰與詰問，他們透過各種手段，贏得病人及其家人的信賴。這是由一群醫生與病人共同交織出的歷史，關於他們之間的信任或不信任，他們彼此的互動、協商與衝突。

國家圖書館出版品預行編目資料

遼夏金元史：多元族群的衝突與交融／張帆,陳曉偉,邱靖嘉,林鵠,周思成著.——初版一刷.——臺北市：三民，2022

面；　公分

參考書目：面

ISBN 978-957-14-7494-6（平裝）

1. 遼金夏史 2. 元史

625.25　　111011381

中國斷代史

遼夏金元史——多元族群的衝突與交融

作　者	張　帆　陳曉偉　邱靖嘉 林　鵠　周思成
企畫編輯	蕭遠芬
責任編輯	陳至忻
美術編輯	林君柔
發 行 人	劉振強
出 版 者	三民書局股份有限公司
地　址	臺北市復興北路 386 號 (復北門市) 臺北市重慶南路一段 61 號 (重南門市)
電　話	(02)25006600
網　址	三民網路書店 https://www.sanmin.com.tw
出版日期	初版一刷 2022 年 9 月
書籍編號	S620730
I S B N	978-957-14-7494-6